中小企业新三板挂牌实务操作指南

李宝峰　著

中国金融出版社

责任编辑：张智慧　赵晨子
责任校对：潘　洁
责任印制：陈晓川

图书在版编目（CIP）数据

中小企业新三板挂牌实务操作指南（Zhongxiao Qiye Xinsanban Guapai
Shiwu Caozuo Zhinan）/李宝峰著. —北京：中国金融出版社，2015.7
ISBN 978 - 7 - 5049 - 7970 - 4

Ⅰ.①中…　Ⅱ.①李…　Ⅲ.①中小企业—上市公司—企业管理—中国—
指南　Ⅳ.①F279.246 - 62

中国版本图书馆 CIP 数据核字（2015）第 118725 号

出版
发行　中国金融出版社

社址　北京市丰台区益泽路 2 号
市场开发部　（010）63266347，63805472，63439533（传真）
网 上 书 店　http://www.chinafph.com
　　　　　　　（010）63286832，63365686（传真）
读者服务部　（010）66070833，62568380
邮编　100071
经销　新华书店
印刷　保利达印务有限公司
装订　平阳装订厂
尺寸　169 毫米 ×239 毫米
印张　30
字数　563 千
版次　2015 年 7 月第 1 版
印次　2015 年 7 月第 1 次印刷
定价　62.00 元
ISBN 978 - 7 - 5049 - 7970 - 4/F. 7530
如出现印装错误本社负责调换　联系电话（010）63263947

序

我与作者相识已久。

我们同为中国社会科学院的学子，又从事金融证券一线业务十余载，期间对作者的人品、能力深表认同和敬佩。作者在从事一线业务工作的同时发表了不少社会反响力很强的文章，如《首都金融发展战略》、《纳斯达克真的来了》、《国际金融中心研究》、《反垄断法探析》、《中国入世后企业绩效分析》等，不少成为市场热议的焦点，引起了政策决策者的高度关注和认同。

新三板推出以来，作者又不遗余力地在一线探索，积累了丰富的经验和实战案例。尤其对新三板企业的挂牌、融资、产业整合有独到的见解和丰富的成功操作经验。《中小企业新三板挂牌实务操作指南》全面系统地介绍新三板挂牌的重点、难点，既适合企业培训使用，也适合一线工作者作为工具书收藏，是一本不可多得的好书。

愿广大读者早日读得此书，助力企业发展，使新三板越来越好！

企巢新三板学院院长

程晓明

自　序

不知不觉，涉身资本市场近二十年。二十年，在一个人的生命长河中，已不短暂。二十载春秋，一个国家，一个时代足以发生翻天覆地的变化。于己而言，二十岁到三十岁这十年，是我人生中理论知识的重要奠基时期；而涉足证券行业至今又是十五年。十五年间，我办理了数百个重大经济项目，有企业上市，股票发行，公司并购，资产重组，等等，不一而足。十五年，于我而言，举足轻重。近二十年的深厚积淀，必将开启下一个十年新的纪元。

近几年，紧跟时代步伐，新三板业务作为核心业务之一。2013年底，新三板的全国扩容工作全面展开。一方面，新三板市场蓬勃发展，挂牌企业在短时间内呈井喷之势；另一方面，中介机构的新三板挂牌业务正处于摸索阶段，证监会的监管思路也处于适时的调整当中，更催生了律师、券商如何帮助中小企业顺利挂牌这一课题。作为长期从事资本市场业务的专业人士，笔者希望结合自身多年来的从业经历，从理论和实践两方面入手，整理出一套帮助企业顺利挂牌新三板、登陆资本市场的解决方案。

俗话说，理论是生涩的，实践是苦涩的。生涩的理论与苦涩的实践，在作者长期的融汇沉淀后，凝练成了这本《中小企业新三板挂牌实务操作指南》。完稿后，我将操作指南提炼为这样一个公式：操作指南＝理论研究＋经验总结＋方法升华，以期让读者不会囿于理论的抽象与实践的具体，从而更迅速、更准确地领会本书的精髓所在。

严谨、求实、通俗、实用，是此作之特色。严谨，本书的编排体例，理论阐释，行文用笔，力求严谨；求实，书中所选经典案例，皆为我近十年来亲自处理的重大项目；通俗，文中辞藻，力戒华丽、晦涩用语，文风朴实无华，注重通俗易懂；实用，翔实的案例解析，完整的方法指导，让读者有方便实用之感。

本书从主旨拟定、框架构建、规章整理、案例收集，皆融入了我大量的心血，希望为推动多层次资本市场体系的发展进献绵薄之力。

但愿我能准确把握中国资本市场的时代脉搏！

但愿拙作能成为读者和我进行思想交流的桥梁！

但愿过往四十载青春年华的心力付出皆有所得！

岁月不居，春秋代序！

欢迎广大读者和同仁来信、来电交流，指正，谢谢！

电子邮箱：lawyer08@126.com。

前　言

　　党的十八届三中全会指出："完善金融市场体系，健全多层次资本市场体系。"中国多层次资本市场的结构性缺陷，一直以来制约着中小企业通过资本市场做大做强。2013 年 12 月 13 日，国务院颁布了《关于全国中小企业股份转让系统有关问题的决定》，新三板从试点阶段正式进入全国扩容实施阶段。新三板市场迅猛发展的同时，也催生了"中小企业如何顺利挂牌"这一亟待解决的问题。鉴于此，本书作者结合近二十年资本市场一线业务实践经验及其深厚的理论功底，全面、系统、由浅入深地为读者解读了中小企业如何顺利挂牌新三板的奥秘。

　　《中小企业新三板挂牌实务操作指南》的编著，力求全面、完整、系统、详尽地涵盖新三板挂牌进程中各个环节的实务操作，具有全面性、创新性、实用性、可操作性等特点，是社会各界了解、学习、挂牌新三板的重要工具书。俗语有云"思想决定高度"，一个人的成就源于他深邃思想的行为体现，一本书的价值在于作者心迹语言的客观表达。本书是作者多年来理论与经验、思想与智慧的结晶，其系统的方法指导，创新的理论探讨，经典的案例解析，实用的操作指南，字里行间无不彰显其深厚的理论研究功底及高屋建瓴的宏大视野。

　　广大读者，值得一品，以求思想的共鸣。

中国金融出版社副总编辑　张红地
2015 年 6 月 15 日

目　录

第一部分　白话新三板

第二部分　直击新三板

第三部分　解析新三板

第一部分

白话新三板

第一章　三板市场概述

第一节　三板市场

一、三板市场概念

三板市场，法律名称为"代办股份转让系统"，是指以具有代办股份转让资格的证券公司为核心，为非上市公众公司和非公众股份有限公司提供规范股份转让服务的股份转让平台。

20 世纪 90 年代初，国有企业股份制过程中出现的法人股遇到了难以流通的实践问题。为了解决法人股的流通问题，1990 年 12 月 5 日，国家体改委组织、模仿美国纳斯达克（NASDAQ）形式的全国证券交易自动报价系统（STAQ）正式启动。STAQ 是一个以计算机网络为平台进行有价证券交易的综合性场外交易市场，其目的主要在于为国债的发行和交易提供服务。1992 年 7 月 1 日开始进行法人股流通试点并取得一定成功。该交易机制普遍采用做市商制度。1993 年 4 月 28 日，中国人民银行又牵头成立了 NET，通过通信卫星连接全国各地的计算机网络，为股权交易提供报价、交易、清算、交割和托管服务。由于交易清淡，市场混乱，监管缺失，1993 年 5 月 22 日国务院证券委决定对 STAQ 和 NET 两个系统进行整顿，暂不批准法人股上市交易，并由中国证监会于 1999 年 9 月 9 日正式关闭两个系统。为妥善解决原 STAQ、NET 系统挂牌公司流通股的转让问题，2001 年 6 月 12 日经中国证监会批准，中国证券业协会发布《证券公司代办股份转让服务业务试点办法》，代办股份转让工作正式启动，同年 7 月 16 日第一家股份转让公司挂牌。2001 年 4 月 20 日，"PT 水仙"成为中国十年股市第一家退市的股票，至此中国证监会正式启动退市机制。2002 年 8 月 29 日开始，为解决退市后的上市公司股份转让问题，退市公司被纳入代办股份转让试点范围，承担了完善中国退市机制的历史任务。这就是"代办股份转让系统"，俗称"老三板"。

我国建立了多层次的股票市场体系，就是建立了相互承接的，满足不同的中小企业融资需要和不同的投资者投资需求的"一板"、"二板"、"三板"及其他区域性的股权交易市场。其中，一板市场即为标准的股票交易市场，又被称为主板市场，主要为成熟期的传统产业中的公司提供融资渠道。二板市场又被称为创业板市场，主要是面向发展期的中小型公司特别是发展潜力较大的中小型科技公司，公司上市的条件比一板市场要求低。而三板市场则是对未能达到主板市场和二板市场要求的有价证券进行发行、交易和监管活动的资本市场的集合体。它是主板、二板市场的踏板，为想到主板市场、二板市场上市的股份公司提供学前教育，同时又给从主板市场和二板市场下课的股票提供交易场所，与我国的主板市场和二板市场等共同构成多层次、有进有退的资本市场体系。[①]

二、三板市场特点

老三板的股份转让以集合竞价的方式配对撮合，现股份转让价格不设指数，股份转让价格实行5%的涨跌幅限制。

股份实行分类转让，股东权益为正值或净利润为正值的，股份每周转让5次；二者均为负值的，股份每周转让3次；未与主办券商签订委托代办股份转让协议，或不履行基本信息披露义务的，股份每周转让1次。投资者可从股票简称最后的一个字符上识别股份转让的次数。每周一、周二、周三、周四、周五各转让一次，即每周转让5次的股票，股票简称最后的一个字符为阿拉伯数字"5"；每周一、周三、周五各转让一次，即每周转让3次的股票，股票简称最后的一个字符为阿拉伯数字"3"；仅于每周五转让一次的股票，股票简称最后的一个字符为阿拉伯数字"1"。

"可能成交价格预揭示"是指在最终撮合成交前若干既定的时间点，对每一时间点前输入的所有买卖委托按照集合竞价规则虚拟撮合所形成的价格分时点进行揭示的制度。三板试行的可能成交价格预揭示制度是在现行集合竞价规则的基础上，分别于转让日的10:30、11:30、14:00各揭示一次可能的成交价格，最后一个小时即14:00后每10分钟揭示一次可能的成交价格，最后10分钟即14:50后每分钟揭示一次可能的成交价格。

三板的可能成交价格预揭示与主板市场行情揭示有两点不同：一是三板预揭示的价格是虚拟成交价，而主板市场行情揭示的价格是真实的成交价；二是可能成交价格预揭示只揭示既定时点可能的成交价格，不揭示成交量，而主板市场行情既揭示成交价又揭示成交量。

---

① 项雪平：《从代办股份转让市场到现代场外交易市场之路探析》，载《杭州师范学院学报》（社会科学版），2007（2）。

三、三板市场的不足

与境外成熟的三板市场相比，我国三板市场从某种意义上讲存在着先天的不足。第一，我国目前三板市场所处的法律大环境欠缺，三板市场的制度建设完全游离于法律之外，所有运行规则均由证券业协会这一自律性组织来制定。第二，三板市场不具备融资功能，造成发行制度的缺位，不符合三板市场自身的法律特征。第三，三板市场的交易机制中交易方式采取集中竞价交易，不利于在三板市场中维系市场主体的权利和义务的均衡。第四，证券业协会的身份造成其监管力度不足。

第二节　新三板市场

一、新三板市场概念

背景：2006 年，我国进入"十一五"时期，科技部发布的《国家中长期科学和技术发展规划纲要（2006—2010 年)》明确将"实施促进创新创业的金融政策"和"加速高新技术产业化"纳入重要政策和措施。紧接着，国务院发布了《关于实施〈国家中长期科学和技术发展规划纲要（2006—2020 年)〉若干配套政策的通知》，其中的第十九条明确规定："推进高新技术中小企业股份转让工作。启动中关村科技园区未上市高新技术中小企业进入证券公司代办系统进行股份转让试点工作。在总结试点经验的基础上，逐步允许具备条件的国家高新技术产业开发区内未上市高新技术企业进入代办系统进行股份转让。"

在证券业协会对三板市场的扩容探索和国家政策对高新技术产业的大力支持下，2006 年 1 月，证券业协会发布了《证券公司代办股份转让系统中关村科技园区非上市股份有限公司股份报价转让试点办法》及相关配套文件，明确将北京市中关村科技园区内具备规定资质的公司纳入代办股份转让系统当中，实现了三板市场的一次扩容。2006 年 1 月 23 日，两家中关村科技中小企业——世纪瑞尔和北京中科软进入代办股份转让系统挂牌交易，成为三板市场首次出现的非公开发行股份的公司，也是 2002 年以来首次出现的非沪深证券交易所退市公司。除这两家正式挂牌的公司以外，中关村园区其他高新技术中小企业也开始关注三板市场，积极响应。至此，中关村科技园区非上市股份有限公司股份报价转让即正式成为三板市场的一部分，为了与原先的三板市场（退市公司市场）相区分，被业界称为"新三板"。

2009 年 6 月，中国证券业协会又出台了一系列法规，内容涉及中关村挂牌公司、主板券商、投资者和结算公司。到 2012 年，证监会宣布国务院批准"新三板"扩容，同时全国中小企业股份转让系统公司（即"新三板公司"）正式成立。2013年2月"新三板"公司出台了业务规则及配套文件。2014年6月5日，《全国中小企业股份转让系统做市商做市业务管理规定（试行）》（以下简称《做市业务管理规定》）发布实施，该管理规定与前期已发布实施的《全国中小企业股份转让系统股票转让细则（试行）》（以下简称《股票转让细则》）一起，构成了全国股份转让系统挂牌公司股票做市转让业务的基本制度框架。至此"新三板"的制度规则基本完备。

二、"新三板"市场现状[①]

（一）新三板市场现状

2013年12月14日新三板进入扩容全国新纪元，股转系统经历了爆炸式的成长。"新三板迅猛发展的背后，正是国家和监管层的大力扶持，从扩容开始，新三板被国字号文件关注的程度，与之前很多年相比是有天差地别的变化的。2013年12月20日至今，证监会共召开31场新闻发布会，新闻发言人提及新三板或股转系统的次数，达13次。这种空前的关注程度以前不敢想象。国家对于新三板的高度重视和政策支持，不仅增加了我们投资新三板市场的信心，也对券商估值定价能力、投研实力及资金实力等方面提出了更高的要求。"据统计，截至目前，国务院层面一共四次发布红头文件，提及股转系统。

2013年12月14日国务院发布《关于全国中小企业股份转让系统有关问题的决定》（以下简称《决定》），全文共6条内容，为新三板的发展指明方向，也开启了新三板的新纪元。"《决定》是按照党的十八大、十八届三中全会关于多层次资本市场发展的精神和国务院第13次常务会议的有关要求制定，这是国务院层面的行政法规，明确了全国中小企业股份转让系统是经国务院批准，依据证券法设立的全国性的证券交易场所，充分说明国务院对于新三板的重视。"

此后，另一份"国字号"文件也出现关于新三板的内容，而且，所占篇幅不小，2014年1月19日，国务院印发2014年中央"一号文件"《关于全面深化农村改革加快推进农业现代化的若干意见》。"一号文件"明确引导暂不具备上市条件的高成长性、创新型农业企业到全国中小企业股份转让系统进行股权公开挂牌与转让。当时，新三板挂牌的主要是科技型公司，暂无农业类。文件指出，要加快农村金融制度创新，"支持符合条件的农业企业在主板、创业板发行上市，督促上市农业企业改善治理结构，引导暂不具备上市条件的高成长性、创新型农业企业到全国中小企业股份转让系统进行股权公开挂牌与转让。""一

---

① 付珍珠：《"新三板"市场的形成、现状及作用》，载《流通经济》，2014（14）。

号文件"的发布能够鼓励更多的农业中小企业参与场外交易市场,不仅如此,文件明确高成长性、创新型农业企业可以挂牌新三板具有创新意义。"一号文件"涉及新三板,恰好说明新三板日益受到重视,作为第三个全国性交易所,股转系统将发挥更多的功能。

2014年5月8日,又一份涉及新三板的重磅文件《国务院关于进一步促进资本市场健康发展的若干意见》(以下简称"新国九条")印发。关于新国九条和新三板,证监会副主席姚刚在清华五道口金融论坛上讲道:"新国九条有这么一节,加快多层次股权市场建设,在这一节当中就提到了新三板,叫加快完善全国中小企业股份转让系统,建立小额便捷灵活多元的投融资机制。建立这个平台,是国家为促进创新型、创业型、成长型中小微企业的发展,推动国家产业结构调整和经济发展方式的转变,激活民间投资,发挥市场在配置资源中的决定性作用的一个非常重要的战略举措。"新国九条发布后,股转系统也是高度重视,集中力量落实了六个方面的工作部署,继续细化了股转系统正在进行和未来将要开展的多项工作。

近一个月内,新三板再次被国务院第23次常务会议及一份国字号文件《国务院办公厅关于多措并举着力缓解企业融资成本高问题的指导意见》(以下简称《指导意见》)提及。其中,国务院总理李克强7月23日主持召开的国务院常务会议,部署多措并举缓解企业融资成本高问题,要求大力发展直接融资,发展多层次资本市场,支持中小微企业依托中小企业股份转让系统开展融资。《指导意见》第八条大力发展直接融资提及,健全多层次资本市场体系,支持中小微企业依托全国中小企业股份转让系统开展融资。

"国务院一个月内两次提到中小微企业要依托股转系统展开融资,降低融资成本。目前,新三板企业通过定增融资逐渐普遍,股转系统已成为我国改善融资结构重要的一部分。"可预见的是,新三板还会继续出现在国字号文件和重要会议中,或许市场将习以为常,不再感到意外。"作为第三个全国性交易所,股转系统正在承担与沪深两个证券交易所一样的使命,也是国务院经济工作部署中一颗重要棋子。"

新三板经过八年多的跨越式发展,如今已初具规模,总体运行平稳,秩序良好,吸引了一大批优质的高科技、高成长中小企业参与试点。近日,根据全国中小企业股份转让系统(俗称"新三板")公布的挂牌上市中小企业信息名单,显示约有1 200家中小企业上新三板。对这1 200家挂牌的中小企业情况统计,分析出了这1 200家中小企业的省份分布情况,根据表1-1中统计显示的数据可以看出全国34个省市的情况,经济发达地区的挂牌数量遥遥领先相比较落后的地区,暂时没有挂牌新三板的青海、西藏、内蒙古三个省区。根据新三板发展的历程来看,北京最先试点理所当然新三板挂牌中小企业最多,可以看出经济发达地区的挂牌数量明显比经济发展较慢地区挂牌数量多。最终原因是经济发达地区的中小企业较多发展相对较好，上市也就多一些。

　　新三板的区域分布，也恰恰反映出我国区域经济发展的不平衡。环渤海、长三角、珠三角等区域，受益于区位优势，资源相对集中，高新技术产业发展较为领先，挂牌数量遥遥领先。而以四川、甘肃、陕西、湖南等省份为代表的中西部地区，创新经济并不活跃，高新技术企业分布较为分散，挂牌数量寥寥。

　　新三板从 2006 年试点起，经过 7 年多时间在 2013 年 12 月扩大到全国，终于苦尽甘来。新三板迅猛发展，展露了中国纳斯达克的希望和光芒。

　　表 1-2 中对历年的挂牌总数做了统计，也详尽地罗列了全国扩容后在 2014 年里各月的发展情况。从表 1-2 统计可以看出 2006 年到 2013 年这 7 年时间里总挂牌 354 家，而截至 2014 年 10 月 21 日就挂牌了 840 家，强烈的对比，一年不到时间是前 7 年总和的近 3 倍。这显示出了新三板在全国扩容后的强大发展力。

　　总体分析了新三板的挂牌现状，对 2014 年这 10 个月的挂牌也做了详细的统计，从数据上可以看出挂牌波动呈现 V 字形，1 月份和 8 月份都达到了 200 多家，其他几个月的在 50 家左右。现在 9 月和 10 月大约也在 50 家了，结合在审的现在有 600 多家，估计在 12 月份又有一个 200 多家的挂牌爆发。

　　经过 8 年左右的发展，截至 2014 年 10 月 21 日，新三板挂牌马上突破 1 200 家。从近一段时间的分析，现在企业以每天 3.5 家左右的速度挂牌新三板。在年底突破 1 500 家已是必然（见表 1-1、表 1-2、表 1-3、表 1-4）。

表 1-1　　　　　　　　　新三板挂牌公司地区分布情况

排名	所属地区	数量
1	北京市	327
2	上海市	132
3	江苏省	114
4	广东省	113
5	湖北省	74
6	山东省	66
7	浙江省	42
8	安徽省	38
9	辽宁省	33
10	天津市	33
11	河南省	30
12	福建省	26

续表

排名	所属地区	数量
13	湖南省	25
14	四川省	24
15	陕西省	17
16	重庆市	13
17	河北省	12
18	云南省	10
19	贵州省	9
20	黑龙江	9
21	江西省	9
22	宁夏回族自治区	9
23	新疆维吾尔自治区	9
24	广西壮族自治区	4
25	吉林省	4
26	甘肃省	2
27	海南省	2
28	山西省	1
	总计	1 197
2014 年 10 月 20 日		

数据来源：http：//www.xinotc.com/。

表 1－2   **2006—2014 年新三板挂牌情况**

月份	数量	年份	数量
		2014 年	840
1 月份	267	2013 年	156
2 月份	27	2012 年	105
3 月份	11	2011 年	25
4 月份	56	2010 年	16
5 月份	47	2009 年	19
6 月份	50	2008 年	16
7 月份	76	2007 年	11
8 月份	219	2006 年	6
9 月份	46		
10 月份	41	总计	1 194
统计日期：2014 年 10 月 21 日			

数据来源：http：//www.xinotc.com/。

表1-3　　　　　挂牌公司资产规模分布情况

分布区间	家数（家）	占比（%）	平均总资产（万元）
5亿元以上	42	4.16	147 580.41
3亿~5亿元	65	6.44	38 687.03
0.5亿~3亿元	493	48.86	12 514.86
0.1亿~0.5亿元	366	36.27	2 712.02
1 000万元以下	43	4.26	763.40
总计	1 009	100.00	15 766.39

注：以上数据根据2014年8月16日Wind数据整理而成。

表1-4　　　　新三板挂牌公司行业分布及主要经营数据情况

行业名称	挂牌家数	股份总量（万股）	总资产均值（万元）	净资产均值（万元）	营业收入均值（万元）	净利润均值（万元）
制造业	548	1 913 901.10	15 770.94	7 492.36	10 228.42	715.93
信息传输、软件和信息技术服务业	269	628 186.30	7 879.35	4 216.49	5 537.21	392.55
科学研究和技术服务业	33	72 691.87	4 733.04	2 712.56	3 355.95	271.26
建筑业	31	156 014.53	40 437.01	12 562.27	19 921.16	1 108.09
农、林、牧、渔业	22	141 479.22	24 740.51	12 235.20	13 773.43	860.62
租赁和商务服务业	20	73 523.23	9 538.07	5 710.37	7 048.86	600.01
文化、体育和娱乐业	20	50 732.30	8 981.64	5 046.40	4 862.93	622.60
批发和零售业	12	55 173.71	30 555.11	9 067.88	49 016.46	369.49
卫生和社会工作	10	27 302.50	5 532.57	3 478.38	9 613.73	127.39
采矿业	10	30 165.19	13 097.94	6 296.45	8 265.70	931.62
水利、环境和公共设施管理业	10	28 453.00	10 890.76	5 369.70	5 147.01	831.73
金融业	7	882 848.33	271 137.46	78 088.15	22 444.18	5 559.56
交通运输、仓储和邮政业	7	29 674.31	17 335.49	8 909.34	17 070.32	1 020.29
居民服务、修理和其他服务业	5	12 280.00	11 940.81	6 254.73	21 440.19	2 665.50
电力、热力、燃气及水生产和供应业	4	15 721.43	13 295.78	6 264.30	4 055.11	639.50
教育	2	7 200.00	13 726.10	12 823.00	15 760.40	1 901.60
综合	2	7 214.82	24 322.48	12 310.43	27 097.99	1 702.75
合计/平均	1 012	4 083.56	30 818.53	11 696.35	14 390.53	1 195.32

注：以上数据根据2014年8月16日Wind数据分析填列。

新三板市场从 2006 年 1 月 23 日设立以来,截至 2014 年 10 月 21 日约有挂牌中小企业 1 200 家。统计数据显示,2006—2010 年新三板每年平均新增挂牌公司 16 家;2011 年新增 23 家、2012 年新增 103 家、2013 年新增 156 家,新三板日趋完善的融资、转板等功能也具有一定吸引力。2014 年新三板更加火爆,突破千家,近年来新三板挂牌公司扩容趋势有所提速。截至 2014 年 6 月 30 日总股本数 280 亿股,总体上呈增长趋势。而从成交笔数、成交股数和成交金额上看新三板市场流动性较差,市场活跃程度有待提高。但总体来说以上各项指标都呈现快速上升的态势,这些都说明新三板是个有效的资本市场。

(二) 新三板市场中小企业情况[①]

新三板综合了各种举措和要素推动,尽管新三板的挂牌门槛低,也没有任何盈利要求,对企业注册资本金也没有设限,但是并不是所有公司都适合挂牌新三板。数据显示,目前的挂牌企业中,并没有注册资本金低于 500 万元的企业。短期内,新三板企业更多还是服务于中小型、成长期的企业,这些企业的融资需求或者是成为一家公众公司谋求更大发展机遇的诉求较大,他们具备一定的盈利能力,甚至未来 3~5 年有 IPO 计划,这与目前市场对新三板的普遍期待比较契合。但从长远来看,一些致力于开拓战略性新兴产业的创业期、中小微企业,即使暂时亏损或规模不大,鉴于行业前景明朗、市场增值空间大等因素,都极有可能成为新三板的目标公司,以及 PE 或 VC 的投资标的。而且,一旦新三板真正成为中国的"纳斯达克",那么,这部分中小微企业才是新三板真正的发展动力所在。

新三板已挂牌中小企业近几年的发展总体上是综合各种举措和要素推动的结果,但通过新三板所直接带来的资金、资本运作也是重要的推动力量之一,全国中小企业股份转让系统官方微博最新数据显示,股转系统 95% 的企业按时披露半年报。上半年,新三板挂牌公司合计净利润 34.56 亿元,同比增长 24.86%,794 家挂牌公司实现盈利,占比 72%。

具体来看,上半年挂牌公司总资产合计 2 033.44 亿元,平均总资产 1.85 亿元,较 2013 年末增加 12.35%;净资产合计 915.29 亿元,平均净资产 0.83 亿元,较 2013 年末增长 14.81%;平均资产负债率为 54.99%,比 2013 年末降低约 1 个百分点。上半年新三板挂牌公司合计实现营业收入 642.21 亿元,同比增长 13.35%;净利润 34.56 亿元,同比增长 24.86%;平均净利润率 5.38%,同比提高 0.50 个百分点。扣除非经常性损益后净利润合计 28.32 亿元,同比增长 9.72%。794 家挂牌公司实现盈利,占比 72%。

值得注意的是,新三板经营现金流有整体改善,净流入合计 3.07 亿元,平

---

① 肖青:《2014 年新三板市场现状与前景分析》。

均流入额为 278.79 万元，同比增加 166.87%。挂牌公司筹资活动产生的现金流量净额合计 8.45 亿元，其中 480 家现金流量净额为正值，合计 66.57 亿元；423 家为负值，合计 −58.12 亿元，筹资活动同比趋于活跃。除此之外，挂牌公司平均研发投入有所增加。披露 2014 年上半年研发费用的有 805 家挂牌公司，合计 21.41 亿元，平均研发费用 265.62 万元，同比增长约 10%。

股转系统表示，2014 年新挂牌公司平均营业收入与盈利额较大，净利润增幅较为可观。新挂牌的公司平均营业收入同比增长 13.27%，平均净利润同比增长 27.10%，平均净资产收益率为 4.30%。2014 年前挂牌的公司 2014 年上半年平均营业收入同比增长 13.65%，平均净利润同比增长 12%，平均净资产收益率为 2.10%。多位新三板人士表示，2015 年以来新三板挂牌中小企业质量有明显提高，券商对项目的选择也较此前谨慎。因为目前仍有几百家排队中小企业，如果质地较好的中小企业挂牌，审核速度会很快。

从监管层对新三板的期待和设立初衷来看，新三板服务于创新、创业、成长型中小企业，是未来资本市场的基石，无疑，这里将诞生一大批优秀的、伟大的公司。除了挂牌数量上的剧增，可以看到的是，2014 年，新三板的挂牌中小企业质量、交易制度、融资方式、市场角色均将给整个资本体系建设带来新的希望。

三、新三板市场的功能

（一）为高科技中小企业提供理想的资本平台

根据中国资本市场的现状分析，新三板是创立期高科技中小企业成长的最佳摇篮。其上市挂牌的条件很宽松，只要公司设立满两年，业务明确，发展潜力可观，公司治理结构健全，就可以向证券业协会提出挂牌申请，对盈利水平没有硬性要求，这正好契合创立期高新技术中小企业的优势。通过这一市场化的资本平台，使得高新技术中小企业的融资不再局限于银行贷款和政府补助，更多的股权投资基金将会因为有了新三板的制度保障而主动投资。高新技术中小企业不仅可以获得成长所需的资金、技术、市场等各种要素，也完善了市场化的融资、资产价值的评估等各种融资机制安排，从而使其实现快速发展。

（二）为挂牌中小企业带来市场声誉的提高、财务管理的规范和现代公司治理制度的建立

民营企业在创立之初往往并不十分注重严格意义上的企业管理制度，尤其是高新技术企业的创办人更多的是技术人才，对规范经营、成本控制方面经验相对欠缺。园区中小企业在挂牌进入新三板的过程中，券商、会计师、律师等专业人士的尽职调查，适度的信息披露，加上相关部门的监管等，将促使其完善公司治理结构和管理制度，为公司业务的发展壮大提供有力的组织和管理上

的支持。据证券业协会公布的数据，新三板市场大部分公司的总营业收入和净利润出现较大幅度增长。

（三）促进风险投资的发展

对于投资新三板挂牌公司的私募股权基金来说，成为一种资本退出的新方式，从而能够积极促进风险投资的发展，挂牌中小企业也因此成为私募股权基金的另一投资热点。

（四）发展多层次资本市场体系的需要

在资本市场体系中，新三板市场有着诸多特点。相对于沪深证券交易市场，它是标准较低、风险较高的场外市场；相对于以大宗产权、固定资产、土地等非标准化产品为交易对象的产权交易所，它是以标准化的基础性金融工具（主要是股票）为交易对象的市场。因此，对于达不到或暂时达不到主板和创业板上市要求的中小企业来说，新三板市场则为其提供了一个选择机会，使其能够依据自身发展需要及时得到资金支持，并且待时机成熟时，可望晋升到创业板或主板市场挂牌。因此，新三板市场作为我国多层次资本市场体系的一个重要组成部分，是主板市场和中小板市场的基础和前台。未来我国资本市场的理想模式，就是从三板市场到中小板市场或者创业板市场，再到主板市场的金字塔形状。

四、新三板与主板、中小板、创业板的区别和联系

全国中小企业股份转让系统的投资者群体相较于主板、中小板和创业板有更为严格的限制，不是一般人能够参加的。在个人投资者方面，投资者本人名下前一交易日日终证券类资产市值在 300 万元人民币以上。证券类资产包括客户交易结算资金、股票、基金、债券、券商集合理财产品等，信用证券账户资产除外。

新三板还要求个人投资者必须具有两年以上证券投资经验，或具有会计、金融、投资、财经等相关专业背景或培训经历。

全国中小企业股份转让系统交易方式大幅创新，可以采用协议方式、做市方式、竞价方式。主板、中小板、创业板目前采用的是竞价交易方式，以及协议大宗交易和盘后定价大宗交易方式。

挂牌股票还可以转换转让方式，采取协议转让方式的，系统同时提供集合竞价转让安排。挂牌股票采取做市转让方式的，须有 2 家以上做市商为其提供做市报价服务，做市商应当在全国股份转让系统持续发布买卖双向报价，并在报价价位和数量范围内履行与投资者的成交义务。

新三板挂牌公司股票可以实行标准化连续交易，实行 T + 1 规则。

在风险警示方面，全国中小企业股份转让系统对风险警示条件较为关键的

是"净资产为负",相对于主板、中小板、创业板更为宽松,应对经济环境的变动所导致的业绩变化也更有弹性。

全国中小企业股份转让系统相对看重信息披露,对收入和盈利都没有硬性指标要求,要求做风险警示的情况是:最近一个会计年度经审计的期末净资产为负值;最近一个会计年度的财务会计报告被出具否定意见或者无法表示意见的审计报告。

在退市条件中,全国股份转让系统也没有对公司盈利、交易活跃度、交易股价等进行任何硬性要求,更加强调信息披露和主办券商的督导作用。

全国股份转让系统退市制度暗示了挂牌企业申请沪深证券交易所上市更为便利。根据股份转让系统业务规则,挂牌企业出现下列情形之一的,全国股份转让系统公司终止其股票挂牌:"中国证监会核准其首次公开发行股票申请,或证券交易所同意其股票上市。"在此处表述中,向证监会申请 IPO 和向交易所申请上市采取了并列的方式,两者可选其一。

表 1–5　　　　　　　新三板与主板、中小板、创业板的区别和联系

		全国中小企业股份转让系统	主板	中小板	创业板
一、挂牌条件	主体资格	境内股东累计超过200人或/及股票公开转让的非上市股份公司	公开发行股票的股份公司	同主板	同主板
	股东人数	可以超过200人,未超过200人的可有条件豁免核准	不少于200人	同主板	同主板
	存续时间要求	存续满两年	存续满三年	同主板	同主板
	盈利指标要求	具有持续盈利能力	近三个会计年度净利润为正,累计超过3 000万元,净利润以扣除非经常性损失前后较低者为计算依据	同主板	近两年连续盈利,净利润累计不少于1 000万元;或近一年净利润不少于5 000万元,近两年营业收入增长率不低于30%
	现金流要求	无	近三个会计年度现金流累计超5 000万元;或近三个会计年度营业收入超3亿元	同主板	无

续表

		全国中小企业股份转让系统	主板	中小板	创业板
一、挂牌条件	净资产要求	无	最近一期末无形资产占净资产比例不高于20%	同主板	最近一期末净资产不少于2 000万元，且不存在未弥补亏损
	股本总额要求	无	公司股本总额不少于5 000万元	同主板	公司股本总额不少于3 000万元
	券商督导期要求	主券商推荐并持续督导	上市当年剩余时间及其后2个会计年度	同主板	上市当年剩余时间及其后3个会计年度
二、投资者准入条件	投资主体资格	▲机构投资者（证券公司、保险公司、证券投资基金、私募股权投资基金、风险投资基金、合格境外机构投资者、企业年金等，法人机构须注册资本在300万元以上；合伙企业须实缴资本在300万元以上）▲自然人（需具备2年以上证券投资经验，或会计、金融、财经等相关专业背景或培训。名下证券资产市值须达300万元以上）	法人、基金、自然人	同主板	同主板
三、交易制度	交易方式	可采取协议方式、做市方式、竞价方式或其他证监会批准的转让方式	采取竞价方式，大宗交易采取协议或盘后定价方式	同主板	同主板
	交易时间	周一至周五上午9:30至11:30，下午13:00至15:00	同新三板	同新三板	同新三板

续表

		全国中小企业股份转让系统	主板	中小板	创业板
三、交易制度	控投股东及实际控制人的交易限制	在挂牌前持有的股票分三批解禁，每批解禁数量均为其挂牌前所持股票的三分之一，解禁的时间分别为挂牌之日、挂牌期满一年和两年。主办券商为开展做市业务取得的做市初始库存股票除外	发行人公开发行股票前已发行的股份，自发行人股票上市之日起一年内不得转让。控股股东和实际控制人应当承诺自发行人股票上市之日起三十六个月内不得转让	同主板	同主板
	涨跌幅限制	股票转让不设涨跌幅限制	涨跌幅限制比例为10，ST和＊ST等被实施特别处理的股票价格涨跌幅限制比例为5%	同主板	同主板
	申报数量限制	申报数量应当为1 000股或其整数倍	通过竞价方式买入股票的，申报数量应当为100股或其整数倍	同主板	同主板
四、风险警示条件	连续亏损	—	两年	同主板	两年，在披露其后首个半年报时
	净资产为负	一年	一年	同主板	一年
	营业收入低于1 000万元	—	一年	同主板	—
	审计报告为否定或无法表示	一年	一年	同主板	一年，在披露其后首个半年报时
	未改正财务报告中重大差错	—	未按时改正，且公司股票已停牌两个月	同主板	未按时改正，规定期限届满后次一交易日
	未按时发布年报和半年报	—	未按时改正，且公司股票已停牌两个月	同主板	未按时改正，规定期限届满后次一交易日

续表

		全国中小企业股份转让系统	主板	中小板	创业板
四、风险警示条件	股权分布不符合上市条件	—	连续20个交易日不符合上市条件，提出解决方案获交易所同意，恢复交易当天	同主板	连续10个交易日不具备上市条件的，在其后首个交易日
	股本总额变化，不具备上市条件	—	一旦发生，即暂停上市（不再风险警示）	同主板	知悉股本总额发生变化不再具备上市条件时进行风险警示
	宣告破产	—	披露相关破产受理公告后的次一交易日	同主板	—
	公司解散	—	披露可能被解散公告后次一交易日	同主板	—
五、退市条件	连续亏损	—	四年	同主板	同主板
	净资产为负	—	三年	同主板	两年
	营业收入低于1 000万元	—	三年	同主板	—
	审计报告为否定或无法表示意见	—	三年	同主板	两年半
	因财务触及退市，未在法定期限公布年报	—	被暂停上市后未在法定期限披露年报	同主板	—
	未改正财报中的重大差错	—	六个月	同主板	同主板
	未按时披露年报或中报	两个月	六个月	三个月	三个月
	累计成交量过低	—	120个交易日累计成交低于500万股	同主板	同主板

续表

		全国中小企业股份转让系统	主板	中小板	创业板
五、退市条件	收盘价低于每股面值	—	连续 20 个交易日	同主板	同主板
	连续 20 个交易日股权分布不符合上市条件	—	暂停上市后六个月仍不符合的	同主板	同主板
	公司股本总额发生变化不再具备上市条件的	—	交易所规定期限内仍不达标的	同主板	同主板
	宣告破产	—	被法院宣告破产的	同主板	同主板
	公司解散	公司清算注销后退市	因故解散的	同主板	同主板
	受到交易所公开谴责的	—	—	36 个月内三次	同中小板
	未在规定期限内补充恢复上市资料的	—	未能在 30 个交易日内补充的	同主板	同主板
	因财务被暂停上市后不具备恢复上市条件的	—	因财务被暂停上市后不具备恢复上市条件的	同主板	同主板

五、新三板与全球其他场外交易市场的特征分析和国际比较

按照上述场外交易市场的定义，并结合本章所做研究的目的，我们从六个国家和地区中选取了七个场外市场来作为比较分析研究的样本。这些待考察市场或者具有区域乃至世界影响力，或者具有独到的发展经验值得研究，既包括像美国、英国和日本这样的传统发达国家，也包括像韩国、印度和中国台湾这样的新兴市场国家和地区。这些入选的样本市场分别是美国 OTCBB、中国台湾柜台买卖中心市场（GTSM）和兴柜股票市场、英国 Off‐Exchange、韩国 KOS-DAQ、印度 OTC 证交所（OTCEI）、日本 JASDAQ。根据场外交易市场的运行特

点，对场外市场的构建和发展模式的研究主要有如下几个关注点：市场结构、交易场所、公司上市门槛、运作模式、发展路径、交易制度和监管模式。本节将基于国际比较视角，从上述七个方面进行综合性研究，进而从不同的侧面与维度对这些国家和地区的场外交易市场的设立和发展进行深入地分析和揭示，力求发掘出场外交易市场运行和发展的基本规律与模式，为我国场外交易市场的建立和发展提供有益的启示。

1. 市场结构特征——场外交易市场多层次性

从入选的样本中，我们可以发现，七个样本市场分别来自六个国家和地区，其中柜台买卖中心市场和兴柜市场都选自中国台湾地区。通过对世界各国和各地区场外交易市场的考察，我们发现，其实同一国家或同一地区同时存在两个或多个场外市场并不是一个偶然的现象。例如，在美国，其场外交易市场除了我们选取的 OTCBB 之外，还包括有粉红单市场（PINKSHEETS）和黄单市场（YELLOWSHEETS）等；在韩国，其场外交易市场除了 KOSDAQ 外，还包括有KOTCBB（Korea Over The Center Bulletin Board）；在日本，其场外交易市场除了JASDAQ 外，还包括 NASDAQ – JAPAN；在印度，其场外交易市场除了印度 OTC证交所外，还包括班加罗尔交易所等。由此，我们可以得出如下推论：首先，场外交易市场应该是多层次的，即多层次性是当前世界其他国家和地区场外交易市场一个共有的显著特征。这些不同的场外市场，以其不同的功能定位、层级和服务对象等特征共同构成了本国或本地区完善统一的资本市场，从而更好地实现了场外市场促进私募股权基金的发展、提高中小企业的融资效率和促进经济增长等功能。同时，场外交易市场的这种多层次性并非表现为一种多市场的简单的并列结构，而是普遍呈现一种具有更加紧密衔接关系的链状结构，这种结构关系往往通过不同层级之间环环相扣的转板制度来体现和保证。而对于交易所市场而言，虽然其内部也有分为若干模块的情形，但这些不同模块之间大多是横向的并列平行关系，并不存在纵向的对接关系和连通机制。

2. 交易场所

从交易场所这一特征指标来看（见表 1 – 6），各个场外交易市场所采用的交易场所形式并不完全相同。其中，OTCBB、兴柜市场、Off – Exchange、KOS –DAQ 都采用了无形的交易场所，依靠电子网络形式的无形市场来组织交易活动；而柜台买卖中心市场、印度 OTC 证交所、JASDAQ 则均采用有形的交易场所。

表 1 – 6 　　　　　　　　　　　交易场所特征指标

	OTCBB	GTSM	兴柜市场	Off – Exchange	KOSDAQ	OTCEI	JASDAQ
交易场所	无形市场	有形场所	无形场所	无形市场	无形市场	有形场所	有形市场

这一事实可以说明交易场所是有形的还是无形的并不能成为判定场外交易市场的重要标准，或者说，单纯地使用是否具有固定的交易场所这一标准去界定场外交易市场已不再适用。当代社会经济技术条件下的场外市场也可以使用固定的有形场所，以作为其链状市场体系的功能结点，来更加高效合理地实现自身的功能定位。

总之，场外交易市场的构建和发展不应被其所依赖的交易场所的具体形式所束缚，在场外交易市场的建设和发展过程中，是建立一个有形的市场还是一个无形的市场，应该根据本国或本地区的具体情况来选择。

3. 公司上市门槛

从表1-7中可以看出，OTCBB、兴柜市场、Off-Exchange 和印度 OTC 证交所在公司上市门槛方面没有限制或基本没有限制；而 KOSDAQ、柜台买卖中心市场和 JASDAQ 在公司上市门槛方面却设置了相对严格的标准。

一方面，这表明各个场外交易市场对其上市公司的要求并没有严格一致的规定，其为上市公司设置的具体门槛高低有赖于其自身在整个场外交易市场中的层级和功能定位，同时也会受到本国或本地区具体经济和企业发展状况的影响；另一方面，虽然有些场外交易市场为其上市公司设置了相对较高的门槛限制，但这些门槛限制与当地的场内市场（交易所市场）相比而言，却都要低很多。

表1-7 公司上市门槛特征指标

	公司上市门槛
OTCBB	基本上对公司的净资产、利润没有要求；只需定期向 SEC 和其他监管机构报送相关资料信息即可。
GTSM	最低市值：一般类公司1亿元新台币；创新成长型公司5 000 万元新台币。获利能力：个别及依财务会计准则公报第七号规定编制之合并财务报表之决算营业利益及税前纯益占实收资本额之比率最近一个年度达4%以上。且其最近一个会计年度决算无累积亏损者，最近两个年度均达2%以上。最近两个年度平均达2%以上，且最近一年度之获利能力较前一年度为佳者；前述合并财务报表之获利能力不予考虑少数股权纯（损）益对其影响；但前者决算营业利益及税前净利润，于最近一个会计年度不得低于新台币400 万元。改立年限：依公司法设立登记满两个完整会计年度。股权分散限制：持有股份1 000~50 000 股的记名股东人数不少于300 人，且其所持股份总额合计占发行股份总额10%以上或逾500 万股。
兴柜市场	没有限制
Off-Exchange	没有最低上市标准，没有规模、经营年限以及公众持股量的要求。

续表

	公司上市门槛
KOSDAQ	最低市值：新兴公司无限制；一般企业与外国公司，资本额5亿韩元以上；负债与股东权益比率不超过100%或同类股票平均比率的1.5倍。获利能力：新兴公司无限制；一般企业与外国公司最近一个年度净利润为正值。设立年限：新兴企业无限制；一般企业与外国公司要求设立三年以上。股权分散限制：新兴事业要求公司股份总数30%以上或公司股份总数10%以上且不低于100万股应由500人以上之小股东所持有；一般企业与外国公司无限制。
OTCEI	资本额达到300万卢比（约合人民币60万元）的公司。
JASDAQ	最低市值：登记股票，最近一营业年度年底净资产不少于200万日元；特别股票，净资产达两亿日元以上。获利能力：登记股票最近一营业年度每股税前盈余不少于10日元；特别股票无要求。股权分散限制：登记股票流通在外发行股数少于2 000万股，股东人数不少于200人，大于2 000万股，股东人数不少于400人，特别股票无限制。

总之，通过对这些场外市场公司上市门槛特征的比较分析，我们发现，由于其对公司上市设定的门槛不同程度地低于场内交易市场，使得各场外交易市场挂牌公司的质量都明显低于相应场内市场的上市公司。这样，市场中融资主体的资质水平仍然是界定市场类别的重要特征之一。同时，上述分析比较也表明，公司上市门槛的设定应结合各国和各地区自身的具体情况来确定，但这一门槛必须要明显地低于其场内交易市场的公司上市门槛，这可以说是场外交易市场构建过程中的基本原则和一般规律。

4. 运作模式

在运作模式方面（见表1-8），OTCBB、兴柜市场、Off-Exchange和印度OTC证交所并没有规范的制度化设计；而柜台买卖中心市场、KOSDAQ和JAS-DAQ却均是采用了制度化的管理运作模式。无规范的制度化设计与规范的制度化管理在所选样本市场中基本上表现为1:1的比例关系。

表1-8　　　　　　　　　　运作模式特征指标

	OTCBB	GTSM	兴柜市场	Off-Exchange	KOSDAQ	OTCEI	JASDAQ
运作模式	没有规范的制度化设计	制度化管理	没有规范的制度化设计	没有规范的制度化设计	制度化管理	没有规范的制度化设计	制度化管理

由此可见，一方面，单个独立的场外交易市场在其自身运作模式构建过程中既可以结合其具体情况和特殊需要来安排运营主体、操作规则和相关运作制度，而不必拘泥于规范统一的制度化要求，同时也可以出于某些客观实际的要

求而采用规范的制度化管理模式；另一方面，对于一个完整的、多层次的场外交易市场体系来说，其各个子市场也可以在市场运营主体、内部相关规则制度等方面做出一些灵活适宜的安排和调整，只要连接各个子市场的纽带———转板制度能够合理有效地发挥作用即可。

总之，通过对这些市场运作模式方面的考察和分析，我们可以发现：在场外交易市场的建设和运营过程中，是否采用规范的制度化管理运作模式并没有固定不变的一致要求，更多地应该考虑本国或本地区在建设和发展场外交易市场过程中所面对的具体经济社会背景和遇到的具体情况，并应在此基础上安排适合自己的运作模式。

5. 发展路径

从发展路径这一特征指标来看（见表 1 - 9），七个场外交易市场无一例外，都是由资本市场中相应的民间团体或组织（主要是一些证券商协会之类的自律、自治性组织）来发起成立的，市场自身的力量在场外市场的设立和发展过程中起到了重要的作用。

表 1 - 9　　　　　　　　　　　　发展路径特征指标

	OTCBB	GTSM	兴柜市场	Off - Exchange	KOSDAQ	OTCEI	JASDAQ
发展路径	美国证券商协会成立	台北市证券商业同业公会成立	柜台买卖中心成立	JP Jenkins 公司创设	韩国证券交易商协会发起成立	券商自发成立	日本证券业协会成立

这一场外交易市场建立的一致性特征从某种程度上说明：什么时候建立场外交易市场，由谁来建设场外交易市场，建设什么样的场外交易市场，都应该由市场来起主导和决定性的作用。建立场外交易市场的前提是资本市场上产生了相应的需求且这种需求是成规模的，这一点决定了场外交易市场设立的时机，也从根本上决定了所设场外交易市场的前途和命运；在一个市场经济占主导地位的国家或地区，组织设立场外市场的主体并不一定是政府或其代理人，而应决定于组织设立场外交易市场的效率，即谁能更有效率地完成这一工作就由谁来运作，显然市场自身的力量往往会比政府行为表现得更有效率；各国和各地区设立场外交易市场并不是起步于空白，而往往是市场自身已经孕育了一些场外市场起步的萌芽，诸如一些小规模的机构和组织、有待完善的制度规范和零散的交易等。此外，场外交易市场的发展呈现为一种动态的演进过程，即场外市场的发展大都具有周期性和阶段性的特征。这主要是受到了市场中挂牌公司发展的影响，或者说，场外市场发展的这些特征正是由其服务的对象之一———上市公司发展的周期性和阶段性特征来决定的。

6. 交易制度

通过对交易制度这一特征指标的总结分析（见表 1 - 10），可以看出，柜台买卖中心市场、Off - Exchange、印度 OTC 证交所和 JASDAQ 均采用了竞争做市商和竞价制度相结合的混合型做市商制度。

表 1 - 10 交易制度特征指标

	OTCBB	GTSM	兴柜市场	Off - Exchange	KOSDAQ	OTCEI	JASDAQ
交易制度	传统做市商制度	混合型做市商制度	在自营商处所议价（传统做市商制度）	混合型做市商制度	竞价制度	混合型做市商制度	混合型做市商制度

这说明场外交易市场在交易制度选择方面更倾向于竞争做市商和竞价制度相结合的混合型做市商制度。场外交易市场均一致性地采用混合型做市商交易制度并非巧合，而正是场外市场交易制度的一个共有的特征。这是因为：首先，场外交易市场的一个重要的特征是对上市公司的要求比较宽松，设置的上市门槛比较低。这使得场外交易市场与交易所市场相比来说，其上市公司质量的差异性会更大，其证券的流动性也必然会面临很大的差别。通过引入竞争性做市商制度就弥补了竞价交易制度下可能发生的流动性不足，特别是大宗交易困难的缺陷。其次，当市场发展到一定阶段之后，单纯的做市商制度又往往会凸显出一些固有的弊端和内在的缺陷，主要表现为效率的相对低下、成本相对较高、利己交易损害投资者利益等，混合型做市商制度通过其竞价交易机制有效地抑制了传统做市商制度中存在的这些问题。

总之，混合型做市商制度兼具竞价交易机制和竞争性做市商制度的优点。随着场外交易市场的发展和其市场流动性的提高，将竞争做市商制度和竞价制度有机结合，从而建立起混合型做市商制度，在一定程度上代表了市场微观结构变化和发展的一种趋势。

7. 监管模式

从监管模式这一特征指标来看（见表 1 - 11），可以得出两方面的结论：场外交易市场绝大多数都应纳入资本市场行政监管的监督管理范围；对场外交易市场的监督管理应该是多层次多主体的复合监管体制。

七个样本市场中，除了兴柜市场和印度 OTC 证交所接受单一的民间自治性团体的监督管理之外，OTCBB、柜台买卖中心市场、Off - Exchange、KOS - DAQ 和 JASDAQ 都已正式纳入了其本国或本地区政府行政监管的范围之内，形成了一种行政监管和行业自我监管的多头复合监管体制。各市场相同的监管模式却有着不同的形成过程和原因：柜台买卖中心市场、KOSDAQ 从设立之初就形成了这样的多头复合监管模式；OTCBB、Off – Exchange 和 JASDAQ 起初并未纳入本国的行政监管范围，只是由于其发展壮大以后，对整个资本市场的影响越来越大，使得监管当局不能再无视其存在，才将其纳入监管之列，形成了当前的这种监管模式。可以想见，还未纳入政府行政监管的兴柜市场和印度 OTC 证交所或许在不久的将来也会形成这样的复合监管模式。

表 1 – 11　　　　　　　　　监管模式特征指标

	OTCBB	GTSM	兴柜市场	Off – Exchange	KOSDAQ	OTCEI	JASDAQ
监管模式	美国证券商协会和证券交易委员会管理	证管会和柜台买卖中心	柜台买卖中心代管	英国证监会和 JP Jenkins 公司	KOSDAQ 委员会和韩国金融监督委员会	证交委（法人团体、非国家机关）	JASDAQ 交易所、金融服务代理、证券交易监管委员会

第三节　新三板市场现存问题与前景展望①

作为我国多层次资本市场中的基础性平台，新三板在北京中关村的实践已经证明，其所带来的股权融资在金融体系建设中的重要意义。乐观估计，未来几年，在扩容条件下的新三板市场挂牌的中小企业数将超过 3 000 家，一举超过沪深主板上市公司数量，而为全国众多的高新技术中小企业打开资本市场大门，这将为我国直接股权类融资方式的发展带来机遇。

一、新三板现状问题

（一）市场规模较小，流动性不足

从 2006 年全国股份转让系统建立至今，经过 8 年的发展，其挂牌中小企业的数量从 2011 年不足百家到目前的 600 余家，在政府部门、金融机构、高新技术企业等多方力量积极参与建设背景下，新三板市场已经逐渐地登上了中国资本市场的大舞台。但与主板市场相比，新三板凸显了市场总体规模小、交易总量小、速度慢、经常性的零成交，甚至某些挂牌中小企业长期无法成交的问题。截至 2014 年 2 月底，新三板市场的挂牌中小企业数量总计 649 家，总股本达219.62 亿股，总市值达到 1 250 亿元。其中总股本在 1 亿股以上的挂牌中小企业只有 21 家，市场表现较为清淡。因为新三板市场没有在社会中引起较大关注，

---

① 曹建：《浅析新三板市场的现状问题和前景》，载《青年科学》，2014（8）。

使中小企业不了解新三板，参与挂牌的主动性不够，热情不足，券商不积极，投资者的关注度低于预期，此外对个人投资者准入也有诸多限制，这些都是导致新三板市场表现疲软的原因。

（二）新三板市场的挂牌中小企业所属行业及地区集中，不利于长期布局

在 600 余家挂牌中小企业中，由于我国区域经济发展得不平衡，北京、上海、广东、湖北、江苏的数量遥遥领先，累计约占 74.5%，而以四川、甘肃、陕西、湖南等省份为代表的中西部地区，挂牌数量很少。在行业分布中，挂牌中小企业超过八成来自制造业和信息技术产业，其中超过 50% 是制造业中小企业，信息传输、软件和信息技术服务业中小企业约占 30%。针对此种情况，政府需要放宽对行业的限制，让具有区域优势的中小企业能够进入新三板市场，地方政府也需要支持和相应的配合，实施一系列的税收等优惠政策，利用新三板市场融资功能，促进挂牌中小企业的发展，并反哺地方经济，继而打破新三板市场中挂牌中小企业行业及地区集中的问题。

（三）转板程序复杂，缺乏直接转板通道

目前，我国新三板市场挂牌中小企业只有在没有融资的情况下才能直接转板到主板或者创业板。一般情况下，新三板市场挂牌中小企业在达到主板或者创业板上市标准时，必须遵守主板或者创业板的市场准入规则，先退市，再向证监会申请 IPO。由于没有直接转板渠道，导致了挂牌中小企业在转板时浪费了大量的时间并增加了费用成本，极大地限制了挂牌中小企业向高层次资本市场的流动效率。

（四）风险控制问题

与主板市场相比，新三板市场中小企业准入门槛较低，对于资本和盈利没有太严格的要求。另外，新三板市场由于较晚形成，其风险监控机制不够完善，而挂牌中小企业是一些高新科技中小企业，其影响发展的不确定因素较多，这就导致了在新三板市场中有可能出现信用风险、经营风险、流动风险及信息披露风险等，影响投资者的投资决策。

二、新三板市场的前景

（一）进一步扩容，有条件放宽市场准入门槛，加大试点中小企业的覆盖面

目前，新三板市场试点中小企业已经扩容到符合条件的全国所有中小企业，挂牌中小企业却不足千家，而全国目前有科技型中小企业 16 万多家，高新技术中小企业 2 万多家。市场的规模仍有很大提高空间。为了进一步提升中小企业的融资能力，带动地方经济的发展，需要加大推广，政府牵头，让中小企业和金融机构积极参与新三板的建设，扩大代办股份转让系统的规模和影响力，有条件降低市场准入门槛，使一些有发展潜力的中小企业能够进入此市场中，提

高非上市股份公司的治理水平、融资渠道和股份转让能力，为更高层次的资本市场培育优质的上市资源。

（二）建立统一的监管体系

完善的资本市场能够满足各类中小企业和投资者的需要，实现价格发现、调整资源配置等功能，对经济的发展有着重要的影响。但新三板市场建立较晚，整体较为散乱，未能形成全国统一的监管体系，无法有效地激活市场。为保证投资者的合法利益和场外交易的安全性，新三板市场需要借鉴主板市场的监管经验，采取统一的政府监管和协会自律组织监管相结合的模式。证券主管部门需要制定市场准入规则、发行规则、退出程序、信息披露等任务；而协会自律组织应设立管理机构，对市场的交易及会员的活动进行直接的监测。这种分层次的监管体制可以降低新三板市场的非系统风险，提高监管效率，同时根据市场发展变化不断调整和完善监管手段和措施。

（三）建立直接转板制度

目前，新三板市场转板机制缺乏直接转板办法，在一定程度上影响了效率和流动性。未来在市场相对成熟情况下，可以建立直接转板制度，即新三板市场中的挂牌中小企业在符合高层次的资本市场入市条件后，能够直接转至高级市场，无须遵循先退市、再申请入市的繁杂流程，因此节约了时间和资金成本，并提升挂牌中小企业的积极性和动力。新三板市场是中国多层次资本市场的基础，建立新三板与创业板、主板之间的绿色转板机制并实现相互联通的升降制度，是一种必然的趋势。在直接转板制度下，新三板市场可以真正起到多层次资本市场"蓄水池"的作用，吸引更多的高新科技创新科技中小企业进入此市场，激发新三板市场的活力，形成良好的互补局面。新三板市场中的挂牌中小企业一旦达到创业板或主板市场准入的条件时，无须经过层层审批，只需要自愿申请直接转板到高层次市场即可。

（四）逐步改进现行交易制度

目前，代办股份转让系统采取主办券商制度。主办券商负责推荐挂牌、参与非上市公司股份报价转让、监督信息披露等业务。在一定程度上提高了市场的流动性。然而建立有效的做市商制度必不可少。做市商可以通过自由资金和金融工具为市场交易提供连续双向报价，从而弥补新三板不撮合成交的缺陷，极大地提高了成交的效率和市场的流动性。通过做市商的科学报价，有助于实现对金融工具的合理定价，减少投资者的风险。

第二章 新三板的法律制度与操作程序

第一节 新三板规则体系演进

一、新三板建立初期的制度体系

2006 年 1 月 16 日，中国证券业协会发布《股份报价转让试点办法》等规则和相关协议文本，构成了我国新三板市场最初的规则体系。

（一）主要规则文件

1.《股份报价转让试点办法》

该办法是新三板市场规则体系中最为重要的文件，规定了新三板市场的主要制度。其内容包括规定证券公司报价转让系统作为新三板挂牌公司股权交易的平台、主办券商的资格标准、主办券商推荐制度、中小企业在新三板挂牌须具备的实体性条件和程序、挂牌股份限售、股份交易制度、重大信息披露和主办券商违规处理规则等重要制度。

2.《主办券商业务规则》

该规则详细规定了主办券商推荐中关村科技园区公司在新三板挂牌的具体程序，规定主办券商应该对每家申请挂牌的公司成立专门的项目小组，进行尽职调查。主办券商内部须成立专门的内核部门，审核相关的备案文件。该规则还针对项目小组和内核小组成员的任职资格做了具体规定。

3.《信息披露规则》

该规则明确规定了公司在新三板市场挂牌前和挂牌后应当予以披露的具体内容，包括挂牌公司年度报告、临时报告等；还规定主办券商应该对挂牌公司的信息披露内容予以审查。

4.《登记结算业务实施细则》

该细则规定由证券结算公司深圳分公司为在新三板挂牌中小企业办理集中登记服务，并对挂牌中小企业的申报登记进行形式审查而非实质性审查。

（二）配套操作性文件

除上述主要规则文件以外，中国证券业协会还发布了相关的操作性文件，具体可分为以下三类：

第一，中小企业在新三板申请挂牌的操作性文件。包括《中关村科技园区非上市股份有限公司如何申请股份到代办股份转让系统挂牌报价转让》、《中关村科技园区非上市股份有限公司申请股份报价转让试点资格确认办法》、《股份报价转让说明书必备内容》。

第二，主办券商推荐中小企业在新三板挂牌的操作性文件。包括《主办报价券商推荐园区公司股份进入待办股份转让系统挂牌报价转让协议书》、《主办报价券商尽职调查工作指引》、《证券公司从事报价转让业务自律承诺书》、《主办券商业务指引》。

第三，投资者参与新三板市场交易的操作性文件。包括《报价转让特别风险提示书》、《报价转让委托协议书》、《投资者如何参与股份报价转让》。

上述规则体系除沿用了老三板市场的交易模式和平台之外，对挂牌中小企业的条件、主办券商的资格、信息披露等基本制度做了明确的规定，确立了投资者委托报价制度和主办券商制度，为新三板市场的正常运行提供了制度保障。

二、2009 年改革后的制度体系

2009 年 6 月，中国证券业协会对新三板市场的适用规则进行了修改，并新发布了一些补充性操作文件。随后，中关村科技园区管理委员会发布《申请股份报价转让资格确认办法》，中国证券登记结算有限责任公司发布《股份报价转让登记结算业务指南》，从而确立了 2009 年改革后的新三板市场的制度体系。

（一）2009 年规则体系结构

1. 基本规则文件

新三板市场现行的基本规则文件包括：新《股份报价转让办法》、新《信息披露规则》和《股份报价转让登记结算业务实施细则》。上述规则对新三板市场中最为重要的挂牌主体资格、挂牌程序、适格投资主体、交易结算制度和信息披露制度等基本制度做了明确规定。其中，新《股份报价转让办法》对原《股份报价转让办法》的修改力度最大，对新三板市场的主要制度做了相应的调整，是修改其他规则文件的重要依据。

2. 规范主办券商行为的规则文件

规范主办券商行为的规则文件包括：《主办报价券商尽职调查工作指引（2009 年修订稿）》、《主办券商推荐挂牌业务规则》、《主办券商推荐挂牌备案文件内容与格式指引》、《主办券商推荐挂牌报价转让协议书（2009 年修订稿）》、《证券公司从事报价转让业务自律承诺书（2009 年修订稿）》、《证券公司关于加强报价转让业务投资者管理自律承诺书（2009 年版）》和《报价转让特别风险揭示书（2009 年修订稿）》。

上述规则进一步明确了新《股份报价转让办法》中规定的主办券商的权利

和义务，对主办券商尽职调查工作的内容、程序、方法以及报价转让的备案文件内容与格式做了指引性规定，同时提供了报价转让协议书、自律承诺书和特别风险提示书的范本。

3. 规范挂牌公司行为的规则文件

规范挂牌公司行为的规则文件主要包括《股份报价转让说明书必备内容（2009 年修订稿）》和中关村科技园区管理委员会发布的《申请股份报价转让资格确认办法》。

上述文件规定了中小企业在股份报价转让说明书中信息披露的最低标准，明确了中小企业申请在新三板市场挂牌的条件、程序。

4. 规范投资者行为的规则文件

规范投资者行为的规则文件包括《报价转让委托协议书（2009 年修订稿）》和《关于自然人投资者买卖中关村科技园区非上市股份有限公司挂牌股份有关监控业务的通知》。

上述文件提供了新三板市场中的投资者委托主办券商进行报价转让的协议书范本，并规定了投资者适度原则，即自然人投资者只能买卖其持有或曾持有股份的挂牌公司股份，不得买卖其他挂牌公司的股份。

此外，中国证券登记结算有限责任公司在 2009 年发布的新三板《登记结算业务指南》对新三板市场的交易结算制度做出了明确规定。

总体来讲，2009 年规则体系对 2006 年规则体系的改动不多，保留了新三板原来的基本制度和程序，只是缩小了投资主体的范围，对交易制度的细节进行了规范。

（二）2009 年规则体系的缺陷

1. 挂牌主体受限

在新三板挂牌的中小企业仅限于在中关村科技园区注册的非公开发行过股份的股份有限公司，也就意味着在中关村科技园区注册的有限责任公司、在中关村科技园区以外的国家级高新区注册的所有中小企业以及已经公开发行过股份的中小企业（如从主板退市的公司）都无权在新三板申请挂牌。在新三板挂牌的中小企业还需要向中关村科技园区管理委员会提交挂牌申请，取得中关村高新技术中小企业证书，并取得北京市人民政府出具的资格确认函。这实质上是将中小企业在新三板挂牌的决定权部分地交由地方政府来执行。上述条件导致全国绝大部分的创新型、成长型中小企业无法在新三板挂牌，极大地限制了新三板市场的繁荣发展。

2. 投资主体受限

（1）自然人主体

新三板市场的投资主体以机构投资者为主，自然人仅限于特定情况才允许投资。新《股份报价转让办法》对投资主体做出这种限制的目的是好的，主要是为了防范风险，保护自然人投资者的利益。但同时也限制了绝大多数自然人投资者分享挂牌中小企业发展成果的权利，制约了新三板市场的进一步发展。随着新三板市场的不断成熟，挂牌中小企业的数量逐年增加，中小企业的质量也在不断提高。不少公司在新三板挂牌后，经过定向融资，扩大中小企业规模，已经具备了在主板或创业板上市的条件。因此，越来越多的投资者开始关注新三板市场，希望分享挂牌中小企业的发展成果。但是由于投资者适度原则的限制，大多数自然人投资者被挡在了新三板市场之外，制约了挂牌中小企业的快速融资和成长进程，不利于新三板市场的繁荣发展。

（2）机构主体

新《股份报价转让办法》对机构投资者的规定有两点不明确之处：第一，"信托"主体的概念不明确。依据我国《信托法》第二条的规定，信托是指委托人基于对受托人的信任，将其财产权委托给受托人，由受托人按委托人的意愿以自己的名义，为受益人的利益或者特定目的，进行管理或者处分的行为。从上述规定来看，信托被定义为一种行为，而新《股份报价转让办法》却将其列举为机构投资者的一种，存在明显的概念不清问题。第二，机构投资者的范围不明确。新《股份报价转让办法》对机构投资者的规定采用了列举的方式，即"法人、信托、合伙企业等"。从"等"字来推断，法人、信托、合伙企业以外的其他机构应该也有权投资新三板市场，但是并没有明确其他机构投资者的性质和范围。从其列举的机构投资者来看，既有法人主体，又有非法人主体的合伙企业，还有一种概念不清的机构投资者，但无法从中推断出机构投资者的具体范围。

3. 交易制度的缺陷

（1）交易门槛过高

新三板市场中以3万股作为每次股份交易的最低限额，远远高于主板、创业板和其他产权交易市场的标准。主要是为了保护弱小投资者，但同时也提高了新三板市场的股份交易门槛，限制了部分投资者的投资行为，也限制了更多挂牌中小企业的股份进入新三板市场流通，最终影响新三板市场的活跃程度，削弱了新三板对投资者的吸引力。

（2）股份限售时间严格

新三板现行交易制度限制了挂牌中小企业控股股东及实际控制人对外转让股份的期限，即不能在中小企业挂牌时一次性转让全部股份，而要平均分为3批在3年内分别进入报价系统进行转让。这样虽然避免了中小企业大股东或实际控制人的即时套现给投资者带来的风险和对新三板市场带来的冲击，但同时也限制了新三板市场中可以流通的股份数量，导致投资者的大量资金闲置，制约了新三板市场的流动性。

另外，《公司法》对股份有限公司股份的限售时间一般为一年，而在新三板要经过 3 年时间才能实现挂牌公司股份的全部流通，这给本来可交易的股份数量就较少的新三板市场带来了不小的影响。

（3）股东人数受限

根据《证券法》的规定，非公众公司的股东人数不得超过 200 人。由于在新三板挂牌的中小企业都是未公开发行股份的非公众公司，因此挂牌中小企业在新三板进行股份交易时，不能使持有中小企业股份的股东人数超过 200 人，这样就进一步缩小了投资者的范围，也在一定程度上限制了新三板市场股份交易的活跃程度。

（4）交易方式单一

在新三板现行的交易制度中，主办券商虽然发挥了最为重要的作用，是挂牌公司与投资者之间进行股份交易、结算的枢纽，但由于现有交易方式的限制，主办券商只能在接受挂牌公司和投资者委托的前提下，代为进行股份报价、成交确认和过户手续，而主办券商应当具备的主动报价、促成交易等增强股份流动性的功能尚未发挥出来。新三板现行交易方式采取的被动交易机制导致新三板对中小企业、投资者和主办券商缺少吸引力，在一定程度上也致使新三板市场中的股份和资金缺乏流动性。

（5）监管制度缺陷

第一，监管力度不够。我国新三板市场的监管主体主要包括中国证券业协会、地方政府和主办券商，深交所和证监会也承担辅助的监管职能。其中，中国证券业协会的自律性监管是主要的监管方式。作为证券行业的自律性组织，中国证券业协会的管理范围只限于证券公司。由于其不是行政机关，不具有行政处罚的权力，因此，其对违法违规会员的惩处力度显然不大。新《股份报价转让办法》虽然在第七章对主办券商及其相关业务人员的违规行为规定了处罚措施，但也仅限于通报批评、暂停受理其推荐挂牌备案文件或暂停从事报价转让业务、认定其不适合任职、责令所在公司给予处分等有限的处罚，也没有规定对投资者的补偿措施，不利于保护投资者的利益。由于处罚手段的缺乏，将使中国证券业协会的监管效果大打折扣。

对于在新三板挂牌的中小企业，中国证券业协会无权管理，无法进行有效的监督。即使挂牌中小企业违反了相关规定，中国证券业协会也无权制裁。虽然中国证监会可以对挂牌中小企业及其董事给予行政处罚，但也仅限于其严重违反信息披露制度的情形，对于其他违规行为，证监会也无从管辖。

地方政府、主板券商和深交所虽然也承担一定的监管职能，但地方政府的监管仅限于中小企业在新三板挂牌之前，主办券商的督导缺乏强制力，而深交所的"监管"也只是"及时通知中国证券业协会和主办券商",没有实质的监管职能。因此,新三板的各监管主体的监管力度普遍较低,无法有效地保证新三板市场的平稳健康运行。

第二,自律制度的天然缺陷。新三板市场本身是一个公开的社会性权利义务集合体,体现着各方主体交织相融的利益关系。在这样的市场上,紧紧依靠传统契约法的规范,社会公众特别是投资者难以建立对证券交易的稳定预期,而证券资产"虚拟性"所招致的信息不对称,更会助长社会的不信任情绪。因此有必要确立具有国家强制力的监管制度来消除这种不利影响。

而根据规定,新三板市场的主要监管方式是中国证券业协会的自律性监管。这种自律性监管存在天然的缺陷。中国证券业协会既是证券行业的管理者又是自律者当其行业会员的利益与投资者的利益发生冲突时,其很有可能会为了维护本行业或主办券商的利益而损害投资者的利益。

（6）定向增资制度缺失

新三板市场的直接融资手段仅限于定向增资一种形式,新《股份报价转让办法》第七十二条规定:"挂牌公司可向特定投资者定向增资,具体规则由协会另行制定。"然而 2009 年规则体系中,中国证券业协会并没有对挂牌公司的定向增资行为制定具体的规则。虽然挂牌公司的定向增资行为已经得到协会的认可,但一直没有明确的规则对其进行规范和指导。

另外,定向增资后的公司股东人数不能超过 200 人,超过 200 人属于公开发行证券行为。而我国《证券法》规定,公开发行证券,必须依法报经中国证监会或者国务院授权的部门核准;未经依法核准,任何单位和个人不得公开发行证券。在新三板市场完成定向增资的中小企业,都未经中国证监会的正式批准,因此,其增资后的公司股东人数都没有超过 200 人。这就在很大程度上限制了中小企业融资的规模和质量,制约了中小企业的快速发展,阻碍了中小企业快速成长为符合上市公司标准的优质中小企业。

（7）转板制度缺失

所谓转板制度,是指处于不同层次资本市场的中小企业满足一定条件时,可以通过较为简单的程序到其他层次的资本市场中挂牌上市的制度。转板制度分为转板升级制度和转板降级制度两个方面。转板制度是多层次资本市场体系中各个层次之间的桥梁,是资本市场中不可或缺的枢纽。

在 2009 年规则体系下,新三板由于没有转板机制,中小企业只能通过 IPO 实现场内上市,其发行条件与一般在中小板和创业板的公司没有任何区别。主板和中小板、创业板退市的公司将自动进入三板(代办股份转让系统),如要恢复上市,审核条件同 IPO。这同成熟资本市场的差别还是非常大的,顺畅的转板制度不仅可以最大限度地保护投资者的合法权利,对整个资本市场的稳定也起到较大作用，投资者对于转板的公司不必急于抛售，而可以继续在另一个板交易，"软着陆"效果明显。

2009 年，新三板挂牌公司"久其软件"和"北陆药业"先后登陆中小板和创业板。2010 年，"世纪瑞尔"也成功进入创业板市场。上述三家中小企业成功实现转板，被视为新三板市场作为科技型中小企业的"孵化器"和"蓄水池"①的阶段性成果。但上述公司登陆中小板和创业板，并没有因为其在新三板的挂牌而享受到任何便利条件，依然按照普通中小企业的发行上市办法履行 IPO 程序，发行上市的成本也没有减少，这在一定程度上制约了中小企业在新三板挂牌的积极性。

第二节　新三板现行规则解读

2012 年 9 月 28 日，中国证券监督管理委员会令第 85 号公布《非上市公众公司监督管理办法》。经中国证监会批准，《全国中小企业股份转让系统业务规则（试行）》已于 2013 年 2 月 8 日发布实施，全国股份转让系统公司同期发布 5 个通知、4 个细则、4 个暂行办法及 4 个指引等配套文件。

2013 年 6 月 19 日，国务院常务会议研究部署金融支持经济结构调整和转型升级的政策措施，会议决定加快发展多层次资本市场，将中小企业股份转让系统试点扩大至全国，鼓励创新、创业型中小企业融资发展。2013 年 6 月 17 日，全国股份转让系统公司发布《全国中小企业股份转让系统挂牌条件适用基本标准指引（试行）》。

2013 年 12 月 30 日，全国股份转让系统公司又发布了一系列的规定：《全国中小企业股份转让系统业务规则（试行）》、《全国中小企业股份转让系统公开转让说明书内容与格式指引（试行）》、《全国中小企业股份转让系统挂牌申请文件内容与格式指引（试行）》、《全国中小企业股份转让系统股票发行业务细则（试行）》、《全国中小企业股份转让系统股票发行业务指引第 1 号——备案文件的内容与格式（试行）》、《全国中小企业股份转让系统股票发行业务指引第 2 号——股票发行方案及发行情况报告书的内容与格式（试行）》、《全国中小企业股份转让系统股票发行业务指引第 3 号——主办券商关于股票发行合法合规性意见的内容与格式（试行）》、《全国中小企业股份转让系统股票发行业务指引第 4 号——法律意见书的内容与格式（试行）》、《全国中小企业股份转让系统股票转让细则（试行）》、《全国中小企业股份转让系统证券代码、证券简称编制管理暂行办法》、《全国中小企业股份转让系统投资者适当性管理细则（试行）》。

---

① 中证网—中国证券报，2012－04－23。

2014 年，全国中小企业股份转让系统发布了《全国中小企业股份转让系统非上市公众公司重大资产重组业务指引（试行）》、《全国中小企业股份转让系统股票转让方式确定及变更指引（试行）》、《全国中小企业股份转让系统股票异常转让实时监控指引》、《全国中小企业股份转让系统交易单元管理办法（试行）》、《全国中小企业股份转让系统主办券商持续督导工作指引（试行）》、《全国中小企业股份转让系统做市商做市业务管理规定（试行）》。特别是《全国中小企业股份转让系统主办券商持续督导工作指引（试行）》与《主办券商推荐业务规定》、《主办券商尽职调查工作指引》等规定一起，构成了主办券商从事推荐业务的基本制度框架。

至此，上述规则和中国证监会前期发布的《非上市公众公司监督管理办法》、《全国中小企业股份转让系统有限责任公司管理暂行办法》一起构成了全国场外市场运行管理的基本制度框架，搭建了全新的业务规则框架体系。

一、全国中小企业股份转让系统公司设立

2013 年 1 月 16 日，被称为新三板的全国中小企业股份转让系统在北京金融街揭牌，这意味着新三板交易模式正式诞生。全国中小企业股份转让系统是由国务院批准设立的全国证券交易场所，其运营管理机构以有限责任公司形式设立，为非上市股份公司股份的公开转让、融资、并购等相关业务提供服务。设立全国中小企业股份转让系统是加快我国多层次资本市场建设发展的重要举措。

二、现行挂牌制度

（一）挂牌准入制度

1. 挂牌主体资格与合规条件

股份有限公司申请股票在全国股份转让系统挂牌，不受股东所有制性质的限制，不限于高新技术企业，应当符合下列条件：

（1）依法设立且存续满两年

依法设立，是指公司依据《公司法》等法律法规及规章的规定向公司登记机关申请登记，并已取得《中小企业法人营业执照》：

第一，要求公司设立的主体、程序合法、合规，国有中小企业须提供相应的国有资产监督管理机构或国务院、地方政府授权的其他部门、机构关于国有股权设置的批复文件；外商投资中小企业须提供商务主管部门出具的设立批复文件：《公司法》修改（2006 年 1 月 1 日）前设立的股份公司，须取得国务院授权部门或者省级人民政府的批准文件。

第二，要求公司股东的出资合法、合规，出资方式及比例应符合《公司法》

的相关规定：以实物、知识产权、土地使用权等非货币财产出资的，应当评估作价，核实财产明确权属，财产权转移手续办理完毕；以国有资产出资的，应遵守有关国有资产评估的规定；公司注册资本缴足，不存在出资不实的情形。

存续两年是指存续两个完整的会计年度。

有限责任公司按原账面净资产值折股整体变更为股份有限公司的，存续时间可以从有限责任公司成立之日起计算。整体变更不应改变历史成本计价原则，不应根据资产评估结果进行账务调整，应以改制基准日经审计的净资产额为依据折合为股份有限公司股本。申报财务报表最近一期截止日不得早于改制基准日。

（2）业务明确，具有持续经营能力

业务明确是指公司能够明确、具体地阐述其经营的业务、产品或服务、用途及其商业模式等信息。

公司可同时经营一种或多种业务，每种业务应具有相应的关键资源要素，该要素组成应具有投入、处理和产出能力，能够与商业合同、收入或成本费用等相匹配。

第一，公司业务如需主管部门审批，应取得相应的资质、许可或特许经营权等。

第二，公司业务须遵守法律、行政法规和规章的规定，符合国家产业政策以及环保、质量、安全等要求。

持续经营能力是指公司基于报告期内的生产经营状况，在可预见的将来，有能力按照既定目标持续经营下去：

第一，公司业务在报告期内应有持续的营运记录，不应仅存在偶发性交易或事项。营运记录包括现金流量、营业收入、交易客户、研发费用支出等。

第二，公司应按照《中小企业会计准则》的规定编制并披露报告期内的财务报表，公司不存在《中国注册会计师审计准则第1324号——持续经营》中列举的影响其持续经营能力的相关事项，并由具有证券期货相关业务资格的会计师事务所出具标准无保留意见的审计报告。

财务报表被出具带强调事项段的无保留审计意见的，应全文披露审计报告正文以及董事会、监事会和注册会计师对强调事项的详细说明，并披露董事会和监事会对审计报告涉及事项的处理情况，说明该事项对公司的影响是否重大、影响是否已经消除、违反公允性的事项是否已予纠正。

第三，公司不存在依据《公司法》第一百八十条规定解散的情形，或法院依法受理重整、和解或者破产申请。

（3）公司治理机制健全，合法规范经营

公司治理机制健全是指公司按规定建立股东大会、董事会、监事会和高级管理层（以下简称"三会一层"）组成的公司治理架构、制定相应的公司治理制度，并能证明其有效运行，保护股东权益：

第一，公司依法建立"三会一层"，并按照《公司法》、《非上市公众公司监督管理办法》及《非上市公众公司监管指引第3号——章程必备条款》等规定监理公司治理制度。

第二，公司"三会一层"应按照公司治理制度进行规范运作。在报告期内的有限公司阶段应遵守《公司法》的相关规定。

第三，公司董事会应对报告期内公司治理机制执行情况进行讨论、评估。

合法合规经营，是指公司及其控股股东、实际控制人、董事、监事、高级管理人员须依法开展经营活动，经营行为合法、合规，不存在重大违法违规行为：

第一，公司的重大违法违规行为是指公司最近24个月内因违反国家法律、行政法规、规章的行为，受到刑事处罚或适用重大违法违规情形的行政处罚。

行政处罚，是指经济管理部门对涉及公司经营活动的违法违规行为给予的行政处罚；重大违法违规情形是指，凡被行政处罚的实施机关给予没收违法所得、没收非法财务以上行政处罚的行为，但处罚机关依法认定不属于的除外；被行政处罚的实施机关给予罚款的行为除主办券商和律师能依法合理说明或处罚机关认定该行为不属于重大违法违规行为以外，都视为重大违法违规情形；公司最近24个月内不存在涉嫌犯罪被司法机关立案侦查，尚未有明确结论意见的情形。

第二，控股股东、实际控制人合法合规最近24个月内不存在涉及以下情形的重大违法违规行为：控股股东、实际控制人受刑事处罚；受到与公司规范经营相关的行政处罚，且情节严重；情节严重的界定参照前述规定；涉嫌犯罪被司法机关立案侦查，尚未有明确结论意见。

第三，现任董事、监事和高级管理人员应具备和遵守《公司法》规定的任职资格和义务，不应存在最近24个月内受到中国证监会行政处罚或者被采取证券市场禁入措施的情形。

公司报告期内不应存在股东包括控股股东、实际控制人及其关联方占用公司资金、资产或其他资源的情形。如有，应在申请挂牌前予以归还或规范。

公司应设有独立的财务部门进行独立的财务会计核算，相关会计政策能如实反映中小企业财务状况、经营成果和现金流量。

（4）股权明晰，股票发行和转让行为合法合规

股权明晰是指公司的股权结构清晰，权属分明，真实确定，合法合规，股东特别是控股股东、实际控制人及其关联股东或实际支配的股东持有公司的股份不存在权属争议或潜在纠纷：

第一，公司的股东不存在国家法律、法规、规章及规范性文件规定不适宜担任股东的情形。

第二，申请挂牌前存在国有股权转让的情形，应遵守国资管理的规定。

第三，申请挂牌前外商投资中小企业的股权转让应遵守商务部门的规定。

股票发行和转让合法合规，是指公司的股票发行和转让依法履行必要内部决议、外部审批（如有）程序股票转让须符合限售的规定：

第一，公司股票发行和转让行为合法合规，不存在下列情形：最近 36 个月内未经法定机关核准，擅自公开或者变相公开发行过证券；违法行为虽然发生在 36 个月前，目前仍处于持续状态，但《非上市公众公司监督管理办法》实施前形成的股东超 200 人的股份有限公司经中国证监会确认的除外。

第二，公司股票限售安排应符合《公司法》和《全国中小企业股份转让系统业务规则（试行）》的有关规定。

在区域股权市场及其他交易市场进行权益转让的公司，申请股票在全国股份转让系统挂牌前的发行和转让等行为应合法合规，公司的控股子公司或纳入合并报表的其他中小企业的发行和转让行为需符合本指引的规定。

（5）主办券商推荐并持续督导

公司须经主办券商推荐，双方签署了《推荐挂牌并持续督导协议》。

主办券商应完成尽职调查和内核程序，对公司是否符合挂牌条件发表独立意见，并出具推荐报告。

（6）全国股份转让系统公司要求的其他条件

2. 挂牌准入仅设六项约束

针对创新创业型中小企业的发展特点和风险特征，为了在挂牌审查中坚持市场化原则，充分发挥中介机构的作用，引导中小企业规范发展，《全国中小企业股份转让系统业务规则（试行）》在原中关村试点规定的挂牌条件基础上，确定了全国股份转让系统的六项挂牌条件，力求增强市场的包容度。其主要特点是：

一是挂牌条件不设置财务指标，并将条件中的"主营业务突出"调整为"业务明确"，要求中小企业清晰地描述其产品或服务、生产或服务方式、业务规模、关键资源要素和商业模式等情况，并如实披露过往经营业绩，便于市场和投资者自主判断，而不是由全国股份转让系统公司对其主营业务是否突出做出实质判断。

二是与《非上市公众公司监督管理办法》衔接，在挂牌条件中增加"股权明晰"要求，这是股权转让的基本前提。

三是为强化市场主体自律责任，充分发挥中介结构的筛选和督导作用，将"主办券商推荐并持续督导"作为挂牌必备条件也是与公司挂牌后如果没有主办券商持续督导将面临摘牌的要求做出制度呼应。同时，为体现市场化原则，不再将取得政府的确认函作为挂牌的必要条件。

此外，在挂牌准入环节还进行了以下调整：

一是为增强全国场外市场服务实体经济发展的深度和广度，提高覆盖面，保证各种所有制经济、各行业中小企业依法平等进入资本市场、公平参与市场竞争、同等受到法律保护，规定申请挂牌公司不受股东所有制性质的限制也不限于高新技术中小企业符合国家法律法规及公序良俗的传统行业、新兴业态中小企业均可前来申请挂牌。

二是考虑股权激励是创新创业型中小企业吸引人才的重要手段，允许申请挂牌公司存在未行权完毕的股权激励计划，由中小企业在合法合规的前提下自主决策，并充分、如实披露。

三是明确历史遗留的股东200人以上公司经证监会规范确认，且符合挂牌条件的，可以申请挂牌。

（二）申请挂牌所需文件

根据《全国中小企业股份转让系统挂牌申请文件内容与格式指引（试行）》的要求，申请挂牌应向全国中小企业股份转让系统提交申请文件（原件一份，复印件两份）。

1. 要求披露的文件：公开转让说明书及推荐报告

（1）公开转让说明书（申报稿）。

（2）财务报表及审计报告。

（3）法律意见书。

（4）公司章程。

（5）主办券商推荐报告。

（6）定向发行情况报告书（如有）。

2. 不要求披露的文件：申请挂牌公司相关文件

（1）向全国股份转让系统公司提交的申请股票在全国股份转让系统挂牌及定向发行（如有）的报告。

（2）向中国证监会提交的申请股票在全国股份转让系统公开转让及定向发行（如有）的报告。

（3）有关股票在全国股份转让系统公开转让及定向发行（如有）的董事会决议。

（4）有关股票在全国股份转让系统公开转让及定向发行（如有）的股东大会决议。

（5）企业法人营业执照。

（6）股东名册及股东身份证明文件。

（7）董事、监事、高级管理人员名单及持股情况。

（8）申请挂牌公司设立时和最近两年及一期的资产评估报告。

（9）申请挂牌公司最近两年原始财务报表与申报财务报表存在差异时，需要提供差异比较表。

（10）全部股票已经中国证券登记结算有限责任公司登记的证明文件（挂牌前提供）。

（11）申请挂牌公司全体董事、监事和高级管理人员签署的《董事（监事、高级管理人员）声明及承诺书》（挂牌前提供）。

3. 主办券商相关文件

（1）主办券商与申请挂牌公司签订的推荐挂牌并持续督导协议。

（2）尽职调查报告。

（3）尽职调查工作文件：尽职调查工作底稿目录、相关工作记录和经归纳整理后的尽职调查工作表；有关税收优惠、财政补贴的依据性文件；历次验资报告；对持续经营有重大影响的业务合同。

（4）内核意见：内核机构成员审核工作底稿；内核会议记录；对内核会议反馈意见的回复；内核专员对内核会议落实情况的补充审核意见。

（5）主办券商推荐挂牌内部核查表及主办券商对申请挂牌公司风险评估表。

（6）主办券商自律说明书。

（7）主办券商业务备案函复印件（加盖机构公章并说明用途）及项目小组成员任职资格说明文件。

4. 其他相关文件

（1）申请挂牌公司全体董事、主办券商及相关中介机构对申请文件真实性、准确性和完整性的承诺书。

（2）相关中介机构对纳入公开转让说明书等文件中由其出具的专业报告或意见无异议的函。

（3）申请挂牌公司、主办券商对电子文件与书面文件保持一致的声明。

（4）律师、注册会计师及所在机构的相关执业证书复印件（加盖机构公章并说明用途）。

（5）国有资产管理部门出具的国有股权设置批复文件及商务主管部门出具的外资股确认文件。

（三）挂牌审查流程

1. 全国股份转让系统公司接收材料

全国股份转让系统公司设接收申请材料的服务窗口。申请挂牌公开转让、定向发行的股份公司（以下简称申请人）通过窗口向全国股份转让系统公司提交挂牌（或定向发行）申请材料。申请材料应符合《全国中小企业股份转让系统业务规则（试行）》、《全国中小企业股份转让系统挂牌申请文件内容与格式指引（试行）》等有关规定的要求。

全国股份转让系统公司对申请材料的齐备性、完整性进行检查：需要申请人补正申请材料的，按规定提出补正要求；申请材料形式要件齐备，符合条件的，全国股份转让系统公司出具接收确认单。

2. 全国股份转让系统公司审查并出具审查意见

（1）反馈

对于审查中需要申请人补充披露、解释说明或中介机构进一步核查落实的主要问题，审查人员撰写书面反馈意见，由窗口告知、送达申请人及主办券商。

（2）落实反馈意见

申请人应当在30个工作日内向窗口提交反馈回复意见。

（3）出具审查意见

申请材料和回复意见审查完毕后，全国股份转让系统公司出具同意或不同意挂牌或定向发行（包括股份公司申请挂牌同时定向发行、挂牌公司申请定向发行）的审查意见，窗口将审查意见送达申请人及相关单位。

3. 中国证监会接收和受理材料并出具核准文件

（1）接收和受理

中国证监会在全国股份转让系统公司办公地点（金融大街丁26号金阳大厦）设行政许可受理窗口。申请人通过受理窗口向中国证监会提交申请核准材料。申请核准材料应符合《非上市公众公司监督管理办法》、《非上市公众公司监管指引第2号——申请文件》等有关规定的要求。中国证监会依法接收申请人的申请核准材料，并出具行政许可接收凭证和受理通知书。

（2）作出核准决定

中国证监会依法在受理申请之日起20个工作日内作出准予或不予行政许可的决定。窗口将中国证监会核准文件送达申请人及相关单位。申请人领取批文后办理后续登记、挂牌等事宜。

（四）律师在挂牌阶段的工作

当前，律师可为申请挂牌中小企业提供以下法律服务：

1. 为中小企业出具、论证改制方案，根据改制中小企业或管理机关的需要就某些法律问题或法律事实出具法律意见书，辅导中小企业实施改制。

2. 审查公司是否具有挂牌资格，并参加主办报价券商的项目小组，负责尽职调查，按照公开转让说明书的要求，起草尽职调查报告、推荐报告、公开转让说明书、调查工作底稿、制作备案文件等。

其中尽职调查报告主要包括以下三个方面：财务方面尽职调查、法律方面尽职调查、行业方面尽职调查。

3. 审议中小企业进入全国股份转让系统前后的相关协议并提供法律咨询。

（1）董事会和股东大会就新三板挂牌及公开转让事项做出决议；

（2）与主办报价券商签订推荐挂牌报价转让协议；

（3）与中国证券登记结算公司签订证券登记服务协议。

4. 协助主办券商为中小企业股票进入全国股份转让系统事宜出具法律意见书、核查意见、见证意见等。

5. 根据相关法律法规的规定对中小企业的信息披露进行辅导。

6. 对中小企业的高级管理人员进行《公司法》、《证券法》有关知识辅导。

7. 为中小企业和其他中介机构提供有关法律咨询及帮助。

此外，中国证监会于 2012 年 4 月 28 日发布的《关于进一步深化新股发行体制改革的指导意见》中提出，要完善规则，明确责任，强化信息披露的真实性、准确性、充分性和完整性。其中还明确提到，提倡和鼓励具备条件的律师事务所撰写招股说明书。遵循证监会的上述政策指引，由具备条件的律师事务所撰写公开转让说明书将成为未来新三板挂牌中介机构分工的主要趋势，这也符合整个证券市场改革的方向。

三、定向发行制度

资本市场就是为融资而生的，一个资本市场的融资能力直接反映这个市场的繁荣状况。新三板与场内市场的各个板块如主板、创业板最大的区别在于新三板的融资方式不能公开发行股票，其股权融资主要通过定向发行完成，定向发行也是新三板市场的主要融资方式，而场内市场的主板、创业板既可以公开发行，也可以定向发行。因为公开发行筹集资金的能力强，市盈率高，投资者众多，社会影响大，所以新三板与主板、创业板相比存在明显的劣势。也是基于此其对市场造成的影响与对资金影响较小，监管机构才决定放手采用较松的监管方式，如条件要求低，采用备案制。公开发行和定向发行概念参见第一章第五节资本市场运行相关内容。

目前证监会与股转系统均对新三板挂牌公司定向发行制定了相关制度，证监会主要对发行前及发行后股东累计超过 200 人的挂牌公司定向发行行为进行规范。而股转系统主要对发行前及发行后股东均未超过 200 人的挂牌公司定向发行行为进行规范。根据证监会《非上市公众公司监督管理办法》第三十九条规定：

"本办法所称定向发行包括向特定对象发行股票导致股东累计超过 200 人，以及股东人数超过 200 人的公众公司向特定对象发行股票两种情形。

前款所称特定对象的范围包括下列机构或者自然人：

（一）公司股东；

（二）董事、监事、高级管理人员、核心员工；

（三）适合投资者适当性管理规定的自然人投资者、法人投资者及其他经济组织。

公司确定发行对象时，符合本条第二款第（二）项、第（三）项规定的投资者合计不得超过 35 名。

核心员工的认定，应当由公司董事会提名，并向全体员工公示和征求意见，由监事会发表明确意见后，经股东大会审议批准。

投资者适当性管理规定由中国证监会另行制定。"

第四十三条对审核部门与时间进行了规定：

"中国证监会受理申请文件后，依法对公司治理和信息披露以及发行对象情况进行审核，在 20 个工作日内作出核准、中止审核、终止审核、不予核准的决定。"

第四十四条对非公众公司的储架发行制度进行了规定：

"公司申请定向发行股票，可申请一次核准、分期发行。自中国证监会予以核准之日起，公司应当在 3 个月内首期发行，剩余数量应当在 12 个月内发行完毕。超过核准文件限定的有效期未发行的，须重新经中国证监会核准后方可发行。首期发行数量应当不少于总发行数量的 50%，剩余各期发行的数量由公司自行确定，每期发行后 5 个工作日内将发行情况报中国证监会备案。"

第四十五条对发行前后股东累计未超过 200 人的定向发行豁免核准进行了规定：

"在全国中小企业股份转让系统挂牌公开转让股票的公众公司向特定对象发行股票后股东累计不超过 200 人的，中国证监会豁免核准，由全国中小企业股份转让系统自行管理，但发行对象应当符合本办法第三十九条的规定。"

其他条款对定向发行的程序、决议方式、信息披露、文件制作进行了规定，还专门制定了《非上市公众公司信息披露内容与格式准则第 3 号——定向发行说明书和发行情况报告书》和《非上市公众公司信息披露内容与格式准则第 4 号——定向发行申请文件》两个文件对超过 200 人的定向发行申请文件及定向发行说明书、发行情况报告书的内容进行详细规定，具体内容参见这两个文件，在此不再详述。

股转系统针对发行后股东累计未超过 200 人的定向发行制定了一系列文件进行了规定。这些文件包括《股票发行业务细则（试行）》、《股票发行业务指南》与四个发行业务指引即《股票发行业务指引第 1 号——备案文件的内容与格式（试行）》、《股票发行业务指引第 2 号——股票发行方案及发行情况报告书的内容与格式（试行）》、《股票发行业务指引第 3 号——主办券商关于股票发行合法合规性意见的内容与格式（试行）》、《股票发行业务指引第 4 号——法律意见书的内容与格式》。其中《股票发行业务指南》对募集资金使用规定，挂牌公司在取得股份登记函之前，不得使用本次股票发行募集的资金。

这些制度的制定出台标志着新三板股票发行制度体系的完善。关于发行对象的规定与证监会的规定相同。这些制度对定向发行的审批程序、信息披露、文件制作要求进行了明确，这些细节内容就不再介绍。但对定向发行的流程在这里提一下。定向发行流程：草拟定向发行方案→董事会决议→股东大会决议→签订认购合同→缴纳认购款→验资→出具法律意见书→制作备案材料→材料申报→材料审查→出具股份登记函→办理股份登记→办理信息披露→办理工商变更登记。需要注意的是，信息披露贯穿定向发行始终。图 2 - 1 定向发行流程图可以让我们直观了解定向发行业务。

四、现行交易制度

（一）交易制度体系

1. 投资者准入：机构 500 万元，个人 300 万元

《全国中小企业股份转让系统投资者适当性管理细则（试行）》于 2013 年 2 月 8 日发布。根据该细则，机构投资者和自然人投资者均可申请参与挂牌公司股票公开转让，但有一定的要求。

该细则规定，注册资本 500 万元人民币以上的法人机构以及实缴出资总额 500 万元人民币以上的合伙中小企业可参与其中，集合信托计划、证券投资基金、银行理财产品、证券公司资产管理计划，以及由金融机构或者相关监管部门认可的其他机构管理的金融产品或资产也可参与。

对于自然人投资者，则要求投资者本人名下前一交易日日终证券类资产市值 300 万元人民币以上，并具有两年以上证券投资经验，或具有会计、金融、投资、财经等相关专业背景或培训经历。

此外，公司挂牌前的股东、通过定向发行持有公司股份的股东、本细则发布前已经参与挂牌公司股票买卖的投资者等，如不符合参与挂牌公司股票公开转让条件，只能买卖其持有或曾持有的挂牌公司股票，而机构投资者不受此限制。

2. 实施做市商制度

挂牌公司股份可以采用协议方式、做市方式、竞价方式等进行转让，并可以转换转让方式。采用做市方式的，须有 2 家以上从事做市业务的主办券商为其提供做市报价服务；做市商应当在全国股份转让系统持续发布买卖双向报价，并在报价价位和数量范围内履行与投资者的成交义务；投资者根据做市商的报价选择是否与做市商进行交易，投资者之间不能直接成交。

新三板选择的是"竞争性做市商制度"，这样的做市制度，一方面充分促进

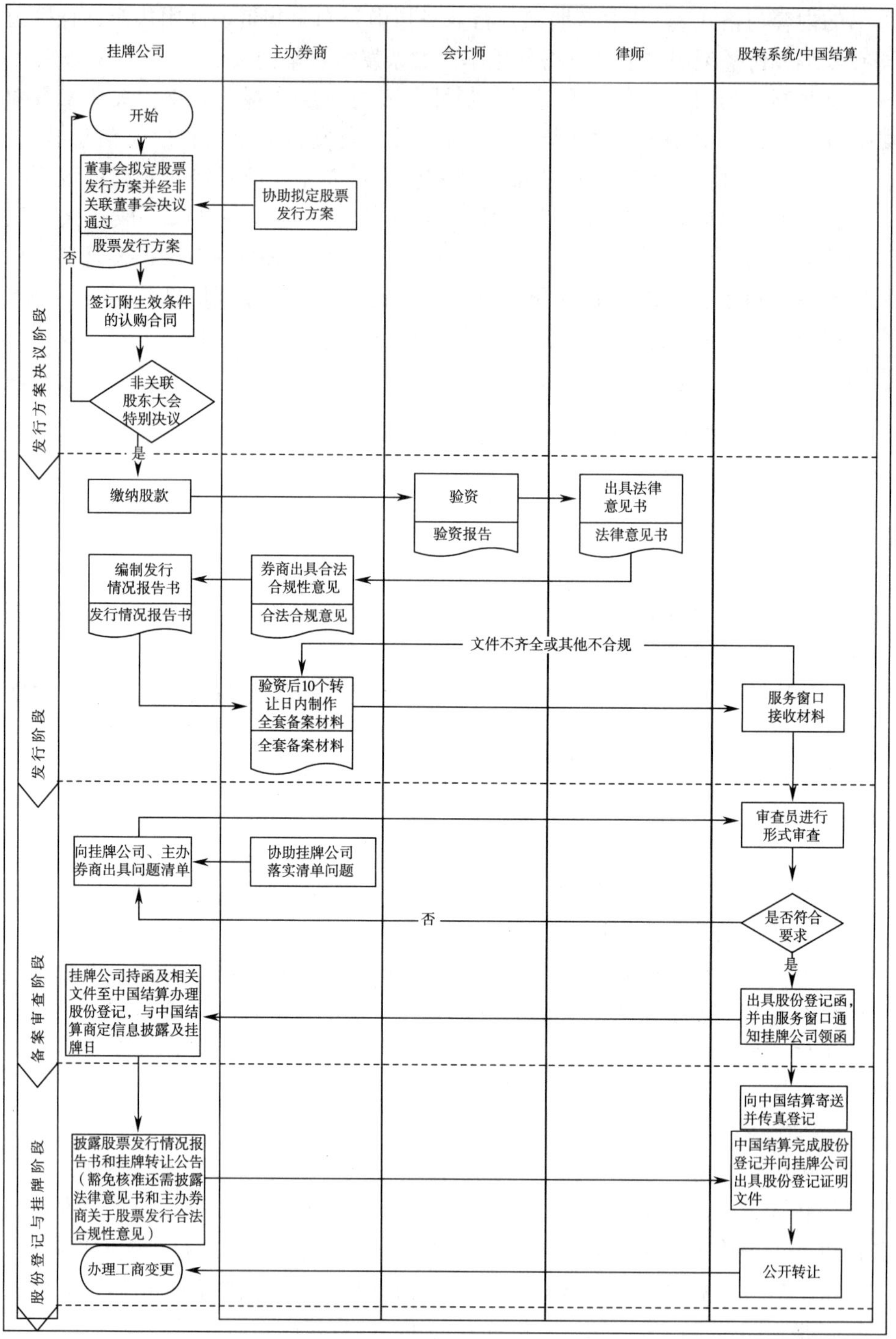

挂牌公司	主办券商	会计师	律师	股转系统/中国结算

发行方案决议阶段

开始

董事会拟定股票发行方案并经非关联董事会决议通过 ← 协助拟定股票发行方案

否

股票发行方案

签订附生效条件的认购合同

非关联股东大会特别决议

是

发行阶段

缴纳股款 → 验资（验资报告） → 出具法律意见书（法律意见书）

编制发行情况报告书（发行情况报告书） ← 券商出具合法合规性意见（合法合规意见）

文件不齐全或其他不合规

验资后10个转让日内制作全套备案材料（全套备案材料） → 服务窗口接收材料

备案审查阶段

审查员进行形式审查

向挂牌公司、主办券商出具问题清单 ← 协助挂牌公司落实清单问题

否

是否符合要求

是

挂牌公司持函及相关文件至中国结算办理股份登记，与中国结算商定信息披露及挂牌日 ← 出具股份登记函，并由服务窗口通知挂牌公司领函

股份登记与挂牌阶段

向中国结算寄送并传真登记

披露股票发行情况报告书和挂牌转让公告（豁免核准还需披露法律意见书和主办券商关于股票发行合法合规性意见） ← 中国结算完成股份登记并向挂牌公司出具股份登记证明文件

办理工商变更 ← 公开转让

图 2-1　定向发行业务流程图

了市场的流动性，另一方面又能最大限度地保证中小企业估值的合理，相信这种制度的优势在未来的市场交易中将会充分体现和发挥。

3. 协议转让方式

原中关村试点采用协议转让方式，投资者委托主办券商向交易系统报价，并与对手方达成转让协议后，须人工点击对手方报单才可成交，系统无法自动匹配。为提高成交效率，《全国中小企业股份转让系统业务规则（试行）》规定，挂牌股票采取协议转让方式的，全国股份转让系统将同时提供集合竞价转让安排，对于价格匹配、方向相反的投资者委托，如果投资者未在规定时间内人工点击成交确认，将由系统在盘中和收盘前进行自动匹配成交。

4. 申报数量应当为1 000股或其整数倍

中关村试点阶段要求每笔报价委托不得低于30 000股。鉴于全国股份转让系统将建立严格的投资者适当性制度，且挂牌公司股东人数可以超过200人，为与实施做市制度相配套，《全国中小企业股份转让系统业务规则（试行）》将最小转让单位调整为1 000股，且买卖挂牌公司股票，申报数量应当为1 000股或其整数倍。卖出挂牌公司股票时，余额不足1 000股部分，应当一次性申报卖出。

5. 采用多边净额担保交收模式

中关村试点采用的T＋1日逐笔金额非担保交收模式效率较低，无法适应未来交易转让的需求，因此将逐笔全额非担保交收模式调整为与A股市场相同的多边净额担保交收模式。即由登记结算公司为挂牌公司的股票转让提供净额担保交收服务，当日收盘后进行清算并办理股份过户和资金簿记处理，次日完成资金交收。

6. 定向融资功能

为完善市场融资功能，更好地服务于实体经济的需要，允许公司在申请挂牌的同时定向发行，满足中小企业融资需求，增加市场可流通股票，同时为解决做市商取得做市初始库存股票的来源问题创造条件。此外，《全国中小企业股份转让系统业务规则（试行）》为可转换公司债券及其他证券品种预留了空间，有利于探索公司通过定向发行可转换公司债券及其他证券品种等方式融资，以拓宽融资渠道，丰富市场投资品种。

7. 股票限售规定

为解决因股份限售过严导致市场缺乏可供转让股份的问题，取消了对定向发行新增股票的限售要求，豁免做市商挂牌前受让的控股股东、实际控制人股票的限售要求，以解决做市初始股票来源的问题。

为维护挂牌公司的稳定性，继续执行《公司法》及中关村试点要求执行对控股股东、实际控制人所持股份的限售要求（控股股东及实际控制人在挂牌前直接或间接持有的股票分三批解除转让限制，每批解除转让限制的数量均为其挂牌前所持股票的三分之一，解除转让限制的时间分别为挂牌之日、挂牌期满一年和两年。挂牌前 12 个月以内控股股东及实际控制人直接或间接持有的股票进行过转让的，该股票的管理按照上述规定执行），以及对发起人、公司董事、监事、高级管理人员所持股份遵守《公司法》限售的规定。

因司法裁决、继承等原因导致有限售期的股票持有人发生变更的，后续持有人应继续执行股票限售规定。

8. 挂牌公司股东人数可以超过 200 人

考虑挂牌公司是经中国证监会核准的非上市公众公司，《业务规则》明确挂牌公司股东人数可以超过 200 人。

(二) 做市商模式[①]

全国股份转让系统有限公司于 2014 年 6 月 5 日公布了证券公司开展做市业务所需条件，同时宣布启动受理主办券商做市业务备案申请工作，并将于近期启动做市商专用技术系统测试工作，预示着新三板做市商制度即将正式推出。

1. 做市商制度内涵

做市商制度起源于 20 世纪 60 年代的美国柜台交易市场。所谓做市商制度是指采用做市方式进行证券交易。而做市交易是指，由具备一定实力和信誉的独立证券经营法人作为特许交易商（即做市商），不断向公众投资者报出某些特定证券的买卖价格（即双向报价），并在该价位上接受公众投资者的买卖要求，以其自有资金和证券与投资者进行证券交易。

在做市商制度下，做市商必须在交易时间内不断提供买卖报价，投资者（不管是买方还是卖方）均以做市商为交易对手，做市商承担撮合交易的功能。

做市商制度按照为同一股票服务的做市商数量的不同分为多元做市商制度和单一做市商制度。前者又叫竞争型做市商制度，即至少有两家以上的做市商为同一只股票提供报价服务，利用做市商之间的竞争降低买卖报价和交易成本，使得成交价更趋于股票的真实价格，该制度以纳斯达克市场和伦敦股票交易所为代表；后者又称特许交易商制，即交易所内的每一只股票指定一个做市商为其提供服务，以美国纽约证券交易所为代表。

2. 做市商制度的意义

当前，市场对新三板引入做市商制度的呼声非常高，原因在于能够有效解决当前新三板存在的一系列问题。

（1）有助于解决新三板市场流动性不足问题

流动性是指在保持价格波动不大的情况下买卖成交的速度，或者说是市场

---

① 内涵与意义，来源于袁青青：《浅析新三板做市商制度》，载《经济研究导刊》，2014（20）。

参与者在既定价格水平上入市或者脱手的可能程度。流动性不足会大幅提高交易成本，进而导致交投清淡。而流动性不足正是目前新三板存在的最严重的问题之一。新三板市场现阶段采用的是"协商定价、配对成交"的交易制度，这种制度属于指令驱动型，它规定买卖双方只能委托证券公司进行交易，且需要等待与其价格数量相同的交易指令出现，才能完成交易。这无疑会使得成交困难，进而提高交易成本。

引入做市商制度会大幅提高新三板挂牌股权的流动性。因为在做市商制度下，做市商会在交易时间内提供双向报价（即买入价和卖出价），这种报价是连续的，投资者按照做市商的报价承诺可以随时进行交易，无须等待交易对手的出现。这就大大缩短了交易等待时间，降低了交易成本，提高了交易的活跃程度。

（2）有利于价格发现，使股价保持在合理水平

一方面，做市商一般都具有较强的公司及证券研究能力；另一方面，做市商往往是标的公司挂牌的主办券商，对公司的真实情况具有深入的了解。因此，做市商能够对做市的标的公司及标的证券的价值做出良好的判断，并以此进行买卖报价，这样就能使证券的价格与价值控制在合理的范围之内，从而避免股票价格的大起大落，维护市场价格的稳定性。

另外，做市商制度本身就具有维持股票价格稳定的作用。当市场过于悲观、股票价值被低估时，做市商通过合理的买入报价，使得该股票的价格回归其真实价值；而当投资过热、价格被高估时，做市商可以通过大量抛出，将价格打压回合理的水平。

（3）有助于降低股价被操纵的可能性

目前，新三板虽然发展较快，但是还非常不成熟。热门股票很可能出现跟风炒作，而非热门的股票很可能无人问津。另外，新三板挂牌中小企业市值相对较小，投机者只需要少量资金就能操纵个股的股价上涨或下跌，导致股价大起大落。这样的市场环境会使普通投资者对其望而生畏、不敢进入，从而进一步促进市场的投机性，不利于新三板的持续健康发展。

现行的交易制度无法解决这一问题。而如果引进做市商制度，由于做市商往往具有较丰富的证券交易经验，与普通投资者相比，他们长期跟踪相关公司的情况，关注股票及其交易价格的变化情况，分析出的股票价格也因此更趋向于股票的真实价值，所以引入做市商，利用做市商为个股提供双向报价与投资者进行交易这样就能帮助投资者理性对待股票价格，使股票价格显示价值。

在面对买卖指令不均衡时，具有雄厚资金实力的做市商可以运用自有资金进行反向的买卖操作，以此平抑价格的波动。交易所同时还颁布规则约束做市商的报价行为，以保证报价的连续性，并将买卖价差限定在一定范围，并且做市商还需及时处理交易指令，减缓了做市商对价格变化的影响。

（4）有助于提高信息透明度，解决信息不对称问题

内幕交易对证券市场危害极大，而内幕交易之所以会出现，根源在于信息的不对称，而信息不对称在新三板市场中表现得尤为明显。由于新三板市场采用主办券商督促信息披露的制度，披露要求相对较低，普通投资者因此很难了解到挂牌中小企业的一些重要信息，这就容易造成内幕交易。

在做市商制度中，做市商负担着双向报价的义务，为了让自己的报价更为准确，获利更高，他们会利用各种渠道对所负责的证券进行深入地分析、挖掘、估值，以确保报价与股票的真实值之间差距最小。这一行为无疑给投资者进行股票交易提供了价格参考，大大降低了信息不完全给投资者带来的负面影响。做市商为了获得与投资者交易的机会，就会通过披露必要信息来向投资者推介自己负责的股票，这又在一定程度上降低了市场的信息不对称。所以说，做市商在提高市场有效性上功不可没，使信息的分布更加对称，促进新三板市场向有效市场迈进。

3. 做市商制度缺陷[①]

（1）做市商进行市场操纵，损害投资者利益

在监管领域，做市商串谋进行市场操纵是非常普遍的现象，然而国内新三板的做市商制度有中国的具体国情，不能是绝对性质的做市商模式。比如，单纯的一只股票实行做市商交易，无法同时进行竞价交易，这两种情形的金融活动是割裂开来的，并不能够同时交易。所以，新三板环境下做市商串谋是非常容易出现的问题，更会导致投资者的利益受到损害。

（2）做市商激励机制不足，缺乏做市动力

在西方发达国家，在做市商里精选的承销商，能兼任做市商的权利，比如快速获得股票信息、廉价的成本交易等特权。所以，做市商不但具备自身的一定优先利益，而且还要以身作则，遵守交易规定。但是我国的做市商无法得到权利和义务，在做市商交易时，需要在履行义务之后，面临经济的风险，无形之中给做市商带来了沉重的经济压力和心理负担。所以，做市商很容易没有激情和动力工作，而市场又紧缺有能力和资历的做市商。

（3）做市商专业能力不强，影响做市水平

做市商是一个非常专业的工作，不但要在报价上具备娴熟的专业知识，而且还要对市场有敏锐的洞察力。一旦报价太高，就会直接影响投资者的交易情绪，不利于交易的成功。如果报价太低，也容易影响做市商做市的经济利益。所以，专业、资深的做市商非常重要，对市场交易的顺利完成具有关键性的作用。然而，我国的做市商体系比较单一，专业的市场人才非常少，证券交易非

---

① 桑丹：《关于新三板做市商制度的一些探讨》，载《现代经济信息》，2014（16）。

常欠缺，严重影响做市商造市的疗效，更不利于经济交易的发展。

4. 做市商制度完善方式①

（1）做市商监管制度加强，通过法律以及制度方面降低做市商利益侵害

做市商监督体制以及事后处理方式需要加强，此方面可以通过日常行为规范化以及退出机制、做市商入世准则三个方面完成。在做市商入世准则方面可以通过使用多维的方式进行，结合国内外丰富的经营，对于做市商核心质量以及管理水平、人才培养等多个方面进行监督以及审计。在组建做市商退出机制的时候，需要通过相应的审核，对于已经具备做市商资格的中小企业每年都需要进行严格的考核，要是发现中小企业资质出现改变，那么就要求其退出做市商市场，这样做市商市场中整体的素质才不会被降低。需要注意的是，做市商要是有下面这些行为，那么其资格就会被取缔：没有作出积极的市场报价，故意延迟报价时间的行为；做市商本身的信息就不真实，将中小企业的人员资料以及资产进行虚报等；市场的信誉状况出现危机，信用评级降低。组建完善的做市商退订机制，中小企业会因为此项规定的存在而增加一定的危机意识，要是中小企业不能积极履行自身的义务，为市场交易做出积极的推动，保证市场中小企业中的信用等级良好状态，那么所存在的退订制度就会将中小企业在这个集体中淘汰出局，可以说这是一个适者生存的环境。

（2）做市商所具备的权限增加，能够参与做市活动中

做市商所具备的权限主要包括：优先获得承销资格。在美国就有这样的要求，需要先成为做市商，然后才会获得承销商的资格。所以说想要获得更多的市场权利，那么就需要履行更多的市场义务；优先获得信息。做市商对于股票或者是债券等订单交易情况能够优先获得，通过这些信息能够获得更多的市场信息；优先获得证券。做市商在进行做市的情况下是需要足够的证券作为活动基础的，所以他们能够优先获得证券，这样能够保证他们做市的成本；做市成本的优势。这个优势所包含的内容主要有：成本交易以及存货成本。交易手续费以及印花税的降低可以使得做市商交易成本有所降低，同时建立做市商交易市场，通过市场的方式，做市商能够进行头寸的调配，对于一些不算活跃的股票交易市场有着一定的促进性。

（3）做市商的专业能力要提升，这样其所具备的功能才能得到更好地发挥

可以这样说，具有专业素质的做市商是做市商制度实施的基础，做市商进行合理性的报价、监管规则的遵守都是需要高素质的专业人员的。现阶段，国内做市商市场还是需要不断完善的。做市商成员学习培训需要加强。对于人员需要进行报价品种、报价方式、相关政策法规、宏观经济培训，同时对于市场

---

① 桑丹：《关于新三板做市商制度的一些探讨》，载《现代经济信息》，2014（16）。

价格所出现的波动原因进行分析，还能够通过动态的报价对于市场有一定的引导作用，这样才能保证市场进行合理性定价。做市商品牌意识需要提升，做市商所具备的做市品牌或是中小企业的知名度都是需要提升的，这样才能在这个大环境中吸引更多的机构进行交流，进而达成合作，同时也能够为做市业务提供场外支持。

（三）交易流程

根据《全国中小企业股份转让系统过渡期股票转让暂行办法》的规定，交易流程如下：

1. 开户

投资者买卖挂牌公司股票，应持有中国结算深圳市场人民币普通股票账户（含原非上市股份有限公司股份转让账户）。

开立非上市股份有限公司股份转让账户需要提供以下材料：

（1）自然人。中华人民共和国居民身份证；委托他人代办的，还须提交经公证的委托代办书、代办人身份证及复印件。

（2）法人。中小企业法人营业执照或注册登记证书及复印件或加盖发证机关印章的复印件、法定代表人证明书、法定代表人身份证复印件、法定代表人授权委托书、经办人身份证及复印件。

2. 签订协议

投资者买卖挂牌公司股票，应与主办券商签订证券买卖委托代理协议，委托主办券商办理。投资者卖出股票，须委托代理其买入该股票的主办券商办理。

如需委托另一家主办券商卖出该股票，须办理股票转托管手续。

3. 委托

投资者委托分为意向委托、定价委托和成交确认委托，委托当日有效。

意向委托是指投资者委托主办券商按其指定价格和数量买卖股票的意向指令，意向委托不具有成交功能。

定价委托是指投资者委托主办券商按其指定的价格买卖不超过其指定数量股票的指令。

成交确认委托是指投资者买卖双方达成成交协议，或投资者拟与定价委托成交，委托主办券商以指定价格和数量与指定对手方确认成交的指令。

意向委托、定价委托和成交确认委托均可撤销，但已经全国股份转让系统确认成交的委托不得撤销或变更。

4. 成交

全国股份转让系统对通过验证的成交确认申报和定价申报信息进行匹配核对。核对无误的，全国股份转让系统予以确认成交，并向中国结算发送成交确认结果。

（四）登记结算

根据《全国中小企业股份转让系统过渡期登记结算暂行办法》的规定，申请挂牌公司应在获得全国中小企业股份转让系统有限责任公司同意挂牌的审查意见和中国证监会核准文件、证券简称和证券代码后，与中国结算签订股份登记及服务协议，申请办理全部股份的集中登记。

申请挂牌公司申请办理股份初始登记时，应当提供以下材料：

（1）股份登记申请；

（2）全国股份转让系统公司同意挂牌的审查意见和中国证监会核准文件；

（3）股份公司设立的相关文件；

（4）申请挂牌公司已签字盖章的《股份登记及服务协议》；

（5）涉及司法冻结或质押登记的，还须提供司法协助执行、质押登记相关申请材料；

（6）申请挂牌公司法人有效营业执照复印件、法人代表证明书、法定代表人委托授权书；

（7）中国结算要求提供的其他材料。

中国结算对上述材料审核无误后，办理股份预登记，向申请挂牌公司出具《网下登记持有人名册清单》。

申请挂牌公司核对确认《网下登记持有人名册清单》无误后，中国结算完成股份登记，并出具《股份登记确认书》。

五、现行监管制度——非上市公众公司监督管理办法解读

2012 年 10 月 11 日，中国证券监督管理委员会发布了《非上市公众公司监督管理办法》（以下简称《监管办法》），确定了非上市公众公司的范围，提出了公司治理和信息披露的基本要求，明确了公开转让、定向转让、定向发行的申请程序，将股东超过 200 人，但不在股票交易所上市的非上市公众公司纳入监管，自 2013 年 1 月 1 日起施行。

该《监管办法》的发布，将对非上市公众公司的监管进行优化，包括：定向发行的对象范围和人数限制适当放宽，鼓励创新型中小企业建立股权激励机制；小额融资豁免标准放宽，定向融资更便利；明确了非上市公众公司到交易所上市的要求，为"转板"预留了空间，《监管办法》包括总则、公司治理、信息披露、股票转让、定向发行、监督管理、法律责任和附则，共八章六十七条，主要从以下方面进行了规定。

（一）监管对象为非上市公众公司

《监管办法》第二条规定：本办法所称非上市公众公司（以下简称公众公司）是指有下列情形之一且其股票未在证券交易所上市交易的股份有限公司：

1. 股票向特定对象发行或者转让导致股东累计超过200人；

2. 股票公开转让。

《监管办法》首先是为新三板市场配套的，但其作用又不仅限于此。非上市公众公司实际上包括两个部分：一部分是公开发行股票但目前不符合在交易所上市的条件的股份公司；另一部分是既不到交易所上市，也不到新三板进行股份转让交易，但公开或者定向发行了股票。对于第二类公司，股东人数超过200人的要纳入监管。并非所有的非上市公众公司都要到新三板市场挂牌；没有公开转让需要的，不必在新三板挂牌，但仍需在中国证券登记结算公司登记托管，如果股东有转让需要的，可以按照相关规定进行协议转让和定向转让。可见，虽然非上市公众公司情况不同，但其只要有公开发行股票的行为，就都要纳入证券监管范畴。因此，此次出台办法，主要是为了规范股份公司在证券发行和交易方面的行为。严格地讲，所有的股份公司都应当依照《公司法》，涉及证券发行的都应该依据《证券法》来进行管理和监管。在这样的法律框架下，《监管办法》主要是针对公开发行股票、需要公开转让并且不符合到交易所挂牌交易的公司，弥补了证券监管的空白。

股份公司股东200人上限问题和做市商问题一直是中国场外市场发展的两大障碍，此办法的出台终于解决了前者，为场外市场进一步发展扫除了一大障碍。中国场外市场（包括新三板、天交所、上海股权托管交易中心等）一直以来都恪守200人股东上限的原则，故造成了场外市场交易极不活跃，原来的新三板每手交易最低3万股，天交所更是将每手确定为挂牌中小企业的全部股权的1/200，单手资金量少则几十万元，多则上百万元。单手交易资金量过大，总体交易不可能活跃；交易活跃不起来，就不会有很好的融资功能。故此办法突破了股东200人的上限，拆细每手交易量，会刺激新三板的交易量，提升市场的融资功能，从这点上来说，突破200人上限将是新三板相对于中国场外市场其他股权交易平台的最大优势。

（二）强化公司的自治能力，淡化主营业务，突出股权明晰的要求

《监管办法》第三条规定：公众公司应当按照法律、行政法规、本办法和公司章程的规定，做到股权明晰，合法规范经营，公司治理机制健全，履行信息披露义务。

原来新三板一直所依据的《证券公司代办股份转让系统中关村科技园区非上市股份有限公司报价转让试点办法》（以下简称《试点办法》）中对于新三板挂牌中小企业的要求是"主营业务突出"，从"突出"到"明确"，最后索性不要求主营业务，这样的规定符合大多数中小企业的实际情况，中小企业的主业如何培育如何发展，应当让市场、让公司去自主选择。

《监管办法》主要从三方面强化公司的自治能力：一是兼顾非上市公众公司

章程指引对非上市公众公司治理作出原则性规定，引导其健全公司治理机制；二是突出保护股东的合法权益，要求董事会对公司治理机制是否保证所有股东享有充分、平等的权利进行讨论和评估，并在章程中约定表决权回避制度；三是促进纠纷依法自治，要求在章程中约定股东间矛盾和纠纷解决机制，支持股东通过仲裁、调解、民事诉讼等司法途径主张其合法权益。

《试点办法》对于挂牌中小企业的股权要求"股份发行和转让行为合法合规"，此办法只要求"股权明晰"即可。

非上市公众公司监管是一个崭新的领域，此类公司具有数量多、规模小、经营不确定等特点，监管制度的设计，既要保证其具有一定的透明度、规范性和组织性，也要建立相应的投资者权益保护机制，维护"三公"原则。在监管理念上，一是强化信息披露，提出统一的信息披露规范要求，保证投资者的知情权，使其能够及时、准确地获取投资信息；二是强化公司治理和规范运作，引导并通过公司在法律法规框架下健全公司治理机制，依法实行"自治"，保护投资者的合法权益。

（三）发挥中介机构作用、强化投资者风险意识

《监管办法》第六条规定，对充分发挥证券公司、会计师事务所、律师事务所等证券服务机构的专业服务作用提出了要求，并指出这些机构同样要接受中国证券监督管理委员会的监管。为公司出具专项文件的证券公司、律师事务所、会计师事务所及其他证券服务机构，应当勤勉尽责、诚实守信，认真履行审慎核查义务，按照依法制定的业务规则、行业执业规范和职业道德准则发表专业意见，保证所出具文件的真实性、准确性和完整性，中国证券监督管理委员会对相关文件有疑义的，可以要求相关机构作出解释、补充，并调阅其工作底稿。非上市公众公司应当配合为其提供服务的证券公司等证券服务机构的工作，按要求提供所需资料；拟披露的年度报告中的财务会计报告应当经具有证券期货相关业务资格的会计师事务所审计。证券公司、律师事务所、会计师事务所及其他证券服务机构为非上市公众公司出具的文件和其他有关的重要文件应当作为备查文件，予以披露。

其中，律师事务所为非上市公众公司出具专项文件，在认真履行审慎核查义务的基础上发表专业意见，保证所出具文件的真实性、准确性和完整性，并作为备查文件与非上市公众公司其他文件一起予以披露《监管办法》规定，信息披露文件具体的内容与格式、编制规则及披露要求，由中国证监会另行制定。律师事务所需要在非上市公众公司实施并购重组行为，申请其股票向社会公众公开转让或申请定向发行（包括向特定对象发行股票导致股东累计超过200人，以及股东人数超过200人的公众公司向特定对象发行股票两种情形）时出具相关的法律意见书，作为非上市公众公司向中国证券监督管理委员会申请核准的

申请文件的重要组成部分。

同时，《监管办法》要求主办券商建立投资者适当性管理制度，要求投资者具备相应的风险认知和承受能力，非上市公众公司定向发行须与发行对象签订包含风险揭示条款的认购协议，切实降低系统性风险，中国证券监督管理委员会将另行制定投资者适当性管理规定。

（四）对小股东利益的保护

《监管办法》第九条规定：公众公司的治理结构应当确保所有股东，特别是中小股东充分行使法律、行政法规和公司章程规定的合法权利。

股东对法律、行政法规和公司章程规定的公司重大事项，享有知情权和参与权。

公众公司应当建立健全投资者关系管理，保护投资者的合法权益。

对小股东保护制度方面概括起来主要包括三方面：

1. 限制大股东的权利："资本多数决定"的公司章程例外；表决权排除制度；关联董事的回避制度；累积投票制度。

2. 保护小股东制度设计：知情权、质询权、提案权、股东大会召集权。

知情权是指股东有权查阅、复制公司章程、股东大会会议记录、董事会会议决议、监事会会议决议和财务会计报告。公司有合理根据认为股东查阅会计账簿有不正当目的，可能损害公司合法利益的，可以拒绝提供查阅，并应当自股东提出书面请求之日起15日内书面答复股东并说明理由。公司拒绝提供查阅的，股东可以请求人民法院要求公司提供查阅。

质询权是指股东会或者股东大会要求董事、监事、高级管理人员列席会议的，应当列席并接受股东的质询，应当如实向监事会或监事提供有关情况和资料。

参与权是指董事会不能履行或者不履行召集股东大会会议职责的，连续90日以上单独或合计持有公司10%以上股份的股东可以自行召集和主持；单独或合计持有3%以上股份的股东，可以在股东大会召开10日前提出临时提案并书面提交董事会；董事会应当在收到提案后2日内通知其他股东，并将该临时提案提交股东大会审议。

3. 小股东权利救济：回购请求权、决议撤销权、解散公司请求权、直接诉讼权。

（五）关联交易的判断及应对

《监管办法》第三条规定：公众公司进行关联交易应当遵循平等、自愿、等价、有偿的原则，保证交易公平、公允，维护公司的合法权益，根据法律、行政法规、中国证监会的规定和公司章程，履行相应的审议程序。

判断关联交易适度与否要考虑以下几个问题：

1. 此关联交易的必要性（此关联交易是否必须发生，如果不发生此项关联交易会对中小企业造成怎样的影响）。

2. 关联交易的价格是否公允（参考同时间同区域市场的平均价格）。

3. 作出关联交易决定的程序是否合法（公司章程是否对关联交易的发生有程序上的要求，是否符合该程序要求）。

4. 关联交易的趋势如何（是逐年递增的趋势，还是递减的趋势）。

适度的关联交易并非新三板挂牌的中小企业的绝对性障碍，公司应制定相关的《关联交易决策制度》，董事会应按照权限和职责审议批准公司与控股股东及其关联方采购和销售等环节的关联交易事项，严格控制把握资金审批和支付流程。

（六）表决权回避制度

《监管办法》第十八条规定：公众公司应当按照法律的规定，同时结合公司的实际情况在章程中约定建立表决权回避制度。

表决权回避制度（又称股东表决权排除制度）是指当某一股东与股东大会讨论的议题有特别的利害关系时，该股东及其代理人均不得就其持有的股份行使表决权的制度。该制度适用于任何股东，也可由任何股东主张。但在实际中往往只针对大股东，并在解决小股东与大股东的冲突时发挥显著的作用。因为该制度可以在一定程度上事先消除有特别利害关系的大股东滥用表决权的可能性，从而保护小股东和公司的利益。与股东大会决议撤销之诉、无效确认之诉的救济措施相比，该制度具有明显的预防性，股东投入也更经济。

（七）信息披露

2013 年 1 月 8 日，全国中小企业股份转让系统有限责任公司发布《非上市公众公司监管指引第 1 号——信息披露》，统一对非上市公众公司的信息披露制定最低标准。

指引主要规定有：第一，披露内容主要包括公司基本情况、业务与产品、财务状况。第二，年报和半年报的披露内容比照进行。第三，公司可以自主约定和选择信息披露平台。第四，公司和董事、监事、高级管理人员有保证披露内容真实、准确、完整的义务。

第一，信息披露的内容。股票公开转让、股票向特定对象发行或者转让导致股东累计超过 200 人的公司，应当在公开转让说明书、定向发行说明书或者定向转让说明书中披露以下内容：

1. 公司基本信息、股本和股东情况、公司治理情况；

2. 公司主要业务、产品或者服务及公司所属行业；

3. 报告期内的财务报表、审计报告。

定向发行说明书还应当披露发行对象或者范围、发行价格或者区间、发行数量。

非上市公众公司也可以根据自身实际情况以及投资者的需求，更加详细地披露公司的其他情况。

第二，信息披露的基本要求。非上市公众公司及其董事、监事、高级管理人员应当保证披露的信息真实、准确、完整，不存在虚假记载、误导性陈述或者重大遗漏，并对其真实性、准确性、完整性承担相应的法律责任。

非上市公众公司应当建立与股东沟通的有效渠道，对股东或者市场质疑的事项应当及时、客观地进行澄清或者说明。

第三，信息披露平台。非上市公众公司应当本着股东能及时、便捷获得公司信息的原则，并结合自身实际情况，自主选择一种或者多种信息披露平台，也可以选择公司章程约定的方式或者股东认可的其他方式。无论采取何种信息披露方式，均应当经股东大会审议通过。

股票在依法设立的证券交易场所公开转让的非上市公众公司，应当通过证券交易场所要求的平台披露信息。

第四，依法设立的证券交易场所可以在本指引的基础上，对股票公开转让的非上市公众公司制定更详尽、更严格的信息披露标准；公司应当按照从高、从严的标准遵守证券交易场所的相关规定。

第五，非上市公众公司年度报告、半年度报告按照本指引进行披露。

（八）股票转让

1. 非公开协议转让

《监管办法》第三十二条规定：股票向特定对象转让导致股东累计超过200人的股份有限公司，应当自上述行为发生之日起3个月内，按照中国证监会的有关规定制作申请文件，申请文件应当包括但不限于：定向转让说明书，律师事务所出具的法律意见书，会计师事务所出具的审计报告。股份有限公司持申请文件向中国证监会申请核准。在提交申请文件前，股份有限公司应当将相关情况通知所有股东。

在3个月内股东人数降至200人以内的，可以不提出申请。

股票向特定对象转让应当以非公开方式协议转让。申请股票公开转让的，按照本办法第三十三条、第三十四条的规定办理。

《监管办法》对因其股票向特定对象转让导致股东累计超过200人的公司不设准入门槛，可在上述情形发生后3个月内向证监会申请核准或者降低股东人数，在3个月内股东人数降至200人以内的，可以不提出申请。为防止出现监管套利风险，该制度的设计要求其只能向特定对象以非公开方式协议转让，并不允许其股票公开转让。如果此类公司拟公开转让或定向发行，则按照下述规定申请中国证券监督管理委员会的核准。

2. 公开转让

《监管办法》第三十三条规定：公司申请其股票公开转让的，董事会应当依法就股票公开转让的具体方案作出决议，并提请股东大会批准，股东大会决议必须经出席会议的股东所持表决权的 2/3 以上通过。

董事会和股东大会决议中还应当包括以下内容：按照中国证监会的相关规定修改公司章程；按照法律、行政法规和公司章程的规定建立健全公司治理机制；履行信息披露义务，按照相关规定披露公开转让说明书、年度报告、半年度报告及其他信息披露内容。

《监管办法》第三十四条规定：股东人数超过 200 人的公司申请其股票公开转让，应当按照中国证监会的有关规定制作公开转让的申请文件，申请文件应当包括但不限于：公开转让说明书、律师事务所出具的法律意见书、具有证券期货相关业务资格的会计师事务所出具的审计报告、证券公司出具的推荐文件。公司持申请文件向中国证监会申请核准。

《监管办法》对申请股份公开转让的公司放松行政管制、简化行政审批，重点要求公司治理机制健全、信息披露规范，不设财务指标，不做盈利要求。同时，要求证券公司出具推荐报告、律师事务所出具法律意见书、具有证券期货相关业务资格的会计师事务所出具审计报告，同时，证券交易场所出具是否同意挂牌的审查意见。

（九）定向增发

股份公司和非上市公众公司有合理的融资需求，应有适合非上市公众公司特点的融资制度与之相匹配。

1. 限定发行对象和人数

定向发行即向特定对象的发行，具体包括两种：

向特定对象发行股票导致股东累计超过 200 人，以及股东人数超过 200 人的非上市公众公司向特定对象发行股票。

其中，特定对象的范围包括：公司股东；公司的董事、监事、高级管理人员、核心员工；符合投资者适当性管理规定的自然人投资者、法人投资者及其他经济组织。

现实生活中，科技型、创新型中小企业往往需要通过相应的激励和约束机制留住核心员工，《监管办法》将核心员工纳入发行对象范围。至于核心员工的认定，应当由公司董事会提名，并向全体员工公示和征求意见，由监事会发表明确意见后，经股东大会审议批准。

《监管办法》同时规定了定向发行的人数限制，即包括核心员工在内的除股东外的特定对象定向发行合计不得超过 35 人，将股权激励的规模控制在一定的范围内。

2. 限定发行方式，只允许私募发行

3. 限定发行程序

《监管办法》要求公司提交发行申请前确认发行对象具备相应的风险认知和承受能力，并与之签订充分揭示投资风险的认购协议。

4. 建立储架发行制度

储架发行制度源于美国，是一项关于公众公司再融资行为的特殊流程规定，即为一次核准，多次发行的再融资制度，相对于传统证券发行一事一审的监管模式而言，储架发行是对"一揽子"项目进行事前、事中、事后的持续监管模式。[①]

根据《监管办法》的相关规定，非上市公众公司申请定向发行股票，可申请一次核准，分期发行。由公司根据项目需求分次择机募集资金，从而提高资金使用效率，降低公司融资成本，增加公司自主权。被核准发行的非上市公众公司在 3 个月内完成首期发行，且发行数量不低于总量的 50%，其余可根据项目需求在 12 个月内分次择机募集完毕，每期发行后 5 个工作日内将发行情况报中国证监会备案。

5. 建立快速融资豁免制度

征求意见稿中，非上市公众公司发行审核实行快速融资豁免制度，对定向发行后股东累计不足 200 人的或在 12 个月内发行股票累计融资额低于 1 000 万元的非上市公众公司，不要求其向监管部门申请核准，可自办发行，在每次发行后 5 个工作日内将发行情况报中国证监会备案。

与征求意见稿相比，《监管办法》将小额融资豁免标准由征求意见稿中的"1 000 万元"的绝对值变为"在 12 个月内发行股票累计融资额低于公司净资产的 20%"的相对值，更好地促进了创新性中小企业的发展。

上述限制，非上市公众公司定向发行股份购买资产的，亦同。

（十）交易场所

非上市公众公司的股票均应当在中国证券登记结算公司集中登记存管，但根据发行对象为公开或特定而选择不同的交易场所并遵循不同的规则。

（1）公开转让

非上市公众公司进行公开转让的，必须在依法设立的证券交易场所中进行，即"全国中小企业股份转让系统"，俗称"新三板"。

（2）不公开转让

非上市公众公司不进行公开转让的，可以不在新三板挂牌，但是仍然需要在中国证券登记结算公司登记托管，股东有转让需要的，可以按照相关规定进

---

① 来源于证券导报。

行协议转让和定向转让。

（3）公开发行股票并上市

非上市公众公司向不特定对象公开发行股票的，应当遵守《证券法》和中国证监会的相关规定，由中国证监会审核。

非上市公众公司申请在证券交易所上市的，应当遵守中国证监会和证券交易场所的相关规定。

《监管办法》中非上市公众公司申请在证券交易所上市时需要遵循相应规则，为非上市公众公司未来上市预留空间，达到交易所上市要求时可以进行"转板"。

除此之外，根据国务院《关于清理整顿各类交易场所切实防范金融风险的决定》（国发〔2011〕38号）的规定，其他地方性股权交易所不能进行标准化交易和集中竞价，只能与200人以下的非公众公司挂牌交易，不属于本《监管办法》规范的非上市公众公司进行交易的场所。

（十一）监督管理

《监管办法》将新三板挂牌中小企业的监管机构由原来的证券业协会变为现在的证监会，体现出了证监会未来几年大力推进中国多层次资本市场建设的决心，未来在证监会直接监管下的全国性场外市场的建设将会拓宽中小企业融资的渠道。

监管制度的安排主要遵循以下原则：

（1）放松行政管制，简化许可程序

按照《证券法》的要求，公开发行股票应经中国证监会核准，对公开发行并上市和公开发行不上市公司准入采取简易核准，在准入条件和准入程序上与公开发行并上市相比有较大的差异。一方面，在准入条件上，不设财务指标，不对公司主营业务做要求，重点要求公司治理机制健全，提高信息披露质量，按照信息披露规则真实、准确、完整、及时地披露相关信息。另一方面，在准入程序上，不设类似发审委的组织，也不实行保荐制，使核准程序大大简化。

（2）强化公司自治，发挥中介机构作用

制定非上市公众公司章程指引，强化公司依法自治。加大中介机构责任，充分发挥证券公司、会计师事务所、律师事务所等证券服务机构的作用。对不尽职或参与造假的证券公司和证券服务机构采取严格的监管措施。

（3）严格防范风险

建立定向发行制度，禁止向一般社会公众发行股票。

（4）实行分层管理

相对于上市公司，非上市公众公司是一个比较复杂的群体，其来源不同、公众化程度不同，成为非上市公众公司的动因也不同。因此，为兼顾监管的包容性和有效性，应该对其实行分层次的富有弹性的监管安排。对公开转让和定向转让的公司，在准入条件、许可程序和信息披露要求上适用不同的标准。

（5）明确监管边界，构建综合监管体系

监管部门主要负责制定信息披露、公司治理等规则并监督执行，建立与地方政府的监管协作。同时，探索建立多元化的证券纠纷解决机制，引导市场参与各方通过法律途径解决有关矛盾和纠纷。

（十二）综述

本办法是中国场外市场建设过程中具有里程碑意义的部门规章，为中小微企业进入场外市场融资提供了可操作的依据，突破了一直以来制约场外市场发展的一些障碍，比如股份公司股东200人上限问题、自然人投资问题，这两点的进步会有效地提升新三板交易的活跃度，增强市场融资功能，帮助中小微企业在特定阶段实现跨越式发展。

与IPO核准及上市公司监管的有关规定相比，《监管办法》在核准内容、监管方式等方面都有较大不同，进一步体现了简化行政许可、放松行政管制，促进市场主体归位尽责的市场化原则。

在准入条件上，证监会本着"简化行政许可、放松管制"的理念，对非上市公众公司准入采取简易核准；不设财务门槛和盈利指标，重点要求公司治理机制健全，按照信息披露规则真实、准确、完整、及时地披露相关信息；在具体审核过程中，证监会对公司持续盈利能力不做实质性判断，而是进行以信息披露为核心的合规性审核。

在非上市公众公司的股票发行上，《监管办法》严格限定了发行对象、人数、方式，只允许向特定对象以私募方式发行，不允许面向不特定对象，不允许公募发行。要求在一定程度上控制公司的发行规模，以防盲目融资，发行对象仅限公司股东、公司董监高人员、符合投资者适当性规定的自然人及法人投资者或其他经济组织，且对合格自然人、法人投资者及其他经济组织，限定每次发行合计不超过35人。

《监管办法》设计了一系列有针对性的制度：一是储架发行制度；二是快速融资豁免制度。

《监管办法》还要求公司在章程中约定股东间矛盾和纠纷的解决机制，并支持股东通过仲裁、调解、民事诉讼等司法途径主张其合法权益。《监管办法》还建立了与当前市场现状及投资者成熟程度相适应的投资者适当性制度，严格防范系统性风险。

非上市公众公司监管制度的建立，对完善资本市场多层次、多渠道服务实体经济的体制机制，拓展资本市场的覆盖面和包容能力，支持成长型、创新型中小企业、现代农业中小企业、小微中小企业的股本融资、股份转让等活动，促进非上市公众公司稳步成长，服务于加快实体经济发展方式转变和经济结构调整都具有积极、深远的影响。

六、转板制度探索

（一）介绍上市制度

何谓介绍上市？介绍上市在境外比较常见，是已发行证券申请上市的一种方式。已发行证券不需要在上市时再发行新股，因为该类申请上市的证券已有相当数量，并为公众所持有，故可推断其在上市后会有足够的流通量。

它与IPO的区别是没有"公开招股"一环，不涉及发行新股或出售现有股东所持股份。介绍上市可以把中小企业融资和证券上市在时间上分开，给中小企业以更大的灵活性。

就新三板中小企业如何转入沪深证券交易所的主板、创业板，全国中小企业股份转让系统（新三板）公司总经理谢庚2013年2月下旬首度进行了官方回应：新三板符合条件的挂牌中小企业可以通过介绍上市的方式登陆沪深股票市场。

谢庚表示，新三板挂牌的公司已经通过证监会核准成为公众公司，这些公司只要不公开发行，就可以直接向沪深证券交易所提出上市申请，不再需要证监会的审核。而这正是成熟市场的"介绍上市"模式，意味着今后除了公开发行并上市，中小企业取得上市公司地位将拥有一条更市场化的途径。

在目前600余家中小企业IPO的候审大军中，不少中小企业已经被"终止审查"，或者"中止审查"，这些中小企业的IPO之路就此画上句号。不过庆幸的是，候审大军中符合新三板挂牌条件的部分中小企业，可以采取转板上市的途径成功登陆主板。

（二）由"绿色通道"制始，逐步建立转板制度

从理论角度出发，现有的新三板市场将发挥退市公司的"蓄水池"功能。因此，如若建立完整转板制度，中小企业最初在新三板、创业板或中小企业板挂牌交易后达到主板市场上市要求的五公司，可以转入主板市场上市；而最初在主板上市后不再符合相应上市标准的公司，可以选择非公众化转入下一层级的市场而非被迫退市。如此新三板市场展露更多的优势：一是为高成长性中小企业提供"上市"交易的平台，成为该类中小企业向高层次市场上市的"孵化器"和"摇篮"；二是接纳从主板市场退市的公司，提供一个缓冲地带，在"蛰伏整顿"之后再次发展。而这一制度构想，需要先进行"绿色通道"设计，再完成成熟的转板制度，继而步步实现整个资本市场的贯通。

所谓"绿色通道"，是指在现有普通中小企业的首次公开发行股票制度之外，建立一条专属于新三板挂牌交易中小企业的转板上市通道。新三板市场挂

牌中小企业，能够选择通过"绿色通道"进行转板，最终达到进入创业板、中小板或主板上市的目的。该"绿色通道"可以便利新三板挂牌中小企业，简化程序，优先于其他场外中小企业的首次公开发行股票，从而进一步提高新三板挂牌中小企业的上市效率。其意义具体体现在以下几个方面：

其一，为新三板挂牌中小企业的上市交易提供便捷通道。这既能够体现新三板市场的特殊性，区别于其他资本市场，又为在新三板挂牌交易的中小企业提供场内资本市场公开发行上市的便捷渠道。目前，新三板还处于初创期，挂牌中小企业数量总体上不多，交易量较小，一定时期内申请上市交易的中小企业数量也有限，"绿色通道"的引入能够提升上市审核速度。相较于普通中小企业的首次公开发行股票通道，新三板市场无疑具有较大的优势和吸引力，能够为挂牌交易中小企业上市提供更为便捷的渠道。

其二，较低的成本和较强的操作性。由于"绿色通道"是完全建立在目前现行的转板制度之上的，即转板上市的中小企业需要符合创业板、中小板或主板的上市标准，从基本原理上看，其与现行的首次公开发行股票制度没有根本区别，只是在程序方面需要进行一定修改，因此，能够实现与现行转板制度的便捷对接，在改革成本方面无疑也具有明显优势和较强的操作性。

其三，对整个转板体系的建设起到过渡性作用。在新三板市场中设立"绿色通道"并不能直接达到建设和完善我国多层次资本市场所追求的终极目标，而仅仅是改革整个市场转板体系中的一个环节。因为从理论和实践操作来看，在现阶段设置直接转板制度，将面临较大困难和障碍。因此，需要引入一个过渡阶段的制度即"绿色通道"制度，从而能够在市场准入制度和交易制度等方面基本保持现状的情况下，只是稍微调整审批环节等方面。等实践检验和相关条件均已成熟后，逐渐地在资本市场发展并形成成熟的转板通道，开始进行终极转板通道制度的设计。

七、退市制度

（一）何为退市

退市，即终止挂牌，实际上是指挂牌公司股票由于各种原因不再继续挂牌交易而退出证券市场的做法。挂牌公司退市分为两种情况：主动退市和被动退市。主动退市是挂牌公司的股票和资产被其他公司和个人收购后提出退市申请；被动退市则是由于挂牌公司不再符合证券市场规定的持续挂牌条件而被监管当局终止挂牌。可见，前者出于自愿，属于挂牌公司的自我决策；后者又称强制退市，正是我们在此探讨的对象。

（二）中国新三板退市机制的基本现状

目前，我国 A 股市场的退市制度越来越向国际成熟市场靠拢，作为多层次资本市场组成部分的新三板，要与主板、中小板共同完成优上劣下的互动机制，进行一项具有历史性的制度建设——退市机制。

退市机制作为我国资本市场制度建设中的重要环节之一，需要在现有法律框架下和现有退市制度下，按照市场化的要求逐步推进其改革。目前，关于新三板挂牌公司终止挂牌的标准主要适用全国中小企业股份转让系统有限责任公司于 2013 年 2 月 8 日施行的《全国中小企业股份转让系统业务规则（试行）》。

挂牌公司出现下列情形之一的，全国股份转让系统公司终止其股票挂牌：

（1）中国证监会核准其首次公开发行股票申请，或证券交易所同意其股票上市；

（2）终止挂牌申请获得全国股份转让系统公司同意；

（3）未在规定期限内披露年度报告或者半年度报告的，自期满之日起两个月内仍未披露年度报告或半年度报告；

（4）主办券商与挂牌公司解除持续督导协议，挂牌公司未能在股票暂停转让之日起 3 个月内与其他主办券商签署持续督导协议的；

（5）挂牌公司经清算组或管理人清算并注销公司登记的；

（6）全国股份转让系统公司规定的其他情形。

（三）其他市场退市制度

1. 我国主板市场

A 股退市制度早就存在，但实际执行过程中可操作性差，近五年来无一家公司因连续亏损而退市。国内的证券法和两市交易制度都对退市有明确规定，早在 2001 年 2 月 22 日的《亏损上市公司暂停上市和终止上市实施办法》中就已正式推出退市制度。我国《证券法》第五十五条规定，上市公司有以下情形的，股票暂停上市：公司股本总额、股权分布等不再符合上市标准；公司不按照规定公开财务状况，或者对财务报告作虚假记录；公司有重大违法行为；公司最近 3 年连续亏损。

但由于退市指标类型单一、标准不够清晰等，退市制度缺乏可操作性，实际退市的公司很少。

2. 美国纳斯达克市场

该市场对退市标准进行了量化，因此该市场的退市具有极高的可操作性。例如，在纳斯达克小资本市场中，公司维持上市资格的最低要求是：净有形资产达到 200 万美元，或者市价总值达到 3 500 万美元，或者净收入（最近一个财政年度，或者最近三个财政年度中的两年）达到 50 万美元；股东人数达到 300 人（持股达到 100 股或 100 股以上）；公众流通股数量不少于 50 万股；公众流通股总市值不少于 100 万美元；买方报价不低于 1 美元；至少有两个做市商。

3. 境外证券市场上市证券终止上市的标准主要有以下几方面：

（1）公众股东人数低于交易所规定的标准；

（2）股票交易量极度萎缩，低于交易所规定的最低标准；

（3）上市公司因资产处置、冻结等因素而失去持续经营能力；

（4）法院宣布公司破产清算；

（5）财务状况和经营业绩欠佳；

（6）不履行信息披露义务；

（7）违反法律；

（8）违反上市协议。

（四）建立退市制度的意义

退市制度更多体现的是行政约束，从法理角度来看，它追求的是程序上的正义。真正意义上的保护投资者的利益，股票价格是根本，要以合理的价格使投资人受益，并非单纯看其收益额的多少，而是要考察其收益率，即收益额与股票价格的比率，从而体现其实质上的正义。上市公司高价融资，低水平创造财富，低水平回报投资者的现象，即使未达到亏损的标准，也在一定程度上挫伤了投资者的信心，从而无法保持活跃的交易量。就中国股市现有的基本规律来看，上市公司几乎不会现金分红，所有的投资者，只能靠股票的涨跌来获取炒股收益。

为了解决这些问题，促进证券市场健康发展，退市制度的逐步完善势在必行。新三板作为股权场外交易平台，更要积极推进退市制度改革，逐步建立完善新三板挂牌公司退出机制。对于新三板市场上质量很差且无重组迹象，又未达到规范运作基本要求的挂牌公司，强行迫使其从市场上退出，不再继续挂牌交易，从而减少新三板市场上的差公司，从而提高整个市场的挂牌公司质量，促进市场优胜劣汰。退市与挂牌共同促成了市场吐故纳新的动态调整，从而使新三板市场保持融资功能与投资价值。

第三节　新三板操作程序

在第二节中已经对股份有限公司申请股票在全国股份转让系统挂牌的六项条件进行了详细的阐述。但拟在新三板挂牌的多为中小企业，在公司组织形式上多为有限公司，而新三板挂牌的中小企业必须是股份有限公司形式。针对这一情况，中小企业应当先行进行股份制改造，然后申请挂牌。本节将主要阐述中小企业改制的操作程序和中小企业挂牌阶段的操作程序。

一、中小企业股份制改造流程

在我国，除有限公司和股份有限公司外，还存在独资企业、合伙企业、股份合作企业、一人有限公司等类型，对于这些企业而言，一般是先将这些中小企业改制为有限公司，然后再进行股份制改造。现就有限公司（非国有）整体折股变更、改造为股份有限公司的流程加以阐述。

（一）一般流程

1. 确定中介机构；

2. 召开董事会、股东会，通过股改决议并成立筹办委员会；

3. 中介机构尽职调查；

4. 股改方案设计，最终提交股东会审议通过；

5. 制定并签署发起人协议；

6. 审计及资产评估；

7. 制作改制文件；

8. 办理注资及验资手续；

9. 召开创立大会暨第一次股东大会；

10. 办理工商登记或变更登记。

（二）各中介机构

1. 主办券商

证券公司作为有限公司股份制改造的财务顾问，也是主协调人，指导中小企业的股改工作，制订股改方案，并负责协调各中介机构与中小企业的工作；根据工作时间表，督促各中介机构按计划开展工作，协调中小企业及各中介机构的关系；配合中小企业完成各类文件；综合各中介机构提供的材料，完成股份公司设立申报材料。

2. 律师事务所

律师事务所在股改、挂牌及信息披露等关键环节保障公司行为的合法合规性，并依法处理股改过程中遇到的相关法律问题，在新三板挂牌中起保驾护航作用。

律师事务所的尽职调查，主要针对如下情况：

（1）公司的设立与组织结构；

（2）公司的有关变更情况；

（3）公司所有分公司、分支机构成立、变更及注销的全部文件；

（4）公司股东之间或股东与第三方之间是否存在股份代持、信托、质押或设置其他权利的情形；

（5）公司的关联方之间的工商资料、变更资料、资产资料、知识产权资料等；

（6）公司重大债权、债务事项的相关情况；

（7）公司重大资产变化及收购兼并情况；

（8）公司的主要资产情况；

（9）公司的税务及财务情况；

（10）公司的劳资关系情况；

（11）公司环境保护和产品质量、技术标准的情况；

（12）公司重大协议情况；

（13）公司诉讼、仲裁或行政处罚情况；

（14）公司"三会"的议事规则及规范运作；

（15）其他。

3. 会计师事务所

会计师协助中小企业建立公开、透明的财务制度，进行财务审计工作，使公司的财务符合挂牌的要求。

会计师事务所的尽职调查，主要针对如下情况：

（1）财务状况；

（2）税务状况；

（3）内部控制；

（4）财务分析与预测。

二、中小企业新三板挂牌操作流程

（一）一般流程

根据新三板现行规则，中小企业在新三板挂牌的一般流程如下：

1. 公司改制为股份公司；

2. 中介机构尽职调查；

3. 律师制作《法律意见书》；

4. 券商制作《公开转让说明书》；

5. 券商内核；

6. 向全国股份转让系统公司报送备案文件；

7. 全国股份转让系统公司反馈意见；

8. 全国股份转让系统公司备案确认；

9. 证监会核准公开转让；

10. 股份初始登记、办理挂牌手续。

（二）挂牌审查流程

1. 全国股份转让系统公司接收材料

全国股份转让系统公司设接收申请材料的服务窗口。申请挂牌公开转让、定向发行的股份公司（以下简称申请人）通过窗口向全国股份转让系统公司提交挂牌（或定向发行）申请材料。申请材料应符合《全国中小企业股份转让系统业务规则（试行)》、《全国中小企业股份转让系统挂牌申请文件内容与格式指引（试行)》等有关规定的要求。

全国股份转让系统公司对申请材料的齐备性、完整性进行检查：需要申请人补正申请材料的，按规定提出补正要求；申请材料形式要件齐备，符合条件的，全国股份转让系统公司出具接收确认单。

2. 全国股份转让系统公司审查并出具审查意见

（1）反馈

对于审查中需要申请人补充披露、解释说明或中介机构进一步核查落实的主要问题，审查人员撰写书面反馈意见，由窗口告知、送达申请人及主办券商。

（2）落实反馈意见

申请人应当在30个工作日内向窗口提交反馈回复意见。

（3）出具审查意见

申请材料和回复意见审查完毕后，全国股份转让系统公司出具同意或不同意挂牌或定向发行（包括股份公司申请挂牌同时定向发行、挂牌公司申请定向发行）的审查意见，窗口将审查意见送达申请人及相关单位。

3. 中国证监会接收和受理材料并出具核准文件

（1）接收和受理

中国证监会在全国股份转让系统公司办公地点（金融大街丁26号金阳大厦）设行政许可受理窗口。申请人通过受理窗口向中国证监会提交申请核准材料。申请核准材料应符合《非上市公众公司监督管理办法》、《非上市公众公司监管指引第2号——申请文件》等有关规定的要求。中国证监会依法接收申请人的申请核准材料，并出具行政许可接收凭证和受理通知书。

（2）作出核准决定

中国证监会依法在受理申请之日起20个工作日内作出准予或不予行政许可的决定，并将中国证监会核准文件送达申请人及相关单位。申请人领取批文后办理后续登记、挂牌等事宜。

（三）律师在挂牌阶段的工作

当前，律师可为申请挂牌中小企业提供以下法律服务：

1. 为中小企业出具、论证改制方案，根据改制中小企业或管理机关的需要就某些法律问题或法律事实出具法律意见书，辅导中小企业实施改制。

2. 审查公司是否具有挂牌资格，并参加主办报价券商的项目小组，负责尽职调查，按照公开转让说明书的要求，起草尽职调查报告、推荐报告、公开转让说明书、调查工作底稿、制作备案文件等。

其中尽职调查报告主要包括以下三个方面：财务方面尽职调查、法律方面尽职调查、行业方面尽职调查。

3. 审议中小企业进入全国股份转让系统前后的相关协议并提供法律咨询。

（1）董事会和股东大会就新三板挂牌及公开转让事项做出决议；

（2）与主办报价券商签订推荐挂牌报价转让协议；

（3）与中国证券登记结算公司签订证券登记服务协议。

4. 协助主办券商为中小企业股票进入全国股份转让系统事宜出具法律意见书。核查意见、鉴证意见等。

5. 根据相关法律法规的规定对中小企业的信息披露进行辅导。

6. 对中小企业的高级管理人员进行《公司法》、《证券法》有关知识辅导。

7. 为中小企业和其他中介机构提供有关法律咨询及帮助。

此外，中国证监会于2012年4月28日发布的《关于进一步深化新股发行体制改革的指导意见》中提出，要完善规则，明确责任，强化信息披露的真实性、准确性、充分性和完整性。其中还明确提到，提倡和鼓励具备条件的律师事务所撰写招股说明书。遵循证监会的上述政策指引，由具备条件的律师事务所撰写公开转让说明书将成为未来新三板挂牌中介机构分工的主要趋势，这也符合整个证券市场改革的方向。

（四）申请挂牌所需文件

根据《全国中小企业股份转让系统挂牌申请文件内容与格式指引（试行）》的要求，申请挂牌应向全国中小企业股份转让系统提交申请文件（原件一份，复印件两份）。

1. 要求披露的文件：公开转让说明书及推荐报告

（1）公开转让说明书（申报稿）。

（2）财务报表及审计报告。

（3）法律意见书。

（4）公司章程。

（5）主办券商推荐报告。

（6）定向发行情况报告书（如有）。

2. 不要求披露的文件：申请挂牌公司相关文件

（1）向全国股份转让系统公司提交的申请股票在全国股份转让系统挂牌及定向发行（如有）的报告。

（2）向中国证监会提交的申请股票在全国股份转让系统公开转让及定向发行（如有）的报告。

（3）有关股票在全国股份转让系统公开转让及定向发行（如有）的董事会决议。

（4）有关股票在全国股份转让系统公开转让及定向发行（如有）的股东大会决议。

（5）中小企业法人营业执照。

（6）股东名册及股东身份证明文件。

（7）董事、监事、高级管理人员名单及持股情况。

（8）申请挂牌公司设立时和最近两年及一期的资产评估报告。

（9）申请挂牌公司最近两年原始财务报表与申报财务报表存在差异时，需要提供差异比较表。

（10）全部股票已经中国证券登记结算有限责任公司登记的证明文件（挂牌前提供）。

（11）申请挂牌公司全体董事、监事和高级管理人员签署的《董事（监事、高级管理人员）声明及承诺书》（挂牌前提供）。

3. 主办券商相关文件

（1）主办券商与申请挂牌公司签订的推荐挂牌并持续督导协议。

（2）尽职调查报告。

（3）尽职调查工作文件：尽职调查工作底稿目录、相关工作记录和经归纳整理后的尽职调查工作表；有关税收优惠、财政补贴的依据性文件；历次验资报告；对持续经营有重大影响的业务合同。

（4）内核意见：内核机构成员审核工作底稿；内核会议记录；对内核会议反馈意见的回复；内核专员对内核会议落实情况的补充审核意见。

（5）主办券商推荐挂牌内部核查表及主办券商对申请挂牌公司风险评估表。

（6）主办券商自律说明书。

（7）主办券商业务备案函复印件（加盖机构公章并说明用途）及项目小组成员任职资格说明文件。

4. 其他相关文件

（1）申请挂牌公司全体董事、主办券商及相关中介机构对申请文件真实性、准确性和完整性的承诺书。

（2）相关中介机构对纳入公开转让说明书等文件中由其出具的专业报告或意见无异议的函。

（3）申请挂牌公司、主办券商对电子文件与书面文件保持一致的声明。

（4）律师、注册会计师及所在机构的相关执业证书复印件（加盖机构公章并说明用途）。

（5）国有资产管理部门出具的国有股权设置批复文件及商务主管部门出具的外资股确认文件。

第三章　新三板的价值及对中小企业发展的意义

第一节　新三板在资本市场中的地位

一、新三板是多层次资本市场的塔基

为了贯彻党的十六大和十六届三中全会精神，促进多层次资本市场的建立与完善，落实《国务院关于推进资本市场改革开放和稳定发展的若干意见》和《国家中长期科学和技术发展规划纲要（2006—2020 年）》关于推动高新技术企业股份转让要求的一项重大举措，我国推出了股份报价转让系统（以下简称"新三板"）。

新三板是我国全国性多层次资本市场中的塔基，与主板和中小板市场一起构建了我国全国性资本市场，这一体系的建立与完善，符合资本市场发展的规律。以发达国家资本市场体系的架构为例，发达的市场经济国家基本都建立了相应的场外市场与主板市场相配套的多层次资本体系。如美国的纳斯达克市场、英国的第三板市场（OFEX）等。

伴随我国经济体制的建立与完善，资本市场的完善就成为必然。单一的资本市场结构已经远远不能适应资本市场日益发展的需要。作为我国私有经济的主力军，中小企业的发展亟待资本市场的支持与推动。

在我国现有的资本市场结构中，主板市场是核心，是大公司和大企业资本融资最重要的部分；二板市场是主板市场的补充，是高新技术企业和中小企业资本融资的重要部分；三板市场作为我国多层次资本市场体系的一个重要组成部分，它是主板市场和中小板市场的基础和前台。上海证券交易所和深圳证券交易所两家全国性的场内交易市场，其上市的企业均是符合很高财务与经营要求的大中型企业，因此新三板的创建肩负着我国中小企业实体经济的发展壮大的使命。

自 2013 年新三板扩容以来，新三板市场建设明显提速，2012—2014 年前 8 个月，新增挂牌数量同比增速分别为 320%、49%、323%，新三板建设加速明显。2012 年新三板扩容至包括中关村科技园区、上海张江高新产业开发区、武汉东湖新技术产业开发区和天津滨海高新区四家工业园区，2013 年 12 月国务院

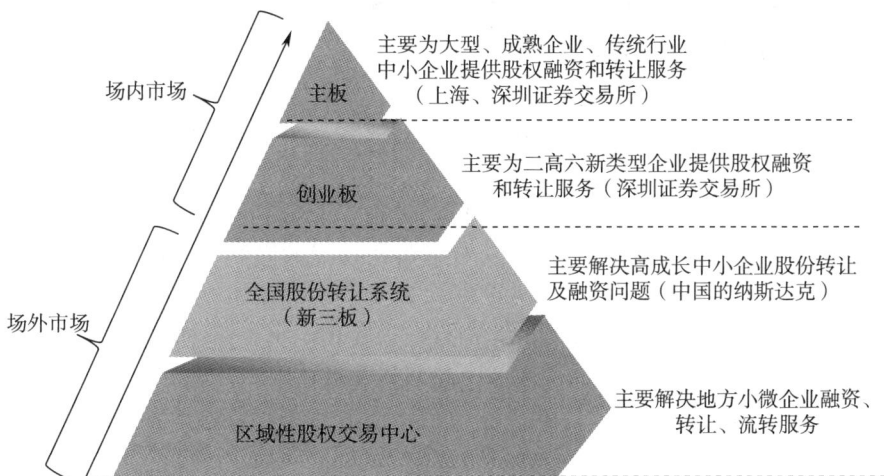

图3-1 我国资本市场结构图

出台《关于全国中小企业股份转让系统有关问题的决定》，新三板正式扩容至全国。目前，新三板挂牌企业超过1 200家，总市值约2 000亿元，新三板市场已初具规模。作为多层次资本市场建设的核心环节，新三板后续建设仍将会延续加速度节奏。

资本市场改革步伐逐渐加快，新国九条以及新三板各项核心制度相继出台，目前新三板建设也成为监管层工作内容的重中之重，后续具体政策落实仍具备较大超预期可能。中小企业发展对于国内经济至关重要，而中小企业的发展一直受到融资问题的制约，通过银行的直接融资隐性成本较高，且银行信贷资源更倾向于配置给大型企业。参照国际经验，多层次资本市场的建立，使各种不同规模、不同发展阶段企业均能借助资本市场实现成本更低、信息更为透明的融资。中小企业特别是初创期的高科技企业的融资问题一直是中国经济的显性问题，一定程度上抑制了中小企业的发展，进而抑制了部分经济增长的潜能。

新三板加速扩容对金融体系的完善以及充分激发经济增长潜能具有巨大价值。目前国内资本市场体系框架较为清晰，如何盘活新三板市场，增强市场的流动性，提高市场本身各项基本功能的运作效率是关键。

新三板协议转让方式基本延续了原中关村试点期间协议转让方式，同时增加了对收盘前未成交定价申报进行自动匹配的功能。协议转让方式下投资者委托分为意向委托、定价委托和成交确认委托，投资者通过主办券商执行以上委托命令。在协议转让交易制度下，投资者之间的交易大部分通过事先沟通后再通过交易系统进行成交，交易系统仅起到一个通道的作用，包括信息搜寻成本、谈判成本等在内的隐性交易成本较高，阻碍了市场的活跃程度。

做市商制度的推出彻底激活了新三板市场。活跃的市场是资源配置功能的基础，做市商制度对于新三板市场建设意义重大。

简洁的融资制度、流畅的转板制度、适当宽松的投资人准入制度以及良好的资产定价功能是成熟场外市场建设的普遍因素，而市场的活跃程度直接决定了以上因素的实现程度，是新三板建设最为核心的制度之一。新三板融资制度以及转板制度运行效率较低，一个重要原因在于市场定价功能以及信息引导功能的缺失，最为根本的是交易不活跃对于市场功能的限制。做市商制度作为新三板的核心制度，将对新三板未来发展起到重要支撑作用。做市商制度是国际运行较为成熟的场外市场：美国 NASDAQ、OTCBB、中国台湾兴柜市场普遍采用的交易制度，对于激活市场的流动性起到了立竿见影的效果。

在股票融资方面，新三板合计完成 154 次股票发行，融资金额为 89.77 亿元，是 2013 年全年股票融资金额的 8.96 倍。

数据显示，当前中国有 1 400 万家中小企业。多数企业因存在财务不规范、风险抵御能力弱以及信用度低等问题而融资困难。而新三板的定位就是为创新型、创业型、成长型中小微企业发展服务，改变中小微企业的融资困境，畅通中小企业融资渠道。

中小企业在新三板顺利挂牌后，在规范治理结构、完善资本结构、提高公司信用等级、促进企业转型升级等方面都将提升很大的等级。而企业通过完善公司治理和信息披露，也有助于提升企业信息透明度和股权估值，有助于获得更高的银行授信。

二、中小板与创业板

中小板就是相对于主板市场而言的，中国的主板市场包括深交所和上交所。有些企业的条件达不到主板市场的要求，所以只能在中小板市场上市，中小板市场是创业板的一种过渡。

财务指标上，中小板要求最近两年连续盈利，最近两年净利润累计超过 1 000 万元且持续增长；或者最近一年盈利，且净利润不少于 500 万元，最近一年营业收入不少于 5 000 万元，最近两年营业收入增长率均不低于 30%。最近一期末不存在未弥补亏损。最近一期末净资产不少于 2 000 万元。创业板要求最近 3 个会计年度净利润均为正数且累计超过 3 000 万元。最近 3 个会计年度营业活动产生的现金流量净额累计超过 5 000 万元，或者最近 3 个会计年度营业收入累计超过 3 亿元。最近一期末不存在未弥补亏损。最近一期末无形资产占净资产的比例不高于 20%。另外，按市值看，创业板小于中小板。

从服务对象来看，创业板市场服务的是比较成熟、在国民经济中有一定主导地位的或者处于创业阶段的企业，特别是那些具有自主创新能力的成长型企业。中小板市场服务的是发展成熟的中小企业。

从设立的目的来看，创业板是为了实现中国增长模式的转型、为了通过资本配置牵引增长模式转型而设立的。而中小板设立，主要是为了给国企融资，股改前这一特征更为明显。一些企业为了上市，要通过省委省政府做相关部门的工作。

从运作的模式来看，中小板的企业本来就不打算带来回报，所以没有投资价值，或者说价格远远超过价值。创业板更接近市场化运作，监管更严，退市风险大，以前的很多玩法就不灵了，就承担更大的风险。同时，由于高成长性，好企业带来的回报也远超过主板。

风险上存有差距。由于创业板规模比较小，所以风险还是比较大的，经营能力小，市场发生大变化的时候，创业板的风险是很大的，如何防范这样的风险，中介机构在作净值调查的时候，要更详尽。创业板的股东大部分是民营企业，法人治理结构如何规范是要考量的问题，把家族企业改编为上市公司进行强化辅导。由于创业板还没有进入资本市场，会给上市公司带来一定的影响，这是影响创业板的很大的因素。创业板虽然市盈率高，但是它们的成长性普遍高于中小板。

三、新三板与中小板、创业板对比

（一）准入条件对比

表 3-1　　　　　　　　　　　　　准入条件对比

板块	新三板	中小板	创业板
主体资格	股份公司	股份公司	股份公司
经营年限	依法设立且合法存续2年以上的股份有限公司，有限公司整体变更可以连续计算	依法设立且合法存续3年以上的股份有限公司，有限公司整体变更可以连续计算	依法设立且合法存续3年以上的股份有限公司，有限公司整体变更可以连续计算
主营业务	业务明确	最近3年内没有发生重大变化	发行人应当主要经营一种业务，最近2年内主营业务没有发生重大变化
盈利要求	具有持续经营能力，无硬性财务指标要求	最近3个会计年度净利润为正且累计超过3 000万元；最近3个会计年度经营活动现金流量净额累计超过5 000万元；或最近3个会计年度营业收入超过3亿元	最近2年盈利：2年净利润不少于1 000万元；最近一年盈利：净利润不少于500万元，营业收入不低于5 000万元

续表

板块	新三板	中小板	创业板
资产要求	无	最近一期末无形资产（扣除土地使用权、水面养殖权和采矿权等后）占净资产的比例不高于20%； 最近一期末不存在未弥补亏损	最近一期末净资产不少于2 000万元，且不存在未弥补亏损
股本要求	无要求，但要求挂牌前实际缴付	发行前股本总额不少于3 000万元	发行后股本总额不少于3 000万元
持续盈利能力	具有持续经营能力即可	要求	要求
公司治理	公司治理结构健全，合法规范经营	最近3年董事、高级管理人员没有发生重大变化、实际控制人不得变更	最近2年董事和高级管理人员没有重大变动，实际控制人没有变更
重大变化	最近2年管理层、主营业务、控制人可以变更	最近2年管理层、主营业务、控制人不得变更	最近3年管理层、主营业务、控制人不得变更
持续督导	主办券商推荐并持续督导	证券上市当年剩余时间及其后2个完整会计年度	证券上市当年剩余时间及其后3个完整会计年度

（二）交易制度对比

表 3 – 2   **交易制度对比**

板块	新三板	中小板	创业板
交易模式	做市商交易 竞价交易 协议交易	竞价交易	竞价交易
交易单位	1手（1 000股）	一手（100股）	一手（100股）
交易时间	相同	相同	相同
涨跌幅	不设涨跌幅限制	±10%	±10%
结算方式	T+1 多边净额担保交收	T+1 多边净额担保交收	T+1 多边净额担保交收
证券账户	深交所证券账户	深交所证券账户	深交所证券账户
资金账户	第三方存管资金账户	第三方存管资金账户	第三方存管资金账户

（三）信息披露对比

表 3 - 3　　　　　　　　　　　　信息披露对比

板块	新三板	中小板	创业板
性质	适度信息披露	强制性	强制性
年报/中报/季报	要求/要求/鼓励	要求/要求/要求	要求/要求/要求
临时报告	要求（少于主板）	要求	要求
财务报告审计	要求	要求	要求
券商信息披露	主办报价券商披露风险提示公告等	不要求	不要求
披露场所	系统网站	交易所网站指定媒体	交易所网站指定媒体
信息披露监管	主办券商督导	交易所自律监管证监会行政监管	交易所自律监管证监会行政监管

（四）监管制度对比

表 3 - 4　　　　　　　　　　　　监管制度对比

板块	新三板	中小板	创业板
监管制度	备案审查	核准制	核准制
审批机构	全国股份转让系统公司、证监会	证监会	证监会
保荐期	主办券商终身督导	三年	两年

（五）新三板与创业板、主板比较

表 3 - 5　　　　　　　　　　新三板与创业板、主板比较

	新三板	创业板	主板
主体资格	非上市股份公司	依法设立且合法存续的股份有限公司	依法设立且合法存续的股份有限公司
经营年限	存续满2年	持续经营时间在3年以上	持续经营时间在3年以上
盈利要求	具有持续经营能力	最近两年连续盈利，最近两年净利润累计不少于1 000万元且持续增长。（或）最近1年盈利，且净利润不少于500万元，最近1年营业收入不少于5 000万元，最近2年营业收入增长率均不低于30%	最近3个会计年度净利润均为正数且累计超过3 000万元

续表

	新三板	创业板	主板
资产要求	无限制	最近一期末净资产不少于2 000万元，且不存在未弥补亏损	最近一期末无形资产（扣除土地使用权、水面养殖权和采矿权等后）占净资产的比例不高于20%
股本要求	无限制	发行后股本总额不少于3 000万元	发行前股本总额不少于人民币3 000万元
主营业务	主营业务突出	最近2年内没有发生重大变化	最近3年内没有发生重大变化
实际控制人	无限制	最近2年内未发生变更	最近3年内未发生变更
董事及管理层	无限制	最近2年内没有发生重大变化	最近3年内未发生重大变化
信息披露的定期报告	年报、半年报、临时报告	年报、半年报和季报	年报、半年报和季报
备案或审核	备案制	审核制	审核制

第二节　新三板市场对中小企业发展的意义

一、新三板对资本市场的意义

首先，新三板的建立标志着我国多层次资本市场体系已完善，必将对资本市场改革产生良性推动作用。全国股转系统是我国多层次资本市场体系的基础层次，也是基石层次，更是战略层次。全国股转系统针对的是我国群体数量最大的中小企业，也是最具创新性和成长性的经济群体。这一群体企业的发展，无论是对于国家的经济发展战略，还是资本市场发展战略，都应是重中之重。只有全国股转系统的企业快速健康发展，才能保证创业板、主板市场不断有优质企业输送。而全国股转系统倡导的市场化、开放性、多元化、宽容性制度价值理念，更是率先在我国资本市场摒弃了行政审批色彩，实现了市场化。其运作的成功，必将对整个资本市场的改革产生良性推动作用。

其次，提升了资本市场服务实体经济的能力，必将会成为助推中小企业发展的孵化器、加速器，成为支撑中小企业创新的开放平台。

全国股转系统主要为成长型、创新型的中小企业提供资本服务。长期以来，我国中小企业融资难、创新难，数以千万计的中小企业，他们创造了80%的就业，60%的GDP，50%的税收，但中小企业又是市场中的弱势群体，他们缺资金，缺资源，缺信息，面临诸多发展瓶颈。因此，全国股转系统走向全国，将惠及更多创新创业型中小企业，其"无地域限制、无行业限制、无财务指标要求"的挂牌标准，更为贴近实体经济的实际情况，让更多企业有机会接触并走进资本市场的大门。

最后，为资本市场创新注入新的活力，带来新的机遇。

全国股转系统在市场准入制度上打破了传统的财务盈利指标硬性要求，并且采用多元化的定价估值模式，同时，定向发行采用小额快速融资、有条件豁免核准、储价发行等制度，符合中国实际，深受欢迎；做市商制度的实行将极大地增强市场流动性，这些都是全国股转系统制度的突破。

众多证券市场的创新尝试将在全国股转系统进行实践，为我国多层次资本市场注入活力，解决不同层次企业的金融需求，对促进中小企业实体经济发展起到了巨大推动作用。可以说，全国股转系统的建立与扩容为处于我国证券市场改革阵痛期的市场参与各方带来了一个发展机遇。

此外，伴随着证监会发布《收购办法》，新三板将成为多层资本市场并购的"猎场"。

目前，全国股份转让系统企业股权相对比较集中，控股股东或实际控制人通常决定公司的经营发展，其退出会对公司产生较大影响。为此，在控股股东或实际控制人退出方面，《收购办法》规定，控股股东、实际控制人向收购人协议转让其所持有的公众公司股份的，应当对收购人的主体资格、诚信情况及收购意图进行调查，并在其权益变动报告书中披露有关调查情况。控股股东、实际控制人及其关联方在转让被收购公司控制权之前有损害被收购公司及其他股东合法权益的，被收购公司董事会应当及时披露，并采取有效措施维护公司利益。

全国股份转让系统的挂牌公司大部分以个人直接持股为主，之前，对全国股份转让系统716家挂牌公司的统计结果，其平均股东人数为33.62人，第一大股东是个人的占82.12%，且第一大股东平均持股比例为51.3%，股权结构相对集中且简单。

基于公众公司的股权结构高度集中、股东人数少、股权流动性差等特点，《收购办法》将触发权益变动的披露标准从5%适当提高到10%，对于持股10%以上的权益拥有人，增减触及5%的倍数披露权益变动报告书，使披露时点更加明确，有利于市场执行。

通过公众公司收购，收购人成为公司第一大股东或者实际控制人的，其收购目的应当是看好公司的长期发展，而不是为了获取股权的短期价差收益。因此，在制度设计上应要求控制权在一定期限内保持稳定，《收购办法》规定进行公众公司收购后，收购人成为公司第一大股东或者实际控制人的，其持有的被收购公司股份在收购完成后 12 个月内不得转让。

在发布《收购办法》的同日，证监会还发布了《非上市公众公司重大资产重组管理办法》（以下简称《重组办法》）。《收购办法》仅适用于公众公司被收购的情形，如果公众公司收购其他非公众公司，无须适用《收购办法》的规定。但如果公众公司收购或出售的标的公司资产体量达到重大资产重组的标准，需要适用《重组办法》的相关规定；如果未达到重大资产重组的标准，公众公司应根据实际情况履行发行股份、对外投资或收购与出售资产等相关决策程序及信息披露义务。

二、新三板对中小企业的意义

首先，新三板最显而易见的受益者即是中小企业。新三板建立的目的本身就是解决中小企业融资困难的问题，较之证券交易所对企业在主板和创业板上市的严格条件，新三板的低门槛使许多亟待资金发展的中小企业找到了一条融资的新途径。除了融资便利和可以提高股份的流动性之外，新三板给中小企业带来的优势还有：获得园区及政府的政策支持，享受园区及政府给予的补贴；完善公司的治理结构，促进公司规范发展；转板机制一旦确定，公司可优先享受"绿色通道"；在新三板挂牌可强化公司宣传，提高其知名度等。2013 年 6 月 21 日，全国中小企业股份转让系统有限责任公司公布了《全国中小企业股份转让系统股票挂牌条件适用基本标准指引（试行）》，对原有的六项挂牌条件进行了细化。新的挂牌细则不但没有提高企业入场新三板的门槛，反而对企业进入新三板市场提供了更加明确、可行的入市条件。将来，随着新三板扩容政策的推进，有资格和符合条件的中小企业会越来越多，新三板市场将会成为中小企业寻求更好发展的重要平台。

目前，除了挂牌，企业还能通过新三板实现股份转让、定向增资。按照官方口径，新三板的平均市盈率约为 18 倍，平均融资金额在 6 000 万~8 000 万元之间，优秀企业的融资金额可以达到数亿元。

长期从事 IPO 咨询事业，且已为四维传媒（430318）、嘉达早教（430518）、雅达股份（430556）、汇龙科技（430452）提供过新三板挂牌咨询的前瞻投资顾问（主要为拟上市公司提供上市前细分市场研究和募投项目可行性研究）统计发现，截至目前，新三板史上募集资金总额、单笔募资总额最多的企业，是现代农装科技股份有限公司。

2013 年 1 月 23 日，现代农装通过定向发行股份 4 000 万股，募集资金 3.24 亿元。额度之大，不仅创下迄今为止新三板的单笔定增募资之最，也直逼创业板/中小板 IPO 的融资水平，一改外界对新三板"交易不活跃"的刻板印象。而且，事实上，这家一直以来最有"转板"预期的新三板公司，早在 2008 年 3 月就进行了第一轮定向增资，金额为5 500万元；2011年8月又完成了第二轮定向增资，当时是以6元/股的价格向40名对象发行了3 000万股，实际募集资金1.8亿元。也就是说，加之此次第三轮定向增资募得的3.24亿元，于2006年12月8日挂牌新三板的现代农装，通过新三板累计实现了三笔总计5.59亿元的募资计划，刷新了此前北京中海阳4.881亿元的"新三板史上募集资金总额"的新纪录。

现代农装科技股份有限公司是中国农业机械化科学研究院下属的专业从事现代农业装备研发、生产和经营的高新技术企业。现已形成了完整的现代农业装备产品体系，涵盖耕整地机械、播种和栽植机械、植保机械、节水灌溉装备、收获机械、收获后加工设备、设施农业设备、畜禽养殖机械等。同时，随着参与新三板交易的投资机构和优质公司越来越多，整个新三板市场的活跃度被瞬间提升，融资额、市盈率、发行价等纪录正在被新的企业不断刷新。

根据证监会和新三板的官方披露信息，2006—2010年，处于培育阶段的新三板5年间仅有16笔再融资。2011年融资情况开始改善，当年度融资笔数达到10笔，且平均募资额突破6 000万元；2012年新三板定向融资达24笔，平均募资额达到3 560万元，平均市盈率为20倍。2013年，新三板挂牌公司定向增发融资60次，融资总额10.02亿元。而进入2014年以来，新三板交易异常活跃，1月份有18家公司完成19次定向增资，合计发行股份7 335.5万股，融资金额4.35亿元。2月份，截至19日，已有10家公司发布定增方案，涉及金额高达2.8亿元。如上所述，2014年1~2月新三板定增的金额便达7.15亿元，已超过2013年全年融资额的半数。

对于私募股权投资者来说，新三板既是一个发现优质项目的好平台，又是一个投资退出的新渠道。如今在IPO审批放缓的情况下，私募股权投资者需要寻求其他的投资退出渠道，新三板无疑成为股权投资者们热捧的新目标。据统计，2012年参与新三板挂牌企业定向增资的80个新增股东里，有六成是PE/VC。可以预见的是，将来随着做市商制度的推进，新三板市场的股权流动性会得到很大程度的提高，股权投资者无论是参与投资还是退出都会更加方便和快捷。较之IPO和并购退出，将新三板作为退出渠道，可以更加省时，同时也可以避免政策和规则上的限制和干扰。若将来新三板的转板机制可以确立，那么私募股权投资者则可以利用"绿色通道"绕开证监会的严格审批程序，走此捷径成功转板上市退出。

如果说新三板市场的建立是中小企业融资的福音，是私募股权投资者投资与退出的便捷通道，那么做市商制度的确立以及将来的实施，则使广大券商成为了该制度的最大受益者。就对证券公司盈利影响而言，未来来自新三板的收入将主要分为两块，第一是券商帮助企业改制并挂牌新三板的费用；第二是挂牌后证券公司为相关企业做市获取的做市收益。在做市商制度下，证券公司是投资者的直接交易对手，并赚取买卖证券的差价。其实，与保荐挂牌上新三板的费用相比，做市带来的买卖差价才是证券公司获得利润的主要来源，在国外，做市早已成为券商的主要利润来源之一。当然，要想获得更大的收益，雄厚的券商资本是必不可少的。做市商以其自有资金与投资者进行证券交易，并通过这种不断买卖来维持市场的流动性，随着以后全国股份转让系统的挂牌公司越来越多，券商所需要的做市资本规模就会越来越大。在这种条件下，已上市的证券公司的融资优势会比较明显，其在做市服务中也更具有竞争力，从而收益也会最大。

三、新三板对中小企业发展的意义

1. 优胜劣汰，提升公司资本运作的能力

现实中，有些上市公司质量差，恶意造假，胡乱圈钱，造成这些问题的一个很重要的原因就是证券市场退出机制极不健全。新三板建立了主板市场退市公司平移至三板市场进行股份转让的平移机制，为主板退出机制提供了衔接出口。通过三板市场实现退市企业的重组并购以及对重新申请上市的企业进行辅导，这样既有利于为主板和即将推出的创业板市场输送优秀的 IPO 公司，又可以实现多层次资本市场之间的转换，充分发挥资本市场优胜劣汰功能。[①]

对很多有经济实力而缺乏规范的运作制度的公司而言，上新三板不仅是一次提升自己整体运作水平的考验平台，而且为以后挂牌上市提供了一次宝贵的经验。一些企业从整体经济、财务状况来看，可能有上市的实力，但却未建立真正的现代企业制度、未了解股份公司的规范运作，急于上市，许多信息披露不充分，导致损害了中小股东的利益等情况。企业挂牌新三板，正是为非上市股份公司提供上市辅导，使高科技企业熟悉资本市场，成为上市的"预备市场"；另外，企业挂牌新三板，需按照要求定期披露相关信息，必须保持对公众一定的透明度。虽然企业会受到一定的监管，但从长远来看，通过规范运作，可从源头上优化上市公司整体结构，提升上市公司的整体质量，缩短企业进入高层次资本市场的进程。

新三板是创立期高科技企业成长的最佳摇篮。其上市挂牌的条件很宽松，只要公司设立满两年主营业务突出，公司治理结构健全，就可以向中国证券业协会提出挂牌申请，不需要像中小板或者创业板要有严格的财务要求。新三板更注重企业的治理结构、发展潜力等软指标，对盈利水平没有硬性要求，这正好契合创立期高新企业的优势。通过市场化的资本平台，高新技术企业不仅可

---

①　沈蔚：《完善证券公司代办股份转让系统的分析》，上海交通大学硕士学位论文，2007。

以获得成长所需的资金、技术、市场各种要素，也完善了市场化的融资、资产价值的评估、公司治理的规范等各种机制安排，从而实现快速的发展。

2. 提供直接的融资渠道

一般而言，当企业发展到一定规模，创业资本就远远不能满足企业发展的需要，作为场外交易市场的主要组成部分的新三板，挂牌公司不仅可以在新三板平台上转让股份，还可以直接融资。其已实现的定向增资，能够使企业在短期内将分散在社会上的闲散资金集中起来，筹集到扩大生产、规模经营所需要的资本、从而增强公司发展能力。

由于过往新三板交易制度和交易方式不完善等原因，机构投资者往往对投资新三板心存疑虑。相关人士表明，目前监管层对转板机制的考量使得外界对新三板与创业板之间"绿色转板通道"的建立产生了良好预期，新三板的再融资功能能得到充分发挥。

3. 加快了挂牌公司股份的流动性

高新技术企业要想在新三板进行挂牌，首先要进行股权改革，然后还要进行信息披露。股权改革会完善提高公司的管理水平、完善公司的治理结构，并对建立现代企业制度起到重要的推动作用；信息披露会增强公司的可信度。符合挂牌条件的高新技术公司一旦在新三板进行挂牌后，无疑将会吸引大量的投资者，同时这些投资者鉴于高新技术公司进行了股权改革和信息披露，无疑会增强投资者投资这些企业的信心，增加投资者购买这些企业股份的可能性。此外，在新三板交易系统完成的股份交割，将大大提高股份交易的安全性和提升交易完成的效率。

新三板为非上市有限公司的股份提供了有序的转让平台，加快了挂牌公司股份的流动性，完善了企业的资本结构，提高了企业自身抗风险的能力，增强了企业的发展后劲。

4. 增强了挂牌公司的融资能力

企业融资是指企业为平衡企业及其内部各环节之间资金供求而进行资金融通。资金短缺时，企业以最小的代价筹措到资金；资金盈余时，以适当的方式投放出去，以取得最大的收益，从而实现资金供求的平衡。

企业融资按照有无金融中介分为两种方式：直接融资和间接融资。直接融资是指不经过任何金融中介机构，而由资金短缺的企业直接与资金盈余的企业协商进行借贷，或通过有价证券及合资等方式进行的资金融通，如企业债券、股票、合资合作经营等。间接融资是指通过金融机构为媒介进行的融资活动，如银行信贷、非银行金融机构信贷、委托贷款、融资租赁、项目融资贷款等。

在我国，直接融资主要是公开上市。上市的前提是符合我国法律法规规定的公司上市的条件。比如说在公司治理方面要求：发行人已经依法建立健全股东大会、董事会、监事会、独立董事、董事会秘书制度，相关机构和人员能够依法履行职责；发行人董事、监事和高级管理人员符合法律、行政法规和规章规定的任职资格；发行人的董事、监事和高级管理人员符合法律、行政法规和规章规定的任职资格；发行人的董事、监事和高级管理人员已经了解与股票发行上市有关的法律法规，知悉上市公司及其董事、监事和高级管理人员的法定义务和责任；内部控制制度健全且被有效执行，能够合理保证财务报告的可靠性、生产经营的合法性、营运的效率与效果。在公司独立性方面要求：应具有完整的业务体系和直接面向市场独立经营的能力；资产应当完整；人员、财务、机构以及业务必须独立。而事实上，我国的中小企业，特别是高新技术企业在创业初期是很难达到法律规定的上市要求的。

在我国，中小企业，特别是处在创业阶段的高新技术企业，间接融资最重要的就是银行信贷。虽然世界上许多国家都重视支持中小企业发展，把中小企业作为改善就业和增进竞争力的重要对象，商业银行不遗余力地支持中小企业发展，但是在我国事实恰恰相反。商业银行偏好贷款给大型国有或者民营企业，根本不愿意贷款给中小企业。这是因为大型企业公司治理规范、财务管理明晰、社会信誉度高、盈利能力强，银行将资金借贷给他们风险小、资金回报率高；而中小企业较之大型企业，大都公司治理不规范、财务状况不清晰、社会信誉度不高，更为不利的是这些企业多处于竞争性领域，市场的利润较低。银行如果将资金借贷给中小企业，不仅导致银行的资金回报率低，还要承担比较大的风险，甚至出现难以回收的坏账。由此可见，中小企业，特别是处在创业阶段的高新技术企业，向银行借贷存在极大的困难。

正因为在我国，无论是通过直接融资的渠道，还是间接融资的渠道都难以解决处在创业初期的高新技术企业资金短缺的问题，专门面向高新技术企业的融资渠道新三板应运而生。鉴于高新技术企业的资金需求总量不大、周期较短，但融资需求高等特点，新三板无疑是高新技术企业融资渠道的最佳选择。

高新技术企业，不仅可以很好地在新三板进行定向增资，获得所需的资金，还可以通过发行集合债券的方式获得融资，而且作为融资的企业股票可以拿到银行作抵押进行融资，同时由于高新技术企业在新三板的挂牌倒逼了这些企业完善公司治理结构，从而在间接融资中尤其是向银行进行借贷会获得更高的授信额度。新三板大大地提高了挂牌企业的融资能力，解决了企业发展的后顾之忧。

5. 退出机制有力地吸引了创投对挂牌公司的青睐

创投即创业投资。创业投资是指专业投资人员为以高科技为基础的新创公司提供融资的活动。创业投资在国内又被广泛地称为"风险投资"。

从创业投资的实际运作看，高新技术企业的高风险、高收益集中体现在企业高速发展的创业阶段，而在企业进入成熟期后收益率逐渐下降，因此，风险投资家一般在企业即将进入成熟期时将资金撤出，从而获得极高的投资收益，然后再选择项目进行投资。可见，退出机制是创投在投资公司股权时首先要考虑的因素。

6. 建立规范的现代公司制度

新三板市场建立的初衷就是为了扶持我国高新技术企业的成长，壮大我国的高新技术产业。因此，我国新三板市场的试点才会选择在北京中关村科技园区进行试点。高新技术企业在创业初期都呈现出公司规模较小、资金量较少、公司治理结构不完善、财务管理较混乱等特点。比如说，高新技术企业在公司治理结构方面，公司股权常常结构不清、董事会、股东会、监事会权责不明、职责不清，从而导致管理较为混乱。

新三板规则规定，要在新三板挂牌的高新技术企业，应首先进行股权改革，清晰公司的股权结构，理顺股东会、董事会、监事会的权力和职责。其次，挂牌公司要对外进行信息披露。新三板规则规定的应披露的信息都是按照对上市公司的要求进行设置的。高新技术企业挂牌公司按照规定对外进行信息披露，倒逼其规范公司治理结构、提升公司财务管理水平、完善法人治理结构，最终建立规范的现代公司制度，提高公司的盈利能力，增强企业的发展后劲，促进企业健康发展。

7. 转板机制促进挂牌企业的成长，融通各层级资本市场

"转板机制"是多层次资本市场体系中各层级资本市场联通的桥梁，是资本市场中不可获取的一个环节。"转板机制"的建设，可以有效地融通各层级资本市场，对退市制度进行有益的补充。

符合要求的企业在新三板市场挂牌后，通过新三板融资，获得了所需资金，在发展壮大，进入扩展期，具备二板市场上市条件的可转入二板市场上市；企业发展到成熟期，符合条件的可转入主板市场上市；反之，则逐级退市。可以说，三个层次的资本市场与高科技企业生命周期各阶段形成了有机地结合。同时，三个层次的资本市场形成了内在的阶梯式的有机联系，相互促进、相互依赖。

四、"热"市场的"冷"思考①

2013 年以来，市场人士参与热情不断高涨，对全国股份转让系统的期望值也不断提高。总体而言，市场很"热"。但是"热市场"更需要冷思考。

---

① 隋强（全国股转系统公司总经理助理），2014 年 8 月 8 日。

（一）数量的背后是质量的要求

规模是市场的基础，但质量是市场的生命。规模和质量的有机结合，才是市场真正的活力所在。目前，市场各界人士对全国股转系统的市场化已经充分认可。全国股转系统依据"公司自治、买者自负"的原则，挂牌准入不设财务门槛和股权分散度指标，挂牌准入的审查以信息披露为目的，不做取舍判断。审查中关注的问题全部通过信息披露的方式解决，由市场主体进行遴选和投资判断。这一制度安排，为广大的中小微企业在接受市场选择的基础上进入证券市场提供了方便之门，同时也体现了注册制改革的精神。全国股转系统致力于市场化、高效运营平台的搭建，不断提高自律审查的效率。2014 年 4 月以来，全国股份转让系统共接收了近 600 家企业的挂牌申请，其中以 2013 年年报作为审计时点提交申报材料的企业超过 300 家。为切实服务中小微企业，减轻挂牌相关成本负担，全国股份转让系统在业务受理和审查工作方面创新工作模式，提高工作效率，在近两个月内，顺利完成了逾 300 家企业挂牌申请的受理审查工作并相应出具了同意挂牌的函。从现有的审查人员配置和审查周期来看，300 家左右的在审企业数量是一个审查周期内的正常"库存"。2014 年以来，从接收申报材料到出具同意挂牌的函，全国股份转让系统挂牌审查的平均周期为 38 个工作日（不含企业落实反馈意见的时间），比 2013 年的 44 个工作日进一步缩短，基本做到了"不排队、不积压"。主办券商可能曾遇到过个别企业审查耗时较多的情形，这主要原因是企业落实反馈意见的时间较长。对此，全国股份转让系统希望主办券商等中介机构进一步发挥专业能力，以销售为目的遴选和推荐挂牌企业，以全业务链条的培育、整合作为市场布局的出发点和落脚点。企业"上"与"不上"，对中介机构而言是一个"选择题"，但企业"上"了之后，对中介机构而言，则是蕴含着责任的"问答题"。中介机构如何进一步完善对企业的持续指导，进一步发挥专业服务的作用，进一步满足企业发展需求，需要大家共同探讨与努力。

（二）自律管理的背后是规则的管理

如何准确理解全国股份转让系统的监管要求？有市场人士认为我们的监管要求较低，实则不然。全国股转系统对挂牌公司的自律管理包容了中小微企业的特性。但是，包容有底线。这个底线就是挂牌准入审查的标准、就是信息披露规范的要求。我们正在积极探索市场化的自律管理模式。自律管理的核心是规则管理，全国股转系统将加快完善自律管理的规则体系和机制安排，尽量减少自由裁量空间，敦促各类市场主体归位尽责、相互监督，强化市场主体的自律约束。提高对大数据等现代技术手段的运用，推进电子化监管。坚持监管与服务的有机结合，开展对挂牌公司、投资者等市场参与主体的常态化培训，避免无知犯错。全国股转系统尊重中介机构在市场自律管理底线标准的基础之上，确定自己的管理标准和服务模式，但背后的表现机制和实现形式，需要认真对待，认真研究。市场选择是一个双向遴选的过程，中介机构选择企业，同时也在接受企业的选择。这个过程中，中介机构需要依靠良好的诚信、执业记录以及基于全新业务链条的服务模式。这无疑需要中介机构进一步整合业务，延伸服务，履行好终身持续督导的责任。

（三）业务拓展需要以业务整合为延伸

随着市场功能的逐步完善，主办券商的业务拓展必然不再是简单的数量规模的扩张，而是基于经纪、推荐、持续督导、做市、直投、研究等业务形成的全新的整合服务链。单一从做市角度拓展显然会有偏差，指望流动性一步改善也不现实。作为市场的核心参与者，主办券商如何回归投行本质，用战略眼光布局市场，全面提升业务能力，应当是我们在当下的市场发展进程中重点研究的共同课题。投行的本质，我的理解，主要在于利用信息和专业优势，通过金融活动和金融产品引导金融资源配置，其中的核心功能是对企业定价和提供流动性。作为市场的组织者，全国股转系统将着力完善市场基础设施建设和制度机制建设，为企业、投资人和中介机构参与市场营造公开、透明、高效的平台和环境，为各类主体参与市场、创造价值提供更大的舞台。

第三节　中小企业挂牌新三板的优势和劣势

一、企业上新三板的优势

1. 实现股份转让和增值

作为全国性场外交易市场，股份公司股份可以在新三板上自由流通。挂牌公司获得了流动性溢价，估值水平较挂牌前会有明显提升。挂牌新三板之前，企业到底值多少钱，并没有一个公允的数值。但在企业挂牌之后，市场会对企业给出一个估值，并将有一个市盈率。随着新三板挂牌数量的增加，更多的风投、PE 将新三板列入拟投资的数据库，甚至有专门的新三板投资基金、并购基金出现。

2. 提高综合融资能力

实现股权及债权融资，企业挂牌后可根据其业务发展需要，向特定对象进行直接融资；债券融资，挂牌公司可以在全国性场外市场通过公司债、可转债、中小企业私募债等方式进行债券融资；更低成本的银行贷款，挂牌后公司股权估值显著提升，银行对公司的认知度和重视度也会明显提高，将更容易以较低利率获得商业银行贷款，金融机构更认可股权的市场价值，进而获得股份抵押贷款等融资便利。

企业挂牌新三板之后，增加了自己的曝光机会，能有更多的机会吸引投资人的目光。并且作为非上市公众公司，很多信息都是公开的。你的信息都已经拿出来晒了，都已经接受公众的监督了，投资人还会轻易怀疑你吗？至少你的信任度要比非公众公司高多了。现在的情况是，很多 PE 都将新三板企业纳入项目源。一旦他们发现机会，就会出手。甚至不用等到挂牌，有些企业在挂牌前，就因为要挂牌而获得了投资人的投资。这样的话，企业更早获得了资金，投资人进入企业的价格更低，对双方都是有好处的。

3. 获取更多发展资源

在新三板挂牌后，企业能够吸引到全国优秀私募股权投资基金、风险投资基金等投资机构以及优质供应商和客户的关注，从而能够为企业在资金、管理、人才、品牌、渠道和经营理念等方面提供全面服务，拓展企业的发展空间。

4. 提升公司治理规范度

中小企业挂牌过程中在券商、律师事务所、会计师事务所等专业中介机构的介入下，企业可以初步建立起现代企业治理和管理机制；挂牌后在主办券商的持续督导和证监会及全国股份转让系统的监管下规范运营。因此可有效提升规范度，促进企业持续健康发展。

5. 进入主板市场的快速通道

作为多层次资本市场的一部分，新三板具有对接主板和创业板市场的功能定位，是通往更高层次资本市场的绿色通道。

6. 提升企业公众形象和认知程度

挂牌新三板后，就成为了非上市公众公司，企业会获得一个 6 位的以 4 开头的挂牌代码，还有一个企业简称。以后企业的很多信息都要公开。但与此同时，企业的影响和知名度也在不断扩大。挂牌公司是在全国性场外市场公开转让的证监会统一监管的非上市公众公司，能提升企业形象和认知度，在进行市场拓展、取得客户信任、提高公众认知及获取政府支持方面都更为容易，有利于企业实现持续快速发展。

7. 挂牌时间快

公司进入全国股转系统挂牌一般需 6 个月左右时间，申报材料提交股转系统通过反馈并同意挂牌转让一般需要 2 个月左右时间。而股票进入主板、中小板、创业板一般需要 2~3 年，甚至更长。

8. 成本低

中小企业由于成立时间短、历史沿革简单、规模较小，且中介机构主要看重公司转板的后续业务，一般收费等于或者略高于公司所在地政府补贴，公司支付的成本有限。

9. 对控股股东及实际控制人转让股票限制有限

挂牌公司控股股东及实际控制人在挂牌前直接或间接持有的股票分三批解除转让限制，每批解除转让限制的数量均为其挂牌前所持股票的1/3，解除转让限制的时间分别为挂牌之日、挂牌期满一年和两年。

挂牌前12个月以内控股股东及实际控制人直接或间接持有的股票进行过转让的，该股票的管理按照前款规定执行，主办券商为开展做市业务取得的做市初始库存股票除外。

因司法裁决、继承等原因导致有限售期的股票持有人发生变更的，后续持有人应继续执行股票限售规定。

10. 降低直接上市的媒体公共成本及风险

目前 A 股上市在预披露招股说明书至证监会审核通过这段时间，媒体会就公司可能存在的问题进行报道，在没有深入调查的情况下也会出现负面报道，甚至形成了产业链，媒体公关费用少则几百万元多则上千万元。公司进入全国股份转让系统后提前进入公众视线，经过更长时间的运营及媒体的淡化，有效地化解一些媒体的片面报道等影响审核的因素，降低媒体公关成本及风险。

11. 发行优先股，拓宽融资渠道

根据《国务院关于开展优先股试点的指导意见》（国发〔2013〕46 号）公开发行优先股的发行人限于证监会规定的上市公司，非公开发行优先股的发行人限于上市公司（含注册地在境内的境外上市公司）和非上市公众公司。新三板挂牌转让企业为非上市公众公司。通过发行优先股，可以拓宽新三板企业融资工具，吸引更多的私募股权投资机构通过优先股的方式投资新三板企业。

12. 挂牌要求较低

新三板对挂牌企业的硬性要求较少，主要包括：（1）存续满两年；（2）主营业务突出，具有持续经营能力；（3）公司治理结构健全、运作规范；（4）股份发行和转让行为合法合规。根据调查，大部分企业都能满足挂牌条件。

13. 费用相对较低

新三板首次挂牌的费用一般在120万~200万元，后期每年维护费用在几万元左右，相对中小板和创业板比较便宜。

14. 有政策补贴和奖励支持

目前各地方政府的补贴和奖励数额不一，有的地方的补贴几乎覆盖了企业首次挂牌的大部分费用。其他地方也有相应的较大力度的补贴，从而降低了企业的发行成本。

15. 企业挂牌速度快

新三板采用注册制，而且对企业挂牌条件相对宽松，企业挂牌速度加快，大概时间在4~6个月就能完成全部挂牌程序。

二、中小企业上新三板的劣势

1. 由私人公司变为公众公司

过去是小企业，管理、经营企业老板自己说了算，董事会可以不开、股东大会可以不开，决策是一道圣旨下了，下面马上执行。现在企业上新三板了，企业的经营需要董事会决策，重大事项要上股东大会，财务要公开。

2. 公司治理、财务规范化，成本增加

公司虽然不是很大，但是现在是非上市股份公司了，要按照全国股转系统规则要求进行公司治理，做到人员、资产、财务、机构、业务五独立，要聘用财务总监、董事会秘书等，财务规范了，税收增加了，管理成本增加了，同时要考虑每年增加的券商持续督导费用、审计师费用、律师费等。

3. 融资额相对较少

考虑到新三板企业普遍规模较小，信用基础相对较为薄弱，因此，获得银行贷款和直接投资的额度有限，一般在新三板挂牌企业融资额在 2 000 万～5 000 万元，相对于创业板动辄上亿元的规模确实是小巫见大巫。

据证券时报网统计，截至 2014 年 6 月 16 日，新三板定增额逾 48 亿元，增发募集资金达到或超过 1 000 万元的企业有 27 家，其中北京同创九鼎投资管理股份有限公司融资额超过 35 亿元。4 月 23 日挂牌的九鼎投资在挂牌前宣布，向 138 名机构及自然人定向发行股票 579. 799 万股，每股发行价 610 元，融资约 35. 37 亿元。

此外，增发实际募集资金过亿元的还有现代农装、均信担保、众合医药，融资额分别是 3. 24 亿元、1. 78 亿元、1. 2 亿元。除去九鼎投资，其余 57 家企业平均融资额 2 320 万元，平均融资额并不算大。

对于企业借助新三板增发融资，分析指出，在股权交易中心挂牌的企业一般是同行业的佼佼者，有技术、有市场，但苦于融资难，发展受阻。业内人士称，新三板这样一个平台，刚好为中小微企业提供了融资渠道，促进企业发展。

4. 股票流动性有限，后续融资困难

虽然股票可以转让实现一定流动性，但相对于 A 股市场其流动性有限，所以后期的增发等手段融资也比较困难。但做市商制度出台后，该情况有望得以改善。

第二部分

直击新三板

第四章　中小企业挂牌新三板
实务操作流程

第一节　新三板挂牌的操作程序

我们根据新三板挂牌项目经验，站在项目管理角度将新三板挂牌项目分为四个阶段：项目成立阶段、股改阶段、材料制作与申报阶段、挂牌完成阶段。一个挂牌项目是在参与各方通力合作的基础上完成的，其中涉及企业、券商、会计师、律师、股转系统、中登公司以及政府相关部门（如工商、税务、环保、上市办）等诸多参与方。项目成功运作需要制订详细而周密的计划，明确各方职责分工，按业务流程统筹安排各项工作，使项目协调有序运行，按期达到项目目标。毫无疑问整个项目运作牵头与主协调人为主办券商，其是项目运作计划的制订与执行者，协调其他各方完成各自职责内的工作，推动项目运行，是项目成败的第一负责人。

需要说明的是各阶段工作的划分，只是为了描述的方便，实际工作中并不可能严格地划分各阶段的工作，只是某个时间段以这个工作为主，也会穿插其他阶段的工作内容，或为其他阶段做好准备。所以各阶段的工作划分是相对的，有时各步骤的工作甚至可能同时进行，实际工作中需要统筹安排，有的工作需要提前准备。最典型例子就是制作材料的签字签章页应提前安排，不能等到全部材料均做好后才去签字，否则会由于材料不齐而耽误项目进度。

一、项目总流程

我们根据项目经验将新三板挂牌项目划分为四个阶段，包括：项目成立阶段→股改阶段→尽职调查与材料制作阶段→备案审查与挂牌阶段。项目流程总图如图4-1所示。

二、业务流程详图

流程图4-2说明：图示流程不能涵盖全部流程的每个细节，仅列示各阶段主要工作步骤；图示文档仅为主要文档图示，详细文档资料参见专业工具

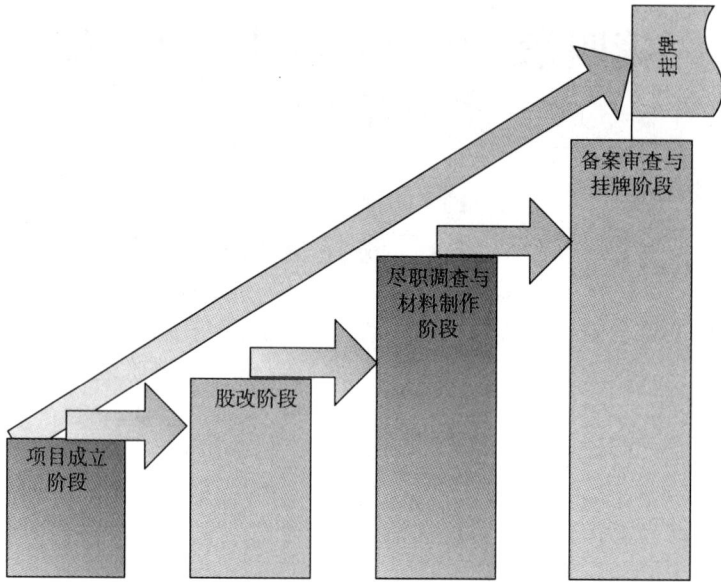

图 4 - 1　新三板挂牌总流程图

部分内容；先后顺序仅作参考，没有标示箭头的线段连接的步骤可以同时进行。

三、各阶段主要工作内容

（一）项目成立阶段

项目成立阶段的工作目标是使项目成立，以签订服务合同为项目成立标志。该阶段的主要工作包括：券商寻找项目资源、企业了解新三板、企业做出挂牌决定、券商提报项目建议书、企业确定中介机构、券商项目立项、签订服务合同、召开项目启动会等工作。

（二）股改阶段

股改阶段的工作目标是完成股改，即有限公司变更为股份公司。该阶段工作以取得股份公司营业执照为股改完成标志。该阶段的主要工作包括：会计师、律师进场进行尽职调查并出具尽职调查报告，券商组织中介协调会议讨论有关问题并提出初步股改方案，券商拟定股改方案并征求企业、律师、会计师的意见，券商协助企业落实股改方案，会计师审计，评估师评估，会计师验资，律

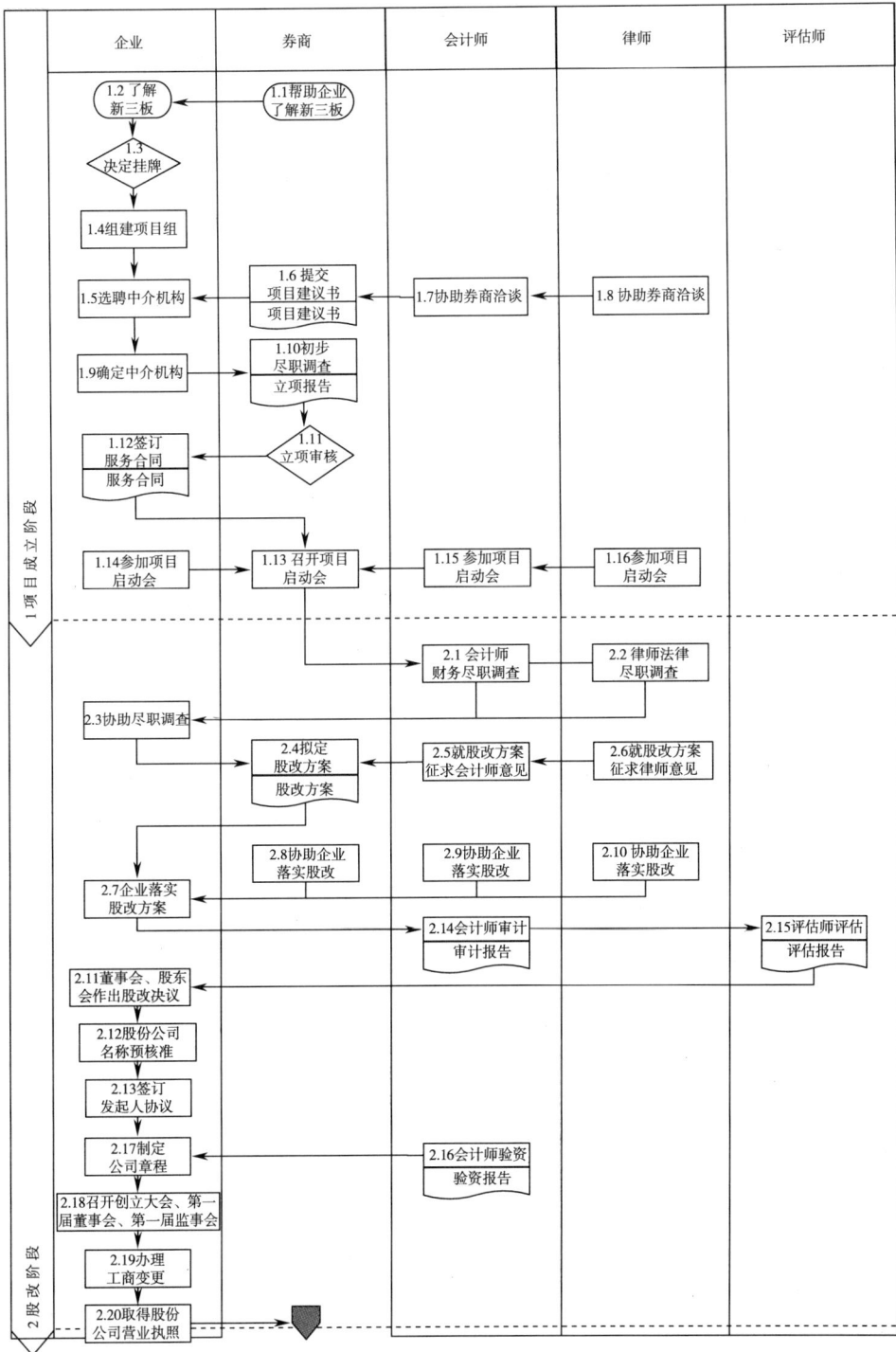

企业	券商	会计师	律师	评估师
1.2 了解新三板	1.1 帮助企业了解新三板			
1.3 决定挂牌				
1.4 组建项目组				
1.5 选聘中介机构	1.6 提交项目建议书 项目建议书	1.7 协助券商洽谈	1.8 协助券商洽谈	
1.9 确定中介机构	1.10 初步尽职调查 立项报告			
1.12 签订服务合同 服务合同	1.11 立项审核			
1.14 参加项目启动会	1.13 召开项目启动会	1.15 参加项目启动会	1.16 参加项目启动会	
		2.1 会计师财务尽职调查	2.2 律师法律尽职调查	
2.3 协助尽职调查				
	2.4 拟定股改方案 股改方案	2.5 就股改方案征求会计师意见	2.6 就股改方案征求律师意见	
2.7 企业落实股改方案	2.8 协助企业落实股改	2.9 协助企业落实股改	2.10 协助企业落实股改	
		2.14 会计师审计 审计报告		2.15 评估师评估 评估报告
2.11 董事会、股东会作出股改决议				
2.12 股份公司名称预核准				
2.13 签订发起人协议				
2.17 制定公司章程		2.16 会计师验资 验资报告		
2.18 召开创立大会、第一届董事会、第一届监事会				
2.19 办理工商变更				
2.20 取得股份公司营业执照				

1 项目成立阶段

2 股改阶段

	企业	券商	律师	股转系统	中登北京分公司
续					

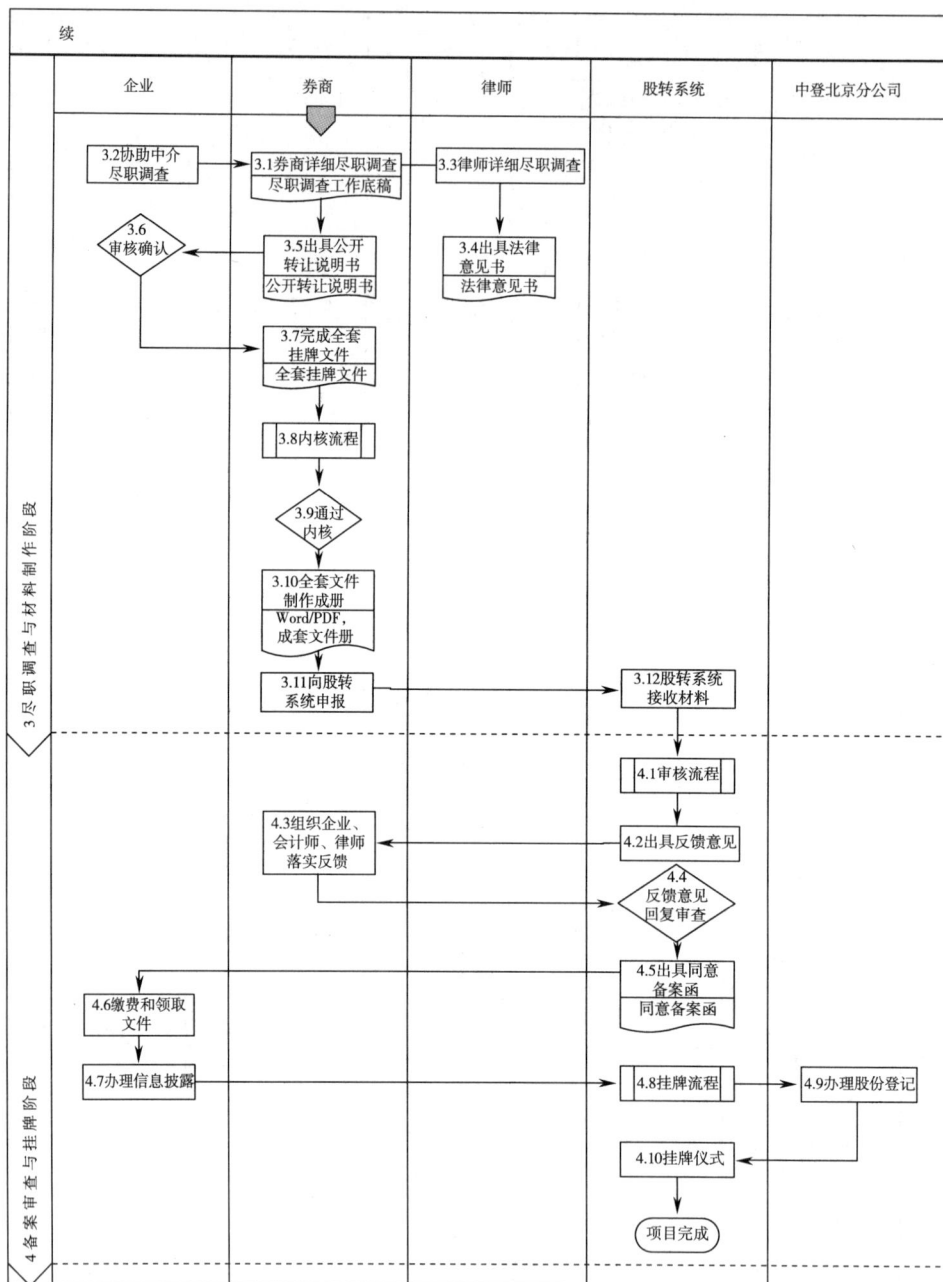

图4-2 新三板挂牌业务流程图

师协助企业履行股改法律程序，企业向工商部门申请变更，取得股份公司营业执照等工作。

（三）尽职调查与材料制作阶段

尽职调查与材料制作阶段的工作目标完成全套申报材料的制作，中介机构尽职调查是编制全套申报材料的基础性工作。该阶段工作以股转系统接收全套申报材料为完成标志。该阶段的主要工作包括券商、律师、会计师（如申报截止日与股改基准日不同需要会计师审计）进行详细尽职调查并完成尽职调查工作底稿，券商撰写《公开转让说明书》，律师出具《法律意见书》，会计师出具两年一期《审计报告》，券商完成其他材料的编制，券商内核，材料制作装订成册，向股转系统申报材料，股转系统接收材料等工作。

（四）备案审查与挂牌阶段

备案审核与挂牌阶段的工作目标是完成挂牌。该阶段的工作以股票挂牌为完成标志。该阶段的主要工作包括：股转系统对申报材料进行备案审查并出具反馈意见，券商组织企业会计师、律师对反馈意见进行回复，股转系统对反馈意见回复进行审查，股转系统出具同意挂牌的函，企业缴纳挂牌初费与当年年费，领取同意挂牌函等文件，办理信息披露，向中国证券登记结算有限责任公司办理股份登记，举行挂牌仪式，完成挂牌等工作。

四、各阶段时间进度图

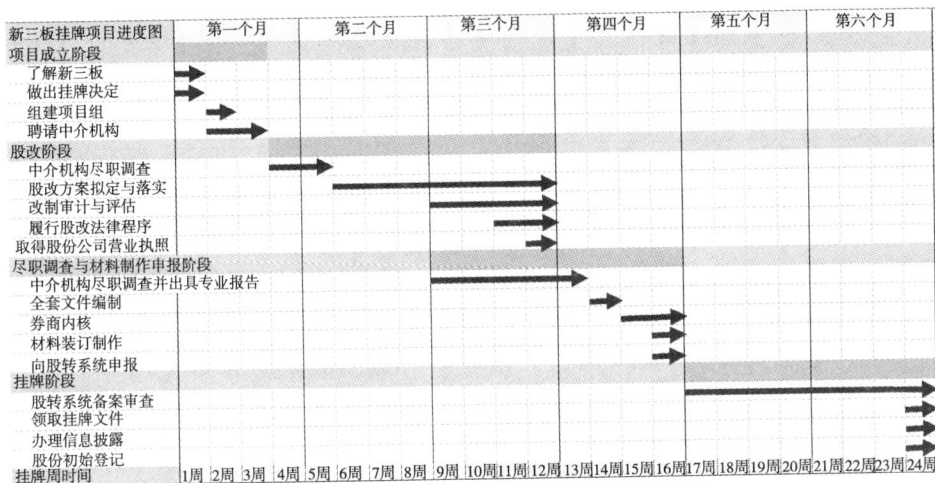

图 4 - 3　各阶段时间进度图

五、挂牌操作工具

工欲善其事，必先利其器。专业工具之于项目成员，犹如汽车修理师手中的工具，可以使项目又快又好地完成，既是项目经验的体现，也是项目质量与进度的保证。专业工具是在项目过程中不断积累形成的，并随着项目经验增长不断完善，可以不断提高项目质量保证项目进度。新三板挂牌项目的专业工具指以往项目过程中形成并经抽象化、标准化后可以应用在以后其他项目中的各种表格、调查表等模板文件，以使工作完成得更快、更好，使初学者尽快上手。

　　本节内容根据挂牌流程总图4-2中各步骤的编号，对每个步骤涉及的专业工具名称进行列示，具体内容单独整理成册。

表4-1　　　　　　　　　　　　挂牌各阶段流程表

项目阶段	流程编号	流程名称	工具编号	工具名称
项目成立阶段	1.1	帮助企业了解新三板	1.1-1	《业务宣传PPT》 《梧桐树下的新三板》
	1.6	提交项目建议书	1.6-1	《项目建议书编制指南》
			1.6-2	《项目建议书模板PPT》
	1.10	初步尽职调查	1.10-1	《初步尽职调查资料清单》
			1.10-2	《初步尽职调查附表》
			1.10-3	《保密协议》
			1.10-4	《立项报告模板》
	1.11	立项审核	1.11-1	《立项会议纪要》
	1.12	签订服务合同	1.12-1	《×××公司关于股份制改造财务顾问和全国中小企业股份转让系统挂牌推荐之协议书》
			1.12-2	《推荐挂牌并持续督导协议》
	1.13	召开项目启动会	1.13-1	《项目启动会议程》
			1.13-2	《项目启动会演讲PPT》
			1.13-3	《项目启动会会议纪要模板》
			1.13-4	《项目推进时间表模板》
股改阶段	2.4	拟定股改方案	2.4-1	《股改方案模板》

续表

项目阶段	流程编号	流程名称	工具编号	工具名称
尽职调查与材料制作阶段	3.1	券商详细尽职调查	3.1-1	《尽职调查工作底稿（模板）》
	3.7	完成全套挂牌文件	3.7-1	目录参见以上内容
	3.9	通过内核	3.9-1	《内核机构成员审核工作底稿》
			3.9-2	《内核会议记录》
			3.9-3	《对内核会议反馈意见的回复》
			3.9-4	《内核专员对内核会议落实情况的补充审核意见》
			3.9-5	《内核意见》
	3.11	向股转系统申报	3.11-1	《介绍信模板》
备案审查与挂牌阶段	4.8	挂牌流程	4.8-1	《证券简称及证券代码申请书》
			4.8-2	《主办券商办理股份公司股票挂牌进度计划表》
			4.8-3	《挂牌公司股票公开转让记录表》
			4.8-4	《信息披露业务流转表》
			4.8-5	《全国股转系统公司挂牌方式申请书》
			4.8-6	《股票挂牌提示性公告》
			4.8-7	《挂牌同时发行的股票公开转让公告》
			4.8-8	《关于完成工商变更登记手续的公告》
			4.8-9	《挂牌公司股东所持股份解除转让限制明细表》

　　这一节实质内容本来有很多，仅《尽职调查工作底稿（模板）》与全套挂牌文件模板内容就达几百上千页之多，这里仅列示目录，具体内容是专业人士的事情。

第二节　中小企业挂牌前准备工作

一、中小企业挂牌新三板的法定条件及分析

（一）新三板挂牌的法定条件

根据《全国中小企业股份转让系统业务规则（试行）》第2.1条的规定，股份有限公司申请股票在全国股份转让系统（以下简称新三板）挂牌条件为：

1. 依法设立且存续满两年。有限责任公司按原账面净资产值折股整体变更为股份有限公司的，存续时间可以从有限责任公司成立之日起计算；

2. 业务明确，具有持续经营能力；

3. 公司治理机制健全，合法规范经营；

4. 股权明晰，股票发行和转让行为合法合规；

5. 主办券商推荐并持续督导；

6. 全国股份转让系统公司要求的其他条件。

《国务院关于全国中小企业股份转让系统有关问题的决定》：业务明确、产权清晰、依法规范经营、公司治理健全，可以尚未盈利。

（二）具体要求

1. 依法设立且存续满两年。有限责任公司按原账面净资产值折股整体变更为股份有限公司的，存续时间可以从有限责任公司成立之日起计算。

依法设立，指公司依据《公司法》等法律法规及规章的规定向公司登记机关申请登记，并已取得《中小企业法人营业执照》。申报挂牌时，要依法存续，经过年检程序。

（1）公司设立的主体、程序合法、合规。

①国有中小企业需提供相应的国有资产监督管理机构或国务院、地方政府授权的其他部门、机构关于国有股权设置的批复文件。

②外商投资中小企业须提供商务主管部门出具的设立批复文件。

③《公司法》前设立的股份公司，须取得国务院授权部门或者省级人民政府的批准文件。

国有股、外资股的设置必须由有权部门出具批复文件，券商、律师应确认出具批复的部门有权出具该类文件。

（2）公司股东的出资合法、合规，出资方式及比例应符合《公司法》相关规定。

①以实物、知识产权、土地使用权等非货币财产出资的，应当评估作价，核实财产，明确权属，财产权转移手续办理完毕。

②以国有资产出资的，应遵守有关国有资产评估的规定。

③公司注册资本缴足，不存在出资不实情形。

存续两年是指存续两个完整的会计年度，即 1 月 1 日起至 12 月 31 日止。有限责任公司按原账面净资产值折股整体变更为股份有限公司的，存续时间可以从有限责任公司成立之日起计算。整体变更不应改变历史成本计价原则，不应根据资产评估结果进行账务调整，应以改制基准日经审计的净资产额为依据折合为股份有限公司股本。申报财务报表最近一期截止日不得早于改制基准日。

关键提示：若以评估值进行调账，则业绩不能连续计算，只能从改制基准日起算两个完整的会计年度。

2. 业务明确，具有持续经营能力。

关于本条，原来的《证券公司代办股份转让系统中关村科技园区非上市股份有限公司股份报价转让试点办法（暂行）》（已废止）中规定是主营业务突出，主营业务突出与业务明确相比，应该说老的规则对公司提出了更高的要求，但在股转系统新挂牌规则的修订过程中，把此标准相对降低了。

（1）业务明确，指公司能够明确、具体地阐述其经营的业务、产品或服务、用途及其商业模式等信息。

（2）公司可同时经营一种或多种业务，每种业务应具有相应的关键资源要素，该要素组成应具有投入、处理和产出能力，能够与商业合同、收入或成本费用等相匹配。

（3）公司业务如需主管部门审批，应取得相应的资质、许可或特许经营权等。

（4）公司业务须遵守法律、行政法规和规章的规定，符合国家产业政策以及环保、质量、安全等要求。

3. 持续经营能力，指公司基于报告期内的生产经营状况，在可预见的将来，有能力按照既定目标持续经营下去。

（1）公司业务在报告期内应有持续的营运记录，不应仅存在偶发性交易或事项。营运记录包括现金流量、营业收入、交易客户、研发费用支出等。如中小企业只有偶发性交易事项则不适合挂牌。收入确认是审核重点。

（2）公司应按照《中小企业会计准则》的规定编制并披露报告期内的财务报表，公司不存在《中国注册会计师审计准则第 1324 号——持续经营》中列举的影响其持续经营能力的相关事项，并由具有证券期货相关业务资格的会计师事务所出具标准无保留意见的审计报告。

（3）公司不存在依据《公司法》第一百八十条规定解散的情形，或法院依法受理重整、和解或者破产申请。

4. 公司治理机制健全，合法规范经营。

（1）公司治理机制健全，是指公司按规定建立股东大会、董事会、监事会和高级管理层（以下简称"三会一层"）组成的公司治理架构，制定相应的公司治理制度，并能证明其有效运行，保护股东权益。公司报告期内不应存在股东包括控股股东、实际控制人及其关联方占用公司资金、资产或其他资源的情形。报告期内公司股东占用公司资金、资产等情形的，应当及时清理、归还，并出具规范控股股东占用公司资金的承诺函等。

（2）合法合规经营，是指公司及其控股股东、实际控制人、董事、监事、高级管理人员须依法开展经营活动，经营行为合法、合规，不存在重大违法违规行为。

（3）开展业务需主管部门许可的，应取得这类许可或资质。

（4）中小企业申请挂牌前36个月不能有违法发行股份的情况。

（5）公司的重大违法违规行为是指公司最近24个月内因违反国家法律、行政法规、规章的行为，受到刑事处罚或适用重大违法违规情形的行政处罚（以券商和律师的认定为主）。

（6）控股股东、实际控制人合法合规，最近24个月内不存在涉及以下情形的重大违法违规行为：①控股股东、实际控制人受到刑事处罚；②受到与公司规范经营相关的行政处罚，且情节严重；情节严重的界定参照前述规定；③涉嫌犯罪被司法机关立案侦查，尚未有明确结论意见。

总的原则：不强制要求中小企业在申报时提供环保、质检、安监等官方证明或核查文件，但需要中小企业日常经营应符合相关法律法规的要求，并做好相关信息披露工作。

（7）现任董事、监事和高级管理人员应具备和遵守《公司法》规定的任职资格和义务，不应存在最近24个月内受到中国证监会行政处罚或者被采取证券市场禁入措施的情形。

（8）控股股东和实际控制人近2年不能违法。对于实际控制人变更可以有条件接受，前提是变更不影响公司业务稳定和持续经营能力。

公司报告期内不应存在股东包括控股股东、实际控制人及其关联方占用公司资金、资产或其他资源的情形。实际控制人占用公司资金的必须归还，资金占用的视具体情况进行整改或提出改进措施，但应披露信息。

公司应设有独立财务部门进行独立的财务会计核算，相关会计政策能如实反映中小企业财务状况、经营成果和现金流量。大额或账龄较长的备用金应专门说明，且中小企业要求有专门管理制度。

对于IPO的企业来讲，同业竞争是红线，不能碰；关联交易是黄线，要规范。新三板挂牌的中小企业当然不能像上市公司一样严苛地要求，但公司和控股股东、实际控制人之间尽量不要有同业竞争。如果有相同或相竞争的业务，就要剥离、要停止、要规范。另外，显失公平的关联交易要尽量规范和避免。但对于同业竞争和显失公平的关联交易的界定，新三板的尺度要比 IPO 企业放得更宽，同业竞争不搞"一刀切"，分具体情况，尽量整改或提出整改措施，如实在难以解决的就如实披露，并在后续持续督导过程中予以关注。

5. 股权明晰，股票发行和转让行为合法合规。

（1）股权明晰，是指公司的股权结构清晰，权属分明，真实确定，合法合规，股东特别是控股股东、实际控制人及其关联股东或实际支配的股东持有公司的股份不存在权属争议或潜在纠纷。

①公司的股东之间或者股东与非股东之间不存在股权纠纷包括股东权纠纷、股权转让纠纷；

②申请挂牌前存在国有股权转让的情形，应遵守国资管理规定；

③申请挂牌前外商投资中小企业的股权转让应遵守商务部门的规定。

例1：现实当中比较常见的问题是股份代持现象。例如，张三和李四分别出资 40 万元和 60 万元成立 A 公司，但张三最高学历是初中毕业，为了使 A 公司对外树立高科技中小企业形象，张三借用他的表弟王五理科博士的学历背景，在工商登记材料上将 A 公司 40 万元出资登记在王五名下，另外 60 万元登记在李四名下，张三的股东身份在工商登记材料上没有记载。这样王五实际上是代替张三持有 A 公司 40 万元出资。如果出现 A 公司这种股份代持现象，就会被认定为股权结构不清晰，权属不分明，需要在申请挂牌之前消除股份代持现象。

（2）股票发行和转让合法合规，是指公司的股票发行和转让依法履行必要内部决议、外部审批（如有）程序，股票转让须符合限售的规定。

①公司股票发行和转让行为合法合规，不存在下列情形：

最近 36 个月内未经法定机关核准，擅自公开或者变相公开发行过证券；

违法行为虽然发生在 36 个月前，目前仍处于持续状态，但《非上市公众公司监督管理办法》实施前形成的股东超过 200 人的股份有限公司经中国证监会确认的除外。

②公司股票限售安排应符合《公司法》和《全国中小企业股份转让系统业务规则（试行）》的有关规定。

在区域股权市场及其他交易市场进行权益转让的公司，申请股票在全国股份转让系统挂牌前的发行和转让等行为应合法合规；中小企业在区域市场挂牌的，申请新三板应停牌，新三板可以挂牌的区域市场应摘牌。

公司的控股子公司或纳入合并报表的其他中小企业的发行和转让行为需符合本指引的规定。

6. 主办券商推荐并持续督导。

新的挂牌规则将中介机构的作用提升到一个非常高的位置上，包括若一定期限内无主办券商为挂牌公司进行持续督导，则将会做出终止挂牌的处理。

（1）公司须经主办券商推荐，双方签署了《推荐挂牌并持续督导协议》。

（2）主办券商应完成尽职调查和内核程序，对公司是否符合挂牌条件发表独立意见，并出具推荐报告。

主办券商内核机构根据项目小组的申请召开内核会议。每次会议须7名以上内核机构成员出席，其中律师、注册会计师和行业专家至少各一名。内核会议应对是否同意推荐申请挂牌公司股票挂牌进行表决。表决应采取记名投票方式，每人一票，三分之二以上赞成且指定注册会计师、律师和行业专家均投赞成票为通过。主办券商应根据内核意见，决定是否向全国股份转让系统公司推荐申请挂牌公司股票挂牌。决定推荐的，应出具推荐报告。

二、新三板股份制改造的法律解析

我国中小型企业大多是以有限责任公司形式存续，而新三板要求挂牌中小企业必须是股份有限公司。因此，股份制改造是有限责任公司新三板挂牌的必经之路，也是专业律师提供新三板法律服务的重要内容之一。

新三板股份制改造包含"变更设立"和"重新设立"两种方式：

"变更设立"是指将原有限责任公司全部资产折合成股份，公司性质变更为股份公司，其实质是公司生产经营的延续，原有限责任公司股东即为股份公司的股东。

"重新设立"是指将原中小企业的所有资产净值折合成股份，有时也剥离非经营性资产之后进行招股募资，其实质是原中小企业注销，新设股份有限公司，原中小企业股东及新股东成为股份有限公司发起人股东。

（一）变更设立和重新设立的区别

1. 改造主体不同：变更设立的主体为有限责任公司，而重新设立的主体还包括非公司制企业，如国有企业、集体企业、事业单位；

2. 资产计算方式不同：变更设立是以审计后的净资产折股；而重新设立一般以评估值验资、折股；

3. 业绩计算方式不同：中小企业变更设立后业绩可以连续计算；而以评估值验资调账的重新设立则不能连续计算原有业绩；

4. 中小企业债权债务的处理方式不同：变更设立的债权债务由变更后的股份公司自然承继；而重新设立的债务转移需要获得债权人的同意；

5. 资产重组方式不同：变更设立是将原有限责任公司的所有资产纳入股份公司的范围，而重新设立也可能剥离非经营性资产，只将经营性资产纳入股份公司范围。

由此可见，中小企业应当根据自身的特点选择符合自身需要的方式进行股份制改造，如果有限责任公司希望公司业绩能够被沿用，应当采用变更设立的方式将有限责任公司变更为股份有限公司。

中小企业采取何种方式进行股份制改造将影响到中小企业业绩的连续计算。采取变更设立的方式，改造后的股份有限公司可以从有限责任公司成立之日起连续计算业绩，从而满足新三板对于挂牌公司存续时间的要求。

（二）有限责任公司变更为股份有限公司的法律依据及条件

《公司法》第九条规定："有限责任公司变更为股份有限公司，应当符合本法规定的股份有限公司的条件"。第九十六条规定："有限责任公司变更为股份有限公司时，折合的实收股本总额不得高于公司净资产额。有限责任公司变更为股份有限公司，为增加资本公开发行股份时，应当依法办理。"

根据《公司法》及相关法律法规的规定，有限责任公司变更设立为股份有限公司，应当符合股份有限公司的条件：

1. 发起人符合法定人数，应当有 2 人以上 200 人以下的发起人，其中半数以上发起人在境内有住所；

2. 注册资本额符合股份有限公司的要求，注册资本的最低限额为人民币 500 万元；法律、行政法规对股份有限公司注册资本的最低限额有较高规定的，从其规定；

3. 股份发行筹办事项符合法律规定；

4. 名称中标明"股份有限公司"或"股份公司"字样；

5. 设立股东大会、董事会、监事会、经理等规范的组织机构；

6. 制定新的公司章程。

（三）公司变更设立的法律后果

1. 股东责任的改变

在公司变更设立前，作为有限责任公司的股东，仅以其出资额为限对公司承担责任，而公司变更设立为股份有限公司后，股东应以其所持有的股份为限对公司承担责任。虽然这两种责任都是有限责任，其中仍有细微的差别，主要表现在："出资额"是一个常量，仅指公司设立时股东的投资，表现为一定绝对数量的财产；而"股份"是一个变量，代表股东在公司总资产中所享有的"份额"，该份额随着公司经营状况的好坏而代表的价值总处于不断变化之中。

2. 公司债权、债务的继承

公司的变更设立，仅仅是公司形式的变更，其法人主体资格并没有中断，具有前后的一致性，因此，原有限责任公司变更设立为股份有限公司后，原有限责任公司的债权、债务由变更后的股份有限公司概括继承。

（四）变更设立过程中需要注意的几个重要问题

出资必须合法。出资必须符合《公司法》有关无形资产出资的规定，手续要完备。抽逃注册资本的，必须补足以实物出资的资产，权属要明确；以未分配利润转增股本的，必须经审计。

股东必须真实。工商登记文件中的股东如存在匿名股东，应当在股改时予以纠正。不接受"人背人"的情形，国有股东必须获得有权部门的批复，股权转让必须手续齐全，合法有效。在股改前必须规范历年股权转让行为，股权转让行为不能造成股权存在争议。

股权应当合理。股权结构是否合理，对于公司法人治理和规范运行有着深远的影响。股权设置应注意均衡持股，防止"一股独大"的同时要防止股权过度分散，削弱股东制约机制。中小企业应重视股权激励，引导经营管理层和技术骨干持股，使之与中小企业的利益紧密相连，有利于中小企业的长远发展。

财务必须合规，新三板的股改与创业板上市要求一致：股改不可逆，财务做错了会导致中小企业上不了主板。新三板挂牌，要求公司有两年经营历史。

1. 以评估数据调账，则视同新设公司，经营业绩不能连续计算。

2. 以审计后的净资产进行折股，则视同公司持续经营，经营业绩可以连续计算。

税务必须合法，一般而言，变更设立时解决税务问题应当注重以下几个方面：

1. 设计税务成本较小的变更设立方案，尽量在变更设立之前解决税务问题；

2. 中小企业经财务梳理和会计师审计后，中小企业的收入和利润会有所增长，中小企业应与税务部门沟通，补缴相关税款，取得完税证明；

3. 中小企业应当尽可能地寻求地方政府和税务部门的支持。

三、中小企业挂牌前如何进行资本运作

资本运作又称资本运营、资本经营、资本营运，是中国大陆中小企业界创造的概念，它指利用市场法则，通过资本本身的技巧性运作或资本的科学运动，实现价值增值、效益增长的一种经营方式。简言之就是利用资本市场，通过买卖中小企业和资产而赚钱的经营活动和以小变大、以无生有的诀窍和手段。资本运营分为资本扩张与资本收缩两种运营模式。

挂牌前资本运作的主要方式

纵观美国著名大中小企业，几乎没有哪一家不是以某种方式，在某种程度上运用了兼并、收购而发展起来的。在我国，经过十几年的改革开放，社会整体经济环境正在向市场经济体制逐步过渡，宏观经济环境在经历了改革初期经济增长超速发展和中期逐步从无序向有序的调整，许多政策、体制甚至中小企业的各类资源环境都发生了质的变化，使许多中小企业自身的发展也经历了从中小企业初期迅速膨胀、到本应步入发展初期或再次创业时期却面临着非正常

的衰退和灭亡的生存威胁。为此，多数中小企业都不得不适应突变的环境，并重新制订相应的经营体制和运作方式的战略定位。资本运营因此成为许多中小企业家们日益重视的课题，也逐步成为许多中小企业进一步实现飞跃的经营核心。

目前我国可行的企业并购方式主要有：

（一）承担债务式重组

指并购企业将被并购中小企业的债务及整体产权一并吸收，以承担被并购中小企业的债务来实现的并购。即在资产与负债基本对等的情况下，兼并方以承担被兼并方债务为条件接受其资产，往往同时也接受被并购方的职工。据统计，在已发生的中小企业并购中，通过承担债务方式进行的并购约占并购总额的70%。

例2：百大股份有限公司在1992年4月以承担债务的形式兼并了连年亏损的杭州照相器材厂。通过重组，盘活了原杭州照相器材厂的生产经营性存量资产，扭转了经营亏损的局面，使新组建的杭州照相器材厂当年就创利近20万元。1995年8月28日，全国最大的化纤生产中小企业仪征化纤以担保债务方式与佛山市政府正式签约，以为亏损的佛山化纤10.81亿元人民币债务提供担保的形式，获得了后者的全部产权，并3年付清9 400万元土地使用费。并购后，仪征化纤少了一个竞争对手，扩大了整体规模，实现了双方优势互补。

这一方式的优点是：

1. 交易不用付现款，以未来分期付款偿还债务为条件整体接受目标中小企业，从而避免了并购方的现金头寸不足的困难，不会挤占营运资金，简单易行。

2. 容易得到政府在贷款、税收等方面的优惠政策支持，如本金可分多年归还、免息等，有利于减轻资金压力。这一并购方式适用于急于扩大生产规模、并购双方相容性强、互补性好且并购资金不宽裕的情况。

（二）收购式重组

并购方出资购买目标中小企业的资产以获得其产权的并购手段。在目前资本市场不发达的情况下，用银行贷款的方式去收购股权，是中小企业进行资本运营时切实可行的手段之一。并购后，目标中小企业的法人地位消失。

例3：哈尔滨龙滨酒厂连年亏损，1995年资产总额为1.4亿元。三九集团在征得哈尔滨市政府同意后，出资买断了该酒厂的全部产权，而新建一个类似的酒厂，至少需要2亿元以上的投资和3年左右的时间。

这一方式的优点是：

1. 并购方并不需要承担被并购方的债务，并购速度快。

2. 并购方可以较为彻底地进行购并后的资产重组以及中小企业文化重塑。

3. 适用于需对目标中小企业进行绝对控股、并购方实力强大、具有现金支付能力的中小企业。

（三）股权协议转让控股模式

股权协议转让指并购公司根据股权协议转让价格受让目标公司全部或部分产权，从而获得目标公司控股权的并购行为。股权转让的对象一般指国家股和法人股。股权转让既可以是上市公司向非上市公司转让股权，也可以是非上市公司向上市公司转让股权。这种模式由于其对象是界定明确、转让方便的股权，无论是从可行性、易操作性和经济性而言，公有股股权协议转让模式均具有显著的优越性。

1997 年发生在深沪证券市场上的协议转让公有股买壳上市事件就有 25 起，如北京中鼎创业收购云南保山、海通证券收购贵华旅业、广东飞龙收购成都联益等。其中，比较典型的是珠海恒通并购上海棱光。1994 年 4 月 28 日，珠海恒通集团股份有限公司斥资 5 160 万元，以每股 4.3 元的价格收购了上海建材集团持有的上海棱光股份有限公司 1 200 万股国家股，占总股本的 33.5%，成为棱光公司第一大股东。其收购价格仅相当于二级市场价格的 1/3，同时法律上也不需要多次公告。

这种方式的好处在于：

1. 我国现行的法律规定，机构持股比例达到发行在外股份的 30% 时，应发出收购要约，由于证监会对此种收购方式持鼓励态度并豁免其强制收购要约义务，从而可以在不承当全面收购义务的情况下，轻易持有上市公司 30% 以上股权，大大降低了收购成本。

2. 目前我国的同股不同价，国家股、法人股股价低于流通市价，使得并购成本较低；通过协议收购非流通的公众股不仅可以达到并购目的，还可以得到由此带来的"价格租金"。

（四）公众流通股转让模式

公众流通股转让模式又称为公开市场并购，即并购方通过二级市场收购上市公司的股票，从而获得上市公司控制权的行为。1993 年 9 月发生在上海证券交易所的"宝延风波"，拉开了我国通过股票市场收购上市公司的序幕。自此以后，有深万科在沪市控股上海申华、深圳无极在沪市收购飞跃音响、君安证券 6 次举牌控股上海申华等案例发生。

虽然在证券市场比较成熟的西方发达国家，大部分的上市公司并购都是采取流通股转让方式进行的，但在中国通过二级市场收购上市公司的可操作性却并不强，先行条件对该种方式的主要制约因素有：

1. 上市公司股权结构不合理，不可流通的国家股、有限度流通的法人股占总股本比重约 70%，可流通的社会公众股占的比例过小，这样使能够通过公众流通股转让达到控股目的的目标中小企业很少。

2. 现行法规对二级市场收购流通股有严格的规定，突出的一条是：收购中，机构持股 5% 以上需在 3 个工作日之内作出公告举牌以及以后每增减 2% 也须作出公告。这样，每一次公告必然会造成股价的飞扬，使得二级市场收购成本很高，完成收购的时间也较长。如此高的操作成本，抑制了此种并购的运用。

3. 我国股市规模过小，而股市外围又有庞大的资金堆积，使股价过高。对收购方而言，肯定要付出较大的成本才能收购成功，往往可能得不偿失。

（五）投资控股收购重组模式

指上市公司对被并购公司进行投资，从而将其改组为上市公司子公司的并购行为。这种以现金和资产入股的形式进行相对控股或绝对控股，可以实现以少量资本控股其他中小企业的目的。

例 4：杭州天目药业公司以资产入股的形式将临安最早的中外合资中小企业宝临印刷电路有限公司改组为公司控股 69% 的子公司，使两家公司实现了优势互补。1997 年，该公司又进行跨地区的资本运作，出资 1 530 万元控股了黄山制药总厂，成立了黄山市天目药业有限责任公司，天目药业占 51% 的股份。

此并购方式的优点：上市公司通过投资控股方式可以扩大资产规模，推动股本扩张，增加资金募集量，充分利用其"壳资源"，规避了初始的上市程序和中小企业"包装过程"，可以节约时间，提高效率。

（六）吸收股份并购模式

被兼并中小企业的所有者将被兼并中小企业的净资产作为股金投入并购方，成为并购方的一个股东。并购后，目标中小企业的法人主体地位不复存在。

例 5：1996 年 12 月，上海实业的控股母公司以属下的汇众汽车公司、交通电器公司、光明乳业公司及东方商厦等五项资产折价 31.8 亿港元注入上海实业，认购上海实业新股 1.62 亿股，每股作价 19.5 港元。此举壮大了上海实业的资本实力，且不涉及资本转移。

优点：

1. 并购中，不涉及现金流动，避免了融资问题；

2. 常用于控股母公司将属下资产通过上市子公司"借壳上市"，规避了现行市场的额度管理。

（七）资产置换式重组模式

中小企业根据未来发展战略，用对中小企业闲置资产来置换中小企业未来发展所需的资产，从而优化中小企业产权结构。

例 6：钢运股份是上海交运集团公司控股的上市公司，由于该公司长期经营不善，历来业绩不佳。1997 年 12 月，交运集团将其属下的优质资产——全资子公司交机总厂和交运集团持有的高客公司 51% 的股权与钢运公司经评估后的资产进行等值置换，置换价 10 841.4019 万元，差额 1 690 万元作为钢运股份对交运集团的负债，从而达到钢运公司的产业结构和经营结构战略转移的目的，公司也因经营范围的彻底转变而更名为："交运股份"。

优点：

1. 并购中小企业间可以不出现现金流动，并购方无须或只需支付少量现金，大大降低了并购成本；

2. 可以有效地进行存量资产调整，将公司对整体收益效果不大的资产剔除，将对方的优质资产或与自身产业关联度大的资产注入，可以更为直接地转变中小企业的经营方向和资产质量，且不涉及中小企业控制权的改变。

其主要不足在于信息交流不充分的条件下，难以寻找合适的置换对象。

（八）以债权换股权模式

即并购中小企业将过去对并购中小企业负债无力偿还的中小企业的不良债权作为对该中小企业的投资转换为股权，如果需要，再进一步追加投资以达到控股目的。

例7：辽通化工股份有限公司是辽河集团和深圳通达化工总公司共同发起设立的，其中辽河集团以其属下骨干中小企业辽河化肥厂的经营性资产作为发起人的出资。锦天化是一个完全靠贷款和集资起家的中小企业，由于经营管理不善，使中小企业背上了沉重的债务负担。但锦天化设计规模较大生产设备属 90 年代国际先进水平，恰可作为辽河化肥厂生产设备的升级。基于以上原因，辽通化工将锦天化作为并购的首选目标。1995 年底，辽通化工以承担 6 亿元债务的方式，先行收购锦天化，此后，辽河集团以债转股方式，将锦天化改组为有限责任公司，辽通化工在 1997 年 1 月上市后，将募集的资金全面收购改组后的锦天化，辽通化工最终以 6 亿元的资金盘活近 20 亿元的资产，一举成为我国尿素行业的"大哥大"。

优点：

1. 债权转股权，可以弥补国企由于投资体制缺陷造成的资本金匮乏、负债率过高的"先天不足"，适合中国国情；

2. 对并购方而言，也是变被动为主动的一种方式。

（九）合资控股式

又称注资入股，即由并购方和目标企业各自出资组建一个新的法人单位。目标中小企业以资产、土地及人员等出资，并购方以技术、资金、管理等出资，占控股地位。目标中小企业原有的债务仍由目标中小企业承担，以新建中小企业分红偿还。这种方式严格来说属于合资，但实质上出资者收购了目标中小企业的控股权，应该属于中小企业并购的一种特殊形式。

例8：青岛海信现金出资 1 500 万元和 1 360 万元，加上技术和管理等无形资产，分别同淄博电视机厂和贵州华日电器公司成立合资中小企业，控股51%，对无力清偿海信债务的山东电讯器材厂和肥城电视机厂，海信分别将其393.3万元和640万元债权转为股权，加上设备、仪表及无形资产投入，控股55%，同他们成立合资中小企业，青岛海信通过合资方式获得了对合资中小企业的控制权，达到了兼并的目的。

优点：

1. 以少量资金控制多量资本，节约了控制成本；

2. 目标公司为国有中小企业时，让当地的原有股东享有一定的权益，同时合资中小企业仍向当地中小企业缴纳税收，有助于获得当地政府的支持，从而突破区域限制等不利因素；

3. 将目标中小企业的经营性资产剥离出来与优势中小企业合资，规避了目标中小企业历史债务的积累以及隐性负债、潜亏等财务陷阱。

其不足之处在于，此种只收购资产而不收购中小企业的操作易招来非议；同时如果目标中小企业身处异地，资产重组容易受到"条块分割"的阻碍。

（十）在香港注册后再合资模式

如果中小企业效益较好，缴税也多，可以选择在香港注册公司，再与原中小企业进行合资，优化组合，享受中外合资之政策。在香港注册公司后，可将国内资产并入香港公司，为公司在香港或国外上市打下坚实基础。如果目前经营欠佳，需流动资金或无款更新设备，也难以从国内银行贷款，可以选择在香港注册公司，借助在香港的公司作为申请贷款或接款单位，以国内资产（厂房、设备、楼房、股票、债券等）作为抵押品，向香港银行申请贷款，然后以投资形式注入合资公司，以此满足流动资金需要，还可享受优惠政策。

优点：

1. 以合资中小企业生产产品，可以较易进入国内或国外市场，较易打造品牌，从而获得较大的市场份额；

2. 香港公司属于全球性经营公司，注册地在境外，经营地点不限，可在国外或国内各地区开展商务活动，也可在各地设立办事处、商务处及分公司；

3. 香港公司无经营范围限制，可进行进出口、转口、制造、投资、房地产、电子、化工、管理、经纪、信息、中介、代理、顾问等业务。

（十一）股权拆细

对于高科技中小企业而言，与其追求可望而不可即的上市集资，还不如通过拆细股权，以股权换资金的方式，获得发展壮大所必需的血液。实际上，西方国家类似的做法也是常见的，即使是美国微软公司，在刚开始的时候走的也是这条路——高科技中小企业寻找资金合伙人，然后推出产品或技术，取得现实的利润回报，这在成为上市公司之前几乎是必然过程。

（十二）杠杆收购

指收购公司利用目标公司资产的经营收入，来支付兼并价金或作为此种支付的担保。换言之，收购公司不必拥有巨额资金（用于支付收购过程中必需的律师、会计师、资产评估师等费用），加上以目标公司的资产及营运所得作为融资担保、还款资金来源所贷得的金额，即可兼并任何规模的公司，由于此种收购方式在操作原理上类似杠杆，故而得名。杠杆收购60年代出现于美国，之后迅速发展，80年代已风行于欧美。具体来说，杠杆收购具有如下特征：

（1）收购公司用于收购的自有资金与收购总价金相比微不足道，前后者之间的比例通常在10%到15%之间；

（2）绝大部分收购资金系借贷而来，贷款方可能是金融机构、信托基金甚至可能是目标公司的股东（并购交易中的卖方允许买方分期给付并购资金）；

（3）用来偿付贷款的款项来自目标公司营运产生的资金，即从长远来讲，目标公司将支付它自己的售价；

（4）收购公司除投资非常有限的资金外，不负担进一步投资的义务，也贷出绝大部分并购资金的债权人，只能向目标公司（被收购公司）求偿，而无法向真正的贷款方——收购公司求偿。实际上，贷款方往往在被收购公司资产上设有保障，以确保优先受偿地位。

例9：银河数码动力收购香港电信就是这种资本运营方式的经典手笔。由小超人李泽楷执掌的银河数码动力相对于在香港联交所上市的蓝筹股香港电信而言，只是一个小公司。李泽楷采用以将被收购的香港电信资产作为抵押，向中国银行集团等几家大银行筹措了大笔资金，从而成功地收购了香港电信；此后再以香港电信的运营收入作为还款来源。

（十三）战略联盟模式

战略联盟是指由两个或两个以上有着对等实力的中小企业，为达到共同拥有市场、共同使用资源等战略目标，通过各种契约而结成的优势相长、风险共担、要素双向或多向流动的松散型网络组织。根据构成联盟的合伙各方相互学习，共同创造知识的程度不同，传统的战略联盟可以分为两个极端——产品联盟和知识联盟。

1. 产品联盟：在医药行业，我们可以看到产品联盟的典型。制药业务的两端（研究开发和经销）代表了格外高的固定成本，在这一行业，公司一般采取产品联盟的形式，即竞争对手或潜在竞争对手之间相互经销具有竞争特征的产品，以降低成本。在这种合作关系中，短期的经济利益是最大的出发点。产品联盟可以帮助公司抓住时机，保护自身，还可以通过与世界其他伙伴合作，快速、大量地卖掉产品，收回投资。

2. 知识联盟：以学习和创造知识作为联盟的中心目标，它是中小企业发展核心能力的重要途径；知识联盟有助于一个公司学习另一个公司的专业能力；有助于两个公司的专业能力优势互补，创造新的交叉知识。与产业联盟相比，知识联盟具有以下三个特征：

（1）联盟各方合作更紧密。两个公司要学习、创造和加强专业能力，每个公司的员工必须在一起紧密合作。

（2）知识联盟的参与者的范围更为广泛。中小企业与经销商、供应商、大学实验室都可以形成知识联盟。

（3）知识联盟可以形成强大的战略潜能。知识联盟可以帮助一个公司扩展和改善它的基本能力，有助于从战略上更新核心能力或创建新的核心能力。

此外，在资本运营的实际操作中，除采用上面阐述的几种形式或其组合外，还可借鉴国外上市公司资产重组的经验，大胆探索各种有效的运作方法，进一步加大资本运营的广度和深度。

针对中小企业资本运作主要有以下四种方式（见表4-2）：

表4-2　　　　　　　　　　　　中小企业资本运作方式

	主要目的	意义	风险
引入战略投资者	扩大公司规模，为公司注入新的资金、管理，并寻找稳定的合作者	有利于为公司引入资金、扩大公司规模	战略投资者并非熟悉其投资领域的专业事务、可能引发不适当干预，影响中小企业的发展
并购重组	扩大公司规模	有利于快速扩大公司规模、实现中小企业之间的资源整合	并购过程中和完成后都可能引发纠纷、整合压力大
定向增资	充实公司资本、扩大公司规模，优化股权结构	有利于充实公司资本	定向增资需要合适的增资项目并寻找到增资对象，交易成本高
债转股	合理重组中小企业的资产负债结构	有利于优化资产负债结构	估价不易确定，需要协商，易引发纠纷，财务和会计上的处理不当引发风险

四、中小企业挂牌前资本运作的主要意义

（一）挂牌前资本运作能充实中小企业流动资金

挂牌前资本运作，特别是战略投资者的引入，无论是原股东股权转让还是

定向增资的方式,投资者都需要向中小企业注入一定规模的资金,以换取相应的股权。这无疑会对中小企业改善财务状况、降低负债比例、改善股权结构起到一定的作用,增加中小企业的流动资金。

（二）挂牌前资本运作有利于优化中小企业股权结构

股东的数量与持股比例,对于衡量公司的股权结构是否合理具有直接影响。一般而言,股权不宜过分集中,容易形成"一股独大"、内部人控制等公司治理问题。股权分散、形成合理的相互制约局面有利于公司中小股东利益的保护和形成良好的公司治理。挂牌前资本运作可以合理引入投资者、适当稀释原有股东股权、优化中小企业的股权结构。

（三）挂牌前资本运作有利于中小企业扩大经营规模

挂牌前资本运作,有利于利用投资者的经营销售网络、行业优势、良好声誉和品牌、业务与资金以扩大中小企业经营规模。

（四）完善中小企业治理结构

挂牌前资本运作可以实现中小企业投资主体的多元化,股权结构的改善,对公司的股东会、董事会的人员构成和决策进行优化,对完善中小企业治理结构具有重大意义。

五、中小企业如何引进战略投资者

（一）什么是战略投资者

战略投资者是指符合国家法律、法规和规定要求、与发行人具有合作关系或合作意向和潜力并愿意按照发行人配售要求与发行人签署战略投资配售协议的法人,是与发行公司业务联系紧密且欲长期持有发行公司股票的法人。

具体来讲战略投资者就是指具有资金、技术、管理、市场、人才优势,能够促进产业结构升级,增强中小企业核心竞争力和创新能力,拓展中小企业产品市场占有率,致力于长期投资合作,谋求获得长期利益回报和中小企业可持续发展的境内外大中小企业、大集团。

首先,战略投资者必须具有较好的资质条件,拥有比较雄厚的资金、核心的技术、先进的管理等,有较好的实业基础和较强的投融资能力。

其次,战略投资者不仅要能带来大量资金,更要能带来先进技术和管理,能促进产品结构、产业结构的调整升级,并致力于长期投资合作,谋求长远利益回报。

最后,引进战略投资者,要结合各地的实际情况。

（二）中小企业如何引入战略投资者

一般来讲,中小企业可以通过三种方式来选择战略投资者:媒体公告选择的方式、秘密谈判的方式、有限范围比选的方式。中小企业要根据所在行业的性质和特点、中小企业的性质和特点、竞争环境情况等因素，选择适合自身的方式。在确定了选择方式之后，就需要对战略投资者的遴选条件进行设定。

战略投资者对中小企业进行投资的方式有多种，主要表现为增资扩股、股权转让、收购兼并等。中小企业在引进战略投资者的投资方式上，可根据自身需求，采用最有利于中小企业未来发展的方式。

中小企业在选择优秀的战略投资者时，首先要考察战略投资者的基本条件①，主要包括：（1）在产品上，优秀的战略投资者的产品和业务要和中小企业有紧密的关联度，产业和产品构成上下游关系，能够进行项目合作、资源整合，促进产业升级，延伸产业链。（2）在技术上，优秀的战略投资者应具有自主知识产权的行业领先技术，这些技术能够促进中小企业产品结构与产业结构的调整，提高中小企业的核心竞争力。（3）在市场上，优秀的战略投资者应当拥有知名品牌，拥有较强的市场开拓能力、畅通的营销网络和采购体系，最好是具有拓展国际市场的优势、条件和经验，并且拥有较高的市场占有率。（4）在资金上，优秀的战略投资者应具有良好的财务状况和经济实力，拥有良好的银行资信和充足的自有资金，有较强的投融资能力。（5）在管理上，优秀的战略投资者应当拥有先进的中小企业文化，能够给中小企业带来先进的现代管理理念；经营管理能力强，有适应国际化经营的人力资源和现代化管理手段；有资本运作的突出能力。（6）在信誉上，优秀的战略投资者应具有良好的商业信誉和诚信记录，具有并购和重组其他中小企业的成功范例。战略投资者应守法经营，无不良经营记录。

（三）中小企业引入战略投资者需要做好哪些准备工作

中小企业若要巧借东风，成功引进优秀的战略投资者，必先练好内功。也就是说，中小型高科技企业要想得到优秀战略投资者的青睐，必须有自己的一技之长和优势所在，一般来讲，中小企业的核心优势为领先的科技产品和技术，这种技术在新兴市场领域有非常好的应用前景。中小型高科技企业内功的修炼，要求中小企业的经营者拥有敏锐的市场洞察力和对行业趋势的良好把握能力，并且在中小企业内部集聚一批核心技术人才。

经过系统研究，我们可以发现，能够吸引战略投资者进行投资的优秀中小企业都具有一些共同的特点，这里归纳为优秀中小企业吸引战略投资者的九大诱因，分别为：财务状况、主营业务、市场范围、技术水平、品牌形象、商业信誉、发展战略、中小企业文化、内部管理。以上九大诱因，是战略投资者在选择中小企业进行投资时考虑的主要方面。中小企业只有根据自身的特点，不断提高自身的核心竞争力和综合能力，才能在需要引进战略投资者时，吸引战

---

① 来源：牛津管理评论。作者：张少华，张化祥。

略投资者的目光并成功引资。

（四）中小企业引进企业战略投资者风险如何

高科技中小企业在引进战略投资者后可能会面临一些风险，主要包括战略投资者可能变为战术投资者、控制权可能旁落、无形资产归属可能产生纠纷、文化冲突可能出现等。要有效地规避这些风险，需要高科技中小企业在选择战略投资者时要有详尽完善的尽职调查、与战略投资者谈判合作时事先做好详细清晰的约定、设定合理的股权结构和治理模式。

具体来讲，高科技中小企业可以采取的风险防范措施主要有①：（1）为战略投资者锁定合适的投资期限。高科技中小企业引进战略投资者应以谋求长期战略利益为目的，而非短期投机利益，为规避投资者可能存在的短期行为，高科技中小企业可以锁定战略投资者的投资期限，一般来说，战略投资者的持股时间不应少于3年，通过制定严密的违约条款，提高投资者短期退出或转让的成本，避免出现投资者不受惩罚就退出的隐患。（2）与战略投资者一起制定清晰的发展规划。高科技中小企业要和战略投资者一同制定双方认可的清晰的发展规划，规定合作双方有义务按照既定的发展规划安排资源投入，通过制定惩罚性的条款防止战略投资者出现为自身利益而偏离发展规划的行为。（3）为战略投资者约定合理的经营目标。为防止投资者出于减弱竞争的目的而处置中小企业的核心资产或压缩中小企业的经营规模，高科技中小企业和战略投资者双方可以约定合理的经营目标，以保持中小企业资产和经营的稳定。（4）建立科学的现代化治理模式。首先要对股东会、董事会、监事会、经理层建立起分工明确、各司其职、决策高效、相互制衡的组织结构和行为机制。其次，董事会人员在数量和构成上应体现各股东应有利益，必要时可设置一定比例的独立董事，保证董事会不被某一方股东利用。再次，中小型高科技企业对管理层尽量建立以股权激励为主的激励机制，将中小企业的长期发展与管理层的个人利益紧密联系在一起。最后，中小型高科技企业认真拟定新的公司章程和制度，通过规范的制度体系来促进中小企业的管理。

第三节　聘用中介机构及中介机构进场后的工作

一、聘用中介机构

中小企业挂牌新三板是一项专业性极强的工作，中小企业必须借助中介机构的帮助才能登陆新三板。在挂牌的中介机构中，证券公司、律师事务所、会

---

① 来源：牛津管理评论。作者：张少华，张化祥。

计师事务所是法定的必须聘请的中介机构，由这些中介机构负责完成挂牌过程中相关事项。如涉及评估、公证等事项时，中小企业还需要评估事务所、公证处等其他机构。

（一）证券公司的聘用

证券公司负责对中小企业挂牌新三板的各项工作进行统筹安排，不同的证券公司将对中小企业挂牌的进程产生不同影响。新三板挂牌实行备案制，主要的工作由主办券商负责。主办券商认为中小企业符合挂牌条件的，向股转公司进行推荐，证监会核准。证券公司对中小企业能否上新三板起到关键作用，因此监管部门对于券商的推荐资格进行严格审核，只有在行业内具有良好信誉、专业能力强的证券公司才有资格开展新三板业务。

新三板挂牌工作专业性很强，必须由具备专业知识的人员完成。证券公司组建了专门负责新三板事务的部门并配备专业人员，这样极大地提高了专业化能力和工作效率。

新三板只是冲刺场内资本市场的跳板，挂牌新三板的目的是实行转板，以获取更多的融资。挂牌新三板工作是转板的重要审查事项，挂牌过程是否规范直接影响到转板能否实现。在业内有影响力的证券公司有更多的资源，有能力帮助中小企业转板。因此证券公司对中小企业新三板转板具有重要作用。

（二）律师事务所的聘用

新三板法律事务是资本法律事务中的重要业务领域，资本法律事务涉及金融、法律、财务、税务、管理、人力资源等诸多方面，是一项综合性、专业化极强的法律事务。这就必须要求律师事务所具有高度专业化的资本法律服务能力，保障各项事务都有专业技能较好的律师分工负责。资本市场的法律事务，通常是多项工作同时跟进，分工明确，程序严格，需要有善于把握宏观进度、进行协调工作的统筹人员。没有高度专业化的资本事务法律服务能力根本无法开展相应事务。

资本法律事务，主要是非诉讼类的程序性事件，包括方案设计、调查分析、材料准备、程序履行等，细节性强，如果律师没有丰富的实务经验，很难及时、优质、高效地完成工作。如尽职调查要审查哪些材料，收集的材料存在哪些问题，法律意见书针对某些不确定事项如何表达等。

（三）会计师事务所

新三板和证券市场的会计事务存在密切联系，而会计、审计依赖于在相关业务领域的经验，是否具有从事新三板或证券市场会计、审计事务的经验是选择会计师事务所的重要参考因素。

会计师事务所分工明确、精细。资本事务的会计事务与普通的会计事务差别明显，需要在专业化能力强的会计师事务所进行，否则将不但不能有效开展相应事务，还可能给中小企业造成会计处理上的不可逆转的问题，影响中小企业挂牌上市进程。

与新三板有关的会计事务，除了对会计专业水平要求较高外，还要有丰富的实务经验。得心应手地完成各项工作，保障中小企业的挂牌上市进度，这需要在资本事务方面具有良好的经验。

具体事务都是由个人操作的，专业的人员素质、经验、团队情况等决定着工作能否有效开展。同时由于新三板各项事务需要一定的周期，更需要团队的稳定，需要团队具有与中小企业长期合作，满足中小企业不同发展阶段需求的能力。

二、中介机构进场后的工作

（一）券商的工作

券商的工作有两块，券商的准备工作以及券商的主要工作。

券商的准备工作有三项：1. 申请备案，获取主办券商资格。《全国中小企业股份转让系统有限责任公司暂行办法》明确规定，全国股份转让系统实行主办券商制度。在全国中小企业股份转让系统从事主办券商业务的证券公司称为主办券商，主办券商可在全国股份转让系统从事以下部分或全部业务：推荐业务、经纪业务、做市业务，以及全国股份转让系统公司规定的其他业务。2. 证券公司参与全国中小企业股份转让系统业务协议书。证券公司在全国股份转让系统开展业务前，应向全国股份转让系统公司申请备案，提交下列文件：申请书；公司设立的批准文件；公司基本情况申报表；《经营证券业务许可证》副本复印件；《中小企业法人营业执照》副本复印件；申请从事的业务及业务实施方案，包括部门设置、人员配备与分工情况说明，内部控制体系的说明，主要业务管理制度，技术系统说明等；最近年度经审计财务报表和净资本计算表；公司章程；全国股份转让系统公司要求提交的其他文件。3. 签订推荐挂牌并持续督导协议书。主办券商推荐股份公司股票挂牌，应与申请挂牌公司签订推荐挂牌并持续督导协议，约定双方权利和义务，并对申请挂牌公司董事、监事、高级管理人员及其他信息披露义务人进行培训，使其了解相关法律、法规、规则、协议所规定的权利和义务。

券商进场后的主要工作有五项：1. 成立专门项目小组；2. 主办券商设立内核机构；3. 尽职调查；4. 召开内核会议；5. 推荐挂牌。

（二）律师的工作

在新三板挂牌的过程中，除了需要确保中小企业和各中介机构的各项操作和程序合法合规之外，还需要专门制作一系列服务于挂牌新三板的法律文件，同时需要对中小企业的治理进行持续规范。

1. 审查公司是否具有挂牌资格，并参加券商的项目小组，负责尽职调查，按照股份报价转让说明书的要求，起草尽职调查报告、推荐报告、股份报价转让说明书、调查工作底稿，制作备案文件等。

2. 审议中小企业进入股转系统前后的相关协议并提供法律咨询。

3. 协助主办券商为中小企业股票进入新三板事宜出具法律意见书、核查意见、鉴证意见等。

4. 对中小企业的信息披露进行辅导。

5. 对中小企业的高级管理人员进行《中小企业法》《证券法》有关知识的辅导。

6. 协助完善中小企业制度，强化中小企业管理机制，严格依照股份公司的要求规范中小企业行为。

7. 参加或列席公司相关会议，协助公司高管人员的工作，协助中小企业起草经营过程中的法律文书。

8. 为中小企业和其他中介机构提供有关法律咨询及帮助；与各中介机构共同协助中小企业编制发行申报材料，尽可能使之完美，力争早日通过审查。

（三）会计师的工作

会计师的工作比较系统复杂，在进场后，会计师需要认真审查中小企业的所有财务报表，针对中小企业的财务情况和财务问题进行调整和规范，并最终根据调查结果，出具详细而客观的尽职调查报告；除此之外，会计师在挂牌过程中还会对中小企业的内控制度进行梳理和规范。主要工作如下：

1. 负责中小企业财务报表审计，并出具3年及一期的审计报告；

2. 负责中小企业资本验证，并出具有关验资报告；

3. 负责中小企业盈利预测报告审核，并出具盈利预测审核报告；

4. 负责中小企业内部控制鉴证，并出具内部控制鉴证报告；

5. 负责核验中小企业的非经常性损益明细项目和金额；

6. 对发行人主要税种纳税情况出具专项意见；

7. 对发行人原始财务报表与申报财务报表的差异情况出具专项意见；

8. 提供与发行上市有关的财务会计咨询服务。

第四节　中小企业挂牌新三板申请阶段

一、中小企业挂牌新三板审查流程

根据2013年12月30日最新修改的《股份公司申请在全国中小企业股份转让系统公开转让、股票发行的审查工作流程》的规定，股东人数未超过200人的股份公司申请到全国股份转让系统挂牌公开转让须经全国股份转让系统公司审查同意，中国证监会豁免核准，纳入非上市公众公司统一监管。

股东人数未超过200人的股份公司申请股票在全国股份转让系统挂牌公开转让的审查工作流程如下：

（一）全国股份转让系统公司接收材料，全国股份转让系统公司设接收申请材料的服务窗口。申请挂牌公开转让、定向发行的股份公司（以下简称申请人）通过窗口向全国股份转让系统公司提交挂牌（或定向发行）申请材料。申请材料应符合《全国中小企业股份转让系统业务规则（试行）》、《全国中小企业股份转让系统挂牌申请文件内容与格式指引（试行）》等有关规定的要求。

全国股份转让系统公司对申请材料的齐备性、完整性进行检查：需要申请人补正申请材料的，按规定提出补正要求；申请材料形式要件齐备，符合条件的，全国股份转让系统公司出具接收确认单。

（二）全国股份转让系统公司审查并出具审查意见。1. 反馈。对于审查中需要申请人补充披露、解释说明或中介机构进一步核查落实的主要问题，审查人员撰写书面反馈意见，由窗口告知、送达申请人及主办券商。2. 落实反馈意见。申请人应当在30个工作日内向窗口提交反馈回复意见。3. 出具审查意见。申请材料和回复意见审查完毕后，全国股份转让系统公司出具同意或不同意挂牌或定向发行（包括股份公司申请挂牌同时定向发行、挂牌公司申请定向发行）的审查意见，窗口将审查意见送达申请人及相关单位。

二、中小企业申请挂牌所需文件的相关规定

根据2013年12月30日最新修改的《全国中小企业股份转让系统挂牌申请文件内容与格式指引（试行）的规定》申请挂牌公司需要按照规定中列明的目录要求提交申请文件。根据审查需要，全国股份转让系统公司可以要求申请挂牌公司和相关中介机构补充文件。如部分文件对申请挂牌公司不适用，可不提供，但应书面说明。

申请挂牌同时进行股票发行的，应按照全国股份转让系统公司规定在挂牌申请文件中增加有关内容。

申请文件一经接受，非经全国股份转让系统公司同意，不得增加、撤回或更换。

未按要求制作和报送申请文件的，全国股份转让系统公司不予接受。

具体申请文件内容如下：

（适用于申请时股东人数未超过200人）

（一）要求披露的文件

1. 公开转让说明书及推荐报告

1-1 公开转让说明书（申报稿）

1-2 财务报表及审计报告

1-3 法律意见书

1-4 公司章程

1-5 主办券商推荐报告

1-6 股票发行情况报告书（如有）

（二）不要求披露的文件

2. 申请挂牌公司相关文件

2-1 向全国股份转让系统公司提交的申请股票在全国股份转让系统挂牌及股票发行（如有）的报告

2-2 有关股票在全国股份转让系统挂牌及股票发行（如有）的董事会决议

2-3 有关股票在全国股份转让系统挂牌及股票发行（如有）的股东大会决议

2-4 中小企业法人营业执照

2-5 股东名册及股东身份证明文件

2-6 董事、监事、高级管理人员名单及持股情况

2-7 申请挂牌公司设立时和最近两年及一期的资产评估报告

2-8 申请挂牌公司最近两年原始财务报表与申报财务报表存在差异时，需要提供差异比较表

2-9 申请挂牌公司全体董事、监事和高级管理人员签署的《董事（监事、高级管理人员）声明及承诺书》

（三）主办券商相关文件

3-1 主办券商与申请挂牌公司签订的推荐挂牌并持续督导协议

3-2 尽职调查报告

3-3 尽职调查工作文件

　　3-3-1 尽职调查工作底稿目录、相关工作记录和经归纳整理后的尽职调查工作表

　　3-3-2 有关税收优惠、财政补贴的依据性文件

　　3-3-3 历次验资报告

　　3-3-4 对持续经营有重大影响的业务合同

3-4 内核意见

　　3-4-1 内核机构成员审核工作底稿

　　3-4-2 内核会议记录

　　3-4-3 对内核会议反馈意见的回复

3 - 4 - 4　内核专员对内核会议落实情况的补充审核意见

3 - 5　主办券商推荐挂牌内部核查表及主办券商对申请挂牌公司风险评估表

3 - 6　主办券商自律说明书

3 - 7　主办券商业务备案函复印件（加盖机构公章并说明用途）及项目小组成员任职资格说明文件

（四）其他相关文件

4 - 1　申请挂牌公司全体董事、主办券商及相关中介机构对申请文件真实性、准确性和完整性的承诺书

4 - 2　相关中介机构对纳入公开转让说明书等文件中由其出具的专业报告或意见无异议的函

4 - 3　申请挂牌公司、主办券商对电子文件与书面文件保持一致的声明

4 - 4　律师、注册会计师及所在机构的相关执业证书复印件（加盖机构公章并说明用途）

4 - 5　国有资产管理部门出具的国有股权设置批复文件及商务主管部门出具的外资股确认文件

4 - 6　证券简称及证券代码申请书

申请时股东人数未超过 200 人的股份公司报送申请文件应提交原件一份，复印件两份。

股份公司申请挂牌时股东人数超过 200 人，适用以下申请文件目录：

（五）要求披露的文件

公开转让说明书及推荐报告

5 - 1　公开转让说明书（证监会核准的最终稿）

5 - 2　财务报表及审计报告

5 - 3　法律意见书

5 - 4　公司章程

5 - 5　主办券商推荐报告

5 - 6　股票发行情况报告书（如有）

5 - 7　中国证监会核准文件

（六）不要求披露的文件

申请挂牌公司相关文件

6 - 1　向全国股份转让系统公司提交的申请股票在全国股份转让系统挂牌及股票发行（如有）的报告

6 - 2　有关股票在全国股份转让系统挂牌及股票发行（如有）的董事会决议

6-3　有关股票在全国股份转让系统挂牌及股票发行（如有）的股东大会决议

6-4　中小企业法人营业执照

6-5　股东名册及股东身份证明文件

6-6　董事、监事、高级管理人员名单及持股情况

6-7　申请挂牌公司全体董事、监事和高级管理人员签署的《董事（监事、高级管理人员）声明及承诺书》

6-8　证券简称及证券代码申请书

6-9　国有资产管理部门出具的国有股权设置批复文件及商务主管部门出具的外资股确认文件

6-10　中国证监会核准后至申请挂牌前新增重大事项的说明文件（如有）

（七）证券服务机构相关文件

7-1　主办券商与申请挂牌公司签订的推荐挂牌并持续督导协议

7-2　主办券商业务备案函复印件（加盖机构公章并说明用途）及项目小组成员任职资格说明文件

7-3　律师、注册会计师及所在机构的相关执业证书复印件（加盖机构公章并说明用途）

申请时股东人数超过 200 人的股份公司报送申请文件应提交原件一份（单行本）。

三、中小企业申请挂牌主要事项

（一）证券简称及证券代码申请

1. 申请挂牌公司及主办券商在接到公司挂牌相关文件的领取通知当日，向全国中小企业股份转让系统有限公司（以下简称"全国股份转让系统公司"）挂牌业务部提交《证券简称及证券代码申请书》。为便捷高效，可先以传真或电子邮件方式发送，在领取相关文件时提交原件。

2. 公司股票挂牌时如存在解除首批股份限售的情形，申请挂牌公司应向主办券商提交解除限售申请材料，主办券商审核后出具《挂牌公司股东所持股份解除转让限制明细表》，并提交至全国股份转让系统公司业务部，可先以传真或电子邮件方式发送，在领取相关文件时提交原件。

（二）缴费

根据全国股份转让系统公司挂牌业务部传真的《缴费通知单》，申请挂牌公司缴纳挂牌初费和当年年费。

（三）领文

申请挂牌公司及主办券商在完成上述工作后前往全国股份转让系统公司领

取挂牌相关文件，同时一并提交有关申请文件。

1. 在服务窗口领取全国股份转让系统公司出具的同意挂牌的函、中国证监会核准文件（豁免核准情形除外）、缴费通知单原件。

2. 在财务管理部领取缴费发票。

3. 在挂牌业务部领取《关于证券简称及证券代码的通知》，同时提交证券简称及证券代码申请书（加盖公章）、信息披露业务流转表（加盖公章）、挂牌工作进度计划（可以电子邮件方式提交）。

4. 股票挂牌时，存在首批解除限售情形的，还需到公司业务部领取《股份解除限售登记的函》，同时提交主办券商出具的《挂牌公司股东所持股份解除转让限制明细表》原件（加盖主办券商公章）。

（四）办理信息披露及股份初始登记

首次信息披露

取得证券简称和代码的当日，申请挂牌公司及主办券商向深圳证券信息公司传达首次信息披露文件；次一个工作日，深圳证券信息公司为申请挂牌公司在全国股份转让系统指定信息披露平台披露相关文件。

1. 首次信息披露文件包括：公开转让说明书。其主要包括以下内容：（1）公司基本情况；（2）公司董事、监事、高级管理人员、核心技术人员及其持股情况；（3）公司业务和技术情况；（4）公司业务发展目标及其风险因素；（5）公司治理情况；（6）公司财务会计信息。

2. 财务报表及审计报告。

3. 补充审计期间的财务报表及审计报告（如有）。

4. 法律意见书。

5. 补充法律意见书（如有）。

6. 公司章程。

7. 主办券商推荐报告。

8. 定向发行情况报告书（如有）。

9. 全国股份转让系统公司同意挂牌的函。

10. 中国证监会核准文件。

11. 其他公告文件。

文件披露后，不得随意更改、替换或撤销。如有特殊原因确需修改，申请挂牌公司和主办券商应当及时向全国股份转让系统公司挂牌业务部提出申请，经挂牌业务部确认后，发布更正公告。

股份初始登记

取得证券简称和代码的第2日，申请挂牌公司及主办券商应前往中国证券登记结算有限责任公司深圳分公司（以下简称"中国结算深圳分公司"）办理股份初始登记和解除首批股份限售手续（如有）：

1. 主办券商应协助申请挂牌公司股东在证券公司开立深市证券账户；

2. 申请挂牌公司与中国结算深圳分公司签署《股份登记及服务协议》（适用于全国中小企业股份转让系统）；

3. 申请挂牌公司向中国结算深圳分公司提交《股份初始登记申请书》；

4. 中国结算深圳分公司登记存管部为申请挂牌公司办理股份初始登记，出具《股份登记确认书》；

5. 挂牌时如存在解除首批股份限售情形的，须持全国股份转让系统公司出具的《股份解除限售登记的函》（原件）办理解除限售手续。

挂牌前的第二次信息披露

申请挂牌公司主办券商取得中国结算深圳分公司出具的《股份登记确认书》的当日，向全国股份转让系统公司挂牌业务部传真《股份登记确认书》、《股票公开转让记录表》、《信息披露业务流转表》，确定公司挂牌日期（挂牌日最早为取得《股份登记确认书》后的第三个工作日，最迟为取得《股份登记确认书》后的第五个工作日），办理挂牌前的第二次信息披露事宜。

1. 披露时间

T-2日或之前（T日挂牌日，下同），申请挂牌公司及主办券商向深圳证券信息公司传送第二次信息披露文件。

T-1日，深圳证券信息公司未申请挂牌公司在全国股份转让系统指定信息披露平台披露相关文件内容。

2. 披露文件

（1）关于公司股票将在全国股份转让系统公开转让的提示性公告；

（2）关于公司定向发行股票将在全国股份转让系统挂牌公开转让的公告（如有）；

（3）其他公告文件。

（五）申请挂牌同时定向发行的股票挂牌流程

披露定向发行意向

申请挂牌同时定向发行的，可在报送申请挂牌材料后向全国股份转让系统公司挂牌业务部提出在 www. neeq. com. cn 披露定向发行意向，以便提升融资对接效率。

披露公开转让说明书等文件

取得证券简称和代码后，申请挂牌公司参照"首次信息披露"流程办理《公开转让说明书》等文件的信息披露事宜。存在股份限售情形的，申请挂牌公司应提前与全国股份转让系统公司挂牌业务部和公司业务部沟通。

报送定向发行备案材料

在完成定向发行认购、验资后，根据中国证监会和全国股份转让系统公司的有关规定，申请挂牌公司向全国股份转让系统公司挂牌业务部报送相关材料；取得全国股份转让系统出具的《挂牌并定向发行股份登记的函》。

披露定向发行情况报告书等文件

与报送备案材料的当日，申请挂牌公司联系全国股份转让系统公司挂牌业务部沟通定向发行完成后的网上信息披露事宜，递交《信息披露业务流转表》、向深圳证券信息公司传送《定向发行情况报告书》、《关于公司定向发行股票将在全国股份转让系统挂牌公开转让的公告》等信息披露文件。在取得《挂牌并定向发行股份登记的函》后的第二个工作日，披露相关文件。

办理股份登记

《定向发行情况报告书》等文件披露后，申请挂牌公司、主办券商持《挂牌并定向发行股份登记的函》及其他材料前往中国结算深圳分公司办理股份初始登记或新增股份登记。

披露工商变更登记公告

申请挂牌公司完成工商变更登记后，发布《关于完成工商变更登记的公告》。

其他环节参照无定向发行情形的股票挂牌流程办理。

注意事项

1. 在股份初始登记前完成定向发行的

申请挂牌公司股票，在股份初始登记前取得《挂牌并定向发行股份登记的函》的初始登记的股份为定向发行后的全部股份。

2. 在挂牌日前完成定向发行的

申请挂牌公司股票在股份初始登记后、挂牌日前取得《挂牌并定向发行股份登记的函》的，持股份登记的函及其他材料前往中国结算深圳分公司办理新增股份登记。

3. 挂牌日后完成定向发行的

申请挂牌公司股票拟于挂牌日后完成定向发行的，其定向发行程序按照已挂牌公司定向发行的规定办理。

（六）正式挂牌

当股份公司完成以上各项步骤后，仅需等待全国股份转让系统公司确定的具体挂牌仪式时间。申请挂牌公司向全国股份转让系统公司挂牌业务部报送挂牌进度计划，说明是否参加集体挂牌仪式及关于挂牌仪式的其他需求；于仪式举办前与全国股份转让系统综合事务部沟通，并确定具体的股票挂牌仪式事宜。

第五节　中小企业挂牌成功后续事项

一、证券简称和全称变更

中小企业在新三板挂牌运行过程中，可能会出现公司决定变更公司证券简称或者公司全称的情形。中小企业在进行变更操作时，可以按照全国股份转让系统公司发布的《全国中小企业股份转让系统挂牌公司证券简称或公司全称变更业务指南（试行）》中指示的步骤进行。

具体步骤如下：

（一）挂牌公司向主办券商提交证券简称或公司全称变更申请材料，包括申请书及相关证明材料。

相关证明材料至少包括变更公司全称后的《中小企业法人营业执照》复印件（加盖新公司印章）或工商行政管理部门关于公司变更全称的证明复印件（加盖新公司印章）。

（二）主办券商审核确定证券简称或公司全称变更申请材料后，填写《挂牌公司证券简称或公司全称变更业务通知表》并加盖主办券商公章。

（三）主办券商需于 T-3 日（T 日为证券简称或公司全称变更生效日）下午三点将上述通知表和其他所需证明材料一同传真至全国中小企业股份转让系统有限责任公司（以下简称"全国股份转让系统公司"），并将所有材料的电子扫描件发送至全国股份转让系统公司，同时电话确认收悉。

如主办券商在发送通知表当日下午 4 点前发现所填写的证券简称或公司全称变更业务有误，应当立即修改并重新向全国股份转让系统公司发送新的申请材料，同时注明"以此件为准"字样。

如果在 T-2 日后（含 T-2 日）发现有误，或者在 T 日发生须采取临时暂停转让措施等异常情形的，主办券商应当及时与全国股份转让系统公司联系，全国股份转让系统公司将视情况确定处理办法。

（四）全国股份转让系统公司对通知表及证明材料进行形式审查，并核查新证券简称的可行性，核查无误后将启动变更程序。

（五）挂牌公司或主办券商发布相关公告的，最迟应于 T-1 日联系信息公司，进行信息披露。

（六）挂牌公司证券简称或公司全称变更生效。

二、股票的限售及解禁

根据《公司法》第一百四十一条规定："发起人持有本公司股份，自公司成立之日起一年内不得转让……公司董事、监事、高级管理人员应当向公司申报所持有的本公司的股份及其变动情况，在任职期间每年转让的股份不得超过其所持有本公司股份总数的百分之二十五……上述人员离职后半年内，不得转让其所持有的本公司股份……"

根据《业务规则》第2.8条规定，挂牌公司控股股东及实际控制人在挂牌前直接或间接持有的股票分三批解除转让限制，每批解除转让限制的数量均为其挂牌前所持股票的三分之一，解除转让限制的时间分别为挂牌之日、挂牌期满一年和两年。挂牌前十二个月以内控股股东及实际控制人直接或间接持有的股票进行过转让的，该股票的管理按照前款规定执行，主办券商为开展做市业务取得的做市初始库存股票除外。因司法裁决、继承等原因导致有限售期的股票持有人发生变更的，后续持有人应继续执行股票限售的规定。

挂牌公司股东如果符合上述身份或情形的，应按照上述规定进行所持股票的限售期。

中国证券登记结算有限责任公司（以下简称"中国结算"）根据挂牌公司的申报，并依据全国股份转让系统公司的确认办理挂牌公司股份的限售或解除限售的登记。

挂牌公司董事、监事及高级管理人员持有的股份按规定需进行限售或解除限售的，挂牌公司应向全国股份转让系统公司报备并取得确认。中国结算依据全国股份转让系统公司的确认办理挂牌公司董事、监事及高级管理人员持股的限售或解除限售的登记。

三、结算

挂牌公司应委托主办券商办理股票和资金的清算交收，并同意主办券商委托中国结算办理其证券账户与主办券商证券交收账户之间的股票划拨。

全国股份转让系统股票转让的交收日为 T + 1 日（T 日为股票转让日），最终交收时点为 16:00。

四、权益分派

挂牌公司进行送股、转增或派息等权益分派，应当向中国结算提出申请，并与中国结算商定股权登记日（R 日）。送股转增或派息等权益于 R + 1 日到账。

挂牌公司委托中国结算派息，必须在 R - 1 日前将派息款及相关税费足额划至中国结算指定账户。中国结算于 R + 1 日将派息款划至主办券商在中国结算的结算备付金账户，再有主办券商划入投资者资金账户。挂牌公司不能在规定期限内划入相关款项的，应及时通知中国结算，并刊登延期实施公告。

五、停复牌

中小企业在挂牌运行过程中，可能会因为某些因素决定暂时停止股票转让业务或者恢复转让业务的情形。此时，中小企业应参照《全国中小企业股份转让系统挂牌公司暂停与恢复转让业务指南（试行）》进行申请。

具体步骤如下：

（一）挂牌公司填写《暂停（恢复）转让申请表》并提供相关证明材料送主办券商审查。

（二）主办券商审查无误后，应于 T－3 日（T 日为暂停或恢复转让生效日）下午 3 点前将加盖主办券商公章的《暂停（恢复）转让申请表》和其他证明材料一同传真（传真号：010－63889674）至全国中小企业股份转让系统有限责任公司（以下简称"全国股份转让系统公司"），并将所有材料的电子扫描件发送至全国股份转让系统公司（电子邮件地址：ywbl@neeq.org.cn），同时电话确认收悉（电话：010－63889549）。

如挂牌公司或主办券商在发送申请表当日下午 4 点前发现申请表内容有误，应当立即修改并重新向全国股份转让系统公司发送新的申请材料，同时注明"以此件为准"字样。

如果在 T－2 日后（含 T－2 日）发现有误的，主办券商应及时与全国股份转让系统公司联系，全国股份转让系统公司将视情况确定处理办法。

（三）因特殊情况，需要立即暂停股票转让的，挂牌公司须及时通知主办券商，填写《暂停（恢复）转让申请表》并提供相关证明材料送主办券商审查；主办券商审查无误后，向全国股份转让系统公司说明情况，并提交相关传真及电子扫描材料，申请尽快暂停股票转让。

（四）挂牌公司或主办券商发布股票暂停（恢复）转让公告，最迟应于 T－1 日联系信息，进行信息披露。

（五）挂牌公司暂停（恢复）转让生效。

六、退出登记

挂牌公司股票终止挂牌后，需要办理退出登记手续，应当及时到中国结算办理。

挂牌公司未按规定办理股份退出登记手续的，中国结算可将其证券登记数据和资料送达该挂牌公司或其代办机构，并由公证机关进行公证，视同该挂牌公司退出登记手续办理完毕。

挂牌公司退出登记办理完毕后，中国结算通过全国股份转让系统公司指定信息披露平台和其他媒体发布关于终止为挂牌公司提供登记服务的公告。

七、持续信息披露

资本市场的各项产权交易行为都是公开进行的，对于中小企业具有不同程度的信息披露要求。《非上市公众公司监督管理办法》、《全国中小企业股份转让系统挂牌公司信息披露细则（试行）》（以下简称《信息披露细则》）等文件规定了信息披露各项工作和具体要求。总体来看，现行关于新三板中小企业信息披露的要求都比较原则，远没有主板、中小板、创业板的要求严格。新三板中小企业信息披露要求体现在以下方面：

（一）总体要求

新三板中小企业的信息披露要求适当地披露，只强制执行披露的最低标准，鼓励中小企业自愿参照上市公司的信息披露标准进行更充分的信息披露。对于所披露的信息应真实、准确、完整，不得有虚假记载、误导性陈述和重大遗漏。挂牌公司披露的信息，应经董事长或其授权的董事签字确认。若有虚假陈述，董事长应承担相应责任。挂牌中小企业应设立董事会秘书或指定其他专门人员负责信息披露事宜，并接受主办券商的督导和审查。

（二）具体要求

在中小企业成功挂牌新三板后，需要持续披露全国股份转让系统公司规定的一系列关于中小企业经营状况、财务状况等投资者需要充分了解的对股票转让价格有较大影响的重要信息。挂牌后的持续信息披露包括定期报告和临时报告。

定期报告，挂牌公司应当披露的定期报告包括年度报告、半年报告，可以披露季度报告。挂牌公司应当在本细则规定的期限内，按照全国股份转让系统公司有关规定编制并披露定期报告。挂牌公司应当在每个会计年度结束之日起4个月内编制并披露年度报告，在每个会计年度的上半年结束之日起2个月内披露半年度报告；披露季度报告的，公司应当在每个会计年度前3个月、9个月结束后的一个月内披露季度报告。

披露季度报告的，第一季度报告的披露时间不得早于上一年的年度报告。挂牌公司年度报告中的财务报告必须经具有证券、期货相关业务资格的会计师事务所审计。

挂牌公司董事会应当确保公司定期报告按时披露。董事会因故无法对定期报告形成决议的，应当以董事会公告的方式披露，说明具体原因和存在的风险。公司不得以董事、高级管理人员对定期报告内容有异议为由不按时披露。公司不得披露未经董事会审议通过的定期报告。

挂牌公司应当在定期报告披露前及时向主办券商送达下列文件：（1）定期报告全文、摘要（如有）；（2）审计报告（如适用）；（3）董事会、监事会决议及其公告文稿；（4）公司董事、高级管理人员的书面确认意见及监事会的书面审核意见；（5）按照全国股份转让系统公司要求制作的定期报告和财务数据的电子文件；（6）主办券商及全国股份转让系统公司要求的其他文件。

1. 年度报告

关于年度报告、挂牌公司应在每个会计年度结束之日起4个月内编制并披露年度报告。挂牌公司年度报告中的财务报告应当经具有证券期货相关业务资格的会计师事务所审计。

年度报告应包括以下内容：

（1）公司基本情况；

（2）最近2年主要财务数据和指标；

（3）最近一年的股本变动情况及报告期末已解除限售登记股份数量；

（4）股东人数，前10名股东及其持股数量、报告期内持股变动情况、报告期末持有的可转让股份数量和相互间的关联关系；

（5）董事、监事、高级管理人员、核心技术人员及其持股情况；

（6）董事会关于经营情况、财务状况和现金流量的分析，以及利润分配预案和重大事项介绍；

（7）审计意见和经审计的资产负债表、利润表、现金流量表以及主要项目的附注。

挂牌公司应在董事会审议通过年度报告之日起2个报价日内，以书面和电子文档的方式向推荐主办券商报送下列文件并披露：

（1）年度报告全文；

（2）审计报告；

（3）董事会决议及其公告文稿；

（4）推荐主办券商要求的其他文件。

主办券商进行形式审查，发现信息披露存在不足的告知挂牌公司及时改正。

2. 半年报

挂牌公司应在每个会计年度的上半年结束之日起2个月内编制并披露半年度报告。上半年度的财务报告可以不经审计，但中国证券监督管理委员会和全国中小企业股份转让系统有限责任公司另有规定的除外。如需审计的，应当经过具有证券、期货相关业务资格的会计师事务所审计，有关审计报告未经审计的，应当注明"未经审计"字样。财务报告经过审计的，若注册会计师出具的审计意见为标准无保留意见，公司应说明注册会计师出具标准无保留意见的审计报告；若注册会计师出具的审计意见为非标准无保留意见，公司应披露审计意见全文及公司管理层对审计意见涉及事项的说明。

挂牌公司应在董事会审议通过半年度报告之日起2个报价日内，以书面和电子文档的方式向推荐主办券商报送相关文件并披露。

3. 季度报告

挂牌公司可在每个会计年度前 3 个月、9 个月结束之日起一个月内自愿编制并披露季度报告。挂牌公司第一季度报告的披露时间不得早于上一年度报告的披露时间，挂牌公司应在董事会审议通过季度报告之日起 2 个报价日内，以书面和电子文档的方式向推荐主办券商报送相关文件并披露。

4. 临时报告

临时报告是指挂牌公司按照法律法规和全国股份转让系统公司有关规定，发布的除定期报告以外的公告。临时报告应当加盖董事会公章，并由公司董事会发布。挂牌公司出现以下情形之一的，应自事实发生之日起 2 个报价日内向推荐主办券商报告并披露：（1）经营方针和经营范围的重大变化；（2）发生或预计发生重大亏损、重大损失；（3）合并、分立、解散及破产；（4）控股股东或实际控制人发生变更；（5）重大资产重组；（6）重大关联交易；（7）重大或有事项，包括但不限于重大诉讼、重大仲裁、重大担保；（8）法院裁定禁止有控制权的大股东转让其所持公司股份；（9）董事长或总经理发生变动；（10）变更会计师事务所；（11）主要银行账号被冻结，正常经营活动受影响；（12）因涉嫌违反法律、法规被有关部门调查或受到行政处罚；（13）涉及公司增资扩股和公开发行股票的有关事项；（14）推荐主办券商认为需要披露的其他事项。

挂牌公司解禁有限制期的股份时，在解除转让限制前一报价日，挂牌公司须发布股份解除转让限制报告。

挂牌公司解禁有限制期的股份时，在解除转让限制前一报价日，挂牌公司须发布股份解除转让限制公告。

挂牌公司应当在临时报告所涉及的重大事件最先触及下列任一时点后及时履行首次披露义务：

（1）董事会或者监事会作出决议时；

（2）签署意向书或者协议（无论是否附件条件或者期限）时；

（3）公司（含任一董事、监事或者高级管理人员）知悉或者理应知悉重大事件发生时。

对挂牌公司股票转让价格可能产生较大影响的重大事件处于筹划阶段，但出现下列情形之一的，公司也应履行首次披露义务：

（1）该事件难以保密；

（2）该事件已经泄露或者市场出现有关该事件的传闻；

（3）公司股票及其衍生品种交易已发生异常波动。

（三）披露程序

根据《全国中小企业股份转让系统挂牌公司持续信息披露业务指南（试

行)》的指示，信息披露须首先由挂牌公司报主办券商审查，若主办券商审查通过则直接提交信息公司，信息公司整编之后在信息披露平台上进行披露。

1. 挂牌公司准备披露文件并报主办券商审查

(1) 挂牌公司董事会秘书或者信息披露事务负责人应按照《业务规则》、《信息披露细则》、定期报告格式指引和临时公告格式模板等规定编写公告文稿，并准备备查文件。

临时公告格式模板里没有明确给出格式的公告类型，由挂牌公司自行编制。

(2) 挂牌公司在准备好披露文件后，应将加盖董事会章的公告的纸质文件及相应电子文档送达主办券商。

(3) 挂牌公司在遇到可能涉及暂停与恢复转让的事宜时，应提前告知主办券商，主办券商在办理信息披露业务的同时，应当协助挂牌公司办理暂停与恢复转让手续。办理暂停与恢复转让业务按照《全国中小企业股份转让系统挂牌公司暂停与恢复转让业务指南》执行。

(4) 进行定期报告披露的，挂牌公司应与主办券商商定披露日期，主办券商应于商定日期前将挂牌公司书面预约申请报送全国中小企业股份转让系统有限责任公司（以下简称"全国股份转让系统公司"）进行披露预约。特殊原因需变更披露预约时间的，应与原先预约披露日5个转让日前向全国股份转让系统公司申请，经全国股份转让系统公司同意后方可变更。在5个转让日内需要变更预约披露时间的，经全国股份转让系统公司同意，主办券商协助挂牌公司发布《关于变更××年度（半年度）报告披露日期的提示性公告》后方可变更。

全国股份转让系统公司根据均衡披露原则统筹安排披露时间，并由深圳证券信息有限公司（以下简称"信息公司"）在全国中小企业股份转让系统（以下简称"全国股份转让系统"）信息披露平台公布预计披露日期、变更情况及最终披露日期。

(5) 挂牌公司申请豁免披露涉及国家机密或商业秘密的信息，应通过主办券商向全国股份转让系统公司申请并提出豁免披露的充分依据。豁免定期报告相关信息披露的，应于申报预约披露日期同时申请；豁免临时公告披露的，应及时向全国股份转让系统公司提出申请。

(6) 进行临时报告披露的，应按照《信息披露细则》规定的披露时点之后的2个转让日内发布临时公告。

2. 主办券商事前审查并提交信息公司

(1) 主办券商对拟披露信息文件进行事前审查，发现拟披露文件与全国股份转让系统公司有关规定不相符合的，主办券商应与挂牌公司沟通，了解相关情况，督导挂牌公司进行更正或补充，直至符合全国股份转让系统公司有关规定的要求。拟信息披露文件存在虚假记载、误导性陈述、重大遗漏、不正当披露信息的，主办券商应要求挂牌公司及时改正；挂牌公司拒不改正的，主办券商应向全国股份转让系统公司报告2个转让日内发布风险揭示公告。

（2）主办券商事前审查无异议后，应最迟于T日（T日为公告披露日，且需为转让日）20:00前将加盖主办券商公章的《信息披露业务流转表》（以下简称"流转表"）传真至信息公司，将披露材料的电子文档（Word格式或PDF格式，如非特别要求，公告不用影印形式）上传至信息公司业务平台或发送至信息披露专用邮箱，并与信息公司电话确认收悉。如T+1日为非转让日，则T日下午收市后披露T+1日公告。若流转表无法传真送达信息公司，可以将已盖章流转表的影印电子版随公告电子文档上传至业务平台或发送至邮箱。

3. 信息公司公告处理及披露

信息公司对披露资料采编整理完成后，于T日非股票转让时段上载至全国股份转让系统信息披露平台公布。

披露完成后，信息公司回传流转表给主办券商作为回执。

4. 公告披露后的事后处理

（1）更正或补充公告的处理

公告在全国股份转让系统公司网站披露后，挂牌公司或主办券商如发现有重大错误或遗漏需要更正或补充的，挂牌公司需发布更正或补充公告，并重新披露相关公告。原已披露的公告不做撤销。

全国股份转让系统公司监管人员在信息披露平台审阅挂牌公司公告，若发现公告不符合全国股份转让系统公司信息披露有关规定，或公告存在重大错误或遗漏的，通知主办券商督促挂牌公司进行更正或补充处理。

（2）撤销或替换公告的处理

一经披露的公告不得随意被撤销或替换。

挂牌公司或主办券商确有理由认为已披露的信息需要被撤销或者全文替换的，应向全国股份转让系统公司递交盖有挂牌公司及主办券商公章的书面申请，经全国股份转让系统公司同意的，可联系信息公司进行撤销或替换。

（3）补发公告的处理

挂牌公司不能按照规定的时间披露公告，或发现存在应当披露但尚未披露的公告的，挂牌公司应发布补发公告并补发披露文件。全国股份转让系统公司若发现挂牌公司存在应披露但未披露公告的，通知主办券商督促挂牌公司补发公告处理。

（四）信息披露对中小企业的影响

新三板对挂牌中小企业的信息披露要求，会对中小企业产生一系列的影响。首先，增加了中小企业运营和管理的透明度。运营和管理情况，直接决定了中小企业的投资价值，特别是公司的财务状况、股权架构、主要股东及实际控制人情况、核心管理人员及持股情况等事项将依法公开，供投资者参考。这就对公司运营、管理提出了透明度方面的要求。其次，强化了中小企业与主办券商的联系。由于信息披露必须由主办券商督导，中小企业在信息披露过程中不得不加强与主办券商的联系，自觉接受主办券商的监督和审查。最后，信息披露会在短期内增加中小企业的管理成本。因为信息披露需要由专门人员负责，为了增加有关公司决策管理的透明度，需要引入律师事务所、会计师事务所等中介机构对有关事项进行合法性真实性方面的审查并发表意见，协调公告事宜，这会在一定程度上增加中小企业支出。

（五）如何做好信息披露

信息披露是新三板挂牌中小企业必须履行的法律义务，中小企业应进行相应准备，及时做好信息披露工作。

1. 应树立起规范意识，建立规范的公司运营管理制度和财务制度。信息披露的主要内容是对财务状况的公开，需要中小企业建立起良好的、规范的会计制度和财务管理。财务报表应有会计师事务所进行审计。

2. 中小企业要配备专门负责信息披露工作的人员，并为其创造良好的工作保障。可以设立董事会秘书，也可指定其他专门人员负责。公司的股东大会、董事会等应及时通知其参加，对于其他事项也应积极配合。

3. 自觉接受主办券商督导。由于新三板的信息披露要求和监管远没有上市公司严格，主办券商在信息披露中起着重要的监督、辅导作用，中小企业要积极加强与主办券商的协调与沟通，自觉接受券商意见并积极改正，在券商的配合下树立起良好的信息披露意识。

第六节　主办券商作为中介机构持续督导责任

主办券商应与挂牌公司签订持续督导协议，持续督导挂牌公司诚实守信、规范履行信息披露义务、完善公司治理机制。

主办券商应建立持续督导工作制度，明确持续督导工作职责、工作流程和内部控制机制。

主办券商应至少配备两名具有财务或法律专业知识的专职督导人员，履行督导职责。

主办券商在任免专职督导人员时，应将相关人员名单及简历及时报送全国股份转让系统公司备案。

主办券商与挂牌公司因特殊原因确需解除持续督导协议的，应当事前报告全国股份转让系统公司并说明合理理由。

　　解除持续督导协议后，挂牌公司应与承接督导事项的主办券商另行签订持续督导协议，报全国股份转让系统公司备案并公告。

　　承接督导事项的主办券商应当自持续督导协议签订之日起，开展督导工作并承担相应的责任。原主办券商在履行督导职责期间未勤勉尽责的，其责任不因主办券商的更换而免除。

第五章 新三板市场主体及投资者与新三板市场互动交易方式

第一节 新三板市场主体

证券市场的主体包括融资主体、投资主体以及中介服务机构。新三板作为资本市场，要顺利运行，同样包括融资主体、投资主体和中介服务机构。融资主体是符合新三板上市条件的非上市高新技术中小企业。投资主体在新三板设立之初，并没有太多的限制，机构、法人、自然人都可以进行投资。改革后的新三板鉴于投资风险较大，对自然人投资进行了限制。中介服务者即为主办券商。主办券商是沟通融资主体和投资主体的桥梁，为融资主体和投资主体的交易提供了便利。

在新三板挂牌有诸多好处，企业可以结合自身实际情况确定是否需要在新三板挂牌。新三板是专门为中小企业提供融资服务的平台。哪些中小企业最需要借助新三板实现企业快速发展呢？虽然新三板的包容性比主板、创业板要强得多，只要符合挂牌条件，遵守资本市场游戏规则的企业均可以到这里挂牌，实现各取所需的目的。但根据资本逐利的原则只有能给投资者带来高额回报的企业才能受到资本市场欢迎。而高额回报就是指一个公司发展潜力，也就是成长性。而一个企业的成长性最关键的是所处的行业与管理团队。所处行业前景是否光明，政策是否支持，管理团队的凝聚力是否强，企业文化是否统一，过往的业绩也是重要参考指标。所以作为券商，我们更愿意推荐具有发展潜力的企业借助新三板市场的力量实现快速发展，企业进入资本市场，券商可以提供后续资本运作支持，包括做市、引资、定向发行、发行私募债、转板上市、公开发行、并购重组等一系列后续服务，这也是券商新三板业务主要收入来源。所以我们把企业成长性放在第一位，就是要发现潜力股。在实际操作过程中我们通常认为以下六类企业最适合在新三板挂牌（见图 5-1）。

一、新三板市场的融资主体

根据新三板规则的规定，新三板适合的挂牌公司应为：

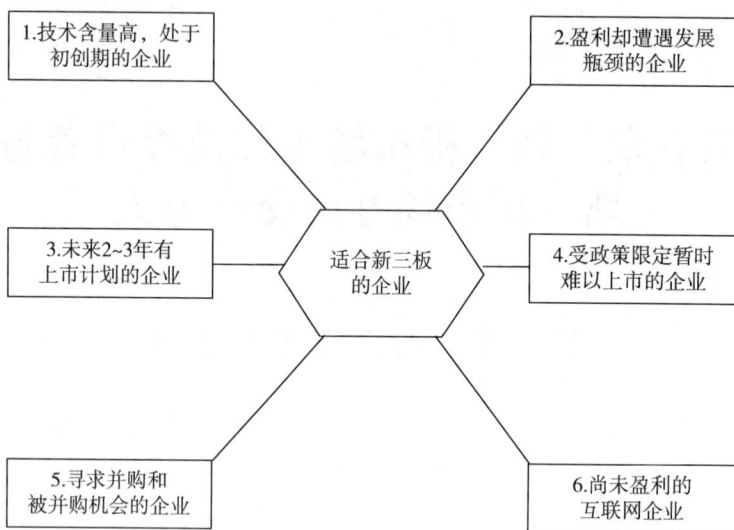

图 5-1　适合在新三板挂牌的六类企业示意图

（一）技术含量高，处于初创期的企业

高科技企业在成长过程中往往伴随着高风险，很多诸如生物医药、互联网、信息技术等行业的企业，初创期是不赚钱的，没有资金支持往往就夭折了，这类企业通过挂牌新三板，能通过定向增资募集到扩产所需的资金，从而进一步打开公司的经营局面，实现盈利。如果条件较好的企业，还能通过新三板的公众平台，吸引更多创投资金的眼光，为后续发展打下坚实的根基。

北京诺思兰德生物技术股份有限公司是一家典型的代表，2009 年登陆新三板时，该公司仅 15 名员工，尚处于生物工程新药的研发阶段，尚未盈利的诺思兰德以 21 元的高价定向发行股票，受到创投私募机构哄抢，发行 189.20 万股募集资金约 4 000 万元。时隔两年后，诺思兰德于今年 6 月份再次启动定向融资，拟发行 723 万股融资额不超过 7 230 万元。而 2013 年该公司营业收入仅 185 万元，同比下降 63.7%，扣除非经常性损益后亏损达 1 573 万元。在诺思兰德董事长许松山看来，如果没有登陆新三板，想要融资还需要自己出去找投资人，而且很难融到资金，而现在是投资人主动关注诺思兰德，踊跃参与增资。

（二）盈利却遭遇发展瓶颈的企业

企业经过初创期后，经历过三五年的发展，有相对稳定的市场地位，具备一定的盈利能力，面临良好的市场机遇，企业的发展诉求非常强烈。这种诉求一方面源自资金，另一方面源自战略转型，而缺少抵押物和担保品成为企业高速发展道路上的"拦路虎"。

这类企业挂牌新三板市场后，一方面可以通过定向发行股票、私募债、优先股、可转债等融资手段募资实现规模化扩张，扩大市场份额；另一方面可以新三板挂牌为契机，规范企业内部运作，履行公众公司信息披露义务，让公司迈向新的成长阶段。如新三板挂牌公司联飞翔分别于 2010 年 3 月、2011 年 1 月通过定向发行募集资金 3 340 万元、4 950 万元，2012 年又完成 2 000 万元私募债发行，累计通过资本市场融资超过 1 亿元，实现了企业的快速扩张。

（三）未来 2~3 年有上市计划的企业

新三板是经国务院批准，依据证券法设立的全国性证券交易场所，和主板、创业板一样，同时接受证监会的监管。公司挂牌后，能提前规范公司的财务、业务、公司治理等问题，在充分披露信息的基础上，择机转板。另外，挂牌后公司成为公众公司，财务数据和经营状况更早披露在媒体和公众面前，有利于公司树立阳光、透明的公众公司形象，给未来成功上市赢取印象分。

截至 2014 年 5 月底，IPO 排队家数已经达 666 家，按每周主板和创业板各两家合计 4 家上会的审核速度测算，全部存量 IPO 公司审核完成需要 144 周，即需要 2.76 年。也就是说，最快也需要等到 2017 年上半年。漫长的等待，使四维传媒、凯立德、辰光医疗、太湖股份、扬讯科技、树业环保、普华科技等一些从原拟 IPO 的公司转投新三板。2014 年 3 月末，证监会也表态，为免因在审时间过长，给企业正常生产经营造成不必要的负面影响，鼓励企业通过新三板挂牌、境外上市等其他方式融资发展。2013 年 12 月国务院颁布的《关于全国中小企业股份转让系统有关问题的决定》（国发〔2013〕49 号）则明确提出在全国股份转让系统挂牌的公司，达到股票上市条件的，可以直接向证券交易所申请上市交易。

（四）受政策限定暂时难以上市的企业

相对主板和创业板市场，新三板的包容性更大，对于一些发展较为稳定，也具有较强的盈利能力，但由于行业属性等原因，如担保公司、城商行、小贷公司、PE 管理机构等，受 IPO 政策限定暂时难以上市，但又希望借助资本市场的平台，需要提高产品品牌、影响力和知名度的企业，挂牌新三板可以谋求进一步发展的机会。

如作为本土首家登陆新三板和首家涉足资本市场的私募股权公司九鼎投资，一挂牌便赚足了资本圈的眼球，极具有品牌宣传效应。有市场人士说，"九鼎通过挂牌新三板，无异于在资本市场投下一枚重磅炸弹，等于不掏钱做了一场免费的广告。"继九鼎投资之后，此前对新三板纷纷"隔岸观火"的 PE 机构纷纷按捺不住，国内另一家知名投资机构中科招商也宣布年内挂牌新三板。

（五）寻求并购和被并购机会的企业

美国著名经济学家斯蒂格勒评价美国企业的成长路径时说："没有一个美国大公司不是通过某种程度、某种形式的兼并成长起来的，几乎没有一家公司主要是靠内部扩张成长起来的。"美国企业的成长历史，实际上也是并购的历史。随着国内经济的发展和产业升级转型，兼并收购和产业整合的新浪潮已经不可避免。企业除了迅速增强自身的市场竞争力外，还可以通过并购重组实现业务驱动的外延扩张或攀附上市公司实现曲线上市，而新三板公司经过挂牌辅导后，企业治理结构、财务规范程度都比普通企业要好，并购重组耗费成本低很多。作为配套措施，证监会出台的《非上市公众公司收购管理办法》和《非上市公众公司重大资产重组管理办法》两个征求意见稿已在征集尾声，相关细则不久将发布。从 2014 年年初至 5 月底，新冠亿碳、久日化学、指南针、蓝天环保及中讯四方五家挂牌公司因重大资产重组申请暂停、恢复转让，而瑞翼信息则是直接申请终止挂牌，其股东将其手中 51% 的股权换为 A 股上市公司通鼎光电发行的 733 万余股股份。

（六）尚未盈利的互联网企业

中国证监会主席肖钢在最新刊发的《清华金融评论》中撰文阐释"如何健全多层次资本市场体系"时提到，改革创业板制度，适当降低财务标准的准入门槛，建立再融资机制。在创业板建立专门层次，允许尚未盈利但符合一定条件的互联网和科技创新企业在创业板发行上市。2014 年 6 月，证监会新闻发言人张晓军在新闻发布会上也表示，证监会研究在创业板建立单独层次，支持尚未盈利的互联网和高新技术企业在新三板挂牌一年后到创业板上市。由于 A 股估值总体比境外高，这对互联网企业来说是重大利好，更多互联网企业可以通过新三板挂牌在境内上市，获得较高的估值，而投资机构也多了个退出通道。目前，中搜网络、首都在线、亿房信息、莱富特佰、工控网、三网科技、行悦股份、网虫股份等互联网公司已捷足先登，率先在新三板挂牌。借助多重利好，三网科技拟以 12.12 元/股价格定增约 132 万股共募资约 1 600 万元。值得关注的是，股票发行之后摊薄的静态市盈率高达 190.53 倍。

由于沪深证券交易所在短期内扩容能力有限，上市公司只能是少数大型、特大型企业。由于其严格的上市标准，大多数中小企业也因达不到上市标准而不能上市。因此，在这种情况下，中小企业还无法通过资本市场直接融资。但从我国经济现状及发展趋势来看，中小企业在国民经济中占有极其重要的战略地位，是我国经济增长、就业和创汇的重要支撑点，是未来我国具有国际竞争力的大中小企业的可靠后备资源。但是要促进中小企业的发展，就必须为其提供从资本市场直接融资的渠道。为此，我国建立了三板市场。三板市场的服务对象主要应定位于中小企业，尤其是处于初创期的急需资金以求进一步发展壮大的中小企业。三板市场成了中小企业进行直接融资的重要手段。

三板市场设定的上板条件较一些中小企业的现实情况仍然过高，许多中小企业仍然被挡在了三板市场的门外，不能进入三板市场进行融资。一些处在创业初期的中小企业特别是高新技术中小企业，本身所需求的资金量并不是很大，而且发展潜力巨大，但苦于达不到三板市场的上板条件，不能获得发展所需资金，难以顺利地成长。

在国家制定一系列规划、政策大力支持高新技术产业发展的背景下，考虑到处在创业初期的高新技术中小企业存在现实的融资困难，为了解决非上市高新技术中小企业的融资难题，2006 年中国证券业协会发布的《证券公司代办股份转让系统中关村科技园区非上市股份有限公司股份报价转让试点办法》，新三板资本市场开始在我国设立并开始运行。2009 年，中国证券业协会为解决新三板最初运行过程中出来的问题，中国证券业协会又颁布了《证券公司代办股份转让系统中关村科技园区非上市股份有限公司股份报价转让试点办法（暂行）》，进一步完善了新三板的规则。新办法在原办法的基础上增加了许多内容。比如说，第一，扩展了信息披露渠道。新办法实行后，投资者可在主办券商营业场所或行情软件查看报价、成交等信息，大大提高了挂牌公司的信息透明度。第二，增加了信息披露内容。报价公司除了要披露年度财务报告外，至少还应当披露半年度报告和重大事项改变的临时报告；同时在资产负债表、损益表基础上还增加了现金流量表。

国家政策支持和新三板规则的不断完善和规范，有力地推动了新三板市场的规范运作，增强了融资者上市融资的信心。

新三板挂牌公司数量逐步增加，总体运行平稳有序，基本实现了预期目标，支持园区高新技术自主创新中小企业发展的作用初步显现。挂牌公司涵盖了软件、生物制药、新材料、文化传媒等新兴行业。原新三板挂牌中小企业——久其软件成功地在深交所主板上市，开启了新三板发展的新阶段。证监会 2014 年对股份代办转让制度进行了制度调整和完善，将对推动我国中小企业的发展、拓宽中小企业融资渠道发挥重要作用。

2009 年的新三板改革确立了"投资者适当性"制度，自然人投资者的范围由此受到了很多的限制。然而，考虑到新三板逐渐为公众所熟知的客观情况，以及扩大新三板流动性的现实需求，投资主体的范围有望进一步放开。

投资者参与新三板的过程，实际上与中小企业在新三板进行的股份转让、定向增资、中小企业并购是相伴相生的，鉴于我们已在前文中详细阐述了这几类工具的运用，以下对投资者较为关注的几个核心问题简要说明。

二、新三新市场的投资主体是谁

根据《试点办法》第六条的规定，参与挂牌公司股份报价转让的投资者，应当具备相应的风险识别和承担能力，可以是下列人员或机构：（1）机构投资者，包括法人、信托、合伙中小企业等；（2）公司挂牌前的自然人股东；（3）通过定向增资或股权激励持有公司股份的自然人股东；（4）因继承或司法裁决等原因持有公司股份的自然人股东；（5）协会认定的其他投资者。

由此可见，新三板市场对机构投资者采取了完全开放的态度，不局限于具备法人资格的机构，也不局限于国内中小企业。而对自然人投资者，《试点办法》则采用了列举式的规定，只涵盖了四类特殊主体，从实际情况来看，这些主体以挂牌公司原始股东、经营管理层、核心技术人员和战略投资者为主。

需要注意的是，即便是适格的自然人投资者，也只被允许买卖其持股或曾持股公司的股份，而不得买卖其他挂牌中小企业的股票。此外，自然人投资者全部卖出所持挂牌公司股份后，仍可以买入该公司股份。

对于自然人投资者的资格限制，中国证券业协会的监管措施较为严格；在《关于自然人投资者买卖中关村科技园区非上市股份有限公司挂牌股份有关监控业务的通知》中，中国证券业协会明确要求主办券商在办理自然人投资者股份转让的过程中必须尽到足够的监控义务："主办券商应当在开户、交易等环节对投资者资格进行核查，对投资者负有管理职责。"此外，中国证券业协会还委托深交所对自然人投资者买卖挂牌公司股份行为进行事后监管："深圳证券交易所发现自然人投资者违规买卖挂牌公司股份的，应及时通知中国证券业协会和主办券商。"

三、投资者如何参与新三板

关于投资者参与新三板的具体程序，中国证券业协会在 2006 年 1 月发布了名为《投资者如何参与股份报价转让》的操作性文件。虽然 2009 年新三板进行了制度上的改革，但投资者参与新三板股份交易的基本程序仍然可以参照该文件执行。

在新三板 2009 年改革前，投资者需要在进行股份转让之前分别开立股份账户和结算账户；改革后，深交所 A 股普通账户与代办股份转让账户合并，投资者无须分别开立股份账户和结算账户，而只需要委托主办券商开立深交所股份账户即可。

开立账户后，投资者即可与适格的报价券商签订《股份报价转让委托协议书》以明确双方的权利义务。在签订协议书之前，报价券商可以要求投资者提供相关证明性资料，应当充分了解投资者的财务状况和投资需求，并且就投资者参与报价转让业务给予专业意见，并提示报价转让业务的风险。而投资者在签订协议书前，则应认真阅读并签署股份报价转让特别风险揭示书，充分理解所揭示的风险，并承诺自行承担投资风险。

签订协议后，投资者即可通过报价券商实现委托报价和股份交割。关于这一阶段的具体操作程序，我们已在前文的中小企业股份转让中述及，在此不再赘述。

四、投资者要注意哪些风险

由于新三板的业务规则与上市公司交易规则有着本质的不同，中国证券业协会特别发布了名为《报价转让特别风险揭示书》的操作性文件，用于揭示新三板市场的特殊风险。代办股份转让除了具有资本市场的普遍风险外，还需要投资者注意以下几类风险：

（一）运营风险

新三板挂牌公司集中于高新技术企业，技术更新较快，市场反应灵敏，对单一技术和核心技术人员的依赖程度较高，这在本质上决定了其变动性较大。此外，新三板中小企业通常规模不大，而且其主营业务收入、营业利润、每股净收益等财务指标远低于上市公司，抵抗市场和行业风险的能力较弱。

（二）信息风险

挂牌公司的信息披露标准低于上市公司，投资者机遇披露的信息对挂牌公司了解有限。因此，投资者的投资决策不应局限于此，而应从各方面渠道了解公司运营情况，以打破"信息不对称"的局面。

（三）信用风险

虽然股份报价转让过程中有主办券商的督导和中国证券业协会的监管，但仍然无法避免中止交易的风险，影响投资者的预期收益。特别需要注意的是，股份报价转让并不实行担保交收，可能因为交易对手的原因而导致无法完成资金交收。

（四）流动性风险

目前新三板的投资主体数量较少，投资额也不大，挂牌公司的股份转让需要一定时间来消化。另外，由于股份报价转让需要买卖双方自行达成转让协议，存在一定的议价时间，股份的交易无法在短时间内完成。

可以看到，新三板的各项制度正在竭力降低上述风险，却无法做到完全避免，这是由资本市场的本质决定的，而这往往也是其魅力所在。挂牌公司作为成长期的高新技术中小企业，天然具有高风险、高收益的特点，这对投资者而言，无疑既是挑战，又是机会。

第二节　新三板企业如何进行私募融资

一、私募基金分类

一般情况下，投资机构投资主要有天使投资、创业投资、私募股权投资，其投资中小企业的目的主要是为了获得高回报的机会（高风险回报），不以控股中小企业为目的，投资收益一般在 15% ~ 30%。

二、私募融资的作用

1. 稳定资金来源

中小企业较难获得银行贷款，而且银行贷款要求抵押担保，收取利息，附加限制性契约条款，并可能在中小企业短期还款困难时取消贷款，给贷款中小企业造成财务危机。和贷款不同，私募股权融资增加所有者权益，而不是增加债务，因此私募股权融资会丰富中小企业的资产负债表，提高中小企业的抗风险能力。私募股权融资通常不会要求中小企业支付股息，因此不会对中小企业的现金流造成负担。投资后，私募股权投资者将成为被投资中小企业的全面合作伙伴，不能随意从中小企业撤资。

2. 高附加值服务

私募股权基金的合伙人都是非常资深的中小企业家和投资专家，他们的专业知识，管理经验以及广泛的商业网络能够帮助中小企业成长。私募股权基金投资中小企业后，成为了中小企业的所有者之一，因此和现有中小企业所有者的利益是一致的。私募股权基金会尽其所能来帮助中小企业成长，例如开拓新市场，寻找合适的供货商以及提供专业的管理咨询等。

3. 降低财务成本

发达国家中小企业的 CFO（首席财务官）的一个重要职责就是设计最优的中小企业资本结构，从而降低财务成本。通过股权融资和债权融资的合理搭配，中小企业不仅可以降低财务风险，而且可以降低融资成本。获得私募股权融资后的中小企业会有更优的资产负债表，会更加容易获得银行贷款，进而降低贷款成本。

4. 提高中小企业内在价值

能够获得顶尖的私募股权基金投资本身就证明了中小企业的实力。就如上市达到的效果类似，中小企业会因此获得知名度和可信度，会更容易赢得客户，也更容易在各种谈判中赢得主动。获得顶尖的私募股权基金投资的中小企业，通常会更加有效率地运作，可以在较短时间内大幅提升中小企业的业绩。中小企业可以通过所融资金扩大生产规模，降低单位生产成本，或者通过兼并收购扩大竞争优势。中小企业可以利用私募股权融资形成的财务和专业优势，实现快速扩张。

三、私募基金估值方法

（一）国外 PE 估值方法概述

1. 数据的获取和分类

国外私募股权基金获取数据主要通过网络问卷、公司文件、公司调查、媒体追踪、私募股权基金数据库获取相关数据。这一环节，数据分类中不仅有财务数据，也有相关行业、高管层、被调查中小企业有关的各种数据。国外私募股权基金对这些数据分门别类地进行了甄别、加工，并存入公司运行多年的数据库中，为开展公司估值获取充分的数据资源。可以把国外私募股权基金获得的数据分为两类：一类是基础财务数据；另一类是社会责任数据。

2. 基础财务数据

基础财务数据是为运用财务估值模型做准备的。通过中小企业三大主要报表的关键财务数据，为相关财务分析做好了基础准备。国外私募股权基金在分析目标公司时，加入了情景分析，对不同预期的项目收益状况进行了预测描述；同时，有些报表中，加入了 EVA 的衡量指标，但使用的 EVA 指标相对简单，并没有对传统会计程序中利润与资本数据重新调整，这部分指标多是对自由现金流模型的一种解释和补充。

3. 社会责任数据

社会责任数据是对非财务指标的概称。国外的投资公司非常注重非财务指标对投资的影响，主要包括：环境、社会、政府关系（ESG）。这体现在两个方面：一是在公司的中小企业文化中，强调了中小企业的社会责任属性；另一方面，在运用贴现方法中的贴现率这一关键性指标中，引入了社会责任属性的影响，并且予以量化，直接决定了公司的估值。

（二）模型的建立

国外私募股权基金总体的估值模型，分为三类决定因素，主要包括：经济、环境、社会。经济因素中包含：公司治理、风险衡量、品牌价值等；环境因素主要包括：运行效率、气候战略、环境报告书等；社会因素包括：人力资本、股东权益、价值链管理等。

简而言之，这一模型由财务指标和社会责任指标构成，通过现金流贴现的方法，并将社会责任指标量化，决定加权平均资金成本，最终获得公司估值。这其中有两个难点：一是数据的准确性；二是社会责任指标的量化分析。

（三）模型分析

1. 财务估值模型分析

（1）PE 的主要财务估值方法

贴现法和相对估价法是国外 PE 主要采用的估值方法，我国的 PE 由于受到数据准确度和可得性的影响，很少用贴现法，主要运用相对估价法和资产评估的方法。期权法由于其复杂性，实务中并不多见。

贴现是西方财务理论的重要成果，这一方法解决了人们对于未来价值的比较问题，任何资产的价值等于未来产生现金流贴现的总和。从贴现的技术上看主要分为红利贴现、股权自由现金流贴现、公司自由现金流贴现。

相对法的基本观点认为：同样的资产应该具有相近的价格。事实上，相对法的前提是认为在同一市场内，各类资产是可以比较的。也就是说，市场的有效性是比较的重要前提。所以，选择有效市场范围，以及可以用于比较的对象的合理性，是这一方法的要点。

资产评估法，是评估机构通用的方法。中介机构的评估方法包含了未来现值法、重置成本法等与贴现方法相近的财务理念。但在私募股权基金实务中，对资产评估的重要合法性要求是出于国有背景投资机构的需要。按照目前国有资产管理办法，资产的买卖需要完成进场交易及评估备案等环节。国有资本占有控股地位的投资机构需要完成在财政部或国资委等国有资产管理部门的评估与备案。

（2）贴现方法在 PE 估值中的运用

中小企业估值和公司投资理论的发展，形成了资产组合管理理论、资本资产定价理论、套利定价理论、期权定价理论，这些理论的基本逻辑就是公司价值本质上就是未来预期现金流的现值之和。说到底，这些模型的根本就是最为朴素的"贴现"财务理念，"贴现"也正是 PE 主要运用的估值手段。巴菲特谈到自己的投资理念，主要是采用现金流量贴现法，考虑重点是公司在未来 10 年内能够创造多少每股税后利润总额，再考虑以当前价买入，10 年投资期内能获得多高的复合回报率。

国外私募股权基金主要运用了 DCF 估值中的自由现金流贴现进行估值，对 IRR 的计算与国内 PE 公司也有所不同：一是加大力度进行情景分析，加入多项调整参数（CPI 指数、增长率、开工率等 10 余项指标）；二是现金流测算关注视角不同，国内基本上还是通过融资现金流、投资现金流、运营现金流三项传统现金流指标估算，国外 PE 在 IRR 计算过程中，没有用传统现金流指标，强调通过债权现金流、权益现金流，从股东角度关注中小企业现金流的安全边际，而不是从中小企业经营角度关注现金流指标。

2. PE 模型分析

以下分别结合 PE 的投资特点和我国的情况，对几种贴现模型进行比较分析。

（1）现金流量法 DCF

通常是中小企业价值评估的首选方法，即任何资产的价值与其预期未来全部现金流的现值总和。现金流量折现法是基于预期未来现金流量和直线率的估价方法。在一定的条件下，如果被估价资产当前的现金流量为正，并且可以比较准确地预测未来现金流量的发生时间，同时，根据现金流量的风险特性又能够定出适当的折现率，那么就适合采用现金流量折现法。

（2）市盈率法：P/E

这是国外成熟的证券市场上常用的股票投资价值的评估方法，但其作为单一指标具有一定的局限性。以市盈率和市销率相结合的方式可以共同体现上市公司的相对价值，更加有利于投资者对股票的投资价值作出正确的判断。根据市盈率估值法和市销率估值法的特点、应用的局限性以及我国上市公司的成长性并结合实证研究的结论，提出以低市盈率和低市销率相结合并加入成长因素的综合价值评价方法进行股票价值评估，能够更客观地反映我国上市公司的投资价值。

目前，几家大的证券报刊在每日股市行情报表中都附有市盈率指标，其计算方法为

市盈率 = 每股收市价格／上一年每股税后利润

对于因送红股、公积金转增股本、配股造成股本总数比上一年年末数增加的公司，其每股税后利润按变动后的股本总数予以相应地摊薄。

以东大阿派为例，公司 1998 年每股税后利润 0.60 元，1999 年 4 月实施每 10 股转 3 股的公积金转增方案，6 月 30 日收市价为 43.00 元，则市盈率为 43/0.60/（1+0.3）=93.17（倍）公司行业地位、市场前景、财务状况。

以市盈率为股票定价，需要引入一个"标准市盈率"进行对比——以银行利率折算出来的市盈率。1999 年 6 月第七次降息后，我国目前一年期定期存款利率为 2.25%，也就是说，投资 100 元，一年的收益为 2.25 元，按市盈率公式计算：100/2.25（收益）=44.44（倍）。

如果说购买股票纯粹是为了获取红利，而公司的业绩一直保持不变，则股利的收入适应症与利息收入具有同样意义，对于投资者来说，是把钱存入银行，还是购买股票，首先取决于谁的投资收益率高。因此，当股票市盈率低于银行利率折算出的标准市盈率时，资金就会用于购买股票；反之，则资金流向银行存款，这就是最简单、直观的市盈率定价分析。

（3）市销率法

市销率（Price‑to‑Sales，PS），PS = 总市值÷主营业务收入或者 PS = 股价÷每股销售额。市销率越低，说明该公司股票目前的投资价值越大。

收入分析是评估中小企业经营前景至关重要的一步。没有销售，就不可能有收益。这也是最近两年在国际资本市场新兴起来的市场比率，主要用于创业板的中小企业或高科技中小企业。在 NASDAQ 市场上市的公司不要求有盈利业绩，因此无法用市盈率对股票投资的价值或风险进行判断，而用该指标进行评判。同时，在国内证券市场运用这一指标来选股，可以剔除那些市盈率很低但主营又没有核心竞争力而主要是依靠非经常性损益来增加利润的股票（上市公司）。因此该项指标既有助于考察公司收益基础的稳定性和可靠性，又能有效把

握其收益的质量水平。

目前市场上出现了一批公司，其证券市场售价显著低于其年销售收入的股票，这里面有较多低估的股票，应当引起投资者关注。如四川长虹、京东方 B、晨鸣 B 就是这样的例子。

例 10：四川长虹，目前证券市场给四川长虹的中小企业整体估价为 73.15 亿元。该公司近年的平均销售收入在 120 亿元左右。近期，公司定出的 2005 年销售目标为 180 亿元至 200 亿元。仅就这一项指标的情况而言，四川长虹无疑是一只值得高度关注的股票。

例 11：京东方 B，证券市场对其整体估价 36.44 亿港元，公司 2003 年销售收入达到 111.8 亿元；晨鸣 B 情况也相同。

（4）PEG 法：市盈增长比率（PEG 值）

从市盈率衍生出来的一个比率，由股票的未来市盈率除以每股盈余（EPS）的未来增长率预估值得出。粗略而言，PEG 值越低，股价遭低估的可能性越大，这一点与市盈率类似。必须注意的是，PEG 值的分子与分母均涉及对未来盈利增长的预测，出错的可能较大。计算 PEG 值所需的预估值，一般取市场平均预估（consensus estimates），即追踪公司业绩的机构收集多位分析师的预测所得到的预估平均值或中值。此比率由 Jim Slater 于 1960 年发明，是他投资的主要判断准则之一。

所谓 PEG，是用公司的市盈率（PE）除以公司未来 3～5 年的每股收益复合增长率。（PE）仅仅反映了某股票当前价值，PEG 则把股票当前的价值和该股未来的成长联系起来。比如一只股票当前的市盈率为 20 倍，其未来 5 年的预期每股收益复合增长率为 20%，那么这只股票的 PEG 就是 1。当 PEG 等于 1 时，表明市场赋予这只股票的估值可以充分反映其未来业绩的成长性。

如果 PEG 大于 1，则这只股票的价值就可能被高估，或市场认为这家公司的业绩成长性会高于市场的预期。

通常，那些成长型股票的 PEG 都会高于 1，甚至在 2 以上，投资者愿意给予其高估值，表明这家公司未来很有可能会保持业绩的快速增长，这样的股票就容易有超出想象的市盈率估值。

当 PEG 小于 1 时，要么是市场低估了这只股票的价值，要么是市场认为其业绩成长性可能比预期的要差。通常价值型股票的 PEG 都会低于 1，以反映低业绩增长的预期。投资者需要注意的是，像其他财务指标一样，PEG 也不能单独使用，必须要和其他指标结合起来，这里最关键的还是对公司业绩的预期。由于 PEG 需要对未来至少 3 年的业绩增长情况作出判断，而不能只用未来 12 个月的盈利预测，因此大大提高了准确判断的难度。事实上，只有当投资者有把握对未来 3 年以上的业绩表现作出比较准确的预测时，PEG 的使用效果才会体现出来，否则反而会起误导作用。此外，投资者不能仅看公司自身的 PEG 来确认它是高估还是低估，如果某公司股票的 PEG 为 1.2，而其他成长性类似的同行业公司股票的 PEG 都在 1.5 以上，则该公司的 PEG 虽然已经高于 1，但价值仍可能被低估。

四、私募基金关注中小企业的方面及中小企业家如何吸引投资人

（一）私募基金主要关注中小企业哪些方面

1. 看准一个团队；

2. 发掘两个优势——优势行业＋优势中小企业；

3. 弄清三个模式——业务模式＋盈利模式＋营销模式；

4. 查看四个指标——营业收入＋营业利润＋净利率＋增长率；

5. 厘清五个结构——股权结构＋高管结构＋业务结构＋客户结构＋供应商结构；

6. 考察六个层面——历史合规＋财务规范＋依法纳税＋产权清晰＋劳动合规＋环保合规；

7. 落实七个关注——制度汇编＋例会制度＋中小企业文化＋战略规划＋人力资源＋公共关系＋激励机制；

8. 分析八个数据——总资产周转率＋资产负债率＋流动比率＋应收账款周转天数＋销售毛利率＋净值报酬率＋经营活动现金流＋市场占有率。

（二）中小企业如何吸引投资人

1. 中小企业是一个有成长性的企业，否则就不要去见投资人；

2. 现金流好的时候去见投资人，缺钱的时候融资是最难的；

3. 气场最强的时候去见投资人；

4. 见投资人时，带上自己的团队；

5. 不回避问题、不模糊答复、不隐藏重要的问题；

6. 不期望对方立即做出决定；

7. 第一次见面不谈价格，不一口定价；

8. 要对公司的产品或服务保持主动和热情，无论对方怎么挑剔；

9. 不过分强调技术因素或故意使技术环节复杂化；

10. 中小企业是自己的孩子，但是不能感情化，不要给对方一种自己的中小企业很伟大的感觉，忘记自己付出了多少，忘记自己有多少固定资产、无形资产，投行估值方式基本上不看重这些，充分了解投行的估值方式，尊重对方的职业；

11. 集中力量做好一个行业，不要向投资人讲自己要进入一个新的领域。

五、成长期 PE 基金投资方法浅析——学习型

（一）外生因素研究——行业

1. 可比公司研究

主要看某时点按照业务线选取的可比公司，历史上最高最低的市值，各公司的发展历程等。最重要的是，通过大量的可比公司研究，从外部找出公司的发展脉络，因此可比公司需要有全球观和历史观，单纯地一个 comps 表格是没有太多意义的；同样重要的是，要从可比公司中，深挖一层，看到表面下背后的推动力，并结合不同的历史时期，不同的国度来进行推演，不看历史的投资人不是好投资人，拿来提醒自己一下。

从实际操作层面，我认为比较重要的关注点有以下几点：

（1）地区选取，优先选择日本、韩国、中国台湾、新加坡和中国香港等亚洲先发地区，但也要结合美国和欧洲等地区。这主要取决于行业特点和上市地。

（2）对于时间跨度，比较新的行业基本国内可以做到和美国同步，但消费医疗能源等行业需要结合历史上的情况来看，要认清行业周期和 tech leap（参加 Gartner）。

（3）首先选取的是 competition landscape，各竞争对手的绝对市值，收入利润规模，市场份额等（此处需要结合 topdown 和 bottomup 的 market sizing，很有趣也很有意义的地方）。

（4）接下来就要针对 operation KPI，挑选最重要的 KPI 进行持续跟踪和历史比较，并最好结合实地访问，看清楚为什么有的地方做得就是好（这个层面的事情，是功力的真实体现，也是为什么有产业沉淀的机构有优势的地方，也是未来投后管理要集中下手的地方，也是很多基金死得比较惨的地方，也算是投资艺术所在）。

（5）最后我们纵观全局，看一下历史上各研究机构的研报和实际博弈下来的估值区间（P/E band 之类），对 organic growth 在公开市场上的结果有自己的清楚判断。长期均衡价格来看，可以以债券的角度来看（其实格雷厄姆的证券分析就是建立在债券的基础上的），即 Dividened Yield = Div/P = Div% × E/P = Div%/（P/E）= 长期美国国债收益率 + Market Premium。

2. 市场规模、增速和天花板研究

市场规模和增长核心是看 Driver，以及结论倒算市场份额和国际比较。Driver 的滞后和先行相关性是一个很好的切入点，但往往一级市场数据不支持，更多靠微观观察。

市场规模和科技发达国家的市场份额基本限定了一个业内公司的上限在哪。任何一个市场总量，任何一个公司的边界，总是有限的。而离这个总量有多远，

确实是一个很重要的指标。但随着中国很多成熟行业离这个天花板越来越近，新兴行业也迅速成熟。

仅仅算这个指标固然重要，但对于真正优秀的企业家来说，即使到了所谓的拐点，仍然有进一步突破的空间。而且历史往往以黑天鹅的方式进行演进，其复杂程度远远不是一个市场天花板研究所能概括的。

3. 产业链结构研究

波特五力研究虽然比较学院派，但仍不失是一个好的框架。其应用的关键，是要看清楚趋势，并明白自己的投资标的是顺势而为，同时对于自己的短板努力克服。比较核心的一个数量指标，就是产业链各环节毛利情况，或者加价率。

4. 产业拐点预判

这个是真正见功夫的地方，因为大多数竞争格局其实是比较稳定的，先发者其实确实有比较大的机会，然后每一次技术革命、渠道更替、人口变化，《浪潮之巅》所谓的一波浪潮，就会使一批新的竞争者，很可能从之前并不相关的领域杀出来，抢到领先的位置。而获取这个拐点，往往其实需要站在产业的一线（但不能太近），并有敏锐的嗅觉，特别是要对发达国家情况了如指掌，未雨绸缪。另外一个可能更多的不是拐点，而是整个市场环境的变化。这一点对于消费领域，就是追寻年轻人和社会媒体气氛的变迁，当年归真堂肯定不会想到未来会因为动物保护舆论爆发，自己 3 年的 IPO 彻底没戏。我们所有人都活在自己的小世界里，而对于外面的世界并没有那么了解，保持敬畏和危机感确实很难，但是很重要。

（二）内部因素研究——公司

1. 团队

团队是投资，特别是早期投资最重要的因素，由于中国企业家成分比较复杂，方差很大，故个人认为红杉那种押注于赛道而不是赛车手的方式并不适用于中国。

另外，如果可以打入公司内部，对公司中低层员工的访谈也是很重要的。看看办公室员工的气氛，人，特别是群体的人，其实在一定程度上是集体潜意识驱动的，感知人，需要用心体会，用右脑而不是左脑。

2. 上下游

上下游访谈其实是个很有技巧的事情，通过第三方才能真正了解到这个行业里的行规，了解这个公司的江湖地位，了解创始人和公司高管的人品。关键是找到人，套到话。

（三）财务预测

1. 短期的可预见性

整体上 2B 的行业的预见性会大很多，对于几个关键的大客户的访谈就能做得差不多。而对于 2C 的行业，需要在渠道的层面加以验证（手里拿着渠道商的基金向上投资就是有很多信息优势），需要通过物流方、银行来进行验证，需要通过数数的方式进行核查。

2. 长期的区间

财务预测的核心在于收入，收入一般可以拆分为两类：量×单价（比如对于消费品行业就是单店和店数，其中又可以按照不同城市层级、不同店、直营/加盟拆成很多个）。对于中国市场，整体上增长是靠量的，提高单价那需要靠公司自己的真本事和产业链结构支持因此，单店模型还是很重要的，特别对于线下开店的餐饮、酒店、服装乃至医院、学校等行业，包括像游戏项目都是可以做单店模型的，而通过一定样本的积累，就可以不断打磨单店模型，最后做到一个比较稳定的状态。但是要提醒一下，开店模式的线下拓展是经常容易被高估的。

对于"量"，其实如果是消费端的公司的话，一般也就是人口年龄结构、收入增长、渗透率提升（相比可比国家）这三个主要驱动因素。当然这几个指标很大，具体到一个公司能做得怎么样，其实更多要看当地的情况。中国是个大国，要记住。

3. 不断的验证和调整

做模型本身，其实很大程度上要遵循着简单原则：能用一个变量解决的地方，就不要用两个变量。这可能是买方和卖方模型的最大区别。

（四）交易

1. 价格

价格整体上肯定是越便宜越好，但早期项目的估值方式更多看艺术，后期项目估值更多靠技术，早期还可以看看 P/S，后期肯定看 EV/EBITDA 和 P/E。最核心在于定价体系：是价值型投资，还是成长型投资。我本质上是认同价值投资的，但是价值型投资确实对于软件和互联网公司不是很适合，成长型投资可能更加适合。另一个角度是绝对估值，特别是类似公司在其他市场能够做到的体量和估值（买房同理，绝对估值上看，中国一线城市的房子已经很贵了）。调整价格的方式可以有新老股混合，放入 Warrant 等方式来进行，如果是上市公司平台，则还可以调整现金、股比和增发等很多方式来做。

2. 退出方式

一个好企业，自然是不愁退出，但是大多数企业，其实很多时候需要赚一笔不同市场估值体系差异的钱。因此理解二级市场和战略投资人的估值体系其实颇为重要，一般在实操时，往往会根据长期的二级市场估值打一个流动性和控制权折扣。

但这样的投资，其实是一种一级市场炒股票的思维，真正能够基业长青的，还是遵循老巴的价值投资理念比较靠谱，寻求穿越周期的长牛股。话说远了，其实退出永远是一种艺术，即使 IPO 后二级市场卖股票，选择好的交易对手才可能尽量减少折扣，很多细节。最关键的是，要记住江湖名声还是很重要的，很难一辈子骗人，可能骗一时，但不可能骗一世。另外一个思路是长期持有获取分红，地产基金和产业资本的玩法：一笔重资本下去，锁定未来的运营成本和可能的通胀压力，然后靠未来的现金流分红赚取回报。最后在成熟市场里面的上市公司其实大都是这样的结果，都是可以从债券的角度来看的。

3. 交易结构

4. 保护性条款

这个更多的是技术而不是艺术，就不多说了，专业性较强，美国的 PE 主要靠这个吃饭的，就不再赘述了。整体上，好项目都不是罚出来的。

（五）投后管理

第三节 新三板市场中小企业的对赌协议

一、对赌协议的概念

对赌协议来自于英文的 Valuation Adjustment Mechanism（VAM），直译过来就是"估值调整机制"。一般认为，对赌协议是投资人与融资方在达成投资协议时，对未来被投资中小企业财务状况变化的一种约定。双方以被投资中小企业当前业绩为议价基础确定投资条件，根据双方认可的业绩增长情况，以具体业绩指标作为协议条件，如果约定的条件出现，投资人可以行使一种估值调整权利的协议。对赌标的通常被设定为中小企业股权，也有的设置为直接支付现金及利息。

投资人通常通过对赌协议来控制投资风险，因为一旦中小企业财务指标达不到要求，将会按照实际的财务指标调整其投资的股权（股票）的价值。而对于融资方而言，签订对赌协议的好处是暂时无须出让中小企业控股权，同时能够以较高的估值使被投资中小企业获得现金以保证其正常发展需求。而且只要在协议规定范围内达到对赌条件，相关股权无须调整，资金利用成本相对较低。但是，由于对赌条件一般都比较苛刻，如果被投资中小企业不能满足对赌要求，融资方和中小企业将付出高昂代价。这种风险极大的操作和赌博很像，这也是对赌协议为什么会被称为"对赌"的原因。

在实际应用上，投资人和被投资中小企业的实际控制人之间对赌比较常见，除此之外，还有投资人和中小企业管理层之间的对赌，投资人和中小企业原股东之间的对赌，中小企业现有大股东和小股东之间的对赌等。

在对赌的条件上，中国的投资人通常只采用财务绩效条款，且大都以单一的净利润为条件，以股权调整或现金补偿为筹码。其实对赌不仅可以赌被投资中小企业的销售收入、净利润等财务绩效，还可以涉及非财务绩效、中小企业行为、中小企业股价、股票发行和管理层去向等方面。例如，对赌互联网中小企业的用户数量、技术研发中小企业的技术实现阶段、连锁中小企业的店面数量等非财务指标。在极端情况下，也有以中小企业之外的其他指标作为对赌条件的，其中最近颇为知名的是深南电与高盛旗下的新加坡子公司杰润以石油价格对赌。

二、对赌协议的应用及其本质

对赌协议最初是被用于私人股权资本对于国内中小企业的投资之中。以凯雷、摩根、高盛等国际私人股权资本巨头为例，凯雷对徐工科技的投资，摩根对于永乐电器、蒙牛乳业和山水集团的投资，以及高盛对于无锡尚德和雨润食品的投资中，都采用了对赌协议。

一般而言，此类对赌协议都以被投资中小企业未来会计年度的盈利为条件，结果通常分为两种，第一种是，如果达到条件则投资方增加投资，达不到条件则不追加投资，如在凯雷与徐工签订的对赌协议中约定，如果徐工机械 2006 年的经常性 EBITDA（Earnings Before Interest, Taxes, Depreciation and Amortization, 未计利息、税项、折旧及摊销前的利润）达到约定目标，则凯雷在徐工出资购股 85% 的金额为 3.15 亿美元，增资额为 6 000 万美元；如果达不到约定目标，则凯雷的购股金额为 2.55 亿美元。另一种结果则往往约定，如果融资方不能达到规定条件，需要补偿投资方。如在高盛对于雨润食品的投资中，双方约定，如果雨润年度盈利未能达到 2.592 亿元，高盛有权要求大股东以溢价 20% 的价格赎回所持股份。

由于对赌协议看起来是一个"零和"游戏，所以在我国虽然发展迅速，但是却屡遭非议[①]。有人这样认为：对赌协议表面上披着期权协议的外衣，实际上是期货市场之外的场外交易，属于私下交易，不受监管和保护。北京工商大学证券期货研究所所长胡俞越说，场外交易是个无底洞，一旦中了圈套就没有办法解套。鼓动中小企业签署这些华尔街骗子们兜售的这些协议的是谁？有关方面要挖挖这个黑洞，这样坑蒙拐骗我们的中小企业是不行的！

笔者认为，这是一种误解。对赌协议之所以在我国遭到强烈的谴责，原因是对赌标准设定过高，利益明显偏向机构投资人，而融资方缺乏经验，也是造成自己最终处于不利局面的一个重要原因。随着本土股权投资机构的兴起，这

---

① 谢海霞：《对赌协议的法律性质探析》，载《法学杂志》，2010（1）。

种状况正在逐步得到改善。

对赌协议在西方资本交易中特别是股权投资中广泛存在，在国际资本对国内中小企业的投资中也被广泛采纳。其中的主要原因就是对于中小企业估值中的不确定性。投资人判断中小企业未来价值时，往往涉及"战略层面"和"执行层面"两个问题。从本质上来讲，对赌协议是投资人就中小企业经营中"执行层面"的不确定性进行风险补偿。如果投资人对中小企业"战略层面"和"执行层面"均存有疑虑，则很容易做出不投资的决定。但有时候投资人认同中小企业的战略、核心竞争力和商业模式，只是对中小企业的"执行力"存在疑问。如果投资人决定投资，一旦被投资中小企业经营出现问题，无疑将遭受重大损失，而如果投资人决定不投资，也会错过一个颇有潜力的投资机会。在这种情况下，通过"对赌"来对风险进行控制，自然要好过错失一个颇有潜力的投资机会。

一方面，从本意而言，投资人特别是作为风险投资的投资人由于投资期限较长，其实并不希望对赌，因为对赌的期限一般都在 3 年以下，被投资中小企业为了实现设定的对赌条件，容易采取一些短期行为，从而损害中小企业的长远利益。但是，从另一方面来看，投资人进入中小企业后往往都是财务投资者和小股东，不参与具体的经营管理事务，因此，投资人希望通过对赌，激励创业团队对中小企业的价值和未来成长作出稳健可靠的判断，不要用不着边际的未来计划忽悠资本。此外，国内目前没有更多的机制和手段保护投资人的利益，对赌逐渐成为行业惯例，在资本交易中广泛存在。对赌是中小企业创业团队努力工作的压力和动力，也是投资人控制投资成本、保护自己的手段。不过，出于长远利益的考虑，目前许多投资人都将对赌时间相应延长，以期创业团队能够考虑长远，打造中小企业的长期价值。

三、对赌协议的法律效力

1. 以中小企业财务指标作为对赌条件的对赌协议的法律效力

目前有着一种颇为流行的观点，就是在对赌协议下，无论管理层、公司实际控制人能否达到对赌协议标准，投资人都能获利：如果达到协议标准，投资人虽然付出了部分股权，但却得到股价上升的回报；而在未达到协议标准的情况下，投资人则可通过更多的股权甚至中小企业控制权来弥补股价下跌的损失。这种对于投资人来讲只有利益、没有损失的合同，明显违反公平原则，是没有法律效力的。

我们认为，这种看法明显忽略了一个事实，就是对赌协议背后必然有投资的产生。对于被投资中小企业而言，在获得投资后取得了中小企业发展必要的资金，无论对赌的另一方是中小企业的实际控制人还是管理层，都有着明显的益处，也就是说，对赌协议不仅仅是只对投资人有利益的。

另外，资本的筹集不可能没有代价，如果对赌条件没有实现，即使投资人收回了成本，也难以弥补其融资成本，更难以弥补其未能向其他项目投资的机会成本。在极端情况下，被投资中小企业亏损严重甚至资不抵债，投资人即使拿到中小企业股权，也有可能颗粒无归。

综上所述，对赌协议属于合同的一种，一般都是自愿签订的，而且从签订对赌协议的合同方来看，不是具有专业投资经验的基金、投资公司，就是中小企业实际控制人、创业团队，而且我国法律、行政法规并没有不允许投资进行估值调整的规定，因此以中小企业财务指标作为对赌条件的对赌协议是具有法律约束力的。

2. 以其他指标作为对赌条件的对赌协议的法律效力

如上所述，以中小企业财务指标作为对赌条件的协议属于投资估值的调整，具有法律约束力。但是对于以其他指标特别是非中小企业指标作为对赌条件的协议其法律效力如何呢？让我们以深南电和杰润之间的对赌协议作为例子进行分析。

例12：2008 年 3 月 12 日，深南电与杰润签订了对赌协议。协议有两份。第一份协议有效期从 2008 年 3 月 3 日至 12 月 31 日。双方约定，国际原油月均价高于 63.5 美元/桶，则杰润公司支付给深南电每月 30 万美元，而若原油月均价低于 62 美元/桶，则深南电需支付杰润公司（62 美元 – 浮动价）×40 万桶等额的美元。第二份协议约定从 2009 年 1 月 1 日开始，为期 22 个月，红线抬高至 64.5 美元/桶，且杰润公司具有优先选择权。

这个协议之所以引发公众的注意力是因为油价在 2008 年出现了戏剧性的变化，从而导致深南电的亏损和收益严重不对等。2008 年 7 月，当油价上升到 145.78 美元时，油价曾高出红线 83.78 美元，但深南电的收益钉死在 30 万美元；2008 年 12 月，原油价格收盘价 44.60 美元计算，差价 17.40 美元/桶×40 万桶，仅 12 月份深南电就要付给杰润 696 万美元。

就在业界普遍预期杰润将与深南电对簿公堂的时候，杰润与深南电分别在 2008 年 11 月 6 日和 11 月 10 日以不同的理由，终止了此前在 3 月 12 日签订的有关油价的"对赌"交易。

油价对赌戏剧性的结局并不能引发我们对于深南电和杰润之间的对赌协议法律效力的思考。我们认为，这种以油价对赌的协议与以投资为目的而进行的估值调整的对赌协议有着本质的不同，油价对赌与中小企业的投资或者经营并没有实际关联，与真正的"赌博"如赌下期香港六合彩号码并无实质性差异，这不仅是有违社会公德的行为，也涉嫌违反《治安管理处罚法》和《刑法》。

此外，上述油价对赌协议虽然没有实物交割，而且双方交易条件并不一致，究其本质而言仍属于一种期货的交易。《期货交易管理条例》第四条规定："期货交易应当在依法设立的期货交易所或者国务院期货监督管理机构批准的其他交易场所进行。禁止在国务院期货监督管理机构批准的期货交易场所之外进行期货交易，禁止变相期货交易。"这种以油价对赌为名进行的"变相期货交易"显然违反了上述规定。

综上所述，对于以非中小企业的指标进行的"对赌"需要慎重考虑，极有可能因为违反社会公德及国家法律、行政法规的强行性规定而不具有法律约束力。

四、对赌协议对于中小企业上市的影响

我国证券监管机构并不排斥对赌协议。例如，对赌协议在上市公司的股权分置改革中经常能够看到。首先做出尝试的华联综超在股改方案中约定：如果2006年度公司扣除非经常性损益后的净利润未达到1.51亿元，非流通股股东承诺按照现有流通股股份每10股送0.7股的比例，无偿向支付对价的股权登记日在册的流通股股东追加支付对价。

在管理层激励中，也常现对赌协议的身影。如伊利股份在股改方案中约定：如果公司2006年和2007年净利润增长率大于或等于15%，非流通股股东将把转增股本支付对价剩余的1 200万股作为股权激励送给管理人员。而华联综超则约定：如果公司2006年度扣除非经常性损益后的净利润达到或高于1.51亿元，追加支付对价提及的700万股股份将转用于公司管理层股权激励，公司管理层可以按照每股8元的行权价格购买这部分股票。

五、新三板常见对赌方式

1. 业绩对赌

业绩对赌是投资人最看重的，也是用得最多的对赌方式，是指被投公司在约定期间能否实现承诺的财务业绩。因为业绩是估值的直接依据，被投公司想获得高估值，就必须以高业绩作为保障，通常以"净利润"作为对赌标的。

2. 共同售股权

公司原股东向第三方出售其股权时，PE、VC以同等条件根据其与原股东的股权比例向第三方出售其股权，否则原股东不得向第三方出售其股权。

3. 强卖权

投资方在其卖出其持有公司的股权时，要求原股东一同卖出股权。

中小企业家尤其要注意强卖权的设置，PE、VC在看不到公司前景时，很有可能通过并购退出，但是并购退出一般收购方都希望控股，所以存在公司因为PE、VC要求公司股东和其一起出卖股权，最终导致公司大股东的控股权旁落他人。

4. 一票否决权安排

投资方要求在公司股东大会或董事会对特定决议事项享有一票否决权。

5. 管理层对赌

在公司某一对赌目标达不到时由投资方获得被投公司的多数席位，增加其对公司经营管理的控制权，如派董事、经理、财务负责人等。

6. 大股东承诺回购股权

投资人与公司大股东约定在业绩不达标或者公司出现违约的情况下，投资人有权要求公司大股东在投资人投入的成本加上一定的利息要求公司大股东回购其持有公司的股权。在此种情形下，多数是公司经营困难。公司在约定期间若违反约定相关内容，投资方要求公司回购股份。

7. 中小企业清算优先受偿对赌

如中小企业未达到业绩目标，或者经营不善，无法继续经营下去，进入清算程序的，投资人优先于公司其他股东获得清算资产，清算资产未能弥补投资人投入成本及预期利润的，由大股东补偿。

中小企业在和投资人签订投资协议时，尽量不和投资人设定对赌，如果投资人倾向于和中小企业实际控制人对赌，则在设定对赌条款时要坚持以下几点：

（1）拟引进的投资人是财务投资还是战略投资，如果是为了控制中小企业、吃掉中小企业，那么坚决不能与其进行对赌；

（2）对赌协议要有适度的弹性，在宏观大环境没有显著变化的情况下，允许中小企业的盈利在一定区间内浮动是比较合适的，融资中小企业在寻求资本时需要有更合理的盈利预期及更保守的协议设置；

（3）对赌条款应当经专业的证券律师论证，并给出明确的意见。

六、对赌协议的风险分析与防范

（一）风险分析

1. 战略层面和执行层面的问题。

对赌机制中如果隐藏了不切实际的业绩目标，这种强势意志的投资者资本注入后，将会放大中小企业本身不成熟的商业模式和发展战略，从而把中小企业推向困境。

2. 中小企业家急于获得高估值融资，又对自己的中小企业发展充满信心，而忽略了详细衡量和投资人要求的差距，以及内部或者外部经济大环境的不可控变数带来的负面影响。

3. 中小企业家常会忽略控制权的独立性。

商业协议建立在双方的尊重之上，但也不排除有投资方在资金紧张的情况下，向目标公司安排高管，插手公司的管理，甚至调整其业绩。怎样保持中小企业决策的独立性还需要中小企业家做好戒备。

4. 中小企业家业绩未达标失去退路而导致奉送控股权。

一般来说，国内中小企业间的"对赌协议"相对较为温和，但很多国外的投资方对中小企业业绩要求极为严厉，很可能因为业绩发展过于低于预期，而奉送中小企业的控股权。近日国内太子奶事件就是已出现了一起因业绩未达标而失去控股权的经典案例。

（二）风险防范

1. 配合投资方做好尽职调查。公开透明地向投资方开放中小企业信息，在双方共赢的前提下设定"对赌"。同样，投资方应认真进行尽职调查，而不是仅凭"对赌"机制来保护自身利益，规避风险，这样反而会面临更大风险。

2. 合理定价，了解目标差距。启明创投创始合伙人邝子平曾表示，他签的"对赌协议"里面起码80%左右是达不到的。中小企业家有一个很大的优点，很有激情。但投资人给出预测确实比较难，他们对中小企业的限定也许不只是盈利数字，有的还有用户量的指标。在这种情况下，应尽量把价格定得比较合理。

3. 管理层控制权需明确细化。签署对赌协议后，投融资双方的互信，除了用商业道德来束缚，更重要的是用协议细化，其中最重要的问题是管理层控制权的独立性。高管层、董事会、全体股东这三层权力与义务必须界定。这些全部需要在协议中写明，不能只写一句"公司的实际控制者仍然是原拥有者"。

4. 审计问题事前规定。审计机构的选择对于"对赌协议"的执行至关重要，一定要保证得到双方认可，协议中不能仅写明"需使用双方都认可的审计机构"，最好规定好审计单位。

第六章　新三板业务中的挂牌费用及中介机构

第一节　新三板业务的挂牌费用

据媒体报道，随着新三板市场发展得如火如荼，农历新年后，企业挂牌新三板服务费的上涨幅度"有点儿吓人"。《金证券》记者了解到，年前企业挂牌新三板服务费市场报价在130万~140万元。但年后，市场给出的平均报价达到了180万元。

据介绍，新三板挂牌服务费主要包括券商、律师事务所、会计师事务所等中介费用，以及交给股转系统的挂牌初费与年费。此前，券商收取的费用基本在100万元左右，但是年后仅券商的报价就涨到了130万~150万元。与此同时，律师事务所和会计师事务所收取的费用也水涨船高。

新三板英雄会发起人李浩也证实，目前企业挂牌新三板服务费的最新报价范围在150万~200万元，个别企业挂牌新三板服务费报价更是接近200万元大关。

据了解，拟挂牌新三板企业服务费的不同，主要是因各个企业的资质不同而制定的。资质好的服务费相对低些，资质差的服务费相对高些。目前各类企业蜂拥至新三板寻求挂牌是推动服务费用大涨的主要原因。

以上报道多少有点推波助澜的感觉，据介绍，像安信、国海这类券商，对新三板挂牌服务费（包中介）的报价仍是150万元左右，当然这个没有包括融资（承销），融资可能还得增加实际融资额3%~5%的费用。

目前，部分地方政府对企业挂牌新三板是有专项资助的。例如，深圳市福田区政府对区办企业新三板挂牌的奖励和资助最多为50万元。龙华新区更是给予最高210万元的补助。

企业在决定挂牌新三板前还需要考虑收益与成本问题，这是任何经济决策的基础。在挂牌新三板进入资本市场过程及以后主要成本包括：挂牌时支付给中介机构的专业服务费、挂牌后每年的运行成本以及其他成本。

一、中小企业挂牌中支付给中介机构的专业服务费

中小企业挂牌时中支付给中介机构的专业服务费是企业挂牌新三板过程支

付的最大成本，总计约 150 万～200 万元，包括支付给券商的改制财务顾问及推荐挂牌费 80 万～150 万元；支付给会计师事务所的审计验资费 20 万～30 万元；支付给律师的法律服务费 20 万～30 万元；支付给评估事务所的改制评估费 5 万～10 万元。中介机构专业服务费一般分阶段收取，签订合同时收取 20%～30%，完成阶段性成果时根据阶段性成果工作量与重要性收取 40%～60%，项目完成后收取 20%～30%。假设券商的服务总收费为 100 万元，通常在签订服务合同后收到 20 万元预付款启动项目，完成改制后收取 20 万元，制作材料并通过券商内核后收取 30 万元，挂牌成功后收取剩余 30 万元。所以企业至少需要准备 100 万～200 万元启动新三板挂牌项目。

表 6－1　　　　　　　新三板挂牌项目启动中介服务费支出表　　　　单位：万元

费用收取方	服务内容	费用概算
券商	改制财务顾问费	40～60
	推荐挂牌费	60～90
会计师	审计、验资费	20～30
律师	法律服务费	20～30
评估机构	资产评估费	5～10
股转系统	挂牌初费与年费	5～15
合计		150～235

二、挂牌后每年的运行成本

企业挂牌新三板后即属于公众公司，需要按证监会及股转系统有关规定规范运作，需要聘请券商进行持续督导、聘请会计师出具年度审计报告、聘请律师担任法律顾问，履行信息披露、在中登公司办理股份托管、在股转系统挂牌转让等事项。所以企业挂牌新三板后每年还需要支出一笔相对固定的运行成本总计 30 万～80 万元。费用支出项目如表 6－2 所示。

表 6－2　　　　　　　　　　持续督导费用表

收费项目	市场平均收费概算	收取方
持续督导费	10 万～15 万元/年	主办券商
年度审计费	10 万～30 万元/年	会计师事务所
法律顾问费	10 万～30 万元/年	律师事务所
信息披露费	1 万元/年	信息公司
股份登记费	1 000 元/年	中登公司

收费项目	市场平均收费概算	收取方
分红手续费	（红股面值＋现金股利）×0.035%	中登公司
名册登记费	100元/年	中登公司
挂牌初费	总股本2 000万股（含）以下，3万元/年； 总股本2 000万~5 000万股（含），5万元/年； 总股本5 000万~1亿股（含），8万元/年； 总股本1亿股以上，10万元/年	股转系统
挂牌年费	总股本2 000万股（含）以下，2万元/年； 总股本2 000万~5 000万股（含），3万元/年； 总股本5 000万~1亿股（含），4万元/年； 总股本1亿股以上，5万元/年	股转系统

三、其他成本

如果把挂牌新三板作为一个项目看待，启动项目与不启动项目的成本差别除上述看得见的成本外可能还会增加企业部分隐性成本。如挂牌材料的制作印刷费用，向股转系统申报时发生差旅费；为顺利推进挂牌项目及以后资本运作，企业可能需要聘请财务总监而支出人工成本；企业为加强信息披露工作，可能需要聘请专人负责信息披露事务支出人工成本；企业挂牌时为规范税务问题，可能需要补缴税款而增加支出；企业挂牌时可能因规范运作，需要员工补交社保与住房公积金而增加成本；企业挂牌时可能因规范法律事项，需要补缴出资、退还关联方占款等隐性成本。

四、新三板挂牌项目与 IPO 项目成本比较

表6－3　　　　　　　　新三板挂牌项目与 IPO 项目成本比较

费用名称	挂牌项目		IPO 项目	
	收费标准	市场均价（万元）	收费标准	市场均价（万元）
改制财务顾问费	协商	40~50	协商	100~120
辅导费	—	无	协商	100~120
保荐费	协商	60~100	协商	200~300
承销费	—	无	融资额3%~4.5%	2 000~6 000
会计师费用	协商	20~30	协商	120~150

续表

费用名称	挂牌项目		IPO 项目	
	收费标准	市场均价（万元）	收费标准	市场均价（万元）
律师费用	协商	20~30	协商	100~150
评估费用	协商	5~10	协商	20~40
路演推介费		无	协商	200~500
信息披露费	1万元/年	1	协商	150~200
挂牌上市初费	总股本2 000万股（含）以下，3万元/年；总股本2 000万~5 000万股（含），5万元/年；总股本5 000万~1亿股（含），8万元/年；总股本1亿股以上，10万元/年	3~10	深交所：3万元 上交所：总股本×0.03%，最高3万元	3
挂牌上市年费	总股本2 000万股（含）以下，2万元/年；总股本2 000万~5 000万股（含），3万元/年；总股本5 000万~1亿股（含），4万元/年；总股本1亿股以上，5万元/年	2~5	深交所：按月收取，5 000万股以下，500元/月；股本每增加1 000万元增加100元/月，最高2 500元/月。上交所：按年收取，上市总面额的0.012%，最高不超过6 000元/年	0.6~3
股票登记费	1 000元/年	0.1	深交所：发起人股、国家股、国有法人股免费；流通股按股本面值0.3%，其他非流通股按股本面值0.1%收取。上交所：5亿股以下费率0.1%	3~50
综合成本		150~200	融资额6%~8%	3 000~7 000 扣除承销路演费后700~1 000

第二节　新三板业务中的证券公司

2009 年 3 月，国务院做出建设中关村国家自主创新示范区的重要批复。同年 6 月 24 日，中国证监会市场部、科技部火炬中心、中国证券业协会、深圳证券交易所、中关村管委会联合召开中关村代办系统股份报价转让试点工作会。会上由券商、银行、证券信息公司、评级机构、会计师事务所、律师事务所等专业中介服务组成的"中关村代办股份报价转让试点挂牌中小企业金融服务联盟"宣告成立，这是新三板挂牌中小企业的增值金融服务支持体系建设中的一项重要内容。

一、证券公司

证券公司负责对中小企业挂牌新三板的各项工作进行统筹安排，不同的证券公司将对中小企业挂牌的进程产生不同影响。

主办券商是代办股份转让业务主办券商的简称，是指取得从事代办股份转让主办券商业务资格的证券公司。

依据我国《证券公司从事代办股份转让主办券商业务资格管理办法》（以下简称《管理办法》）的规定，证券公司从事代办股份转让主办券商业务，也当依据该办法的规定，向中国证券业协会申请证券公司从事代办股份转让业务资格，未取得业务资格的证券公司不得从事代办股份转让业务。

股权转让代办系统是一个以契约方式明确各参与主体的权利和义务的交易系统。主办券商在其中处于核心枢纽地位，它联系着各个挂牌公司、登记结算服务机构、管理机构等各参与方。因此，主办券商在新三板市场中尤其在报价转让的交易制度之下是最活跃、最不可或缺的主导者。

1. 取得主办券商资格的条件

根据《管理办法》的规定，证券公司申请业务资格，应当同时具备下列条件：

（1）具备相应资格。具备中国证券业协会（以下简称协会）的会员资格，遵守协会的自律规则，按时缴纳会费，履行会员义务；经中国证券监督管理委员会批准为综合类证券公司或比照综合类证券公司后运营 1 年以上；同时具备承销业务、外资股业务和网上证券委托业务资格。

（2）经营稳健。最近年度净资产不低于人民币 8 亿元，净资本不低于人民币 5 亿元；经营稳健，财务状况正常，不存在重大风险隐患；最近两年内不存在重大违法、违规行为；最近年度财务报告未被注册会计师出具否定意见或拒绝发表意见；具有 20 家以上的营业部，且布局合理；具有健全的内部控制制度和风险防范机制。

（3）业务部门。设置代办股份转让业务管理部门，由公司副总经理以上的高级管理人员负责该项业务的日常管理，至少配备两名有资格从事证券承销业务和证券交易业务的人员，专门负责信息披露业务，其他业务人员须有证券从业资格。

（4）具备符合代办股份转让系统技术规范和标准的技术系统。

2. 取得主办券商资格的程序

（1）向协会提交申请。向协会提交加盖公章后的代办股份转让主办券商业务资格申请、证券公司申请从事代办股份转让主办券商业务资格基本情况申请表、证券公司从事代办股份转让业务自律承诺书、《经营证券业务许可证》复印件等文件。

（2）取得预备资格。协会自受理申请文件之日起，根据该办法对申请文件进行复核；如协会在 20 个工作日内未提出异议，则申请人自动取得从事代办股份转让主办券商业务的预备资格，如协会认为申请文件内容不完整，申请人应提交补充材料，受理文件的时间自协会收到补充材料的下一个工作日起重新计算。

（3）准备工作。取得预备资格的申请人，应根据要求做好机构设置、人员配备、业务培训、代办股份转让专用席位申请、股份登记结算安排以及技术系统测试等准备工作。

（4）获取业务资格。申请人逐项完成准备工作后，向协会提交报告；协会对申请人的准备工作进行验收；验收合格的，授予业务资格，向其颁发证券公司从事代办股份转让主办券商业务资格证书，并对获得业务资格的申请人在协会网站进行公告；公告后，申请人方可开展代办股份转让业务。

二、新三板主办券商现状

目前，在中国证券业协会注册的证券公司共有 106 家，其中仅有 29 家取得主办券商业务资格，约占总数的 27.36%。

已取得主办券商资格的证券公司的总业务量为 122 件、61 家中小企业，平均业务量为 5.30 件、2.65 家中小企业。但业务分布并不平均，业务量在平均值以上的证券公司仅有 9 家，其他 20 家证券公司都不足平均值。

其中，除中原证券是刚刚获取资格外，其余的银河证券、国元证券、东方证券、平安证券、中银证券 5 家证券公司长期未接受过任何公司的委托，而长江证券、渤海证券、华泰证券和中信证券仅做过副主办券商业务，但目前没有一家证券公司被中国证券业协会授予证券主办券商资格，也就是说，这 4 家证券公司实际上并没有办理过相关业务。

而与此相对的是，申银万国有 23 件业务，达到平均值的 4 倍之多。国信证券、广发证券、西部证券、国泰君安和光大证券这 5 家证券公司业务也较为活跃。券商在新三板业务中的两极分化现象说明，一方面大量券商并不重视新三板业务；而另一方面，新三板中小企业数量较少，仅有的几大主要券商的业务能力基本可以覆盖市场需求。

当然，随着新三板制度的不断完善，如引入做市商制度、建立集中竞价制度、实现三板间的转板机制、完成代办转让系统的中小企业扩容、降低个人投资者的准入门槛等促流、扩容制度，证券公司参与新三板业务的积极性也会不断得到激励，主办券商数量及业务量必然有所增长。

三、主办券商在新三板中的工作

（一）推荐挂牌

主办券商在新三板中非常重要的工作就是推荐园区中小企业挂牌。推荐挂牌的具体程序为：

1. 接受委托。主办券商接受拟挂牌公司的委托，与其签订推荐挂牌协议；再针对这家拟推荐的公司设立专门的项目小组，负责尽职调查，起草尽职调查报告，制作备案文件，并将项目小组成员名单、简历及资格证明文件报协会备案；同时，主办券商与拟尽职调查公司签署保密协议。

2. 尽职调查。项目小组按照尽职调查工作指引的要求，勤勉、尽责地开展尽职调查工作，督促公司真实、准确、完整地披露信息；项目小组完成尽职调查工作后，出具尽职调查报告，各成员签名并声明负责。

3. 内核意见与推荐报告。主办券商设立的内核机构根据项目小组的申请召开内核会议，对是否同意推荐该公司挂牌进行表决，并在表决的基础上形成内核意见；当内核意见决定向协会推荐挂牌时，应出具推荐报告，并向协会报送备案文件。

4. 协会备案。协会收到主办券商报送的备案文件后，决定受理的，向其出具受理通知书；协会在受理之日起 15 日内，对备案文件是否齐备、主办券商是否已按照尽职调查工作指引的要求对所推荐的公司进行了尽职调查、该公司拟披露的信息是否符合信息披露规则的要求，以及主办券商对备案文件是否履行了内核程序等进行审查。

5. 备案确认函。经审查无异议的，协会向主办券商出具备案确认函，若协会对备案文件有异议，决定不予备案的，会向主办券商出具书面通知并说明原因。

6. 挂牌交易。主办券商持备案确认函向深交所中小板公司管理部申请园区中小企业报价转让证券简称及代码，并同时向深交所报价转让系统工作小组提交挂牌申请材料、商定挂牌日期，通知相关部门和单位做好挂牌准备，并正式开展挂牌交易。

（二）报价转让

主办券商在取得证券登记结算机构的结算参与人资格后，便可以参与非上市公司股份报价转让业务。具体工作如下：

1. 风险披露。投资者开户前，向其详细讲解风险揭示书和代理报价转让协议的内容，提醒投资者对投资风险予以特别关注，使其充分了解报价转让业务客观存在的风险，确认其已认真阅读风险揭示书，并要求投资者在风险揭示书上签名。

2. 接受投资者委托。投资者不可自行买卖挂牌公司股份，须与主办券商签订代理报价转让协议，委托其代理买卖。投资者卖出股份，须委托代理其买入该股份的主办券商办理。主办券商接受的投资者委托可能是出卖方意欲出售股份的意向委托，也可能是买卖任何一方期望在某一价格出售或购买特定股份的定价委托，也可能是买卖双方已经私下达成交易协议后，希望通过主办券商履行交易手续及流程的成交确认委托。

3. 验证账户。主办券商收到投资者卖出股份的意向委托后，应验证其证券账户，如股份余额不足，不得向报价系统申报。主办券商收到投资者定价委托和成交确认委托后，在应验证卖方证券账户的同时，还应验证买方资金账户，如果卖方股份余额不足或买方资金余额不足，不得向报价系统申报。

4. 申报。如果经验证，委托方的证券账户或资金账户处于合理状态，则主办券商应通过专用通道，按接受投资者委托的时间先后顺序向报价系统申报。

5. 报价自动撮合成交。报价系统收到主办券商的定价申报和成交确认申报后，验证卖方证券账户，如果卖方股份余额不足，报价系统不接受该笔申报，并反馈至主办券商。报价系统收到拟与定价申报成交的确认申报后，如系统中无对应的定价申报，该成交确认申报以撤单处理。报价系统对通过验证的成交确认申报和定价申报信息进行匹配核对。核对无误的，报价系统予以确认成交，并向证券级结算机构发送成交确认结果。多笔成交确认申请与一笔定价申报匹配的，系统按时间优先的原则匹配成交。

6. 成交信息发布。股份转让时间内，报价系统通过专门网站和代办股份转让行情系统发布最新的报价和成交信息。主办券商应在营业网点揭示报价和成交信息。所谓的报价信息包括委托类别、证券名称、证券代码、主办券商、买卖方向、拟买卖价格、股份数量、联系方式等；成交信息包括证券名称、证券代码、成交价格、成交数量、买方代理主办券商和卖方代理主办券商等。

7. 托管。投资者持有的非上市公司股份应当托管在主办券商处。初始登记的股份，托管在推荐主办券商处。

8. 适度监管。依据代理报价转让协议，对投资者股份转让时出现的异常投资行为或违规行为，及时提出警示，并采取必要措施，必要时可以拒绝投资者的委托或终止代理报价转让协议；同时，主办券商还对自然人投资者参与非上市公司股份转让的合规性进行核查，防止其违规参与挂牌公司股份的转让。如有自然人投资者违规买入挂牌公司股份的情形发生，主办券商会督促其及时卖出；另外，主办券商有义务根据协会的要求，调查或协助调查指定事项，并将调查结果及时报告协会。

（三）督导信息披露

主办券商应依据《试点办法》、《股份进入证券公司代办股份转让系统报价转让的中关村科技园区非上市股份有限公司信息披露规则》等规定，指导和督促挂牌公司规范履行信息披露义务。

信息披露的义务分为挂牌前披露和挂牌后披露两个阶段：在挂牌前，主办券商要督促拟挂牌公司披露股份报价转让说明书，同时披露推荐报告；当公司实现挂牌后，主办券商要督促挂牌公司按时披露年度报告、半年度报告；当挂牌公司经营方针和经营范围发生重大变化，发生或预计发生重大亏损、重大损失，合并、分立、解散及破产，控股股东或实际控制人发生变更，重大资产重组，重大关联交易，发生重大或有事项时，主办券商还要督促挂牌公司提交报告并披露；当挂牌公司有限售期的股份解除转让限制时，主办券商还要督促其在前一报价日发布股份解除转让限制公告。

主办券商进行信息披露督导方式一般有两种：其一是对所推荐挂牌公司信息披露文件进行形式审查；其二是对拟披露或已披露信息的真实性提出合理性怀疑。

同时，主办券商在督导园区中小企业进行信息披露的同时，也应该严格按照要求在指定网站发布所推荐挂牌公司相关信息。

（四）暂停挂牌及恢复转让

挂牌公司涉及无先例或存在不确定性因素的重大事项需要暂停股份报价转让的，主办券商应暂停其股份报价转让，直至重大事项获得有关许可或不确定性因素消除，但暂停时间不得超过3个月。暂停期间，挂牌公司至少应每月披露一次重大事项的进展情况、未能恢复股份报价转让的原因及预计恢复股份报价转让的时间。

当挂牌公司向证监会申请公开发行股票并上市时，主办券商应当自证监会正式受理其申请材料的次一报价日起暂停其股份转让，直至股票发行审核结果公告日，若股票发行通过审核，则终止挂牌。现在的规范性文件对于未通过证监会上市发行审核的挂牌公司是否自动恢复挂牌并没有做出明确的规定。

除了上述经证监会核准公开发行股票而终止挂牌外，当挂牌公司进入破产清算程序、北京市政府有关部门同意其终止股份挂牌申请及其协会规定的其他情形时也应终止。

第三节　新三板业务中的律师事务所与会计师事务所

律师事务所在资本市场中主要为相关各方提供法律见证业务，出具法律意见并提供法律咨询业务。属于资本市场服务机构。目前政府管理部门没有对律师事务所从事证券业务设立行政许可，只是在证监会与司法部于 2007 年 3 月 9 日联合发布的《律师事务所从事证券法律业务管理办法》中提出相关指导意见。所以从事证券业务律师事务所竞争充分，市场份额相对分散。由 Wind 资讯提供截至 2013 年 12 月 31 日的律师事务所为上市公司提供服务家数排名，可以综合反映律师事务所证券业务实务。

《律师事务所从事证券法律业务管理办法》规定，律师被吊销执业证书，不得再从事证券法律业务。律师被中国证监会采取证券市场禁入措施或被司法行政机关给予停止执业处罚的，在规定禁入或停止执业期间不得从事证券法律业务。同一律师事务所不得同时为同一证券的发行人和保荐机构，承销的证券公司出具法律意见，不得同时为同一收购行业的收购人和被收购的上市公司出具法律意见，不得在其他同一证券业务活动中为具有利害关系的不同当事人出具法律意见。律师担任公司及其关联方董事、监事、高级管理人员，或者存在其他影响律师独立性的情形的，该律师所在律师事务所不得接受所任职公司的委托，为该公司提供证券法律服务。

一、律师事务所

新三板是资本市场中最基础的部分，又是开办试点不足 4 年的新制度，需要律师事务所在交易中发挥积极作用、以金融服务单位的身份维护各方权益、防范风险。监管部门能够对园区公司、券商、投资者的行为展开行之有效的监管，依赖于律师事务所园区公司、券商、投资者乃至监管部门提供谨慎、诚实和勤勉尽职的服务。

（一）律师事务所在公司股份制改造过程中的作用

对于有限责任公司而言，必须先进行股份制改造才能在新三板挂牌转让。律师事务所在这一过程中的作用体现为起草相关法律文件、进行法律审核和出具法律意见书等。

（二）律师事务所在新三板试点中小企业审批过程中的作用

中小企业除了要进行股份制改革外，挂牌新三板还需取得试点资格。在申请试点资格中，律师事务所要协助拟挂牌中小企业准备相关资质文件，对股东名册进行有效性确认，起草《进入代办股份转让系统资格申请书》，向中关村科技园区管委会递交申请文件，同时还要协助拟挂牌中小企业对需要提交但尚未依法取得的文件予以相应的申请，最终完成挂牌申请程序。

（三）律师事务所在主办券商推荐挂牌中的作用

律师事务所协助拟挂牌中小企业筛选合适的主办券商和副主办券商，并撮合各方在推荐挂牌服务内容及服务费用上达成一致。在拟挂牌中小企业与证券公司达成合作意向后，律师事务所负责草拟《推荐挂牌转让协议》，并向双方阐释协议内容，明确权利义务。此外，律师事务所还可以接受试点中小企业的委托，配合主办券商尽职调查，对公司财务、经营、治理等方面进行先期审查并提出修正意见，从而规避调查文件中的瑕疵和风险。

（四）律师事务所在挂牌中小企业股份转让中的作用

试点中小企业的股份转让之前，试点中小企业需与中国证券登记结算有限责任公司深圳分公司签订证券登记服务协议，办理全部股份的初始集中登记，此时就需要律师事务所起草《股份登记申请》和《股份登记及服务协议书》，约定双方的权利义务。在挂牌公司的部分股份满足限售条件时，律师事务所需帮助挂牌公司起草递交主办券商的《解除股权转让限制申请书》，说明解释限售的股份、数目和时间。

（五）律师事务所在挂牌公司私募融资中的作用

新《试点办法》确立了投资者适当性制度，规定只有机构投资者和少数个人投资者能够参与挂牌公司的股份转让，而且就目前的交易情况来看，股份转让的委托方式以报价委托和成交确认委托为主，定价委托方式为辅。这两方面因素导致了目前新三板的投资更多是挂牌公司和机构投资者的线下磋商，新三板也就成为挂牌公司私募融资的重要平台。由于私募融资会对挂牌中小企业的股权结构产生影响，关系到股东权益、融资结构、股东间的相互制衡以及公司的管控模式，因此需要由律师事务所参与确定融资方案。

（六）新三板改革后律师事务所的作用设想

证券和资本市场的运作均离不开律师事务所的参与，尤其是公司证券首次公开发行上市、后续发行以及配股融资，上市公司的并购及资产置换、重组等，都需要律师事务所参与方案设计和起草相关协议。因此可以预见，当新三板实现扩容、建立并完善转板制度、引入做市商制度后，律师事务所将体现出更重要的作用。

二、律师在新三板中的具体工作

1. 尽职调查

律师事务所需要对目标公司进行法律类的尽职调查。

律师在这部分的工作主要是按照已制作好的尽职调查清单，与目标公司相关负责的人员落实清单上的相关内容，同时在与目标公司的人员和其他中介机构的人员沟通的过程中发现中小企业的特殊问题。

2. 股改方案的确定

股改方案的确定是为了满足新三板的挂牌需求，因此其方案以满足挂牌为前提，其中律师在设计股改方案时主要考虑的问题包括：

（1）目标公司主体资格的问题

主要包括目标公司是否依法成立、合法存续；是否持续经营 2 年以上；注册资本是否足额缴纳，是否有出资瑕疵的情况等。

（2）目标公司独立性的问题

业务体系的独立、完整；经营能力的独立；以及目标公司的资产、人员、财务、机构、业务的独立，不存在其他的缺陷。

（3）目标公司规范运作的问题

主要考虑公司的治理结构、"董监高"相关问题、内部控制、生产经营、对外担保、资金管理、违法违规及受处罚情况等。

（4）其他问题

主要包括目标公司财务、业务、发展等问题。

3. 完成股份制改制

律师在这部分的工作如下：

（1）根据目标公司的实际情况，确定股改的时间进度

《公司法》规定有限责任公司临时股东会的提前通知时间为 15 天，有限责任公司章程另有约定的除外；股份有限公司董事会提前通知的时间为 10 天等，这些时间点需要结合资产评估部门的评估报告、注册会计师的审计报告、目标公司股东和董事的实际情况如是否出差、出国等及其他的一些因素，来安排时间进度。这里的其他因素主要指公司是否增资、股权转让（股东变更）、住所变更等。

（2）制作相应的三会文件

需要为中小企业制作相应的会议文件，或者在中小企业制作了相应的文件后为中小企业把关，避免出现不必要的错误、瑕疵和违反相应的法律法规的问题。如目标公司在发出临时股东会的通知时应同时发出本次临时股东会的议案。又如股东会、董事会的召集、主持、换届等问题要结合起来统筹考虑。

（3）制作三会中需要的目标公司的重要问题

如在创立大会中需要制作的目标公司新《股份有限公司章程》，在目标公司完成股改后第一次董事会上制作的《股东大会议事规则》、《董事会议事规则》、《监事会议事规则》等。

4. 出具法律意见书

完成上述工作后，配合主板券商的股份报价转让说明书，律师需要出具代办股份转让系统报价转让的法律意见书，并制作律师工作报告。同时在上述的这些资料提交给协会后需要准备协会的口头或书面的问题反馈。

5. 针对挂牌公司的常年的证券类法律顾问业务

公司成功挂牌后，需要律师参与的工作也很多，每年协会要求的年报、半年报是必需的，这里律师需要帮助公司一同完成材料的制作。重大事项的信息披露也是公司必要的工作，律师在其中要帮助公司确定什么样的情况构成重大事项，针对重大事项需要披露到什么程度等。再如公司定向增资、转板都需要律师作为中介机构参与到其中。

三、会计师事务所

会计师事务所属于证券服务机构，主要为资本市场提供审计、验资、财务咨询等服务，其行业主管部门为各级政府财政部门，由中国注册会计师协会（以下简称"中注协"）进行行业自律管理。中注协注册会计师行业管理信息系统显示，截至 2013 年 12 月 31 日，全国共有会计师事务所 8 209 家，注册会计师 98 707 人，非执业会员 95 069 人。

2006 年 6 月，财政部、证监会联合发布《注册会计师执行证券、期货相关业务许可证管理规定》及相关补充规定与通知，财政部、证监会对注册会计师、会计师事务所执行证券、期货相关业务实行许可管理。注册会计师、会计师事务所执行证券期货相关业务，必须取得证券、期货相关业务许可证。"证券业务"是指证券、期货相关机构的财务报表审计、净资产验证、实收资本（股本）的审验、盈利预测审核、内部控制制度审核、前次募集资金使用情况专项审核等业务。"证券期货相关机构"是指上市公司、首次公开发行证券公司、证券及期货经营机构、证券及期货交易所、证券投资基金及其管理公司、证券登记结算机构等。目前新三板挂牌公司的审计也必须具有证券期货资格。

根据证监会网站公示信息，截至 2013 年 12 月 31 日，全国具有证券期货业务资格事务所 40 家，获准从事 H 股企业审计业务的内地大型会计师事务所 11 家。

会计师事务所在整个经济发展体系中发挥着鉴证和服务的作用，切实维护着社会公共利益和投资者的合法权益，从而促进社会主义市场经济的健康发展。

在新三板中，会计师事务所起着与券商、律师事务所同等重要且必要的作用。在申请主办券商资格进入新三板时要向协会提交最近年度未被注册会计师出具否定意见或者拒绝发表意见的财务报告；在接受拟挂牌中小企业委托推荐挂牌时，其项目小组成员中至少有1名注册会计师，在内核机构和内核会议中也必须有注册会计师，审核尽职调查的情况，并出具审核意见。

对于挂牌中小企业而言，在其挂牌转让之前，需要披露包括公司财务会计信息的报价转让说明书，为了保证其中的财务会计信息与主办券商出具的推荐报告相一致，挂牌中小企业往往会委托注册会计师处理；在挂牌转让之后，每年挂牌中小企业均须披露年度报告，而这份年度报告必须经会计师事务所审计，对于下半年公司定向增资、公积金转赠资本或弥补亏损等的半年度报告也须经注册会计师审计。

（一）新三板业务中对会计师事务所的要求

1. 从事新三板或证券市场会计、审计事务的经验

新三板和证券市场的会计师事务所存在密切联系，而会计、审计依赖于在相关业务领域的经验，是否具有从事新三板或证券市场会计、审计事务的经验是选择会计师事务所的重要参考因素。

2. 高度专业化的处理资本事务能力

会计事务分工明确，工作精细。资本事务的会计事务与普通的会计事务差别明显，需要在专业化能力强的会计师事务所进行，否则将不但不能有效开展相应事务，还可能给中小企业造成会计处理上的不可逆转的问题，导致不得不将问题解决，并经过一定期限才能重新申请挂牌，对中小企业而言，会加大投入，减缓中小企业发展步伐。

3. 资本实务经验

与新三板有关的会计事务，除了对会计专业水平要求较高外，还要有丰富的实务经验。得心应手地完成各项要求工作，保障中小企业的挂牌上市进度，这需要在资本事务方面具有良好的经验。

4. 稳定专业的团队

具体事务都是由个人操作的，专业人员的素质、年龄、经验、团队情况等决定着工作能否有效开展。同时由于新三板各项事务需要一定的周期，更需要团队的稳定，需要团队具有与中小企业长期合作，满足中小企业不同发展阶段的需求能力。

（二）会计师的准备及主要工作

在进场后，会计师需要认真审查中小企业的所有财务报表，针对中小企业的财务情况和财务问题进行调整和规范，并最终根据调查结果，出具详细而客观的尽职调查报告；除此之外，会计师在挂牌过程中还会对中小企业的内控制

度进行梳理和规范。由于中小企业普遍存在或大或小的财务问题，如适用错误或不当的会计政策、会计政策没有保持一贯性，存在多套账的现象，记录、报表、凭证的处理不规范，内控制度不健全等。以上问题都需要会计师在挂牌前辅导中小企业进行调整和规范。主要工作如下：

1. 负责中小企业财务审计，并出具 3 年及一期的审计报告；
2. 负责中小企业资本验证，并出具有关验资报告；
3. 负责中小企业盈利预测报告审核，并出具盈利预测审核报告；
4. 负责中小企业内部控制鉴证，并出具内部控制鉴证报告；
5. 负责核验中小企业的非常性损益明细项目金额；
6. 对发行人主要税种纳税情况出具专项意见；
7. 提供与发行上市有关的财务会计咨询服务。

总体而言，新三板市场需要注册会计师审计并出具相关的报告，也需要注册会计师提供咨询和服务，如协助尽职调查。同样，对于注册会计师或会计师事务所而言，新三板的出台与发展也必然为其提供新的商机。

第四节　新三板业务中的资产评估机构与科技咨询机构

资产评估机构在资本市场中主要为相关各方提供资产评估服务，包括净资产评估、机器设备评估、房地产及土地评估、企业价值评估等专业服务，属于资本市场服务机构。其主管部门为各级政府的财政部门，中国注册资产评估协会对该行业进行自律管理。为加强对从事证券、期货相关业务资产评估机构的管理，维护证券市场秩序，保证投资者和社会公众的合法权益，财政部、证监会于 2008 年 4 月 29 日发布《关于从事证券期货相关业务的资产评估机构有关管理问题的通知》，对资产评估机构申请证券评估资格，资产评估机构的合并、分立、分支机构的设立，重大事项报备，年度报备，日常管理以及证券评估资格的撤回等方面作出相关规定。该通知于 2008 年 7 月 1 日起实施。资产评估机构提供证券业务也需取得证券期货资格。

一、资产评估机构

资产评估机构是指专门从事资产评估业务的中介机构。所谓资产评估是指在市场经济条件下，由专业的机构和人员，依据国家有关规定，依照法定程序，选择适当的价值类型，运用科学方法，对资产价值进行评定和估算的行为。

新三板挂牌中小企业必须是股份有限公司，因此很多拟挂牌中小企业需要进行股份制改造，这就需要由专业的资产评估机构对公司资产价值进行科学的、相对准确的评定和估算，以此作为计算公司资产总额和股本总额的依据。

因此，资产评估机构是早期进入新三板辅助公司挂牌的中介机构之一，选择一家高效、专业的资产评估机构对于新三板拟挂牌公司来说十分重要。但是市场上资产评估机构的专业水平良莠不齐、拟挂牌中小企业寻找一家谨慎、负责、专业的资产评估机构并不容易，往往对资产评估机构选择的工作要由券商来完成。

中小企业以实物、知识产权、土地使用权等非货币资产出资设立公司，应当评估作价，核实资产。国有及国有控股中小企业以非货币资产出资或者接受其他中小企业的非货币资产出资，应当遵守国家有关资产评估的规定，委托有资格的资产评估机构和执业人员进行；其他的非货币资产出资的评估行为，可以参照执行。

自 2002 年 1 月 1 日起，各级财政（或国有资产管理，下同）部门对国有资产评估项目不再进行立项批复和对评估报告的确认批复（合规性审查），实行核准制和备案制。有关经济行为的资产评估活动有国有资产占有单位按照现行法律、法规的规定，聘请具有相应资质的中介机构独立进行，评估报告的法律责任由签字的注册资产评估师及所在评估机构共同承担。

经各级政府批准的涉及国有资产产权变动、对外投资等经济行为的重大经济项目，其资产评估项目报财政部或中央管理的中小企业集团公司、国务院有关部门备案。地方管理的国有资产评估项目的备案工作，比照上述原则执行。

中小企业申请在新三板挂牌的过程中涉及资产评估的，应聘请具有证券从业资格的资产评估机构承担，资产评估工作一般包括资产清查、评定估算，出具评估报告等。

二、科技咨询机构

科技咨询师，指综合应用科技、经济、金融、法律等知识和经验，在技术创新、科技创业与投融资、高新技术产业化、技术贸易、中小企业策划等技术经济活动中，为用户提供咨询服务的人员。

在中国，新兴的科技咨询业是以科学技术为支柱的第三产业，是现代科技创新服务体系的重要组成部分，也是当今世界技术经济全球化过程中发展最快、最活跃的领域之一。

随着中国改革开放的深入和经济的快速发展，科学技术已成为第一生产力，科学技术和科学管理水平已成为一个中小企业、一个地区，乃至一个国家竞争能力的重要尺度。各类技术和经济活动的日趋频繁以及中小企业对新技术、新产品的需求日益高涨，有力地促进了科技咨询服务业的快速兴起和内容丰富、形式多样的科技咨询活动的开展。这些咨询活动为国家、行业发展战略和发展规划的制定，地区经济和社会发展重大问题的解决，加快科技成果的转化以及企事业单位技术、项目开发决策等提供了重要的依据，发挥了积极的作用，已经成为中国区域经济新的增长点和重点发展的支柱产业。

作为咨询主体的高素质人才在咨询过程中起决定性作用，科技咨询产业的产品质量主要取决于咨询人员的素质。从某种意义上说，咨询人员的知识和智慧是科技咨询机构最重要的财富，而对于我国的经济发展而言，为了增强我国的综合实力和中小企业的竞争力，就必须要从科技入手，打造品牌，引入、研发世界最新的高端技术，并提供相关产品和服务。

对于新三板挂牌中小企业而言，为了实现发展大计，就必须要保持与科技咨询机构的紧密联系，依赖于科技咨询机构为其提供最新的技术信息，最尖端的技术，最耐心细致的技术服务，从而使中小企业得以迅猛发展。

上新三板，股权转让或者融资不是最终目的，最终目的是借助新三板将融得或获得支持的资金再大量投资于科技研发领域，让中小企业的生产力成指数不断地递增，保持中小企业的生命力，最终缔造出足以实现上市公开发行股票的世界一流企业或行业龙头企业。

第三部分

解析新三板

第七章　中小企业挂牌新三板实务问题分析

第一节　中小企业的出资问题

一、无形资产出资瑕疵问题

根据现试行的《全国中小企业股份转让系统业务规则》的要求，股份有限公司申请股票在全国股份转让系统挂牌，不限于高新技术企业，但新三板拟挂牌企业中存在大量科技型企业，大多数科技型企业都由专业技术人员创办，设立时普遍会采用技术出资的方式，因此无形资产出资方式在科技型企业中很常见，其中相当部分企业存在无形资产出资瑕疵的情况。据了解，两家新三板公司均曾因无形资产出资不实转板遇挫，业内人士指出，这是轻资产、高科技企业的通病。

出资方式合法合规，即公司股东出资方式、程序、比例均符合公司法等相关法律法规的规定并履行了必要的程序。出资方面的问题主要体现在无形资产出资上。企业历史上如果没有验资报告，则要提供银行进账单。

关于无形资产出资的规定：以实物、知识产权、土地使用权等非货币财产出资的，应当评估作价，核实财产，明确权属，财产权转移手续办理完毕。股东用于出资的资产可以是货币，也可以是实物、知识产权、土地使用权等可以用货币估价并可以依法转让的非货币财产，对作为出资的非货币财产应当评估作价，核实财产，不得高估或者低估作价，现金出资比例不得低于注册资本的30%。关于无形资产出资的现状，目前主要存在如下问题：

1. 无形资产是否属于职务发明。如属于职务发明，则涉嫌出资不实问题，需要用现金替换无形资产出资。

2. 无形资产出资是否与主营业务相关。实践中，有些企业创始股东购买与公司主营业务无关的无形资产通过评估出资至公司，但是主营业务从未使用过该无形资产，则该等行为涉嫌出资不实，需要通过现金替换无形资产出资。

3. 无形资产出资未过户至企业。实践中，有些企业股东拿无形资产出资至公司，但是并未办理过户手续。

4. 公司设立时，如股东使用在原单位任职期间形成的技术作为出资，而该项技术出资与原单位之间存在权属纠纷。公司设立后增资时使用公司享有权利的技术作为股东增资，属于出资不实。高估无形资产价值，评估出资的无形资产价值明显过高。用于出资的无形资产对公司经营没有任何价值。

（一）无形资产出资问题的解决

出资不实是企业上市过程中的硬伤，在挂牌和上市前必须采取相应的措施予以规范解决。对于挂牌新三板而言，解决出资不实的主要措施有：

1. 关于出资不实

注册资本是公司赖以经营的物质条件，是债权人合法权益和社会交易安全的重要保证。出资不实是企业挂牌的实质性障碍，在挂牌前必须采取相应的措施予以规范解决。根据现行《公司法》和《公司注册资本登记管理规定》，股东或者发起人应当按期足额缴纳公司章程中规定的各自所认缴的出资额或者所认购的股份。依法足额缴纳其认缴的出资，不仅涉及股东权益问题，也涉及股东和公司的诚信问题。《公司法》对股东出资的方式，不仅涉及股东权益问题，也涉及股东和公司的诚信问题。《公司法》对股东出资的方式，出资作价，出资义务和责任等都有明确规定。《公司法》第八十条明确要求以发起设立方式成立的股份公司，在出资缴足前，不得向他人募集股份。

2. 对于挂牌新三板而言，解决出资不实的主要措施有：

（1）无形资产出资比例过高的问题。有些企业可能在设立当时或是增资过程中用无形资产出资的比例过高，不符合法律规定，那么在实际处理时，有几点需要注意：比如以高科技成果出资超过注册资本20%的，要按照相关要求重新取得省级以上科技部门的认定；其他无形资产出资的，在实践中如果经过每年的摊销，无形资产的比例已经低于规定比例，则只需要出具书面材料向监管部门说明；有可能的情况下，还要由推荐挂牌的保荐机构或律师事务所出具专业意见，说明该出资不实的情况对企业的资本无影响，不影响后续股东的利益，而且该无形资产对企业的发展贡献巨大。这样监管部门一般能够认可，不会成为挂牌障碍。

（2）无形资产的权利瑕疵问题。如果企业在设立时用于出资的无形资产，该股东并没有权利处分，在企业设立以后，该股东取得了其所有权或使用权，那么，只要在企业申请挂牌前，将该无形资产的权利转移给企业，且由有关验资机构出具补充验资报告，就不会对企业申请上新三板挂牌交易造成实质性影响。

（3）无形资产评估问题。如果企业设立时对出资的无形资产未作评估，或评估价格不实，那么通常采用的做法是重新由专业评估机构对无形资产进行评估，对于评估低于出资的部分，由责任股东以货币形式予以补足；评估高于出资的部分，则归公司所有。为避免日后出现纠纷，无责任股东还要同时出具免责说明书，表示不再追究出资瑕疵或出资不实的股东的责任。

（4）出资不当问题。可采用出资置换的方式用现金置换相应的不当出资。

综上所述，针对出资不实问题，一般通过补足出资的方式处理，另一种解决方式是进行减资。但是对于申请上市的企业而言，补足出资后，还要根据出资不实的部分占注册资本的比例规范运行相应的时间。针对出资不当问题，可采用出资置换的方式用现金或其他资产置换相应的不当出资。

（二）关于知识产权出资

由于申请全国中小企业股份转让系统挂牌的公司多数为高新技术企业，那么在经营过程中股东以商标、专利、专有技术等非货币性资产出资的情形也就极为普遍，从相关案例来看，申请挂牌过程中涉及的知识产权（无形资产）问题主要有以下几类：

首先，知识产权的有效性是否存在瑕疵。该问题主要表现在两个方面：一方面是发行人尚未取得相关知识产权，表现在未取得有效的权属证书；另一方面是发行人的知识产权已经过期或者失效。专利权存在的有效期限，发明专利权的期限为20年，实用新型专利权和外观设计专利权的期限为10年，均自申请日起计算。针对以上两方面的问题，其处理方式为：对于尚未取得知识产权权属证书的情况，拟挂牌公司应当将需要注册的发明创造尽早申请专利，并及时申请进行实质性审查；商标、地名等也应及时申请，以免被竞争对手或者第三方抢注，造成被动。在重组和挂牌的准备阶段，对于重要知识产权的申请应予以足够重视。对于专利失效或者商标过期的情况，也需要做好事先预防，事后补救的可能性很小。

其次，知识产权的权属不清晰。该问题主要表现在：一方面是知识产权尚未完成过户。常见情况是公司股东或者发起人以知识产权出资，或者公司从股东或者第三方购买相关知识产权，但尚未完成专利或者商标过户手续；另一方面是对知识产权的归属存在争议或潜在纠纷。典型的情况是实际控制人或控股股东用作出资或者转让给公司的知识产权有可能属于职务发明创造或者职务作品。由于职务发明创造或者职务作品的权利属于单位而非个人，则有可能导致实际用作出资的知识产权发生权属纠纷。

该类问题的处理方式有以下几个方面：

首先，对于原属于股东或者第三方不存在纠纷的知识产权，只是由于各种原因未能完成过户的，应尽快办理过户手续，公司取得相关的权属证书。如果作为出资的专利权或者商标权未完成过户，会成为挂牌审核的重大障碍。

其次，对于确实存在纠纷、知识产权已失效或者对于公司发展不具重要意义的知识产权，可以采取出资置换（实质上是变更出资方式，以现金出资取代知识产权出资）方式解决出资不实的问题。出资置换需要取得其他股东的同意并办理工商变更登记手续。

最后，对于可能属于职务发明创造或者职务作品的知识产权应要求出资者与原单位就知识产权的归属签署明确的协议或者确认函，并由出资者做出书面承诺，承诺补偿公司因此遭受的任何损失。对于股东增资的专利是否属于职务发明，中介机构需要从股东的专业背景、专利研发过程、研发周期等各个角度来解释股东的确没有利用发明人的有关资源来进行技术研发工作。我国相关法律中关于职务发明的界定是：

（1）在本职工作中做出的发明创造；

（2）履行本单位交付的本职工作之外的任务所作出的发明创造；

（3）退休，退职或者调动工作后"1年内"作出的，与其在原单位承担的本职工作有关的发明创造；

（4）主要利用本单位的物质技术条件完成的发明创造。审核人员对职务发明的关注主要存在于两种情形：①公司正在申请专利的技术是否属于职务发明，关注是不是会产生纠纷；②公司从股东或员工处无偿受让的专利是否属于职务发明，否则就是公司自己受让自己的东西，也存在产权纠纷甚至损害发行人利益潜在风险。针对以上两种情况，解释思路分为两个方面：一方面要解释这就是职务发明，所有权归公司所有，自然人承诺不会主张权利；另一方面要解释这不是职务发明，就是股东自己创造的，以此证明股东不是拿了公司的资产来出资。

在此，中介机构需要从股东的专业背景、专利研发过程、研发周期等各个角度来解释股东不存在利用发行人的有关资源来进行技术研发工作的情况，从而不构成职务发明。

二、资产完整问题

（一）房产瑕疵

虽然房产问题是企业挂牌业务中再基本不过的一个问题，但是现行法规体系中却没有一个明确的规定。从实务操作中可以看出，对于该问题的尺度还是比较宽松的，只要企业的生产经营具有固定且确定的生产经营场所，无论是自购房产还是租赁的房产都可以作为合法的生产经营场所。但是还有一些情况是行走在灰色地带的，比如购买或租赁的房子没有房产证是不是可以，租赁大股东的房子是不是可以。从现实案例来看，这样的问题也不能一概而论，也需要具体情况具体分析。

房屋建筑物一般涉及公司的生产经营的稳定性及资产的完整性，所以也是挂牌的审核重点。一般出现的瑕疵主要为：

1. 无自有房屋，主要经营场所全部或主要为租赁。对策：对主要生产场所，进行长期租赁；出租方承诺；街道办等部门出具暂且不会拆迁的证明；大股东承诺；其他地方购置土地，并取得土地使用权证。

2. 未按规定程序报建。对策：补办手续或拆除；主管规划和建设部门出具的对该等事项不予处罚的说明；拆除后对发行人的废品存储和生产经营不存在影响。

3. 部分经营场所存在搬迁风险。对策：搬迁不会对公司持续经营产生重大影响；主管部门出具证明，租赁厂房尚未列入该区改造计划，并原则上在3年内不列入改造拆迁范围；购买新地；大股东承诺。

4. 发行人租赁的前述土地属于集体建设用地未办理集体土地使用权证书。对策：村委会向发行人出具证明，确认前述租赁土地在未来5年内没有改变土地用途的计划，也没有列入政府征地规划；大股东承诺。

5. 出租方无产权证或未提供产权证明。对策：非主要经营场所，可替代性强；出租方出具了书面确认函，承诺赔偿发行人及其公司因租赁房产存在权利瑕疵而受到的任何损失；控股股东出具承诺函。

基于以上情况，如果项目中发现存在房产产权的瑕疵问题，不必过分忧虑，只要保证后续解决计划的可行性和可预期性，证监会一般会予以认可，该类问题不会成为挂牌的实质障碍。至于发行人租赁大股东房产的问题，只要不存在严重的显失公平和利益输送的情形就可以了，当然租赁期限尽量签订长一些，以保证稳定性。

综上所述，解决措施包括新建厂房（包括募集资金投资项目）、租赁厂房以及大股东承诺等，目的就是证明企业不会因为房产问题而影响正常生产经营。总结该类问题的处理思路，应该说目前企业的做法已经非常成熟且值得借鉴。

（1）由出租方和政府证明该违规房产在可预计期间内不会被拆迁。

（2）由政府出文证明该问题主要是历史原因造成的，公司不存在违规行为。

（3）积极寻找解决方案，如新建厂房、租赁合法厂房，甚至可以用募集资金来建设合法房产。

（4）大股东承诺承担可能带来的风险，保证上市公司利益不受损害。

（5）就该问题做出重大风险提示。

（6）律师和保荐机构发表核查意见。

（二）划拨土地使用权瑕疵

"国家土地管理局（1992）第1号令"《划拨土地使用权管理暂行办法》第五条规定"未经市、县人民政府土地管理部门批准并办理土地使用权出让手续，交付土地使用权出让金的土地使用者，不得转让、出租、抵押土地使用权"。1995年1月1日实施的《城市房地产管理法》第三十九条（2007年8月30日修订的《城市房地产管理法》第四十条）规定"以划拨方式取得土地使用权的，转让房地产时，应当按照国务院规定，报有批准权的人民政府审批。有批准权的人民政府准予转让的，应当由受让方办理土地使用权出让手续，并依照国家有关规定缴纳土地使用权出让金"。即划拨土地在交付土地使用权出让金前不得作价出资。

但部分拟挂牌公司因历史遗留问题确实存在股东以划拨用地作价出资的情况。严格地讲，以划拨用地出资属于一种出资不实的情形。

（三）关于土地使用权法律法规及管理制度

表 7 - 1　　　　　　　　　　　2004—2007 年相关土地使用权法规

主要参考法规	修改和颁布时间
《土地管理法》	2004 年修改
《城市房地产管理法》	2007 年修订
《物权法》	2007 年颁布
《土地管理法实施条例》	国务院 1998 年颁布
《城镇国有土地使用权出让和转让暂行条例》	国务院 1990 年颁布
《划拨土地使用权管理暂行办法》	土管局 1992 年颁布
《国有企业改革中划拨土地使用权管理暂行规定》	土管局 1998 年颁布
《土地登记办法》	国土部 2007 年颁布

主要管理制度

（1）征收出让制度

征收：包含提前收回情形。类似情况，如集体土地使用权提前收回（参见《物权法》、《土地管理法》、《城市房地产管理法》的相关规定）。

出让：使用建设土地原则上应采用出让方式，也有其他方式（参见《土地管理法》的相关规定）。

（2）使用审批制度

建设用地审批：建设用地应先申请，并取得建设项目选址意见书、建设用地规划许可证、工程规划许可证、工程施工许可证。

变更用途审批：建设占用土地涉及农用地转为建设用地的，应办理农用地转用审批手续（一般省级政府以上）。

荒地使用审批：开发荒山、荒地从事农林牧渔生产的，可依法确定给个人长期使用（县级政府以上）。

（四）土地使用权的有关问题

常见的作为经营场所的土地使用权问题：自有房产（无土地使用权）、租赁房产（无土地使用权或者审批手续不全）、租赁土地使用权（出租房一般为企业或者政府所有，状态一般是未办、在办甚至是没法办），其他不稳定状态（如可能拆迁或者被收回等）。

前述（二）划拨土地使用权瑕疵，解决思路上，适用出资不实的解决思路和方式。但实践中有的公司是通过以出让方式取得土地使用权来解决的。若拟挂牌公司股东作价出资的房地产、股权、车辆等资产，在投入拟挂牌公司时未办理产权变更手续，应该首先考虑补办产权变更手续。

上述两个问题也有其他的解决办法，包括：瑕疵资产转让；取得批文及证明（有批准权的人民政府、国资委、上级单位的批文）；股东承诺；中介机构出具意见。

三、拟挂牌企业的九大财务问题

在备战新三板的过程中，企业不仅要考虑主营业务重组、历史沿革梳理、治理结构规范、持续盈利保障等关键问题，还得重视财务问题。根据新三板挂牌的要求，参照拟上市企业IPO被否的原因分析，结合拟挂牌企业的普遍性特点，我认为主要有以下九个财务问题需要企业提前关注并解决。

（一）会计政策适用问题

拟挂牌企业在适用会计政策方面常见问题主要体现在：一方面是错误和不当适用，譬如收入确认方法模糊；资产减值准备计提不合规；长短期投资收益确认方法不合规；在建工程结转固定资产时点滞后；借款费用资本化；无形资产长期待摊费用年限；合并会计报表中特殊事项处理不当等。另一方面是适用会计政策没有保持一贯性，譬如随意变更会计估计；随意变更固定资产折旧年限；随意变更坏账准备计提比例；随意变更收入确认方法；随意变更存货成本结转方法等。对于第一类问题务必纠正和调整，第二类问题则要注重选择和坚持。

（二）会计基础重视问题

运行规范，是企业挂牌新三板的一项基本要求，当然也包括财务规范。拟挂牌企业，特别是民营企业，在会计基础方面存在两个方面的问题，一方面是有"规"不依，记录、凭证、报表的处理不够规范，甚至错误，内容上无法衔接或不够全面；另一方面是"内外"不一，由于存在融资、税务等多方面需求，普遍存在几套账情况。这不仅让企业的运行质量和外在形象大打折扣，还势必影响好企业挂牌，当然更会影响企业今后的IPO。建议严格执行相关会计准则，充分认识到规范不是成本，而是收益，养成将所有经济业务事项纳入统一的一套报账体系内的意识和习惯。

（三）内部控制提升问题

企业内部控制是主办券商尽职调查和内核时关注的重点，也是中国证券业协会等主管备案审查的机构评价的核心。从内部控制的范围来看，包括融资控制、投资控制、费用控制、盈利控制、资金控制、分配控制、风险控制等；从内部控制的途径来看，包括公司治理机制、职责授权控制、预算控制制度、业务程序控制、道德风险控制、不相容职务分离控制等。一般来说，内部控制的类型分为约束型控制（或集权型控制）和激励型控制（或分权型控制）。通常情况下，中小型企业以前者为主，规模型企业可采取后者。另外，内部控制不仅要有制度，而且要有执行和监督，并且有记录和反馈，否则仍然会流于形式，影响挂牌。

（四）企业盈利规划问题

虽然新三板挂牌条件中并无明确的财务指标要求，对企业是否盈利也无硬性规定，但对于企业进入资本市场的客观需要来说，企业盈利的持续性、合理性和成长性都显得至关重要。因此，要对企业盈利提前规划，并从政策适用、市场配套、费用分配、成本核算各方面提供系统保障。盈利规划主要包含盈利规模、盈利能力、盈利增长速度三个方面，必须考虑与资产负债、资金周转等各项财务比率和指标形成联动和统一。从真正有利于企业发展和挂牌备案的角度来看，盈利规划切忌人为"包装"，而是要注重其内在合理性和后续发展潜力的保持。

（五）资本负债结构问题

资本负债的结构主要涉及的问题有：权益资本与债务资本构成；股权结构的集中与分散；负债比例控制与期限的选择；负债风险与负债收益的控制等。以最为典型的资产负债率为例，过高将被视为企业偿债能力低、抗风险能力弱，很难满足挂牌条件，但过低也不一定能顺利通过挂牌审核，因为审批部门可能会认为企业融资需求不大，挂牌的必要性不足。因此，适度负债有利于约束代理人道德风险和减少代理成本，债权人可对当前企业所有者保持适度控制权，也更有利于企业挂牌或IPO融资。因此，基于这样的考虑，对企业的资产、负债在挂牌前进行合理重组就显得格外重要。

（六）税收方案筹划问题

税收问题是困扰拟挂牌企业的一个大问题。对于大多数中小企业来说，多采取采用内外账方式，利润并未完全显现，挂牌前则需要面对税务处罚和调账的影响。主要涉及的有土地增值税、固定资产购置税、营业收入增值税、企业所得税、股东个人所得税等项目。如果能够通过税务处罚和调账的方法解决，还算未构成实质性障碍，更多的情况是，一方面因为修补历史的处理导致税收成本增加，另一方面却因为调整幅度过大被认定为企业内控不力、持续盈利无保障、公司经营缺诚信等，可谓"得不偿失"。因此，税收规划一定要提前考虑，并且要与盈利规划结合起来。另外，在筹划中还要考虑地方性税收政策和政府补贴对企业盈利能力的影响问题。

（七）关联交易处理问题

关联交易的正面影响反映在可提高企业竞争力和降低交易成本，负面影响在于内幕交易、利润转移、税负回避、市场垄断等。因此，无论是IPO还是新三板挂牌，对于关联交易的审查都非常严格。从理想状况讲，有条件的企业最好能够完全避免关联交易的发生或尽量减少发生，但是，绝对的避免关联交易背后可能是经营受阻、成本增加、竞争力下降。因此，要辩证地看待关联交易，特别要处理好三个方面的问题，一是清楚认识关联交易的性质和范围；二是尽可能减少不重要的关联交易，拒绝不必要和不正常的关联交易；三是对关联交易的决策程序和财务处理务必要做到合法、规范、严格。

（八）员工激励衔接问题

员工激励，既是一个人力资源方面的管理问题，也是劳动关系方面的法律问题，更是一个财务问题，主要体现在：股从哪里来？股价如何定？钱从哪里来？股往何处去？业绩如何考评？行权价可否调整？会计如何入账？税收怎么征收？这些问题在企业发展初期多不被企业家所重视，或者无暇被顾及，但到了挂牌需要改制时，就自然会蜂拥而至，而往往这个时候的处理难度将瞬间加大。我们主张，企业在团队相对稳定后就应该考虑这个问题，并阶段性地设计相关法律方案和财务结构，并且预留出股份空间和资金周转余地。另外，还应该把员工激励与业绩考核、收益预测等因素有机地结合起来。

（九）素质意识提高问题

在与拟挂牌企业接触过程中，我们发现，部分企业较为规范，人员配备较为齐整，现代化财务意识相对先进，大部分企业的财务人员主要分为三种类型，一类是行政兼管型（即由办公室主任等行政人员代为处理日常账目）；二类是亲信操作型（即由企业老板的亲属和关系方担任财务人员）；三类是简单执行型（即虽由专业财务人员担任，但实际财务决策均由老板掌握），这里面有重经营轻管理的思想在作怪，更有老板紧抓财权和人权的意识在起作用，从某种意义上，这些想法都无可厚非，但如果长此以往，专业意识、现代意识、独立意识这三个财务工作的命脉将荡然无存，诸多财务问题将逐渐显现，因此，要真正解决财务的规划问题，还是要从财务人员的素质抓起，从老板的意识培养抓起。

第二节　中小企业公司治理问题概述

一、关联交易

1. 关联交易的规范

关联交易是指公司及其控股子公司与关联人之间发生的转移资源或义务的事项。包括：购买或销售商品，购买或销售除商品以外的其他资产，提供或接受劳务、代理、租赁，提供资金（包括以现金或实物形式）、担保、管理方面的合同，研究与开发项目的转移、许可协议、赠予、债务重组、非货币性交易、关联双方共同投资等形式。

发行人在提出挂牌申请之前，如果存在金额或者数量较大的关联交易，应当进行规范，通常应注意以下几点：

首先，发行人应尽量减少关联交易，制订有针对性地减少关联交易的实施方案，尤其是与关联方之间在产供销等环节的关联交易，以确保自己有独立的经营能力和盈利能力；

其次，对于无法避免的关联交易，发行人应遵循公开、公平、公正的原则，关联交易的价格或收费应不偏离市场独立第三方的公允标准；对于难以比较市场价格或定价受到限制的关联交易，应通过合同明确有关成本和利润的标准；

再次，发行人应在公司章程中对关联交易决策权力与程序做出规定，包括有关联关系股东和董事的回避与表决程序；

最后，发行人应完整地披露关联方关系，并按照重要性原则恰当地披露关联交易。

2. 关于关联交易

公司关联交易是指挂牌公司与其关联方之间相互转移资源或义务的一种商业交易行为。由于其普遍存在并具有与一般商业交易不同的特殊性，因而成为证券市场监管工作的一个重点和难点。从我国证券市场发展的历史来看，我国公司关联交易行为大部分是由体制方面的因素引起的，具体表现为三种较为典型和突出的情况：

（1）资金往来型关联交易。公司挂牌后，一方面募股资金被大股东非法占用；另一方面大股东向挂牌公司支付一定数额的资金占用费，以及日后的还债或以资产抵债（包括用商标、品牌等无形资产抵债），从而导致大股东与挂牌公司之间产生大量的关联交易。大股东占用挂牌资金的方式多种多样，包括无偿占用、往来款拖欠、从挂牌公司借款、挂牌公司为大股东的借款提供担保等，并且方式还在不断创新。

（2）资产重组型关联交易。挂牌公司关联资产重组又进一步表现为三种类型：

①公司上市后，经营出现困难，经济效益持续滑坡，大股东为了避免摘牌下市，而与挂牌公司实施大规模的关联性资产重组。②挂牌公司为了保持在行业的龙头地位，或为了迅速调整公司的产业结构和资本结构，快速提升公司的市场占有率和市场竞争力，使公司朝着更有利的方向发展，往往依靠大股东的实力，与其实施大规模的资产重组和关联性资本运作。③为了避免与母公司及兄弟公司开展同业竞争，而与母公司及兄弟公司进行关联性资产重组。

（3）母子依赖型关联交易。子公司挂牌后，与母公司存在原材料采购、产品销售、生活福利设施的享用等方面的持续性关联交易；或者子公司挂牌后，为了尽快实现与母公司在人员、资产和财务方面的"三分开"，进而实施的收购大股东的原材料生产和采购系统、产品销售系统以及办公、福利设施等关联性交易。

（4）法律及主管部门对于关联交易的态度。相关部门对于公司上市中关联交易的基本态度是减少和规范。现存的关联交易必须符合以下条件：一是实体上应符合市场化的定价和运作要求，做到交易价格和条件公允；二是在程序上必须严格遵循公司章程和相应制度的规定；三是在数量和质量上不能影响到公司的独立性。总的来说，公司应尽量减少并规范关联交易，关联交易价格应该公允。公司不应通过关联交易制造或转移利润，也不应将关联交易非关联化。对于关联方占用的公司资金，必须及时清理欠款并不得发生新的欠款。

（5）2012年3月23日，代办系统在厦门召开2012年第一次工作会议。会上，中国证券业协会（以下简称中证协）首次就新三板推荐挂牌工作中存在的问题，向61家具有推荐挂牌资格的主办券商进行通报，并重点培训尽职调查、内核、信息披露三方面注意事项。新三板尽职调查事项中，被监管层首先点名的是关联交易问题。据中证协人士介绍，关联方确认和关联交易确认有诸多常见遗漏。其举例介绍，某公司首次报送的备案文件中，没有对外籍人士、在境外交易所上市的关联公司及离岸注册的关联方进行调查和信息披露。

二、关联方的确定

（一）关联法人

根据《股份转让公司信息披露实施细则》，具有以下情形之一的法人，为公司的关联法人：（1）直接或间接地控制公司，以及与公司同受某一企业控制的法人（包括但不限于母公司、子公司、与公司受同一母公司控制的子公司）；（2）第六十四条所列的关联自然人直接或间接控制的企业。

（二）关联自然人

根据《股份转让公司信息披露实施细则》，具有以下情形之一的法人，为公司的自然人：（1）持有公司5%以上的股份的个人股东；（2）公司的董事、监事及高级管理人员；（3）本条第一、二款所述人士的亲属，包括：父母；配偶；兄弟姐妹；年满18周岁的子女；配偶的父母、子女的配偶、配偶的兄弟姐妹、兄弟姐妹的配偶。

（三）关联交易掌握的标准

具体来说，判断关联交易主要参考以下几点：

1. 公司与关联法人发生的关联交易总额在100万元以上或高于公司最近经审计净资产值的0.5%的。

2. 公司与关联自然人发生的交易金额在30万元人民币以上的关联交易。

3. 公司直接或者通过子公司向董事、监事、高级管理人员提供的借款。

4. 由公司控制或持有 50% 以上股份的子公司发生的关联交易，按公司关联交易进行披露。

5. 公司的第一大债权人、债务人之间发生的关联交易和重大事项，按公司关联交易进行披露。

6. 公司发生的关联交易涉及"提供财务资助"、"提供担保"和"委托理财"等事项时，应当以发生额作为计算标准，并按交易事项的类型在连续 12 个月内累计计算，经累计计算达到标准的，认定为重大关联交易。

7. 公司在连续 12 个月内发生的以下关联交易，应当按照累计计算的原则认定：与同一关联人进行的交易；与不同关联人进行的同一交易标的相关的交易。上述同一关联人包括与该关联人受同一主体控制或者相互存在股权控制关系的其他关联人。

（四）关联交易处理

公司在挂牌前，需根据自身情况采取以下方法处理关联交易事项，以便顺利实现挂牌。

1. 对关联交易涉及的事项进行重组。如果关联企业的业务已经融入公司完整的生产服务体系之中，可以考虑将该企业或该业务并入拟挂牌公司，使原来依靠关联方的业务转移由拟挂牌公司自身由其设立的控股子公司来完成。

2. 将产生关联交易的公司股权转让给非关联方。如果关联业务不属于拟挂牌公司的主要业务，或者盈利能力不强，则可以将该部分业务转让给无关联的第三方。转让时应注意转让价格的真实、公允和合理，不可损害拟挂牌公司的利益。正常情况下，已持续经营的业务或资产不鼓励进行剥离。特别要防止虚假的关联交易"非关联化"。

3. 对关联企业进行清算和注销。如果关联企业已经停止经营、未实际经营或者其存在可能对拟挂牌公司产生障碍或不良影响，则可考虑将该关联企业进行清算、注销。

4. 对于无法避免的其他关联交易，应当做到定价公允、决策程序合规、信息披露规范。首先，关于决策程序合规方面，拟挂牌公司应当依据相关法律法规制定《章程》、《关联交易决策管理办法》等公司治理文件确定关联交易的决策程序，严格依照该程序进行决策。其次，关于定价公允方面，关联交易应当签订书面协议，明确关联交易的定价政策。关联交易定价可参照交易所上市公司关联交易实施指引的原则执行，具体如下：交易事项实行政府定价的，可以直接适用该价格；交易事项实行政府指导价的，可在政府指导价的范围内合理确定交易价格；除实行政府定价或政府指导价外，交易事项有可比的独立第三方的市场价格或收费标准的，可以有限参考该价格或标准确定交易价格；关联事项无可比的独立第三方市场价格的，交易定价可以参考关联方与独立于关联方的第三方发生的非关联交易价格确定；既无独立第三方的市场价格，也无独立的非关联交易价格可供参考的，可以合理构成价格作为定价的依据，构成价格为合理成本费用加合理利润。最后，对关联交易事项的披露应该做到真实、准确和完整。

三、同业竞争

所谓同业竞争，是指发行人的控股股东、实际控制人及其控制的其他企业从事与发行人相同、相似的业务，从而使双方构成或可能构成直接或间接的竞争关系。

从竞争的一般意义来讲，企业之间存在竞争是市场条件下促进经济和进步的重要原因，但由于挂牌企业与其控股股东之间存在特殊的关系，如果两者之间构成直接或间接的竞争关系，不仅不利于整个社会竞争的有序进行，而且还有可能出现控股股东利用控制与从属关系进行各种内部活动和安排，从而不仅损害国家的利益而且还可能做出有损于上市公司利益的决定，并进而侵害其他股东，特别是中小股东的权益。

在具有同业竞争的两家公司之间，尤其是具有控制与被控制关系的两家公司之间，控股股东或实际控制人可以任意转移业务与商业机会，这样很容易损害被控制公司的利益。所以，为维护上市公司本身和以中小股东为主的广大投资者的利益，很多国家的资本市场对同业竞争都实行严格的禁止。

我国《公司法》第一百四十九条第一款第（五）项规定："未经股东会或者股东大会同意，董事、高级管理人员不得利用职务便利为自己或者他人谋取属于公司的商业机会，自营或者为他人经营与所任职公司同类的业务。"对同业竞争严厉禁止。同时，与证券发行相关的法律法规也都把发行人与控股股东、实际控制人及其控制的其他企业之间不存在同业竞争是企业上市或者挂牌的基本条件之一。

同业竞争主体的判断，应从实际控制角度来划分，第一类包括公司的第一大股东、通过协议或公司章程等对企业财务和经营政策有实际控制权力的股东、可以控制公司董事会的股东、与其他股东联合可以共同控制公司的股东；第二类包括上述股东直接或间接控制的公司，也就是拟挂牌公司的并行子公司。

同业竞争内容的判断，不仅局限于从经营范围上做出判断，而应遵循"实质重于形式"的原则，从业务的性质、业务的客户对象、产品或劳务的可替代性、市场差别等方面进行判断，同时应充分考虑对拟上市企业及其股东的客观影响。但是，一般情况下，如果两者的业务相同，如无特殊情况，就直接认定为存在同业竞争。"同业不竞争"的说法除非有充分有力的证据予以证明（比如有不同的客户对象，有不同的市场区域，存在明显的市场细分差别，而且该市场细分是客观的，不会产生实质性同业竞争等），否则一般很难得到主管部门的认可。

证券发行监管部门在判断拟发行人与竞争方之间是否存在同业竞争时，通常会关注以下几方面的内容：

①考察产品或者服务的销售区域或销售对象。若存在销售区域地理距离远、销售对象不同等因素，即使同一种产品或者服务，也可能不发生业务竞争及利益冲突。②如存在细分产品，可考察产品生产工艺是否存在重大差异。若拟发行人与竞争方的产品同属于某一大类行业，但又存在产品细分情形，则两者之间的生产工艺也将可以成为考察是否存在同业竞争的重要方面。③考察发行人所在行业的特点和业务方式。有时在具体个案中，监管部门也会结合发行人所在行业的行业特点和业务运作模式来具体判断是否构成同业竞争。

在通常情况下，同业竞争的形成与未进行"完整性重组"有直接关系，在公司改制时，发起人未能将构成同业竞争关系的相关资产、业务全部投入股份公司，最终导致股份公司现有的经营业务与控股股东形成竞争关系。大型国有企业、跨国集团以及民营企业作为主要发起人的情形下，比较容易出现同业竞争的问题。

关于同业竞争，法律和主管部门关于同业竞争的基本态度是：在具有同业竞争的两家公司之间，尤其是具有控制与被控制关系的两家公司之间，控股股东或实际控制人可以任意转移业务与商业机会，这样很容易损害被控制公司的利益。所以，为维护上市公司和以中小股东为主的广大投资者的利益，很多国家的资本市场对同业竞争都实行严格的禁止。发行人与控股股东、实际控制人及其控制的其他企业质检部存在同业竞争是企业挂牌的基本条件之一。

关于同业竞争认定的具体把握，我们主要可以从以下两个方面来着手：

（一）发行人与关联方之间是否存在同业竞争

1. 需调查的主体

需要注意的是，《公开发行证券公司信息披露的编报规则第 12 号》中关于同业竞争采用的是"发行人与关联方之间"是否存在同业竞争，即使用了"关联方"的概念，而如前面关于关联交易部分中所述，"关联方"的范围相当广泛。而《首次公开发行股票并上市管理办法》以及《公开发行证券的公司信息披露内容与格式准则第 1 号——招股说明书》（证监发行字［2006］5 号）、《公开发行证券的公司信息披露内容与格式准则第 9 号——首次公开发行股票并上市申请文件》（证监发行字［2006］6 号）、《保荐人尽职调查工作准则》（证监发行字［2006］15 号）中，规定的同业竞争的主体为发行人与控股股东、实际控制人及其控制的其他企业。

2. 需调查的业务

因为没有直接的、明确的同业竞争认定标准，因此在认定是否构成同业竞争时应本着实质重于形式的原则进行认定。一般情况下，如果两者的业务相同，如无特殊情况，就直接认定为存在同业竞争。因此，"同业不竞争"的说法除非有充分有力的证据予以证明（比如有不同的客户对象，有不同的市场区域，存在明显的市场细分差别，而且该市场细分是客观的，不会产生实质性同业竞争等），否则一般很难得到主管部门的认可。

就"同业不竞争"的问题，从实践经验来看，证券发行监管部门在判断拟发行人与竞争方之间是否存在同业竞争时，通常会关注以下几方面的内容：首先，考察产品或者服务的销售区域或销售对象。若存在销售区域地理距离远、销售对象不同等因素，即使是同一种产品或者服务，也可能不发生业务竞争及利益冲突。其次，如存在细分产品，可考察产品生产工艺是否存在重大差异。若拟发行人与竞争方的产品同属于某一大类行业，但又存在产品细分情形，则两者之间的生产工艺也将可以成为考察是否存在同业竞争的重要方面。最后，考察发行人所在行业的特点和业务方式。有时在具体个案中，监管部门也会结合发行人所在行业的行业特点和业务运作模式来具体判断是否构成同业竞争。

（二）有关方面是否已采取有效措施或承诺采取有效措施避免同业竞争

鉴于监管部门对公司同业竞争非常关注，公司必须在申请挂牌前彻底解决同业竞争问题。同时，有关主体还需要根据具体情况就避免同业竞争作出妥善处理。

实践表明，解决同业竞争问题的最好方式就是在企业重组过程中，对公司的业务进行合理重组并选择合适的控股股东。

1. 通过业务重组避免同业竞争。简单地说，同业竞争就是相同业务之间的竞争，只不过是此相同业务必须是特定当事人之间的业务而已，因此，避免同业竞争可以通过调整特定当事人之间的业务实现。具体地说，首先必须确定挂牌公司的生产经营业务范围，然后将挂牌公司控股股东本身及其关联的与挂牌公司生产经营业务性质相同的经营机构的资产全部投入到挂牌公司中；如果不能全部投入，则由控股股东将该部分与挂牌公司的业务具有相同性质的资产转让给其他企业（通常是与挂牌公司没有关联关系的企业），以使控股股东与挂牌公司之间不再存在任何竞争关系。

2. 通过选择合适的控股股东以避免同业竞争。企业在重组过程中对于股权的设定有不同的情况，虽然国有资产在本质上讲所有权属于国家，国有企业改组为股份公司的过程中，控股股东必然是国家，但是国有股的实际持有人从持股单位的性质上可以分为国家股和国有法人股两类。国家股股权的持有单位的级别一般较高，可以是国有资产管理部门，也可以是有权代表国家投资的部门和机构等。法人股的股权则由向挂牌公司出资的国有企业直接拥有。在这种情况下，由于作为控股股东的国有企业本身规模不大，下属的企业少，控股股东及其所属企业与挂牌公司之间构成同业竞争的概率也就相对较少，调整起来就比较容易。所以，通过选择不同的企业重组方案，确定不同的持股单位，可以达到避免同业竞争的目的。

3. 由控股股东做出避免或尽量避免同业竞争承诺。有些业务之间是否存在同业竞争，其判断标准并不是绝对的，而且即使在业务重组过程中已经采取了尽量避免同业竞争的方案，但随着控股股东今后业务的进一步发展，出现同业竞争的可能性也依然很大。在控股股东保留部分业务和资产的情况下，同业竞争的现象更难避免。实践中，为了防止这种现象的发生，使挂牌公司在同业竞争问题上符合有关法律的规定并顺利挂牌，通常采取由控股股东出具承诺函的方式实现此目的。控股股东的承诺主要包括以下内容：（1）在挂牌公司成立后，将优先推动该挂牌公司业务的发展。（2）将其与挂牌公司存在竞争的业务限制在一定的规模之内。（3）在可能与挂牌公司存在竞争的业务领域中出现新的发展机会时，给予挂牌公司优先发展权。

四、主体资格问题

（一）设立程序合法合规，即拟申请挂牌企业在最初设立以及后期改制为股份有限公司时要注意严格按照《公司法》、《公司登记管理条例》等相关法律法规的规定进行，履行必要的验资、资产评估、审计等法律法规以及规范性文件规定的法定程序。

特别提醒对涉及国有股权或者国有资产的审批、资产评估等相关问题。

外商投资企业的设立是否履行了必要的主管部门批复文件，同时要求券商、律师出具批复的部门有权出具该类文件进行确认。

（二）股东适格，即要求公司的股东不存在相关法律法规规定不得或限制成为企业股东的情形。如公务员、国有企业领导人员、证券公司从业人员、职工持股会和工会、事业单位（大学、研究所）、县以上妇联、共青团、文联以及各种协会、基金会、会计师事务所、审计师事务所、资产评估机构、律师事务所、外商投资性公司或者个人。

顾问律师对公司间接持有公司股权的境外公司或个人进行了详细说明，并就公司的业务领域与《外商投资产业指导目录（2011年修订）》进行逐一比对，详细论证了外资股东投资该公司不属于限制投资或再投资的业务领域。

有外籍股东未申请设立外商投资企业，公司设立时股东系外籍进行规范，外籍股东退出，工商部门出具说明，股东出具承诺。

中介律师对职工持股会形成、演变、退出过程进行了详细说明，并就退出过程是否存在纠纷或潜在纠纷出具结论性意见，认为持股会是特定历史过程的产物，符合当时的法律法规及相关政策规定，其演变及退出过程合法有效。公司符合《全国中小企业股份转让系统业务规则（试行）》第二章第 2.1 条第（四）款股权明晰、股份发行转让合法合规的挂牌条件。

对于国有资产出资的来源以及国有股权退出的相关程序，中介律师对公司的历史、公司历史上的两次增资和国有股权退出的详细情况进行说明，并就上述程序是否符合《企业国有资产监督管理暂行条例》进行了论证，认为国资委对辖区内的国有资产管理和转让相关事宜进行确认，其主体是适格的。

五、新三板挂牌决策企业负责人应知道的八项注意

（一）主营业务要突出

通常情况下，公司的主营业务收入应当占总收入的 70% 以上，主营业务利润应当占利润总额的 70% 以上。比如软件开发为主营业务的企业，旗下有从事文化传媒的小规模子公司，这些子公司与公司的主营业务并没有紧密联系，应当对其进行重组，使公司集中于主业。

资产重组一般遵循以下原则：

1. 符合公开、公平、公正原则，如重组的资产一定要有第三方机构进行评估，出具评估报告书；

2. 符合现行有关法律、法规原则，如《资产重组方案》要股东大会审议通过；

3. 有利于公司形成清晰的业务发展战略目标，合理配置存量资源；

4. 有利于突出公司主营业务，形成核心竞争力；

5. 有利于提高公司盈利能力和持续发展能力。

（二）同业竞争要处理

具体关注内容包括：同一实际控制人之下是否存在与拟挂牌企业同业竞争的企业；公司高级管理人员是否兼任实职，财务人员是否在关联企业中兼职；公司改制时，发起人是否将构成同业竞争关系的相关资产、业务全部投入股份公司。

有三种方式在解决同业竞争时经常为企业所用：

1. 以股权转让的方式将同业竞争公司转为拟挂牌企业的子公司；

2. 注销同业竞争公司，这种情况多发生在同一实际控制人之下有两个或两个以上同业竞争企业，注销其余同业竞争企业不对实际控制人产生影响；

3. 拟挂牌企业回购同业竞争公司的业务和资产。此外，根据具体企业情况，以协议买断销售、以市场分割协议解决和充分论证同业但不竞争等方式也可解决同业竞争问题。

（三）持续经营有保障

虽然新三板挂牌条件中并无明确的财务指标要求，对企业是否盈利也无硬性规定，但企业的持续经营要有保障，即企业经营模式、产品和服务没有重大变化，在所处的细分行业有很好的发展前景。要解决这一问题可以从三方面入手：一是委托专业的咨询机构对产品进行合理定义；二是业务要配合专利申请、知识产权保护、专家鉴定等活动，特别是要把有针对性的技术资料作为补充材料提供给监管机构，尤其是技术的未来趋势及可替代性技术优劣势的分析；最后，行业数据推理过程要清晰，要有翔实的调研工作底稿。

（四）高新技术企业身份要真实

拟挂牌新三板的高新技术企业认定容易在研发费用占比和研发人员占比两个方面出现问题，《高新技术企业认定管理办法》规定指出，年销售收入在2亿元以上的企业，要申请高新技术企业，最近一年研究开发费用总额占销售收入总额不低于3%；最近一年销售收入在5 000万元至2亿元的企业，比例不低于4%；最近一年销售收入小于5 000万元的企业，比例不低于6%。同时，在《高新技术企业认定管理办法》中有一项明确规定：具有大学专科以上学历的科技人员占企业当年职工总数的30%以上，其中研发人员占企业当年职工总数的10%以上。

（五）资金占用要尽早解决

许多中小民营企业在发展初期都存在"公司个人不分"的问题，即公司的资产、账户与个人的财产、账户有一定的混用现象。对于拟挂牌企业与关联方的资金拆借、资金占用问题，关键是尽早规范，不将问题带到以后的挂牌公司。重组、以股利冲抵、转为委托贷款等措施都是极为有效的解决办法。

（六）财务处理要真实

财务数据直接反映了企业的经营业绩。企业应在尊重客观事实的基础上尽可能给出合理解释。例如，如果企业的原材料价格受国际市场影响较大，则对企业运营而言是一种很大的不确定性，但如果企业能对自己的风险转移能力给出有说服力的论证，则"原材料价格波动大"不但不会对企业经营业绩带来负面影响，反而体现了企业的一种竞争优势。另外，公司的销售费用率大幅低于同行业，公司的流动比率较同行业公司高，而资产负债率较同行业低等问题，主管部门都会要求企业做出合理的解释。

（七）股权激励要规划

对于企业而言，人才是核心竞争力。仅靠高工资留住人才的做法一方面成本较高，另一方面也无法应对同行业已上市公司的股权诱惑。但股权激励是一个系统工程，涉及管理、法律和财务等方面的问题，如果没有提前规划，诸如稀释多少股权？如何定价？与业绩如何挂钩？会计如何入账？这些问题在挂牌改制时会接踵而至，而此时再处理的难度会加大。在具体的操作上，首先，要精选激励对象，股权激励要在战略高度上给予人才足够的重视，以期激励对象为公司的发展作出重大贡献；其次，激励股份要分期授予，每期分别向激励对象授予一定比例的股权；再次，作为附加条件，激励对象每年必须完成相应的考核指标，并设置好完不成目标、严重失职等情况下的股权处理意见；最后，对于考核指标，公司也需制定详细、明确的书面考核办法。

（八）企业运作需规范

中小企业容易在生产经营不规范、资产权属、环保、税务、"五险一金"等方面出现问题。如公司变更为股份有限公司时，未按要求进行验资，导致注册设立存在瑕疵；租用的厂房产权手续不完善，其生产基地租赁方尚未取得合法的土地使用证和房产证；连续因环保项目违规，遭到项目所在环保部门的处罚；采用内外账方式，利润并未完全显现，挂牌前面临税务处罚和调账；在报告期内按当地社保缴纳基数下限给员工缴纳社保，而非法律规定的实际工资，并且未严格执行住房公积金管理制度。出现这样的问题，企业一定要明白：彻底解决问题、切实规范运作才是根本，才是万全之策。

第三节　中小企业新三板挂牌主要法律问题及解决方案

一、公司成立两年的计算方法

1. 存续两年是指存续两个完整的会计年度。

2. 根据《中华人民共和国会计法》（1999 年修订），会计年度自公历 1 月 1 日起至 12 月 31 日止。因此两个完整的会计年度实际上指的是两个完整的年度。

有限责任公司按原账面净资产值折股整体变更为股份有限公司的，存续时间可以从有限责任公司成立之日起计算。整体变更不应改变历史成本计价原则，不应根据资产评估结果进行账务调整，应以改制基准日经审计的净资产额为依据折合为股份有限公司股本。申报财务报表最近一期截止日不得早于改制基准日。

审计报告的有效期为 6 个月，特殊情况可以延长 1 个月。改制基准日和申报基准日的时间节点通常为月末最后一天。

二、改制时资本公积、未分配利润转增股本税务问题

1. 改制动用资本公积的问题

大部分情况下的改制，公司注册资本都会有所提高，由于动用盈余公积和

未分配利润转增需要缴纳所得税，公司通常更愿意用资本公积转增股本。但需要注意的是，并非所有资本公积都可以转增股本，通常只有"资本溢价"可以转增股本，而像资产评估增值记入的"其他资本公积"、"股权投资准备"，以及"接收捐赠资产"、"外币资本折算差额"等则不可以转增股本。

2. 改制时所得税缴纳问题

改制时，资本公积、盈余公积及未分配利润转增股本按以下情况区别纳税：

（1）自然人股东

资本公积转增股本时不征收个人所得税；

盈余公积及未分配利润转增股本时应当缴纳个人所得税。

（2）法人股东

资本公积转增股本时不缴纳企业所得税；

盈余公积及未分配利润转增股本虽然视同利润分配行为，但法人股东不需要缴纳企业所得税；但是如果法人股东适用的所得税税率高于公司所适用的所得税税率时，法人股东需要补缴所得税的差额部分。

三、亏损公司是否可以改制并在新三板挂牌转让

根据《公司法》第九十五条规定，"有限责任公司变更为股份有限公司时，折合的实收股本总额不得高于公司净资产额"。

公司股改时，股东出资已经全部缴纳，注册资本等于实收资本。

净资产低于实收资本的，需要：

（1）减资或者股东通过；

（2）溢价增资；

（3）捐赠（税务问题）的方式弥补。

关于净资产折股方法，除《公司法》第九十五条的规定，相关法规并没有对净资产折股比例作出规定，实践中，股改折股比例高于1:1（1元以上净资产折1股）。

四、未成年人可否成为公司股东问题

《国家工商行政管理总局关于未成年人能否成为公司股东问题的答复》（工商企字〔2007〕131号）：

《公司法》对未成年人能否成为公司股东没有作出限制性规定。因此，未成年人可以成为公司股东，其股东权利可以由法定代理人代为行使。

五、公司以自有资产评估调账转增股本问题

《企业会计制度》（财会〔2000〕25号）第11条第（10）项："企业的各

项财产在取得时应当按照实际成本计量。其后，各项财产如果发生减值，应当按照本制度规定计提相应的减值准备。除法律、行政法规和国家统一的会计制度另有规定者外，企业一律不得自行调整其账面价值。"

《国有资产评估管理办法施行细则》第50条："国有资产行政主管部门确认的净资产价值应作为国有资产折股和确定各方股权比例的依据。注册会计师对准备实行股份制企业的财务和财产状况进行验证后，其验证结果与国有资产行政主管部门确认的资产评估结果不一致需要调整时，必须经原资产评估结果确认机关同意。"

处理方案：

例1：晨光生物——国有土地使用权评估增值部分，作为重大会计差错追溯调整计入其他应收款中应收股东的款项。股东按照出资比例用现金补足。

例2：皖通科技——公司以自有无形资产评估增值，全体股东按比例共享，无形资产已经摊销完毕，公司的净资产已由未分配利润予以充实。

六、企业改制重组有关契税、营业税、土地增值税处理

1. 财政部、国家税务总局《关于自然人与其个人独资企业或一人有限责任公司之间土地房屋权属划转有关契税问题的通知》（财税〔2008〕142号）

2. 财政部、国家税务总局《关于企业事业单位改制重组契税政策的通知》（财税〔2012〕4号）

3.《关于纳税人资产重组有关营业税问题的公告》（国家税务总局公告2011年第51号）

4. 财政部、国家税务总局《关于土地增值税一些具体问题规定的通知》（1995年5月25日，财税字〔1995〕48号）

（1）对于以房地产进行投资、联营的，投资、联营的一方以土地（房地产）作价入股进行投资或作为联营条件，将房地产转让到所投资、联营的企业中时，暂免征收土地增值税。对投资、联营企业将上述房地产再转让的，应征收土地增值税。

（2）在企业兼并中，对被兼并企业将房地产转让到兼并企业中的，暂免征收土地增值税。

七、企业改制重组有关个人所得税处理

《关于股权转让所得个人所得税计税依据核定问题的公告》（2010年第27号），自然人转让所投资企业股权（份）（以下简称股权转让）取得的所得，按照公平交易价格计算并确定计税依据。

计税依据明显偏低且无正当理由的，主管税务机关可采用本公告列举的方

法核定。

正当理由，是指以下情形：

（1）所投资企业连续三年以上（含三年）亏损；

（2）因国家政策调整的原因而低价转让股权；

（3）将股权转让给配偶、父母、子女、祖父母、外祖父母、孙子女、外孙子女、兄弟姐妹以及对转让人承担直接抚养或者赡养义务的抚养人或者赡养人；

（4）经主管税务机关认定的其他合理情形。

八、企业改制重组有关股权支付特殊税务处理

1. 《财政部、国家税务总局关于企业重组业务企业所得税处理若干问题的通知》（财税〔2009〕59号）

2. 《国家税务总局关于发布〈企业重组业务企业所得税管理办法〉的公告》（国家税务总局公告 2010 年第 4 号）

以股权收购方式收购企业购买的股权不低于被收购企业全部股权的75%、收购企业在该股权收购发生时的股权支付金额不低于其交易支付总额的85%且符合上述条件的，交易各方对其交易中的股权支付部分，可以选择按以下规定进行特殊性税务处理：

（1）被收购企业的股东取得收购企业股权的计税基础，以被收购股权的原有计税基础确定；

（2）收购企业取得被收购企业股权的计税基础，以被收购股权的原有计税基础确定；

（3）收购企业、被收购企业的原有各项资产和负债的计税基础和其他相关所得税事项保持不变。

九、国有土地使用权取得问题、集体建设用地、集体土地问题

根据国务院 2006 年 8 月 31 日发布的《关于加强土地调控有关问题的通知》（国发〔2006〕31 号）规定，工业用地必须走"招拍挂"程序。

2006 年 8 月 31 日之后，通过协议出让方式取得国有土地使用权的仅限于《国土资源部、监察部关于进一步落实工业用地出让制度的通知》（国土资发〔2009〕101 号）的规定，按以下几种方式处理：

（1）由于城市规划调整、经济形势发生变化、企业转型等原因，土地使用权人已依法取得的国有划拨工业用地补办出让、国有承租工业用地补办出让，符合规划并经依法批准，可以采取协议方式。

（2）政府实施城市规划进行旧城区改建，需要搬迁的工业项目符合国家产业政策的，经市、县国土资源行政主管部门审核并报市、县人民政府批准，收

回原国有土地使用权，以协议出让或租赁方式为原土地使用权人重新安排工业用地。拟安置的工业项目用地应符合土地利用总体规划布局和城市规划功能分区要求，尽可能在确定的工业集中区安排工业用地。

因此，对于2006年8月31日之后，企业取得的国有土地使用权必须是通过招拍挂方式，否则属于违法所得。

十、代验资问题

实践中，有些公司在创业初期存在找中介公司进行代验资的情形，也有一些从事特殊行业的公司，相关法律规定注册资本达到一定的标准才可以从事某些行业或者可以参与某些项目的招投标而找中介公司进行代验资的情形。该等情形涉嫌虚假出资，大部分企业在财务上处理该等问题时，验资进来的现金很快转给中介公司提供的关联公司，而拟挂牌公司在财务报表上以应收账款长期挂账处理。该等情况的解决方案，一般是公司股东找到相关代验资的中介，由股东将曾经代验资的款项归还给该中介，并要求中介机构将公司目前挂的应收账款收回。如果拟挂牌公司已经将代验资进来的注册资本通过虚构合同的方式支付出去，或者做坏账销掉，则构成虚假出资。该等情形，中介机构需要慎重处理，本着解决问题，规范公司历史上存在的法律瑕疵，在公司没有造成损害社会及他人利益的情况下，公司应当根据中介机构给出的意见进行补足，具体应当以审计师给出的意见做财务处理。

十一、国有股权的转让

（一）法律依据

主要有：《企业国有资产法》、《企业国有产权转让管理暂行办法》、《企业国有资产评估管理暂行办法》、《事业单位国有资产管理暂行办法》、《教育部直属高等学校、直属单位国有资产管理工作规程（暂行）》。

1. 企业国有资产，是指国家对企业各种形式的出资所形成的权益；

2. 国家出资企业，是指国家出资的国有独资企业、国有独资公司，以及国有资本控股公司、国有资本参股公司。

（二）国有股投资的决策程序问题

《企业国有资产法》第三十条规定："国家出资企业合并、分立、改制、上市，增加或者减少注册资本，发行债券，进行重大投资，为他人提供大额担保，转让重大财产，进行大额捐赠，分配利润，以及解散、申请破产等重大事项，应当遵守法律、行政法规以及企业章程的规定，不得损害出资人和债权人的权益。"第三十三条规定："国有资本控股公司、国有资本参股公司有本法第三十条所列事项的，依照法律、行政法规以及公司章程的规定，由公司股东会、股东大会或者董事会决定。"

《企业国有资产监督管理暂行条例》第二十八条规定："国有资产监督管理机构可以对所出资企业中具备条件的国有独资企业、国有独资公司进行国有资产授权经营。被授权的国有独资企业、国有独资公司对其全资、控股、参股企业中国家投资形成的国有资产依法进行经营、管理和监督。"

（三）国有股权转让基本程序

《企业国有资产法》：国有企业、国有控股企业及其各级子企业涉及的资产评估，非国有控股企业涉及企业国有股权变动的资产评估，应进行评估核准或备案。

国有股权转让既涉及国有资产监管的特别规定，又要符合《公司法》关于股权转让的规定，根据《中华人民共和国公司法》、《企业国有资产监督管理暂行条例》、《企业国有产权转让管理暂行办法》以及国有股权向管理层转让等规定和相应产权交易机构的交易规则的规定，对于转让方而言，国有股权交易可以分为以下几个步骤。

1. 初步审批

转让方就本次股权转让的数额、交易方式、交易结果等基本情况制订《转让方案》，申报国有产权主管部门进行审批，在获得同意国有股权转让的批复后，进行下一步工作。

2. 清产核资

由转让方组织进行清产核资（转让所出资企业国有产权导致转让方不再拥有控股地位的，由同级国有资产监督管理机构组织进行清产核资），根据清产核资结果编制资产负债表和资产移交清册。

3. 审计评估

委托会计师事务所实施全面审计，在清产核资和审计的基础上，委托资产评估机构进行资产评估（评估报告经核准或者备案后，作为确定企业国有股权转让价格的参考依据）。

4. 内部决策

转让股权所属企业召开股东会就股权转让事宜进行内部审议（如果采取协议转让方式，应取得国有资产主管部门同意的批复，转让方和受让方应当草签转让合同，并按照企业内部决策程序进行审议），形成同意股权转让的决议、其他股东放弃优先购买权的承诺。涉及职工合法权益的，应当听取职工代表大会的意见，并形成职工代表大会同意转让的决议。

5. 申请挂牌

选择有资格的产权交易机构，申请上市交易，并提交转让方和被转让企业法人营业执照复印件、转让方和被转让企业国有产权登记证、被转让企业股东会决议、主管部门同意转让股权的批复、律师事务所的法律意见书、审计报告、资产评估报告以及交易所要求提交的其他书面材料。

6. 签订协议

转让成交后，转让方和受让方签订股权转让合同，取得产权交易机构出具的产权交易凭证。

7. 审批备案

转让方将股权转让的相关文字书面材料报国有产权主管部门备案登记。

8. 产权登记

转让方和受让方凭产权交易机构出具的产权交易凭证以及相应的材料办理产权登记手续。

9. 变更手续

交易完成，标的企业修改《公司章程》以及股东名册，到工商行政管理部门进行变更登记。

（四）未履行国有股权转让程序的后果

《企业国有资产评估管理暂行办法》应当评估而未评估的由国有资产监督管理机构通报批评并责令改正，必要时可依法向人民法院提起诉讼，确认其相应的经济行为无效。

转让方、转让标的企业不履行相应的内部决策程序、批准程序或者超越权限、擅自转让企业国有产权的，以及未在产权交易机构中进行交易的，国有资产监督管理机构或者企业国有产权转让相关批准机构应当要求转让方终止产权转让活动，必要时应当依法向人民法院提起诉讼，确认转让行为无效。

十二、无形资产出资问题

（一）出现情形

1. 无形资产是否属于职务成果或职务发明

如果属于股东在公司任职的时候形成的，无论是否以专利技术或者非专利技术出资，股东都有可能涉嫌利用公司提供物质或者其他条件完成的该等职务成果（职务发明），该等专利技术或者非专利技术应当属于职务成果（职务发明），应当归属于公司。

2. 无形资产出资是否与主营业务相关

实践中，有些企业为了申报高新技术企业，创始股东与大学合作，购买与公司主营业务无关的无形资产通过评估出资至公司，或者股东自己拥有的专利技术或者非专利技术后来由于种种原因，虽然评估出资至公司，但是公司后来主营业务发生变化或者其他原因，公司从来没有使用过该等无形资产，则该等行为涉嫌出资不实，需要通过减资程序予以规范。

3. 无形资产出资是否已经到位

实践中，有些企业股东以无形资产出资至公司，但是后续并未办理资产过户手续，该等情形一般可根据中介机构的意见在股改前整改规范即可。

（二）无形资产出资瑕疵规范

如果职务成果或者职务发明已经评估、验资并过户至公司，此种情况下，一般的做法是通过减资程序规范，财务上将已经减掉的无形资产做专项处理，并将通过减资置换出来的无形资产无偿赠送给公司使用，但是此种情况下，该等无形资产研发费用不能计提。

需要注意的是，实践中，有些地方工商登记部门允许企业通过现金替换无形资产出资，以处理无形资产出资不规范问题。但是大部分工商登记部门因为法律上没有相关规定，拒绝公司通过现金置换无形资产出资的方案。减资是公司法允许的方案，工商登记部门容易接受，但是不能进行专项减资，即专项减掉无形资产，会计师可以在减资的验资报告中进行专项说明公司本次减资的标的是无形资产。

十三、股权代持、股权转让瑕疵问题

股权不明晰比较常见的有股权代持、历次股权转让中可能存在的诉讼等。

股权代持的核查首先要从公司股东入手，向股东说明相关法律法规的规定，明确股权代持对公司上新三板挂牌转让的法律障碍，说明信息披露的重要性，阐述虚假信息披露被处罚的风险，说明诚信在资本市场的重要性。

如果股东能够自己向中介机构说明原因，一般情况下，中介机构可以根据股东的说明进一步核查，提出股权还原的解决方案。

核查中需要落实是否签署了股权代持协议，代持股权时的资金来源，是否有银行流水，代持的原因说明，还原代持时应当由双方出具股权代持的原因，出资情况，以及还原后不存在任何其他股权纠纷、利益纠葛。如果股东未向中介机构说明，中介机构自行核查难度较高，但还是可以通过专业的判断搜索到一些蛛丝马迹的，如该股东是否在公司任职，是否参加股东会，是否参与分红，股东是否有资金缴纳出资，股东出资时是否是以自有资产出资，与公司高级管理人员访谈，了解股东参与公司管理的基本情况等[①]。

十四、职工持股会清理问题

（一）解决程序

1. 职工持股会召开理事会，作出关于同意会员转让出资（清理或解散职工

---

① 来源：纳税服务网。

持股会）的决议；

2. 职工持股会召开会员代表大会，作出关于同意会员转让出资（清理或解散职工持股会）的决议；

3. 转让出资的职工与受让出资的职工或投资人签署《出资转让协议》；

4. 受让出资的职工或其他投资人支付款项。

（二）职工持股会清理的难点

1. 职工持股会人数众多，一一清理，逐一签署确认函或者进行公证，难度较大；

2. 部分职工思想和认识不统一，不愿意转让出资；

3. 部分职工对于出资转让价格期望值较高；

4. 拟挂牌公司在历史上未按照公司章程发放红利，职工对公司的做法有意见，不愿意配合；

5. 职工持股会人员因工作调动、辞退、死亡等原因变动较大，难以取得其对有关事项的确认或承诺；

6. 部分职工与拟挂牌公司存在法律纠纷，不愿意配合职工持股会的清理。

（三）相关案例

章丘鼓风机职工持股会清理、绿地集团职工持股会清理方案。

职工持股会历次股权转让和职工持股会清理过程中，股权转让履行的决策程序，股权转让价格是否合理，职工持股会的清理过程是否合法合规，股权转让是否真实、自愿，是否存在纠纷或潜在纠纷。

十五、关联方的认定

1. 一方控制、共同控制另一方或对另一方施加重大影响，以及两方或两方以上同受一方控制、共同控制或重大影响的，构成关联方。

控制，是指有权决定一个企业的财务和经营政策，并能据此从该企业的经营活动中获取利益。

（1）共同控制，是指按照合同约定对某项经济活动所共有的控制，仅在与该项经济活动相关的重要财务和经营决策需要分享控制权的投资方一致同意时存在。

（2）重大影响，是指对一个企业的财务和经营政策有参与决策的权力，但并不能够控制或者与其他方一起共同控制这些政策的制定。

2. 下列各方构成企业的关联方：

（1）该企业的母公司。

（2）该企业的子公司。

（3）与该企业受同一母公司控制的其他企业。

（4）对该企业实施共同控制的投资方。

（5）对该企业施加重大影响的投资方。

（6）该企业的合营企业。

（7）该企业的联营企业。

（8）该企业的主要投资者个人及与其关系密切的家庭成员。主要投资者个人，是指能够控制、共同控制一个企业或者对一个企业施加重大影响的个人投资者。

（9）该企业或其母公司的关键管理人员及与其关系密切的家庭成员。

关键管理人员，是指有权力并负责计划、指挥和控制企业活动的人员。与主要投资者个人或关键管理人员关系密切的家庭成员，是指在处理与企业的交易时可能影响该个人或受该个人影响的家庭成员。

（10）该企业主要投资者个人、关键管理人员或与其关系密切的家庭成员控制、共同控制或施加重大影响的其他企业。

十六、同业竞争与关联交易处理方式

1. 申请挂牌公司应披露是否存在与控股股东、实际控制人及其控制的其他企业从事相同、相似业务的情况。对存在相同、相似业务的，应对是否存在同业竞争作出合理解释。申请挂牌公司应披露控股股东、实际控制人为避免同业竞争采取的措施及作出的承诺。

2. 申请挂牌公司应披露最近两年内是否存在资金被控股股东、实际控制人及其控制的其他企业占用，或者为控股股东、实际控制人及其控制的其他企业提供担保，以及为防止股东及其关联方占用或者转移公司资金、资产及其他资源的行为发生所采取的具体安排。

3. 申请挂牌公司应根据《公司法》和《企业会计准则》的相关规定披露关联方、关联关系、关联交易，并说明相应的决策权限、决策程序、定价机制、交易的合规性和公允性、减少和规范关联交易的具体安排等。申请挂牌公司应披露最近两年股利分配政策、实际股利分配情况以及公开转让后的股利分配政策。

十七、实际控制人的认定

《全国中小企业股份转让系统挂牌公司信息披露细则（试行）》。

实际控制人：指通过投资关系、协议或者其他安排，能够支配、实际支配公司行为的自然人、法人或者其他组织。

控制：指有权决定一个公司的财务和经营政策，并能据此从该公司的经营活动中获取利益。有下列情形之一的，为拥有挂牌公司控制权：

1. 为挂牌公司持股 50% 以上的控股股东；

2. 可以实际支配挂牌公司股份表决权超过 30%；

3. 通过实际支配挂牌公司股份表决权能够决定公司董事会半数以上成员选任；

4. 依其可实际支配的挂牌公司股份表决权足以对公司股东大会的决议产生重大影响；

5. 中国证监会或全国股份转让系统公司认定的其他情形。

重大违法违规的认定：

《行政处罚法》及相关法律中没有鉴定什么是重大违法违规行为，重大违法违规也不是一个法律概念，实践中律师需要自行判断是否属于重大违法违规行为，但是律师一般都比较谨慎，需要企业到相关行政机关开具行政处罚不属于重大违法违规的证明文件。行政机关在处理企业上市、新三板挂牌时比较谨慎，开具的文件也趋向规范化、格式化。

比如，企业因发票丢失、财务不规范等原因被税务部门处罚几百元或者几千元，或者上万元，如何判断是否属于重大处罚呢？在相关行政法规中有一个情节严重的加重处罚，一般在行政处罚中适用情节严重、造成严重后果的，一般即便是行政处罚机关出具不属于重大违法违规行为，律师也要慎重作出判断。

对于相关行政处罚中，处罚金额不大，如低于 10 万元，未出现情节严重的事项，明确为一般行政处罚，或者适用简易程序的，或者行政处罚并非针对公司主营业务作出的行政处罚，律师一般均可以自行作出判断。实践中相关行政处罚机关也会根据相关法律法规开具属于一般行政处罚，或者适用简易程序处罚，或者情节轻微的处罚，该等情况下，律师基本上可以判断是否属于重大行政处罚行为。

十八、历史上存在集体企业改制、清理挂靠问题

1. 《城镇集体所有制企业条例》

集体企业的职工（代表）大会审议厂长（经理）提交的各项议案，决定企业经营管理的重大问题。

2. 《城镇集体所有制企业、单位清产核资产权界定暂行办法》（企业产权界定工作小组）

（1）进行产权界定；

（2）依法审计、资产评估；

（3）产权交易所交易；

（4）产权主体或职工（代表）大会同意；

（5）集体资产管理部门审核认定。

3.《清理甄别"挂靠"集体企业工作的意见》(红帽子企业)

(1) 按照城镇集体企业清产核资产权界定的政策规定,对企业现有资产、负债、权益进行认真界定,由各投资方签署界定文本文件,据此由清产核资机构出具产权界定的法律文件,划清投资来源或出资人,明确财产归属关系。

(2) 对经核实为私营或个人性质的企业,由各级清产核资机构出具有关证明材料,工商行政管理、税务等部门限期办理变更企业经济性质和税务登记。

十九、外商投资企业改制为股份有限公司关注要点

1.《关于设立外商投资股份有限公司若干问题的暂行规定》(外经贸部令1995 年第 1 号)已设立中外合资经营企业、中外合作经营企业、外资企业(以下简称外商投资企业),如申请转变为公司的,应有最近连续 3 年的盈利记录。

2. 公司的注册资本应为在登记注册机关登记注册的实收股本总额,公司注册资本的最低限额为人民币 3 000 万元,其中外国股东购买并持有的股份应不低于公司注册资本的 25%。

3.《关于外国投资者并购境内企业的规定》,2006 年 10 号令第五十七条,被股权并购境内公司的中国自然人股东,经批准,可继续作为变更后所设外商投资企业的中方投资者。

4. (原外资企业所得税法)对生产性外商投资企业,经营期在十年以上的,从开始获利的年度起,第一年和第二年免征企业所得税,第三年至第五年减半征收企业所得税……外商投资企业实际经营期不满十年的,应当补缴已免征、减征的企业所得税税款。

二十、红筹拆除问题

1. 国家外汇管理局综合司关于完善外商投资企业外汇资本金支付结汇管理有关业务操作问题的通知(汇综发 [2008] 142 号)

外商投资企业资本金结汇所得人民币资金,应当在政府审批部门批准的经营范围内使用,除另有规定外,结汇所得人民币资金不得用于境内股权投资。除外商投资房地产企业外,外商投资企业不得以资本金结汇所得人民币资金购买非自用境内房地产。外商投资企业以资本金结汇所得人民币资金用于证券投资,应当按国家有关规定执行。

2. 真外资还是假外资(假外资的拆除问题)外汇补登记(非特殊目的公司,不处罚或者处罚金额较小,出具不属于重大违法违规的证明),零对价格(按照注册资本转让,与税务机关沟通税务)

(1) 补税风险(部分保留外资成分,转给真外资)。

(2) 外汇补登记(特殊目的公司、非特殊目的公司)。

二十一、社保、公积金的合规性问题

1.《中华人民共和国社会保险法》明确规定，进城务工的农村居民依照该法规定参加社会保险，外国人在中国境内就业的，参照本法规定参加社会保险。

对于企业雇佣的农村户籍员工，如果其已经参加新型农村社会养老保险、新型农村合作医疗的，用人单位可以不再为员工缴纳该险种，但是应该根据该员工在农村参加该险种缴费情况给予补偿。

2. 企业如果要在新三板挂牌，需要根据《住房公积金管理条例》（2002年修订）为员工缴纳住房公积金，并开具合规证明。对于农村户籍员工，如果企业已经为其解决食宿问题（如提供员工宿舍、补贴员工租赁房屋的租金等方式），可以瑕疵披露并由大股东兜底承诺。

3. 通过人才服务机构代缴社保、公积金，可以有效解决公司异地员工缴纳社保、公积金问题。

二十二、劳务派遣的合规性问题

1.《中华人民共和国劳动合同法（2012年修订）》第六十六条有关劳务派遣员工的使用的规定，劳动合同用工是我国的企业基本用工形式。劳务派遣用工是补充形式，只能在临时性、辅助性或者替代性的工作岗位上实施。

（1）临时性工作岗位是指存续时间不超过六个月的岗位；

（2）辅助性工作岗位是指为主营业务岗位提供服务的非主营业务岗位；

（3）替代性工作岗位是指用工单位的劳动者因脱产学习、休假等原因无法工作的一定期间内，可以由其他劳动者替代工作的岗位。

2.《劳务派遣暂行规定》，用工单位决定使用被派遣劳动者的辅助性岗位，应当经职工代表大会或者全体职工讨论，提出方案和意见，与工会或者职工代表平等协商确定，并在用工单位内公示。

用工单位应当严格控制劳务派遣用工数量，使用的被派遣劳动者数量不得超过其用工总量的10%。

3. 案例参考

广州卡奴迪路服饰股份有限公司、北京华谊嘉信整合营销顾问股份有限公司。

二十三、独立性问题

五独立：即资产独立、人员独立、财务独立、机构独立、业务独立。

资产独立：挂牌公司资产应独立完整、权属清晰，控股股东、实际控制人不得占用、支配公司资产或干预公司对资产的经营管理。

人员独立：挂牌公司人员应独立于控股股东。挂牌公司的经理人员、财务负责人、营销负责人和董事会秘书在控股股东单位不得担任除董事以外的其他职务。控股股东高级管理人员兼任挂牌公司董事的，应保证有足够的时间和精力承担挂牌公司的工作。

财务独立：挂牌公司应按照有关法律、法规的要求建立健全的财务、会计管理制度，独立核算。控股股东应尊重公司财务的独立性，不得干预公司的财务、会计活动。

机构独立：挂牌公司的董事会、监事会及其他内部机构应独立运作。控股股东及其职能部门与挂牌公司及其职能部门之间没有上下级关系。控股股东及其下属机构不得向挂牌公司及其下属机构下达任何有关挂牌公司经营的计划和指令，也不得以其他任何形式影响其经营管理的独立性。

业务独立：挂牌公司业务应完全独立于控股股东。控股股东及其下属的其他单位不应从事与挂牌公司相同或相近的业务。控股股东应采取有效措施避免同业竞争。

二十四、业务与技术的合规性问题

因为新三板并未对拟挂牌企业提出利润要求，但是如果拟挂牌企业持续处于亏损状态，其挂牌的意义不大，一般中介机构也不会鼓励此类企业到新三板挂牌转让。如果企业为了申请政府补贴或者银行授信贷款或者存在侥幸心理去融资，是完全没有必要的，企业不但要付出一定的成本，而且随着新三板规模的扩大，投资人投资成熟，只有优质的企业才会受到投资人青睐。

申请挂牌公司应遵循重要性原则披露与其业务相关的关键资源要素，包括：

（1）产品或服务所使用的主要技术。

（2）主要无形资产的取得方式和时间、实际使用情况、使用期限或保护期、最近一期末账面价值。

（3）取得的业务许可资格或资质情况。

（4）特许经营权（如有）的取得、期限、费用标准。

（5）主要生产设备等重要固定资产使用情况、成新率或尚可使用年限。

（6）员工情况，包括人数、结构等。其中核心技术（业务）人员应披露姓名、年龄、主要业务经历及职务、现任职务与任期及持有申请挂牌公司的股份情况。核心技术（业务）团队在近两年内发生重大变动的，应披露变动情况和原因。

（7）其他体现所属行业或业态特征的资源要素（高新技术企业合规问题）。

二十五、挂牌企业不设财务指标，是否是"零门槛"

新三板对企业挂牌不设财务指标，但并非"零门槛"。按照《规则》，挂牌企业须依法设立且存续满两年、业务明确且具有持续经营能力、公司治理机制健全、合法规范经营、股权明晰、股票发行和转让行为合法合规、有主办券商推荐并持续督导。其中"业务明确且具有持续经营能力"作为兜底条款，要求企业说明业务内容、依赖的资源要素、商业模式、如何形成现金流以及销售收入和利润等。主办券商一般主要关注企业的成长性、规范性的问题。

申请新三板挂牌的企业多为高新技术企业，存在国有创业引导基金前期投资的情况，这种企业要关注什么？

要特别关注国有创投公司投资公司时是否履行相关法律程序：

（1）投资时，是否经有权部门履行了决策程序，是否需要国有资产监督管理部门批准。

（2）增资扩股时，是否同比例增资，如未同比例增资，是否履行评估备案手续。

（3）退出时是否履行了评估备案，是否在产权交易所进行了交易。

二十六、公司治理机制健全表现在什么方面

公司治理机制健全，是指公司按规定建立股东大会、董事会、监事会和高级管理层（以下简称"三会一层"）组成的公司治理架构，制定相应的公司治理制度，并能证明有效运行，保护股东权益。

公司报告期内不应存在股东包括控股股东、实际控制人及其关联方占用公司资金、资产或其他资源的情形。报告期内公司股东占用公司资金、资产等情形的，应当及时清理、归还，并出具规范控股股东占用公司资金的承诺函等。

二十七、挂牌前公司股票发行和转让行为有何要求

公司股票发行和转让行为合法合规，不存在下列情形：

（1）最近36个月内未经法定机关核准，擅自公开或者变相公开发行过证券；

（2）违法行为虽然发生在36个月前，目前仍处于持续状态，但《非上市公众公司监督管理办法》实施前形成的股东超过200人的股份有限公司经中国证监会确认的除外。

二十八、区域性股权交易场所挂牌公司是否可以在新三板挂牌？如可以需要履行什么程序

符合条件的区域性股权交易场所挂牌公司均可申请在新三板挂牌，适用全国股份转让系统相关业务规则规定的挂牌程序。但在申请挂牌前须停止其在区域股权市场的转让、发行等行为，已进行的发行、转让行为应合法合规，在新

三板挂牌前应完成在区域股权市场的摘牌手续。

二十九、申请挂牌企业是否需要政府出具确认函

考虑到中国证监会已与相关省级政府签署监管合作备忘录，明确了地方政府在挂牌公司后续监管和风险处置中的责任。因此，《业务规则》取消了中关村试点期间关于"申请挂牌公司应取得省级人民政府出具的非上市公司股份报价转让试点资格确认函"的规定。

三十、拟挂牌股份公司在挂牌前是否可以办理股权质押贷款，此业务是否影响挂牌申请的提交

挂牌前，拟挂牌公司可依法办理股权质押贷款，须履行必要内部决议程序，签署书面质押合同，办理工商登记手续，只要不存在股权纠纷和其他争议，原则上不会影响其挂牌。挂牌后，挂牌公司也可依法办理股权质押贷款，但需按照中国证券登记结算有限责任公司的要求，办理股票质押手续。

三十一、新三板挂牌规则的十大误读剖析及注意事项

1. 对拟挂牌公司存续时间要求的误读

（1）误读：新三板挂牌条件中明确要求拟挂牌企业存续时间应当满 2 年。对此，有人理解为满 24 个月即可，如 2012 年 9 月 1 日成立的企业，2014 年 9 月 1 日就可以申请在新三板挂牌；也有人理解为必须要有 2 个完整会计年度加 1 期的经营记录方可申请在新三板挂牌。

（2）解析：企业须有 2 个完整会计年度（每年的 1 月 1 日至 12 月 31 日）的运营记录方可申请在新三板挂牌，也就是说，如果 2014 年 9 月 1 日操作挂牌，企业成立时间不得晚于 2012 年 1 月 1 日。此外，如果公司成立于 2013 年 1 月 1 日，并且于 2015 年 2 月完成 2014 年度财务报表审计，则可以直接申报新三板挂牌，无须等到 2015 年一季报出来后再申报，即最近一期财务报表不强制要求为季度、半年度或年度报表。

注意事项：财务报表的有效期是 6 个月，股转系统要求申报企业至少给其留出 2 个月审核时间，因此企业申报时距其最近一期财务报表有效期截止日不能少于 2 个月，否则股转系统会直接要求企业加审。

2. 对国有股权设置批复的误读

（1）误读：具有国资背景的企业，包括国有独资、控股及参股企业，在申报挂牌时都要由国资监管部门出具关于国有股权设置的批复文件，否则不能在新三板挂牌。

（2）解析：上述理解源自 IPO 的要求，对于有国资背景的拟上市企业（包

括国有独资、控股及参股企业），证监会要求其在申报文件中提供国资监管部门出具关于国有股权设置的批复文件。同时《全国中小企业股份转让系统挂牌申请文件内容与格式指引（试行）》中也要求拟挂牌国有企业提供国资监管部门出具的国有股权设置批复文件。而在实际操作中，股转系统对于国有独资及控股企业要求比较严格，要求其必须提供国资监管部门出具的国有股权设置批复文件，但对于国有参股企业并不强制要求提供国有股权设置的批复文件，而更多的是关注国有股东参股时是否合法合规，并履行了必要的法定程序等。

注意事项：实务操作中，国有企业的股权设置批复一般要逐层向上追溯至国资监管部门（一般是各级国资委），但如果能够找到明确的文件依据，也可由国资委授权的单位出具上述批复。

3. 对整体变更过程中起算日的误读

（1）误读：公司由有限公司整体变更为股份公司过程中，公司的股本总额及股权结构不能发生变更，否则公司业绩将不能连续计算。公司整体变更过程的起算日直接决定了公司自何日起至取得股份公司工商执照之日（改制完成日），股本总额及股权结构不能发生变化。然而，对于公司整体变更过程的起算日存在不同理解，有人将起算日期理解为有限公司做出整体变更的股东会决议之日，有人将起算日理解为公司召开创立大会之日。

（2）解析：公司整体变更的起算日是公司确定的改制基准日，通俗地讲就是有限公司股东会决定以哪一天经审计后的净资产折股整体变更为股份公司。因此，自改制基准日起至公司取得股份公司工商执照之日期间，公司的股本总额及股权结构不得发生任何变化，否则公司的业绩将不能连续计算，公司的成立日期自公司取得股份公司工商执照之日起重新计算。

注意事项：对于整体改制过程中的审计、评估及验资机构，股转系统并未强制要求必须具备证券从业资格。

4. 对公司独立性要求的误读

（1）误读：《全国中小企业股份转让系统挂牌条件适用基本标准指引（试行）》（股转系统公告〔2013〕18号）对于公司的独立性并无明确要求，仅规定公司报告期内不应存在股东包括控股股东、实际控制人及其关联方占用公司资金、资产或其他资源的情形（资产独立），公司应设有独立财务部门进行独立的财务会计核算（财务独立），而对拟挂牌企业的业务独立、机构独立、人员独立性并未提出明确要求。有人便将此理解为新三板挂牌企业在业务、机构及人员方面可以不独立。

（2）解析：在实务操作中，股转系统要求拟挂牌企业应当在业务、机构、人员、资产、财务五个方面独立于控股股东、实际控制人及其控制的其他企业（关联企业），同时在《全国中小企业股份转让系统主办券商尽职调查工作指引

（试行）》中也对此提出了明确要求。拟挂牌企业如果不符合上述独立性要求，会对其在新三板挂牌产生实质性障碍。

注意事项：新三板对于拟挂牌企业独立性的要求与拟上市企业相同，其原因是对于一家不具有独立性的企业，根本无法判断其是否具有持续经营能力，当然也就不符合新三板挂牌条件。

5. 对合法合规要求的误读

（1）误读：股转系统要求拟挂牌企业应当合法合规经营，公司及其控股股东、实际控制人、董事、监事、高级管理人员须依法开展经营活动，经营行为合法、合规，不存在重大违法违规行为。而对于上述要求的考察期限部分人理解为整个报告期，即最近两个会计年度及一期。

（2）解析：股转系统实际上只要求公司及其控股股东、实际控制人、董事、监事、高级管理人员最近24个月内合法合规，不在重大违法违规行为，也就是说，如果重大违法违规行为发生在申报基准日24个月前，即使在报告期内也不会成为公司挂牌的实质性障碍，只要如实披露并且不会对拟挂牌企业持续经营构成重大不利影响即可。

6. 对重大违法违规行为的误读

（1）误读：股转系统要求拟挂牌企业及其控股股东、实际控制人、董事、监事、高级管理人员在最近24个月内不存在重大违法违规行为，而对于什么是重大违法违规行为存在不同理解，有人认为只要是遭受行政处罚或者被罚款就构成重大违法违规，就会对企业挂牌产生实质性障碍。

（2）解析：在实务操作中，拟挂牌企业遭受的行政处罚五花八门，很多行政处罚根本不构成重大违法违规，如不存在主观故意仅仅是由于疏忽造成的违法违规、行为没有造成严重后果且违法情节轻微以及处罚决定按照低限标准做出等，企业及其中介机构大可不必谈行政处罚色变，存在行政处罚并成功挂牌甚至上市的企业比比皆是。在实务操作中，对于轻微违法违规行为或行政处罚只要如实披露，由中介机构（主要是律师）对其性质依法做出明确认定，必要时找有关主管部门出具书面意见，股转系统一般不会在此问题上太较真。

注意事项：不要因上述违法违规行为导致有关各方对企业诚信度产生怀疑，否则可能会影响企业的长远发展。

7. 对同业竞争的误读

（1）误读：受到 IPO 规则要求的影响，有人认为新三板拟挂牌企业在挂牌前必须消除同业竞争，否则无法挂牌。

（2）解析：实务操作中，股转系统对于拟挂牌企业存在的同业竞争问题要求不如 IPO 严格，并不要求企业挂牌前必须消除同业竞争，企业只要充分披露，股东作出解决同业竞争问题的承诺，且承诺具备可行性，就可以挂牌。

注意事项：同业竞争最终还是要消除，只是不强制要求挂牌前解决而已。拟挂牌企业最好还是在挂牌前解决，否则即使不构成挂牌障碍，也很可能会影响挂牌进度。

8. 对股权激励问题的误读

（1）误读：受到IPO规则要求的影响，有人认为新三板拟挂牌企业在挂牌前必要将未行权的股票期权行权完毕或终止才能在新三板挂牌。

（2）解析：实务操作中，股转系统允许存在股票期权未行权完毕的公司在新三板挂牌。股转系统只是要求股权激励方案表述清晰，确保不出现潜在纠纷。

注意事项：建议拟挂牌企业充分发挥律师等中介机构的专业优势，在其指导和帮助下制订股权激励方案，在保证激励效果的前提下，防控因此可能产生的法律风险和潜在纠纷。

9. 对公司验资要求的误读

（1）误读：公司注册资本制度已经由实缴制改为认缴制，实收资本不再作为工商登记事项，出资期限也由股东在章程中自行约定，也不再强制要求股东实际缴纳出资后聘请验资机构出具验资报告，有人认为新三板拟挂牌企业自2014年3月1日新修订的《公司法》实施之日起，其设立或增资扩股不再需要履行验资程序，并由验资机构出具验资报告。

（2）解析：根据《关于全国中小企业股份转让系统业务规则涉及新修订〈公司法〉相关条文适用和挂牌准入有关事项的公告》（股转系统公告〔2014〕13号）的规定，针对2014年3月1日后申请挂牌公司的设立、增资等，股东应按照修改后《公司法》第二十八条和公司章程的规定办理出资手续、履行出资义务，主办券商、律师、会计师应加强股东出资的核验工作，核查股东是否按公司章程规定出资，制作核查出资工作底稿，提供出资证明文件，包括但不限于验资报告、打款凭证。因此，新三板拟挂牌企业设立及增资扩股时仍然需要履行验资程序，并取得验资报告。

10. 对外商投资有限公司整体改制的误读

（1）误读：根据《关于设立外商投资股份有限公司若干问题的暂行规定》（外经贸部令1995年第1号）的有关规定，外商投资股份公司的注册资本不得低于3 000万元人民币，已设立的中外合资经营企业、中外合作经营企业、外资企业（以下简称"外商投资企业"），如申请转变为外商投资股份有限公司的，应有最近连续3年的盈利记录。有人认为，拟挂牌外商投资企业改制为股份公司时必须满足上述要求，即改制前最近3年连续盈利，改制后注册资本不能低于3 000万元人民币。

（2）解析：根据商务部分别于2014年6月17日发布的《关于改进外资审核管理工作的通知》（商资函〔2014〕314号）及2014年6月25日下发《关于

中外合资经营等类型企业转变为外商投资股份有限公司有关问题的函》（商办资函〔2014〕516号）的规定，上述关于外商投资股份公司最低注册资本及外商投资企业连续3年盈利记录的要求已经被废止。因此，自上述文件下发之日起，外商投资企业整体改制为外商投资股份有限公司，不再要求其改制前最近3年连续盈利，改制后注册资本不低于3 000万元人民币。

第四节 中小企业新三板挂牌常见问题六十五问

拟挂牌公司篇

一、企业申请挂牌的条件有哪些?

《国务院关于全国中小企业股份转让系统有关问题的决定》（国发〔2013〕49号，以下简称《国务院决定》）指出："境内符合条件的股份公司均可通过主办券商申请在全国股份转让系统挂牌"。根据《全国中小企业股份转让系统业务规则（试行）》（以下简称《业务规则》）第2.1条规定，股份公司只要符合下列条件即可申请挂牌：

（一）依法设立且存续满两年。有限责任公司按原账面净资产值折股整体变更为股份有限公司，存续时间可以从有限责任公司成立之日起计算；

（二）业务明确，具有持续经营能力；

（三）公司治理机制健全，合法规范经营；

（四）股权明晰，股票发行和转让行为合法合规；

（五）主办券商推荐并持续督导；

（六）全国股份转让系统公司要求的其他条件。

相关内容详见《业务规则》第二章关于股票挂牌的相关规定。

二、国有企业或者外资企业是否可以申请挂牌?

根据《国务院决定》及《业务规则》的相关规定，符合条件的境内股份公司包括民营企业、国有企业和外资企业均可申请挂牌，对国有或外资持股比例、股东背景也无特殊要求。

如申请挂牌的股份公司存在国有股东或外资股东，申请挂牌材料除常规材料以外，需增加"国有资产管理部门出具的国有股权设置批复文件或商务主管部门出具的外资股确认文件"。

三、中小企业申请挂牌是否有行业限制？

《国务院决定》及《业务规则》等法律法规、规则均未对申请挂牌公司所属行业做明确限制，但《国务院决定》强调："全国股份转让系统是经国务院批准，依据证券法设立的全国性证券交易场所，主要为创新型、创业型、成长型中小微企业发展服务"，因此，我们鼓励高新技术产业、现代服务产业、高端装备制造产业等创新强度高、成长空间大的战略性新兴产业及新兴业态企业申请挂牌，同时也欢迎传统行业企业的挂牌申请。

四、中小企业如何申请到全国股份转让系统挂牌公开转让？

自全国股份转让系统公司发布《关于境内企业挂牌全国中小企业股份转让系统有关事项的公告》（股转系统公告［2013］54号）之日起，境内符合《业务规则》规定的挂牌条件的企业均可申请在全国股份转让系统挂牌。

全国股份转让系统实行主办券商推荐并持续督导制度。企业应与具有推荐业务资格的券商签订《推荐挂牌并持续督导协议》；由主办券商对企业进行初步尽职调查，确认企业是否符合挂牌准入条件以及是否愿意推荐；在此基础上，由主办券商联合律师、会计师等中介机构协助企业完成股改（若需）、进行全面尽职调查并制作申请文件，履行各自内核程序后申报材料。

根据《非上市公众公司监督管理办法》（证监会第96号令）及相关指引，申请时股东人数未超过200人（含200人）的股份公司，直接向全国股份转让系统公司报送材料，证监会豁免核准；申请时股东人数超过200人的股份公司，需向中国证监会报送材料，取得核准文件后，向全国股份转让系统公司申请办理挂牌手续。

五、已在区域股权转让市场挂牌的企业如何申请在全国股份转让系统挂牌公开转让？

根据《国务院决定》的相关规定，在符合《国务院关于清理整顿各类交易场所切实防范金融风险的决定》（国发［2011］38号）要求的区域性股权转让市场进行股权非公开转让的公司，符合挂牌条件的，可以申请在全国股份转让系统挂牌公开转让股份。

对于在已通过国务院清理整顿各类交易场所部际联席会议检查验收的区域性股权转让市场挂牌的公司，申请在全国股份转让系统挂牌前须暂停其股份转让（或摘牌）；取得全国股份转让系统公司出具的同意挂牌的函后，必须在办理股份初始登记前完成在区域性股权市场的摘牌手续。

对于在《国务院决定》发布之前，已在尚未通过国务院清理整顿各类交易场所部际联席会议检查验收的区域性股权转让市场挂牌的公司，须在申请挂牌前完成摘牌手续，由主办券商和律师核查其在区域性股权市场挂牌期间是否符合国发〔2011〕38 号文件的规定，并发布明确意见。

对于在《国务院决定》发布之后，在尚未通过国务院清理整顿各类交易场所部际联席会议检查验收的区域性股权转让市场挂牌的公司，全国股份转让系统公司将在该区域性股权转让市场通过国务院清理整顿各类交易场所部际联席会议检查验收后受理其挂牌公开转让的申请。

六、各地支持中小企业到全国股份转让系统挂牌的政策是怎样的？

自 2013 年全国股转公司运营以来，各地均积极参与，相关省市县区、高新区、经开区等均出台了支持企业挂牌政策。相关政策可到企业所在地政府金融主管部门了解具体情况。

七、申请挂牌公司在挂牌前办理了股权质押贷款，股权处于质押状态，是否对企业挂牌构成影响？已质押的股份应如何办理股份登记？质押股份的限售及解除限售有无特殊规定？

（一）《全国中小企业股份转让系统股票挂牌条件适用基本标准指引（试行）》中规定，申请挂牌公司股权应结构明晰，权属分明，真实确定，合法合规，股东特别是控股股东、实际控制人及其关联股东或实际支配的股东持有公司的股份不存在权属争议或潜在纠纷。

挂牌前，申请挂牌公司的股东可为公司贷款提供股权质押担保，贷款用途为公司日常经营，履行公司决议程序，订立书面质押合同，依法办理出质登记。只要不存在股权纠纷和其他争议，原则上不影响其挂牌。对于存在股权质押情形的，申请挂牌公司应在《公开转让说明书》中充分披露。

（二）《中国结算北京分公司证券发行人业务指南》规定，质押冻结或司法冻结的股份办理股份初始登记时，除需提供常规申报材料外，还须提供质押冻结或司法冻结的相关材料。其中，司法冻结的应提供协助执行通知书、裁定书、已冻结证明等材料及复印件；质押冻结的应提供质押登记申请书、双方签字的已生效的《质押合同》、质押双方有效身份证明文件、已冻结证明等材料及复印件。中国结算北京分公司在完成证券登记后根据发行人的申请办理相关质押冻结、司法冻结手续，即申请挂牌公司应先完成股份初始登记（包括股份首批解除限售），取得《股份登记确认书》后，再申请办理质押冻结、司法冻结手续。

（三）质押冻结股份的限售及解除限售应按照《公司法》及《全国中小企业股份转让系统业务规则（试行）》中的规定办理。满足解除限售条件的质押冻结股份可办理股份解除限售。《中国结算北京分公司证券发行人业务指南》中规定，当解除限售涉及被冻结股份的，被冻结股份不可分拆，只能作为一个整体办理解除限售。

八、挂牌申请文件中申报的财务报表最近一期是否必须以季度报表、半年度报表或者年度报表为准？

为更好地服务于企业，提升审查服务理念，避免企业集中申报，我们不强制要求最近一期财务报表必须以季度、半年度或者年度报表为准，可以任意月度报表为准，但其最近一期审计截止日不得早于改制基准日。财务报表有效期为最近一期审计截止日后 6 个月内，特殊情况下可申请延长至多不超过 1 个月；特殊情况主要是指企业办理信息披露、股份登记等挂牌手续事宜。

为提高工作效率，保证项目审查进度，希望申请挂牌公司、主办券商及其他中介机构根据财务报表有效期和审查时间统筹规划，合理安排申报时间。申请挂牌公司递交申请文件时至财务报表有效期截止日短于 2 个月的，申请挂牌公司、主办券商及其他中介机构应做好有可能补充审计的准备。为做到审查流程的公平、公正，对于补充审计的申请材料我们将以补充审计回复时间为准安排后续审查程序。

九、2013 年 12 月 30 日全国股份转让系统修订业务规则后，挂牌申请文件目录发生了哪些变化？

对于申请时股东人数未超过 200 人的股份公司，根据最新的《全国中小企业股份转让系统挂牌申请文件目录（适用于申请时股东人数未超过 200 人）》，申报文件目录增加了两份文件，一是"2－9 申请挂牌公司全体董事、监事和高级管理人员签署的《董事（监事、高级管理人员）声明及承诺书》"，二是"4－6 证券简称及证券代码申请书"。另外，减少 1 份文件，即"向中国证监会提交的申请股票在全国股份转让系统公开转让及定向发行（如有）的报告"。

对于申请时股东人数超过 200 人的股份公司，申报文件请参照《全国中小企业股份转让系统挂牌申请文件目录（适用于申请时股东人数超过 200 人）》。

十、申请挂牌企业全体董事、监事和高级管理人员签署的《董事（监事、高级管理人员）声明及承诺书》应在何时提供？

申请挂牌公司全体董事、监事和高级管理人员签署的《董事（监事、高级管理人员）声明及承诺书》应在报送申请文件时提供，承诺书内容详见我司网站发布的《董事（监事、高级管理人员）声明及承诺书》模板。

十一、申请挂牌企业在完成股份初始登记后，是否需将由中国证券登记结算有限责任公司出具的登记证明文件提交至全国股份转让系统公司？

根据我司 2013 年 12 月 30 日修订的《全国中小企业股份转让系统挂牌申请文件内容与格式指引（试行）》，不再要求将股票登记证明文件作为申请挂牌需提交的文件，申请挂牌公司可自行保管。

十二、申请挂牌企业首次信息披露文件包括哪些内容？

申请挂牌公司应在全国股份转让系统公司指定信息披露平台（www. neeq. com. cn 或 www. neeq. cc）披露相关文件，其中首次信息披露文件包括：

1. 公开转让说明书；
2. 财务报表及审计报告；
3. 补充审计期间的财务报表及审计报告（如有）；
4. 法律意见书；
5. 补充法律意见书（如有）；
6. 公司章程；
7. 主办券商推荐报告；
8. 定向发行情况报告书（如有）；
9. 全国股份转让系统公司同意挂牌的函；
10. 中国证监会核准文件（如有）；
11. 其他公告文件。

十三、申请挂牌企业二次信息披露文件包括哪些内容？披露时间有何要求？

申请挂牌公司二次信息披露文件包括：
1. 关于公司股票将在全国股份转让系统挂牌公开转让的提示性公告；
2. 关于公司定向发行股票将在全国股份转让系统挂牌公开转让的公告（如有）；
3. 其他公告文件。
二次披露文件时间为 T－1 日，即挂牌前一个交易日。

十四、如果超过反馈回复要求的提交时间，如何申请延期反馈？

如申请挂牌公司无法在规定的时间内提交反馈意见回复，需在截止日期前向我司提交延期回复申请，并由申请挂牌公司盖章。延期回复最长不得超过三十个工作日。

十五、申请挂牌企业在取得全国股转系统公司出具的《同意挂牌的函》后，应如何办理后续挂牌业务？挂牌日期应如何确定？

申请挂牌公司在取得全国股份转让系统公司出具的《同意挂牌的函》后，应按照我司于 2014 年 5 月 6 日修订的《全国中小企业股份转让系统股票挂牌业务操作指南（试行）》中的要求办理挂牌业务。

挂牌日为取得《股份登记确认书》后的第三个工作日。

十六、申请挂牌企业是否要设独立董事？

全国中小企业股份转让系统对申请挂牌公司是否设立独立董事未做强制要求，申请挂牌公司可根据自身企业特点制定相关规定。

十七、申请挂牌企业在办理股票挂牌业务时应怎样确定公司简称？

申请挂牌公司在向股转系统公司申请证券简称及证券代码时，应填写《证券简称及证券代码申请书》。拟定的证券简称应从公司中文全称中选取不超过四个汉字字符，且不能与已挂牌公司及沪深上市公司证券简称重复。

十八、申请挂牌企业提交的申请文件中对需要签名的文件有何规定？

挂牌申请文件中所有需要签名处，均应为签名人亲笔签名，不得以名章、签名章等代替。

十九、申请挂牌企业提交的申请文件中不能提供原件的应如何操作？

申请挂牌公司不能提供有关文件原件的，应由申请挂牌公司律师提供鉴证意见，或由出文单位盖章，以保证与原件一致。

二十、申请挂牌企业提交的申请文件中需要律师鉴证的文件应如何操作？

挂牌申请文件中需要由申请挂牌公司律师鉴证的文件，申请挂牌公司律师应在该文件首页注明"以下第××页至第××页与原件一致"，并签名和签署鉴证日期，律师事务所应在该文件首页加盖公章，并在第××页至第××页侧面以公章加盖骑缝章。

二十一、申请挂牌企业在挂牌前应缴纳哪些费用?

申请挂牌公司应当在挂牌日前缴纳按照挂牌首日总股本计算的挂牌初费,同时缴纳挂牌当年的挂牌年费。挂牌年费按照挂牌首日的总股本和实际挂牌月份(自挂牌日的次月起计算)予以折算,即

$$挂牌当年年费 = 挂牌日总股本对应的年费标准 \times \frac{实际挂牌月份}{12}$$

表 7 – 2　　　　　　　　　　挂牌初费及挂牌年费明细表

收费项目	总股本	收费标准
挂牌初费	2 000 万股(含)以下	3 万元
	2 000 万~5 000 万股(含)	5 万元
	5 000 万~1 亿股(含)	8 万元
	1 亿股以上	10 万元
挂牌年费	2 000 万股(含)以下	2 万元/年
	2 000 万~5 000 万股(含)	3 万元/年
	5 000 万~1 亿股(含)	4 万元/年
	1 亿股以上	5 万元/年

挂牌公司篇

二十二、已挂牌公司如何办理股票发行业务?

《全国中小企业股份转让系统股票发行业务细则(试行)》及其配套文件已于 2013 年 12 月 30 日正式发布。挂牌公司应按照《非上市公众公司监督管理办法》、《业务规则》及上述细则和配套文件的规定,办理股票发行业务。

二十三、全国中小企业股份转让系统挂牌公司如何向沪深证券交易所直接申请上市交易?

按照国务院决定的精神,全国股份转让系统挂牌公司可以直接申请到证券交易所上市,但上市的前提是挂牌公司必须符合《证券法》规定的股票上市条件,在股本总额、股权分散程度、公司规范经营、财务报告真实性等方面达到相应的要求。

全国股份转让系统坚持开放发展的市场化理念，充分尊重企业的自主选择权。企业可以根据自身发展的需要和条件，自主选择进入不同层次的资本市场。根据股份转让系统业务规则，如挂牌公司向中国证监会申请公开发行股票并在证券交易所上市，或向其他证券交易所申请股票上市，挂牌公司应向全国股份转让系统公司申请暂停转让；如中国证监会核准挂牌公司公开发行股票并在证券交易所上市，或其他证券交易所同意挂牌公司股票上市，全国股份转让系统公司将终止其股票挂牌。上述规则已为挂牌企业转板做出了相应的程序安排。全国股份转让系统将积极协调有关方面，充分创造便利条件，进一步畅通与交易所市场的有机衔接机制。

二十四、股权激励是否可以开展？

挂牌公司可以通过定向发行向公司员工进行股权激励。挂牌公司的董事、监事、高级管理人员和核心员工可以参与认购本公司定向发行的股票，也可以转让所持有的本公司股票。挂牌公司向特定对象发行股票，股东人数累计可以超过 200 人，但每次定向发行除公司股东之外的其他投资者合计不得超过 35 人。因此，挂牌公司通过定向发行进行股权激励应当符合上述规定。需要说明的是，按照规则全国股份转让系统允许存在股权激励未行权完毕的公司申请挂牌。

二十五、大股东解除限售有什么相关规定？挂牌前 12 个月以内的除控股股东及实际控制人之外的股东买卖的股票是否受限制？

根据《公司法》第一百四十一条的规定，"发起人持有的本公司股份，自公司成立之日起一年内不得转让……公司董事、监事、高级管理人员应当向公司申报所持有的本公司的股份及其变动情况，在任职期间每年转让的股份不得超过其所持有本公司股份总数的百分之二十五……上述人员离职后半年内，不得转让其所持有的本公司股份……"

根据《业务规则》第 2.8 条规定，"挂牌公司控股股东及实际控制人在挂牌前直接或间接持有的股票分三批解除转让限制，每批解除转让限制的数量均为其挂牌前所持股票的三分之一，解除转让限制的时间分别为挂牌之日、挂牌期满一年和两年。

挂牌前 12 个月以内控股股东及实际控制人直接或间接持有的股票进行过转让的，该股票的管理按照前款规定执行，主办券商为开展做市业务取得的做市初始库存股票除外。

因司法裁决、继承等原因导致有限售期的股票持有人发生变更的，后续持有人应继续执行股票限售规定。"

挂牌公司股东如果符合上述身份或情形的，应按照上述规定进行所持股票的解限售。

二十六、挂牌公司变更会计师事务所是否需经全国股份转让系统公司同意？

变更会计师事务所属于挂牌公司自治范畴，不需经全国股份转让系统公司同意，但应履行内部决策程序并进行信息披露。

根据《信息披露细则（试行）》第十三条第二款的规定，挂牌公司不得随意变更会计师事务所，如确需变更的，应当由董事会审议后提交股东大会审议。

根据《信息披露细则（试行）》第四十六条第八款的规定，挂牌公司出现以下情形之一的，应当自事实发生之日起两个转让日内披露：（八）变更会计师事务所、会计政策、会计估值。

二十七、挂牌公司涉及仲裁事项，是否需要信息披露？

涉案金额达到《信息披露细则（试行）》披露标准的仲裁事项应当及时披露。根据《信息披露细则（试行）》第三十七条的规定，挂牌公司对涉案金额占公司最近一期经审计净资产绝对值10%以上的重大诉讼、仲裁事项应当及时披露。未达上述标准，但董事会认为可能对公司股价产生较大影响的，也应及时披露。

二十八、挂牌公司认为公共媒体上的有关消息可能对公司声誉产生重大不利影响，且会对公司股价产生较大影响，是否可以发布澄清公告？

可以。根据《信息披露细则（试行）》第四十条的规定，公共媒体传播的消息（以下简称"传闻"）可能或者已经对公司股票转让价格产生较大影响的，挂牌公司应当及时向主办券商提供有助于甄别传闻的相关资料，并决定是否发布澄清公告。

二十九、挂牌公司控股股东以其所持有的占比5％以上的公司股份进行股权质押贷款，已经披露了董事会决议，是否还需就此事宜发布临时公告？

需要。《信息披露细则（试行）》第四十六条第四款规定："挂牌公司出现以下情形之一的，应当自事实发生之日起两个转让日内披露：（四）任一股东所持公司5%以上股份被质押、冻结、司法拍卖、托管、设定信托或者被依法限制表决权"。需注意的是，临时公告的披露时间应当在董事会作出决议之日起2个转让日内。《信息披露细则（试行）》第二十二条第一款规定："挂牌公司应当在临时报告所涉及的重大事件最先触及下列任一时点后及时履行首次披露义务，（一）董事会或者监事会作出决议时。"

三十、挂牌公司定向发行豁免申请核准的条件是什么？豁免申请核准的情形能否进行储架发行？

根据 2013 年 12 月 26 日修订后的《非上市公众公司监督管理办法》第四十五条的规定，在全国中小企业股份转让系统挂牌公开转让股票的公众公司向特定对象发行股票后股东累计不超过 200 人的，中国证监会豁免核准，由全国中小企业股份转让系统自律管理，但发行对象应当符合本办法第三十九条的规定。只要满足上述条件即为豁免申请核准情形。

储架发行即"一次核准，分期发行"，适用于核准情形。公司定向发行豁免申请核准的，需在发行验资完毕后向全国股份转让系统报送备案，全国股份转让系统公司审查后出具股份登记函，公司持股份登记函向中国证券登记结算公司办理新增股份的登记及公开转让手续。

三十一、挂牌公司董事、监事或高级管理人员发生变化，如何向全国股份转让系统报备？同时为公司股东的，是否需办理限售事宜？

有新任董事、监事及高级管理人员的，挂牌公司应当在两个转让日内联系相应监管员并填写《挂牌公司董监高人员变更报备表》；新任董事、监事应当在股东大会或者职工代表大会通过其任命后五个转让日内，新任高级管理人员应当在董事会通过其任命后五个转让日内签署《董事（监事、高级管理人员）声明及承诺书》并向全国股份转让系统公司报送。

若为公司股东的，离职董事、监事和高级管理人员所持股份应全部办理限售事宜，离职后半年内不得转让；新任董事、监事和高级管理人员所持股份的75% 应办理限售事宜。

三十二、挂牌公司召开股东大会是否需要暂停转让？

一般情况下，挂牌公司召开股东大会无须申请暂停转让。如果出现《业务规则（试行）》第 4.4.1 条规定的情形，则需要申请暂停转让。《业务规则（试行）》第 4.4.1 条的规定：

挂牌公司发生下列事项，应当向全国股份转让系统公司申请暂停转让，直至按规定披露或相关情形消除后恢复转让。

（一）预计应披露的重大信息在披露前已难以保密或已经泄露，或公共媒体出现与公司有关传闻，可能或已经对股票转让价格产生较大影响的；

（二）涉及需要向有关部门进行政策咨询、方案论证的无先例或存在重大不确定性的重大事项，或挂牌公司有合理理由需要申请暂停股票转让的其他事项；

（三）向中国证监会申请首次公开发行股票并上市，或向证券交易所申请股票上市；

（四）向全国股份转让系统公司主动申请终止挂牌；

（五）未在规定期限内披露年度报告或者半年度报告；

（六）主办券商与挂牌公司解除持续督导协议；

（七）出现依《公司法》第一百八十一条规定解散的情形，或法院依法受理公司重整、和解或者破产清算申请。

具体操作流程可参见《暂停与恢复转让业务指南（试行）》。

三十三、公司股份限售、解除限售是否都需要以临时公告的形式进行信息披露？

挂牌公司股票限售无须以临时公告形式进行信息披露。挂牌公司股票解除限售应依据《临时公告格式模板——第2号挂牌公司股票解除限售公告格式模板》的要求披露临时公告。

三十四、限售股份的限售期届满时，如何办理解除限售手续？

挂牌公司可先行与主办券商联系，我司业务部将窗口指导挂牌公司及主办券商办理此项业务。

中介机构篇

三十五、证券公司如何在全国股份转让系统申请业务备案？

根据《全国中小企业股份转让系统主办券商管理细则（试行）》，证券公司在全国股份转让系统开展相关业务前，应当向全国股份转让系统公司申请备案，成为主办券商。

2013年6月14日我司官网上发布了《全国中小企业股份转让系统股主办券商相关业务备案申请文件内容与格式指南》，申请在全国股份转让系统从事主办券商相关业务的证券公司应当按照本指南制作和报送申请文件。证券公司申请文件齐备的，全国股份转让系统公司予以受理。全国股份转让系统公司同意备案的，自受理之日起十个转让日内与证券公司签订《证券公司参与全国中小企业股份转让系统业务协议书》，向其出具主办券商业务备案函，并予以公告。公告后，主办券商可在公告业务范围内开展业务。

三十六、为股份公司申请挂牌、公开转让、定向发行等业务提供专业意见的会计师事务所或律师事务所是否需要申请核准或备案？

为股份公司向我司申请相关业务提供中介服务的会计师事务所或律师事务所，不需要向我司申请核准或备案。但根据财政部、中国证监会相关规定，会计师事务所执行证券、期货相关业务，必须取得证券、期货业务许可证；根据司法部、中国证监会相关规定，从事证券法律业务的律师事务所及其指派律师，须按照《律师事务所从事证券法律业务管理办法》及《律师事务所证券法律业务执业规则（试行）》要求开展查验、制作和出具法律意见书等执业活动。

三十七、申请挂牌公司做股份公司改制的会计师事务所是否必须取得证券、期货相关业务资格？

对于企业股改的会计师事务所是否具有证券、期货相关业务资格，全国股份转让系统公司无强制性要求；但申请挂牌时向我司提交的财务报告应当经具有证券、期货相关业务资格的会计师事务所审计。

三十八、官网上的《持续督导协议书》可以修改吗？

我司官网上的《持续督导协议书》模板为参考文本，主办券商与挂牌公司协商一致，可根据实际情况在不违反持续督导基本原则的基础上进行细化、丰富。

三十九、项目负责人资格中，"具有主持境内外首次公开发行股票或者上市公司发行新股、可转换公司债券的主承销项目经历"中的"主持"如何界定？

对于实行保荐制之前的境内主承销项目，由主办券商出具"主持"的说明；对于实行保荐制之后的境内主承销项目，"主持"限于保荐项目的签字保荐代表人或者作为项目协办人参与保荐项目并签字的准保荐代表人；对于境外主承销项目，由主办券商出具"主持"的说明。

以上所称主承销项目，必须是已经发行成功的首次公开发行股票或者上市公司发行新股、可转换公司债券主承销项目。

四十、项目负责人资格中，"参与两个以上推荐挂牌项目，且负责财务会计事项、法律事项或相关行业事项的尽职调查工作"，每个项目可能有多名注册会计师、多名律师或者多名行业分析师参与，但必须是负责财务会计事项的注册会计师（唯一）、负责法律事项的律师（唯一）或者负责行业事项的行业分析师（唯一）且在尽职调查报告扉页签字才符合要求？

是。根据《全国中小企业股份转让系统主办券商推荐业务规定（试行）》第七条和第十八条，项目小组成员中注册会计师、律师和行业分析师至少各一名，项目小组中应指定注册会计师、律师、行业分析师各一名负责对申请挂牌公司的财务会计事项、法律事项、相关行业事项进行尽职调查，并承担相应责任。

四十一、按照规定"行业分析师应具有申请挂牌公司所属行业的相关专业知识，并在最近一年内发表过有关该行业的研究报告"，其中"相关专业知识"和"发表"如何认定？

行业分析师是否具有相关专业知识由主办券商自行评价。发表的"研究报告"应针对拟推荐公司所属行业，行业分类应对照中国证监会发布的《上市公司行业分类指引》，具体到大类编码（为单字母加两位数字编码）。研究报告可以为行业研究报告或公司研究报告。行业研究报告应侧重于对行业特点及未来发展趋势、行业发展的影响因素、行业竞争状况、行业技术水平及技术特点、经营模式等方面的研究。公司研究报告应为对与拟推荐公司主营业务相同或相似的公司在市场、产品与技术等方面的研究报告。研究报告应在公开出版刊物或主办券商内部研究刊物上发表。研究报告应作为行业分析师任职资格的证明材料于报送推荐文件时一并提交。

四十二、项目组中的律师、注册会计师，是否通过国家司法考试、注册会计师全科考试合格即可？不需要曾经在事务所执业取得执业资格证书？

是。

四十三、从事全国股份转让系统推荐业务的可担任项目小组负责人或者三师发生变动，应如何进行报备？

根据《全国中小企业股份转让系统主办券商管理细则（试行）》第十条，主办券商所披露信息内容发生变更的，应自变更之日起五个转让日内报告全国股份转让系统公司并进行更新。主办券商可通过推荐业务联络人向全国股份转让系统公司机构业务部报告，经核对后在指定信息披露平台进行更新披露。

四十四、如何申请成为全国股份转让系统的做市商？

根据《全国中小企业股份转让系统主办券商管理细则（试行）》，证券公司申请在全国股份转让系统从事做市业务应具备下列条件：

1. 具备证券自营业务资格；
2. 设立做市业务专门部门，配备开展做市业务必要人员；
3. 建立做市股票报价管理制度、库存股管理制度、做市风险监控制度及其他做市业务管理制度；
4. 具备符合全国股份转让系统公司要求的做市交易技术系统；
5. 全国股份转让系统公司规定的其他条件。

目前，由于相关技术系统开发原因，我司暂不接受做市业务申请。具体申请做市业务的规定将在条件成熟时公布。

四十五、主办券商所披露信息内容（如注册资本、法定代表人等）发生变更的，应如何进行报备？

根据《全国中小企业股份转让系统主办券商管理细则（试行）》第十条，主办券商所披露信息内容发生变更的，应自变更之日起五个转让日内报告全国股份转让系统公司并进行更新。主办券商可通过推荐业务联络人向全国股份转让系统公司机构业务部报告，经核对后在指定信息披露平台进行更新披露。

四十六、主办券商的内核机构成员发生变动，应如何进行报备？

根据《全国中小企业股份转让系统主办券商推荐业务规定（试行）》第十四条，主办券商内核机构工作制度或内核成员发生变动的，主办券商应及时报全国股份转让系统公司备案，并在五个工作日内更新披露。主办券商可通过推荐业务联络人向全国股份转让系统公司机构业务部报告，经核对后在指定信息披露平台进行更新披露。

四十七、拟挂牌公司或者已挂牌公司更换主办券商的操作流程？

拟挂牌公司在申请挂牌前更换主办券商的，与主办券商自行商定，无须报告全国股份转让系统公司。

全国股份转让系统实行主办券商制度，主办券商在推荐公司挂牌后，对其履行持续督导义务，全国股份转让系统公司鼓励挂牌公司与主办券商建立长期稳定的持续督导关系，除主办券商不再从事推荐业务或者挂牌公司股票终止挂牌两种规定情形外，双方不得随意解除持续督导协议。主办券商与挂牌公司因特殊原因确需解除持续督导协议的，双方应协商一致，且有其他主办券商愿意承接督导工作，事前报告全国股份转让系统公司并说明理由。具体操作流程参见我司 2014 年 4 月 1 日发布的《全国中小企业股份转让系统主办券商和挂牌公司协商一致解除持续督导协议操作指南》。

四十八、根据《全国中小企业股份转让系统投资者适当性管理细则》第十五条规定，"主办券商应当妥善保存业务办理、投资者服务过程中风险揭示的语音或影像留痕"，具体如何操作？

为确保主办券商切实履行投资者适当性管理义务，明确业务开展过程中的权责关系，保护主办券商与投资者的正当权益，原则上要求从业务开通前的投资者教育直至投资者终止业务，主办券商应全程记录对投资者进行风险揭示的语音和影像留痕。

具体执行过程中，综合考虑行业通行做法，主办券商至少应做好业务开通前对投资者进行风险揭示的语音或影像留痕，以及业务开通时投资者本人的影像留痕。鼓励主办券商探索投资者服务过程中风险揭示留痕的新形式。

投资者篇

四十九、投资者如何参与全国中小企业股份转让系统？具体办理流程是怎样的？

投资者参与全国中小企业股份转让系统的具体流程如下：

（一）投资者选择一家从事全国中小股份转让系统经纪业务的主办券商（名单可在 www.neeq.com.cn 查阅），申请开通全国中小企业股份转让系统挂牌公司股票买卖权限，主办券商将依据《全国中小企业股份转让系统投资者适当性管理细则（试行）》相关规定进行审查，符合条件的，方可为投资者办理开通手续。

（二）目前，投资者参与挂牌公司股票公开转让，应开立深圳市场人民币普通股票账户。

（三）经审查符合投资者准入标准的投资者应当与主办券商签订《买卖挂牌公司股票委托代理协议》以明确双方的权利和义务。投资者在签订该协议前，应认真阅读并签署《挂牌公司股票公开转让特别风险揭示书》。

五十、投资者在全国股份转让系统买卖挂牌公司的股票如何收费？

根据《全国中小企业股份转让系统有限责任公司有关收费事宜的通知》（股转系统公告〔2013〕7号）的有关规定，投资者在全国股份转让系统进行股票转让，需向我司按成交金额的一定比例缴纳转让经手费，我司按股票转让成交金额的0.5‰双边收取（佣金由券商按其标准收取）。

五十一、投资者适当性管理何时实施？具体要求有哪些？

《投资者适当性管理细则》已于2013年2月8日发布施行，并于2013年12月30日修改，明确了参与挂牌公司股票公开转让和参与挂牌公司股票定向发行的投资者。

参与挂牌公司股票公开转让的投资者：

（1）注册资本500万元人民币以上的法人机构或实缴出资总额500万元人民币以上的合伙企业；

（2）集合信托计划、证券投资基金、银行理财产品、证券公司资产管理计划，以及由金融机构或者相关监管部门认可的其他机构管理的金融产品或资产；

（3）投资者本人名下前一交易日日终证券类资产市值500万元人民币以上，且具有两年以上证券投资经验，或具有会计、金融、投资、财经等相关专业背景或培训经历。

参与挂牌公司股票定向发行的投资者：

（1）《非上市公众公司监督管理办法》第三十六条规定的投资者；

（2）符合参与挂牌公司股票公开转让条件的投资者。

五十二、原在中关村试点进行交易的投资者如果不符合新的投资者适当性的相关规定，如何参与交易？

与中关村试点相比，全国股份转让系统对机构投资者设置了一定的财务指标要求，对自然人投资者从财务状况、投资经验等维度设置准入要求。

对某些原在中关村试点进行交易的投资者，如不符合现行的投资者适当性管理要求。根据《全国中小企业股份转让系统投资者适当性管理细则（试行）》（以下简称《投资者适当性管理细则》）第七条规定，《投资者适当性管理细则》发布前已经参与挂牌公司股票买卖机构投资者和自然人投资者在重新签署《买卖挂牌公司股票委托代理协议》和《挂牌公司股票公开转让特别风险揭示书》后，原有交易权限不变。

五十三、依据最新的投资者适当性要求，自然人投资者需持有500万元的证券类资产，此前已经参与全国股份转让系统但不满足上述条件的自然人该如何处理？涉及股票发行业务的该如何处理？

2013年12月30日《关于境内企业挂牌全国股转系统有关事项的公告》发布前，满足300万元人民币以上（含300万元）资产要求且已参与全国股份转让系统的自然人投资者，合格投资人资格继续有效，可以买卖所有挂牌公司的股票。

涉及股票发行业务的，2013年12月30日之前股票发行方案尚未经挂牌公司董事会决议通过的，发行对象应当满足修订后的《适当性管理细则》的要求。挂牌公司的股东、董事、监事、高级管理人员及核心员工参与本公司的股票发行，如不符合参与挂牌公司股票公开转让条件的，只能买卖本公司的股票。

五十四、全国股份转让系统协议转让方式下有什么委托类型，如何成交？

《全国中小企业股份转让系统股票转让细则（试行）》第七十五条规定，协议转让方式下，投资者委托分为意向委托、定价委托和成交确认委托。

意向委托是指投资者委托主办券商按其指定价格和数量买卖股票的意向指令，意向委托不具有成交功能。考虑到市场各方业务技术准备情况，协议转让方式下意向委托与意向申报的规定暂未实施。

定价委托是指投资者委托主办券商按其指定的价格买卖不超过其指定数量股票的指令。

成交确认委托是指投资者买卖双方达成成交协议，或投资者拟与定价委托成交，委托主办券商以制定价格和数量与指定对手方确认成交的指令。

投资者可委托主办券商进行买卖委托。投资者达成转让意向的，可各自委托主办券商进行成交确认申报。投资者拟与定价委托成交的，可委托主办券商进行成交确认申报。全国股份转让系统对通过验证的成交确认申报和定价申报信息进行匹配核对，核对无误的，全国股份转让系统予以确认成交。每个转让日15：00，全国股份转让系统对证券代码和申报价格相同、买卖方向相反的未成交定价申报进行匹配成交。

五十五、是否可以通过互报成交确认申报方式成交不足1 000股的股票？

根据《全国中小企业股份转让系统股票转让细则（试行）》第二十八条的规定，买卖股票的申报数量应当为1 000股或其整数倍。卖出股票时，余额不足

1 000 股部分，应当一次性申报卖出。因此，在投资者证券账户某一股票余额不足 1 000 股时，可以一次性成交不足 1 000 股的股票。除此之外，每笔委托数量应为 1 000 股或其整数倍。

协议转让方式下的余股申报，举例说明如下：

例 1：投资者余股 2 500 股。此时，投资者可以一次性申报卖出 2 500 股；也可以先申报卖出 2 000 股，再申报卖出 500 股，但不能先申报卖出 500 股，再申报卖出 2 000 股。

例 2：投资者余股 500 股。此时，投资者只能一次性申报卖出 500 股，不能进一步拆细，如先申报卖出 200 股，再申报卖出 300 股。

例 3：投资者余股 500 股且一次性定价申报卖出。此时，对手方拟与之成交的，需进行成交确认申报，申报数量应当为 1 000 股或其整数倍，不能小于 1 000 股（如 500 股、600 股）。

例 4：投资者余股 500 股，该投资者与其他投资者协商一致，拟通过互报成交确认申报方式成交，买卖双方进行成交确认申报的数量均可以且只应为 500 股。

五十六、新交易系统上线的时间如何安排？

全国股份转让系统新交易结算系统已于 2014 年 5 月 19 日正式投入运行，首先推出挂牌股票协议转让。后续的做市转让、竞价转让将在新的交易平台上陆续开发推出。全国股份转让系统公司和中国结算正抓紧推进做市转让方式有关业务和技术准备，计划在 8 月份实施做市转让方式。

五十七、境外机构和外国人是否可以直接参与定向增发及交易？外资股东如何办理开具股票交易账户？

全国股份转让系统公司是经国务院批准设立的全国性证券交易场所，所有符合《合格境外机构投资者境内证券投资管理办法》和《人民币合格境外机构投资者境内证券投资试点办法》规定的合格境外机构投资者（QFII）和人民币合格境外机构投资者（RQFII）均可参与。外资股东办理证券账户应遵照中国证券登记计算有限责任公司《关于外国战略投资者开 A 股证券账户等有关问题的通知》。

五十八、《全国中小企业股份转让系统股票转让细则（试行）》何时实施？

《全国中小企业股份转让系统股票转让细则（试行）》（以下简称《转让细则》）已于 2014 年 5 月 19 日起正式实施。

考虑到市场各方业务技术准备情况，《转让细则》中关于做市转让方式的规定，以及协议转让方式下意向委托与意向申报的规定，将待完成相关技术开发和测试后实施。具体时间由全国股份转让系统公司另行通知。

股票采取竞价转让方式的，应当符合规定的条件，具体条件由全国股份转让系统公司另行制定。《转让细则》中关于竞价转让方式的规定，将待有关条件明确后实施。

在全国中小企业股份转让系统进行转让的两网公司和退市公司股票转让相关制度不变，仍按《全国中小企业股份转让系统两网公司及退市公司股票转让暂行办法》执行。

自《转让细则》实施之日，《全国中小企业股份转让系统过渡期股票转让暂行办法》同时废止。

其他

五十九、全国股份转让系统与区域性股权转让市场的关系？

全国股份转让系统与区域性股权转让市场均是多层次资本市场的有机组成部分。全国股份转让系统是经国务院批准，依据《证券法》设立的全国性证券交易场所，主要为创新型、创业型、成长型中小微企业发展服务。境内符合条件的股份公司均可通过主办券商申请在全国股份转让系统挂牌，公开转让股份，进行股权融资、债权融资、资产重组等。挂牌公司依法纳入非上市公众公司监管，股东人数可以超过200人，股份可以按照标准化交易单位持续挂牌交易，且不设T＋5日规定。区域性股权转让市场是由地方人民政府批准设立，自行监管的股权转让市场。根据《国务院关于清理整顿各类交易场所切实防范金融风险的决定》（国发〔2011〕38号），区域性场外市场必须严格执行"非公众、非标准、非连续"的原则，即挂牌公司股东人数不允许超过200人；不得将股份按照标准化交易单位持续挂牌交易；且任何投资者买入后卖出或卖出后买入同一交易品种的时间间隔不得少于5个交易日。

六十、如何到全国股份转让系统参观考察？

全国股份转让系统市场发展部为接待政府或企业来访的主要承办部门。来访单位可发送传真至010－63889650，提出参观考察需求，明确来访时间、座谈主题、来访人员名单及职务（级别）等信息。

六十一、如何参加全国中小企业股份转让系统举办的培训？

对于主办券商等中介机构，主要由我司机构业务部负责相关培训，相关培训事宜一般由机构业务部直接通知相关单位。对于中介机构以外的其他市场参与人，主要由我司市场发展部负责培训，相关培训活动信息可与当地金融主管部门、证监会派出机构等联系确认，或向我司市场发展部咨询：010－63889551。

六十二、地方应如何邀请全国股份转让系统专家做宣讲和座谈？

有宣讲、座谈需求的单位可以直接将邀请函和活动方案传真至010－63889650，我司市场发展部收悉后将及时与之联系并处理。

六十三、怎么查询我司挂牌企业2012年及以前年度的公司公告？

请登录全国股份转让系统官方网站www.neeq.com.cn，在"信息披露"栏目下点击"更多"按钮，即可按照公司简称、代码、公告时间段等分类标准对公司公告进行查询。

六十四、如何查询全国股份转让系统的相关交易数据？

作为股转系统向市场提供信息服务的一部分，全国股份转让系统确有报价及交易数据发布的考虑。伴随着交易系统的建设，针对不同的市场参与人和需求，其具体的发布形式、内容、时效、承载方式以及服务费用还在制定、设计中。这方面的信息服务策略一旦确定，会及时组织相应发布系统的开发实施，尽快更好地为市场参与者和关注者提供服务。

我司的官方网站www.neeq.com.cn，是发布系统动态、法律规则、业务资讯等信息的重要渠道，是相关参与者信息披露的重要平台。在过渡期内，用户可以通过网站中相关链接的引导，查询到历史或当天的报价及成交情况。随着业务的开展和运营的需要，网站的布局、功能等也会不断改进、完善。

六十五、全国中小企业股份转让系统公司网站委托成交栏目下市场总貌中成交金额数据统计口径是什么？

按照自然年度统计，2013年数据为自2013年1月4日至最近交易日成交金额的合计数。

第五节　证监会就落实《国务院关于新三板有关问题的决定》有关事宜答记者问

一、按照《决定》，全国中小企业股份转让系统是经国务院批准的全国性证券交易场所，它与沪深证券交易所有什么差别？

答：全国中小企业股份转让系统（以下简称全国股份转让系统）是经国务院批准，依据《证券法》设立的全国性证券交易场所，2012年9月正式注册成立，是继上海证券交易所、深圳证券交易所之后第三家全国性证券交易场所。在场所性质和法律定位上，全国股份转让系统与证券交易所是相同的，都是多层次资本市场体系的重要组成部分。全国股份转让系统与证券交易所的主要区别在于：一是服务对象不同。《国务院关于全国中小企业股份转让系统有关问题的决定》（以下简称《决定》）明确了全国股份转让系统的定位主要是为创新型、创业型、成长型中小微企业发展服务。这类企业普遍规模较小，尚未形成稳定的盈利模式。在准入条件上，不设财务门槛，申请挂牌的公司可以尚未盈利，只要股权结构清晰、经营合法规范、公司治理健全、业务明确并履行信息披露义务的股份公司均可以经主办券商推荐申请在全国股份转让系统挂牌。二是投资者群体不同。我国交易所市场的投资者结构以中小投资者为主，而全国股份转让系统实行了较为严格的投资者适当性制度，未来的发展方向将是一个以机构投资者为主的市场，这类投资者普遍具有较强的风险识别与承受能力。三是全国股份转让系统是中小微企业与产业资本的服务媒介，主要是为企业发展、资本投入与退出服务，不是以交易为主要目的。

二、《决定》提出"挂牌公司依法纳入非上市公众公司监管"，应当如何理解？

答：全国股份转让系统挂牌公司的法律属性为非上市公众公司，应当合法规范经营，健全公司治理结构，履行信息披露义务，披露的信息必须真实、准确、完整，不得有虚假记载、误导性陈述或者重大遗漏。2005年修订《证券法》时，全国股份转让系统尚未建立，因此《证券法》没有直接针对全国股份转让系统和挂牌公司的条款，这在一定程度上限制了市场的发展和功能发挥。按照《决定》的授权，证监会将比照《证券法》的立法精神，制定部门规章及相关规范性文件，明确监管制度框架和专项监管要求，建立健全以信息披露为核心的日常监管体系。证监会的监管方式将由事前准入监管转向"事中、事后"

监管，加强对违法违规行为的稽查执法，维护投资者的合法权益和公开、公平、公正的市场秩序。《决定》为全国股份转让系统挂牌公司和市场监管奠定了法规基础，填补了《证券法》没有直接针对全国股份转让系统和挂牌公司规定的法律空白，提升了市场建设的法律层级，市场将步入更为规范的法制化运行轨道。这既有利于保证全国股份转让系统平稳健康发展，也有利于推动市场融资工具和证券产品创新。

三、《决定》提出要"简化行政许可程序"，证监会将转变监管方式，请问事前准入监管上会有哪些变化？

答：按照《证券法》和《国务院办公厅关于严厉打击非法发行股票和非法经营证券业务有关问题的通知》（国办发〔2006〕99 号）的精神，股份公司向特定对象发行证券累计超过 200 人和申请在全国股份转让系统挂牌公开转让股票，应报经证监会核准。考虑到全国股份转让系统挂牌公司大多属于中小微企业，其发行和转让对象以符合投资者适当性制度的机构投资者为主，具有较强的风险识别和承受能力，同时其发行和转让行为涉及的资金总量通常较小，风险外溢的可能性相对较低。按照《决定》的精神，对于股东人数不超过 200 人的股份公司申请在全国股份转让系统挂牌公开转让和挂牌公司向特定对象发行证券后持有人累计不超过 200 人两种涉众性相对较低的情形，证监会豁免核准，不再进行"事前"审核，也不出具批复文件，由全国股份转让系统进行自律审查。经主办券商推荐，股份公司可以直接向全国股份转让系统申请挂牌。对于豁免核准的挂牌公司，股东通过转让股份导致挂牌公司股东人数超过 200 人时，也不再需要重新向证监会申请核准。"股东人数已超过 200 人的股份公司申请在全国股份转让系统挂牌公开转让股票"和"挂牌公司定向发行证券且发行后证券持有人累计超过 200 人"两种涉众性相对较高的情形，由证监会依法履行行政许可程序，实施核准。在行政许可安排上，证监会将尽可能简化审核流程，提高审核效率。在核准流程上，简化程序，证监会审核后不提交发行审核委员会审核；在申报文件上，简化申请文件和信息披露要求。公司拿到核准文件后可直接向全国股份转让系统申请办理挂牌手续。最后还需要强调的一点是，无论是经证监会核准的还是豁免核准的挂牌公司，都将统一纳入证监会的非上市公众公司监管，必须遵守《证券法》、《非上市公众公司监督管理办法》及其他相关规则的规定，完善公司治理结构，履行信息披露义务。

四、《决定》提出要建立与投资者风险识别和承受能力相适应的投资者适当性制度，证监会将如何落实相关要求？

答：从境内外资本市场的发展经验来看，投资者适当性制度是保护投资者合法权益的重要制度安排。全国股份转让系统挂牌公司多为中小微企业，经营不稳定，业绩波动大，投资风险相对较高，客观上要求投资者必须具备较高的风险识别和承受能力，市场交易更适合机构投资者而不是普通个人投资者参与。按照《决定》的精神，全国股份转让系统将定位于专业投资市场，积极培育和发展机构投资者队伍，鼓励证券公司、保险公司、证券投资基金、私募股权投资基金、风险投资基金、合格境外机构投资者、企业年金等机构投资者参与市场，逐步将全国股份转让系统建成以机构投资者为主体的证券交易场所。针对自然人投资者，将从财务状况、投资经验、专业知识三个维度严格准入条件，提高投资者准入门槛，切实维护投资者的合法权益。不符合适当性要求的个人投资者可以通过专业机构发售的基金、理财产品等间接投资于挂牌公司。

五、《决定》提出要建立不同层次市场间的有机联系，这是否意味着全国股份转让系统与交易所市场、区域性股权转让市场之间将建立转板制度？

答：交易所市场、全国股份转让系统和区域性股权转让市场都是我国多层次资本市场的重要组成部分。《决定》要求建立不同层次市场间的有机联系，就是要使得交易所市场、全国股份转让系统和区域性股权转让市场之间形成上下贯通、有机联系的统一整体。因此，按照《决定》的精神，全国股份转让系统的挂牌公司可以直接转板至证券交易所上市，但转板上市的前提是挂牌公司必须符合《证券法》规定的股票上市条件，在股本总额、股权分散程度、公司规范经营、财务报告真实性等方面达到相应的要求。另外，在区域性股权转让市场进行股权非公开转让的公司也可以申请在全国股份转让系统挂牌公开转让股份，但必须满足两个条件：一是区域性股权转让市场必须符合《国务院关于清理整顿各类交易场所切实防范金融风险的决定》（国发〔2011〕38号）的规定；二是股份公司必须符合全国股份转让系统的挂牌条件。建立便捷高效的转板机制后，企业就可以根据自身发展阶段、股份转让和融资等方面的不同需求，自由选择适合的市场，促进企业持续健康发展，进一步发挥资本市场优化资源配置的作用。

六、《决定》要求国资、外资、税收政策原则上比照交易所市场及上市公司相关规定处理，应当如何理解？

答：促进中小企业发展需要国务院有关部门加强沟通合作和协调配合。在上市公司监管中，证监会与国务院有关部门已经取得了一些很好的合作成果。在场所性质和法律定位上，全国股份转让系统与交易所市场是相同的。因此，对于全国股份转让系统建设中涉及的上述问题，可以比照交易所市场及上市公司规定办理。关于国有股份交易，公司可以自由选择在产权市场或者全国股份转让系统转让国有股份，但要同时遵守国有资产管理的相关规定；关于外商投资的上市公司，证监会与商务部联合制定了相关管理规定，外商投资公司可以比照上市公司的相关规定申请到全国股份转让系统挂牌；关于税收政策，为鼓励投资者长期投资，财政部和国家税务总局联合发布了相关政策，对上市公司投资者按照持股时间长短执行 20%、10%、5% 三档税率缴纳股息红利所得税；证券交易印花税单边征税，证券出让方按 1‰ 税率征收，对证券受让方不征税。全国股份转让系统的投资者也按照上述税率征收。

七、如何理解将全国中小企业股份转让系统试点范围扩大至全国，扩大试点后是否还有园区限制？

答：《决定》发布之前，申请到全国股份转让系统挂牌的公司仅限于北京中关村、天津滨海、上海张江、武汉东湖四个国家级高新技术产业开发区的股份有限公司。2013 年 6 月 19 日，国务院第 13 次常务会议决定将全国股份转让系统试点范围扩大至全国，随后证监会制订了相关工作方案。《决定》发布后，扩大试点至全国的条件已经具备。待证监会和全国股份转让系统的相关配套规则正式发布后，凡是在境内注册的、符合挂牌条件的股份公司，均可以经主办券商推荐申请在全国股份转让系统挂牌公开转让。挂牌公司不再受高新园区的限制，不受所有制的限制，也不限于高新技术企业。

八、全国股份转让系统试点范围扩大至全国后，会不会分流 A 股市场的资金，造成 A 股市场下跌？

答：全国股份转让系统在职能分工和服务定位上与现有的主板、中小板和创业板市场存在较大差异，是一种功能互补、相互促进的关系。第一，全国股份转让系统主要为创新型、创业型、成长型中小微企业服务，这类企业普遍规模较小，融资金额少。融资方式上目前只允许定向发行，并且严格限定发行对象和人数。从前期试点情况来看，14 个月内共定向发行 56 次，融资总额为 10.96 亿元，公司单次融资金额平均不足 2 000 万元，涉及的资金量极为有限。第二，全国股份转让系统实行严格的投资者适当性管理制度，投资者主要集中于产业资本和股权投资基金，这与 A 股市场的投资者定位存在很大区别，不会形成同一投资群体在市场选择上的此消彼长关系。第三，全国股份转让系统试点范围扩大至全国，拓宽了资本市场的服务覆盖面和渠道，企业可以根据自身的实际需求，自由选择在证券交易所上市或全国股份转让系统挂牌，这将有利于减轻 A 股市场的发行上市压力，缓解 A 股市场的扩容预期。因此总体来看，试点范围扩大至全国后不会对 A 股市场产生资金分流效应。

九、《决定》发布后，历史上形成的股东人数已经超过 200 人的未上市股份公司是否可以申请在全国股份转让系统挂牌公开转让？

答：对于历史上形成的股东人数已经超过 200 人的未上市股份公司纳入非上市公众公司监管问题，证监会已经进行了深入研究，正在制定专门的审核指引，将于近期正式发布实施。

十、非上市公众公司并购重组如何操作？证监会是否会出台具体的监管规则？

答：并购重组对于优化市场资源配置功能、推动产业结构调整、实现产业升级、促进实体经济发展，具有非常重要的意义和作用。非上市公众公司多以中小微企业为主，未来这类公司并购重组的机会可能会更多、交易会更频繁，但并购重组的方式和特点可能与上市公司有所不同。证监会正在抓紧制定非上市公众公司并购重组监管规则，成熟后将尽快推出。

第六节　新三板最新案例汇编

一、新三板挂牌公司行业分布及主要经营数据情况

表 7 - 3　　　　　　　新三板挂牌公司行业分布及经营情况

行业名称	挂牌家数	股份总量（万股）	总资产均值（万元）	净资产均值（万元）	营业收入均值（万元）	净利润均值（万元）
制造业	548	1 913 901.10	15 770.94	7 492.36	10 228.42	715.93
信息传输、软件和信息技术服务业	269	628 186.30	7 879.35	4 216.49	5 537.21	392.55
科学研究和技术服务业	33	72 691.87	4 733.04	2 712.56	3 355.95	271.26
建筑业	31	156 014.53	40 437.01	12 562.27	19 921.16	1 108.09
农、林、牧、渔业	22	141 479.22	24 740.51	12 235.20	13 773.43	860.62
租赁和商务服务业	20	73 523.23	9 538.07	5 710.37	7 048.86	600.01
文化、体育和娱乐业	20	50 732.30	8 981.64	5 046.40	4 862.93	622.60
批发和零售业	12	55 173.71	30 555.11	9 067.88	49 016.46	369.49
卫生和社会工作	10	27 302.50	5 532.57	3 478.38	9 613.73	127.39
采矿业	10	30 165.19	13 097.94	6 296.45	8 265.70	931.62

续表

行业名称	挂牌家数	股份总量（万股）	总资产均值（万元）	净资产均值（万元）	营业收入均值（万元）	净利润均值（万元）
水利、环境和公共设施管理业	10	28 453.00	10 890.76	5 369.70	5 147.01	831.73
金融业	7	882 848.33	271 137.46	78 088.15	22 444.18	5 559.56
交通运输、仓储和邮政业	7	29 674.31	17 335.49	8 909.34	17 070.32	1 020.29
居民服务、修理和其他服务业	5	12 280.00	11 940.81	6 254.73	21 440.19	2 665.50
电力、热力、燃气及水生产和供应业	4	15 721.43	13 295.78	6 264.30	4 055.11	639.50
教育	2	7 200.00	13 726.10	12 823.00	15 760.40	1 901.60
综合	2	7 214.82	24 322.48	12 310.43	27 097.99	1 702.75
合计/平均	1 012	4 083.56	30 818.53	11 696.35	14 390.53	1 195.32

注：以上数据根据 2014 年 8 月 16 日 Wind 数据分析填列。

二、新三板最新案例整理汇编

1. 关联方租赁与市场价格差异较大的说明（璟泓科 430222）

2012 年 5 月 30 日，子公司武汉璟泓生物科技有限公司与湖北鹰王农化有限公司签订场地租赁合同，武汉璟泓生物科技有限公司将一块暂未使用的空地 6 666 平方米临时租赁给湖北鹰王农化有限公司，租赁期限一年，即从 2012 年 6 月 1 日起至 2013 年 5 月 31 日止，每月租金为每平方米人民币 3 元，合同到期前 15 天内一次性结清租赁费。

通过查阅赶集网发布的仙桃长沟的厂房租赁价格为每年 9 元/平方米，而璟泓生物将一块暂未使用的空地 6 666 平方米临时租赁给湖北鹰王农化有限公司，租金为每月 3 元/平方米（每年 36 元/平方米）。考虑到土地位置差异，且出租的一块空地及租赁的临时性，因此双方协商一致以每月 3 元/平方米的价格出租，该租赁价格公允。

2. 关联方收购无法办理所有权证的资产（建中医疗 430214）

解决方案：由实际控制人的其他公司收购；关注公司治理中关联交易的部分。

2012 年 6 月，实际控制人宋龙富控制的上海建中塑料包装用品厂以货币资金收购公司部分固定资产，该固定资产为地上建筑物，在公司股份制改造审计时计入公司资产总额，但是该建筑物所属的土地使用权为集体性质，因此无法办理房屋所有权证。为夯实公司资产，宋龙富所控制的上海建中塑料包装用品厂以该资产账面净值作为计价依据，经协商一致确认作价 1 298 891. 82 元予以收购。

该资产出售同时涉及关联交易，应当由出席股东大会且无关联关系的股东过半数表决权审议批准，但是关联股东宋龙富没有回避表决，存在程序瑕疵。在排除宋龙富所持表决权纳入计票后，该议案仍可获得有效通过。

2012 年 9 月，公司召开 2012 年度第一次临时股东大会审议通过《关于确认与批准公司关联交易的议案》，公司实际控制人宋龙富回避表决。该议案确认 2012 年 6 月资产收购暨关联交易批准行为有效。公司已经纠正关联交易决策程序的瑕疵，并且已经遵照公司章程及关联交易管理制度执行。公司管理层将严格履行各类重要事项的决策审批程序，保证公司及股东利益不受损害。

3. 控股股东免租提供办公场所（赛诺达 430231）

解决方案：如实披露。

公司控股股东刘春义将其名下一套 163 平方米的房屋提供给公司作为办公场所。双方签订了《房屋无偿使用协议》，约定公司有权自 2010 年 8 月起无偿使用该房屋 10 年，该房产位于天津市河北区金纬路鸿基公寓 1 号楼 1 单元 8 楼 805 室，公司 2012 年开始实际使用此处办公场所。鉴于控股股东刘春义与公司签订了长达 10 年的免费租赁协议，公司自 2012 年开始才实际使用此处办公场所。因此，上述关联租赁行为对公司近两年一期以及未来 10 年的财务状况、经营成果无实质性的重大影响。

公司监事会已审议通过了《关于近两年一期公司发生关联交易的专项审核意见》，认为上述关联租赁行为符合法律法规的规定，符合公平、公开、公正的原则，不存在损害公司利益的情况，上述关联租赁对公司近两年一期以及未来 10 年的财务状况、经营成果无实质性的重大影响。

4. 通过收购及注销关联方解决关联交易（天津宝恒 430299）

解决方案：清算关联方，公司购买剩余资产。

公司与恒鑫阀门资产重组情况，报告期内公司与关联方恒鑫阀门存在关联方交易行为，为减少不必要的关联方交易并完善公司的业务独立性，关联方恒鑫阀门进行了资产清算，并将清算后的剩余资产由公司购买。公司于 2012 年 11 月累计向恒鑫阀门购买固定资产 21. 82 万元、存货 115. 84 万元，合计金额为 137. 66 万元；交易价格按照上述资产账面价值或成本价确定。恒鑫阀门员工已解除与恒鑫阀门的劳动合同，多数员工被公司聘用，进入公司工作，并与公司签订新的劳动合同；恒鑫阀门原从事的阀门业务已不再开展，与此业务相关的人员已进入公司工作。截至本说明书签署之日，恒鑫阀门已办理工商注销手续。

5. 报告期内使用关联企业的商标（天津宝恒 430299）

解决方案：挂牌前商标无偿转让给公司。

目前公司所使用的商标为公司关联企业宝恒自控申请并所有，报告期内公司与宝恒自控签署并执行《商标使用许可合同》，宝恒自控许可公司无偿使用"宝恒"商标。目前，公司已经与宝恒自控方面达成一致，宝恒自控将其商标无偿转让给公司，公司正在办理商标转让过户手续。

6. 股东以个人名义贷款用于公司经营（蓝天环保 430263）

解决方案：如公司提供担保则需履行关联交易程序；股东承诺贷款用于公司生产经营。

公司为补充运营资金，特委托法定代表人、控股股东以个人经营性贷款方式取得用于公司生产经营活动所需资金，公司为上述贷款提供担保。上述担保事项已履行相关决策程序，关联方实施了回避制度。截至 2012 年 12 月 31 日，其他应付款中应付潘忠、李方、王洪波的款项主要为以个人名义办理的个人经营性贷款。

（1）股东潘忠 350 万元个人经营性贷款

2012 年 6 月 12 日，股东潘忠与北京银行股份有限公司奥北支行（以下简称北京银行奥北支行）签订了编号为 14501B120001 的《个人经营性贷款借款合同》，约定由北京银行奥北支行向潘忠提供 350 万元贷款，用于补充经营性流动资金购买供暖设备，贷款期限为 12 个月，从 2012 年 6 月 12 日至 2013 年 6 月 12 日。贷款利率为每笔提款放款日的同期基准利率上浮 20%。对于上述借款，股东潘忠承诺用于公司的生产经营。

（2）股东潘忠 550 万元个人经营性贷款

2012 年 7 月 25 日，股东潘忠与北京银行奥北支行签订了编号为 14501B120002 的《个人经营性贷款借款合同》，约定由北京银行奥北支行向潘忠提供 550 万元贷款，用于购买供暖设备，支付施工改造款，贷款期限为 12 个月，从 2012 年 7 月 25 日至 2013 年 7 月 25 日。贷款利率为每笔提款放款日的同期基准利率上浮 20%。合同同时约定由北京首创投资担保有限责任公司为本次贷款提供保证担保。

对于上述借款，股东潘忠承诺用于公司的生产经营。

7. 子公司股东人数超过 200 人（奥凯立 430226）

解决方案：挂牌前通过转让股权减少股东人数；转让方承诺股权转让协议真实有效，若发生纠纷由转让方承担责任；发行人控股股东及实际控制人承诺，若历史沿革中涉及的股东对股权提出异议及由此导致的纠纷均由控股股东及实际控制人承担全部责任。

为调动员工的工作积极性和提高员工的经济收益，卫辉化工（发行人的子公司）曾经借鉴国外的管理经验，实行全体员工参股的激励方式，出现了股东人数超过 200 人的情况。这种做法在当时特定历史背景下曾产生积极的效果，但不符合《公司法》的规定。

为解决上述问题,2008 年 12 月 31 日,任新民等 212 名自然人股东将其持有的卫辉化工共计 12.84% 的股权全部自愿转让给耿强,转让方与受让方经充分协商一致签订了《股权转让协议及委托书》,同时转让方承诺该《股权转让协议及委托书》真实有效,若发生纠纷,由转让方 212 名自然人承担责任。除此之外,公司控股股东及实际控制人卢甲举承诺,如卫辉化工历史沿革中所涉及的股东对卫辉化工股权提出任何异议及由此导致的任何纠纷均由其承担,负全部责任。

8. 土地取得方式与证载信息不一致(成科机电 430257)

解决方案:合理解释出现差异的原因,并如实披露。

公司序号 1－3 所涉土地使用权的证载土地使用类型为"作价入股",实质均为公司通过转让、购买获得。其原因是在公司办理前述土地权属变更登记过程中引用了原权属人海泰集团取得该宗地的方式。而实质上,前述序号 1 所涉及土地使用权系公司向海泰集团支付土地转让金合法取得的;序号 2－3 所涉及土地使用权系购买地上建筑物所分摊获得。

序号 1 所涉及土地使用权的取得情况为:2005 年 1 月,成科机电与海泰集团签订《国有土地使用权转让合同》,海泰集团将位于天津滨海高新技术产业开发区华苑产业区(环外部分)55 号地块,宗地编号:园 2004－002,面积 11 253.0 平方米的土地使用权转让给成科机电。该宗工业用地的土地使用权转让期限为 50 年,土地使用权转让金 2 531 925 元人民币。截至 2005 年 8 月,成科机电已全额支付了 2 531 925 元土地转让金,即该宗地系成科机电通过支付土地转让金方式合法取得。

序号 2－3 所涉及土地使用权的取得情况为:成科自动化 2012 年购置位于天津滨海高新区华苑产业区(环外)海泰发展五道 16 号 B－4 号楼－1－201、202 的办公室所分摊的土地使用权。

经调查,公司律师认为:海泰集团大宗土地来源系作价入股取得后,成科机电根据与海泰集团签订的《国有土地使用权出让合同》依法有偿取得天津滨海高新技术产业开发区天津华苑产业区海泰发展一路 6 号的土地使用权,并缴纳了土地使用权转让款,成科机电取得土地使用权合法有效;海泰集团未以土地使用权作价入股成科机电,成科机电土地使用权登记信息与实际情况不符,原因来源于海泰集团大宗土地登记类型而登记为作价入股,不构成对成科机电的潜在的法律风险。

9. 专利纠纷(华安股份 430279)

解决方案:挂牌公司报告期内涉及专利诉讼,法院判决公司败诉,公司如实披露信息,并做重大风险提示。报告期内,公司发生一起专利纠纷:自然人曹永军诉公司生产销售的 DS－1C 型号的执法记录仪产品侵犯其实用新型专利。兰州市中级人民法院一审判决公司败诉，2012 年 11 月 23 日，甘肃省高级人民法院二审调解结案。调解结果为：公司须向原告支付于本案二审结案前生产、销售和许诺销售 DS－1C 型号的执法记录仪产品的专利补偿费用 45 万元，于 2013 年 3 月 31 日前一次性清。针对涉诉产品双方既往不咎，对其再生产事宜，由公司与原告再行协商。自 2012 年 11 月 24 日起，公司已停止生产涉诉产品，零星销售涉诉产品 34 102.56 元，为调解协议生效前生产。因公司已决定不再生产涉诉产品，所以公司将不再与原告就涉诉产品的再生产事宜进行协商。2013 年 4 月 10 日，公司按照调解协议向原告全额支付了 45 万元专利补偿费用。

公司的主要产品包括执法记录仪、3G 单兵、UHF 数字化应急指挥系统三大类。公司研发过的执法记录仪产品共有 DS－1A、DS－1B、DS－1C、DS－1D、DS－1E（以下分别简称 1A、1B、1C、1D、1E）五个型号，其中 1A、1B、1C、1E 形成过销售，1D 为公司报告期内的研发产品，没有形成生产销售，1C 为涉诉产品。

前述事项可能存在以下风险：

（1）2011 年、2012 年 1C 型号的执法记录仪产品收入占公司营业收入比重分别为 80.84%、30.41%，非 1C 型号的执法记录仪产品收入占公司营业收入比重分别为 3.01%、26.71%，虽然 2012 年 1C 型号的执法记录仪产品收入占比已大幅下降，非 1C 型号的执法记录仪产品收入占比明显提高，但是 1C 型号的执法记录仪产品的停产仍可能对公司经营造成不利影响；

（2）由于公司将不会与原告就 1C 型号的执法记录仪产品再生产事宜达成进一步协议，因此如公司再行生产、销售、许诺销售 1C 型号的执法记录仪产品，可能承担相应法律责任。此外，不排除非 1C 型号的执法记录仪产品被曹永军提起诉讼，并被司法审判认定侵犯涉诉专利权的风险，有可能会对公司经营造成不利影响。

公司主要生产和销售面向行政执法部门的无线移动音视频监控设备和应急指挥系统。该行业技术升级和产品更新换代速度快，对现有技术或通用技术的依赖性较强，而当前与技术相关的知识产权申请和保护的环境较差。因此，公司的其他产品也存在涉入技术纠纷的风险，如果公司在技术纠纷中被司法机关、行政主管部门等裁决败诉，涉及技术纠纷的相关产品可能面临停止生产、销售等风险，甚至需要公司支付大额经济赔偿，并因此而对公司经营造成不利影响。

主办券商认为：公司 1C 型执法记录仪因涉及专利诉讼停止生产销售，可能对公司经营造成不利影响。公司 1E 型执法记录仪已基本取代 1C 型执法记录仪，但仍不能完全排除原告曹永军就 1E 型执法记录仪继续提起诉讼，并被司法审判认定侵犯涉诉专利权的风险，并因此对公司经营造成不利影响。但是，公司非执法记录仪产品不存在涉及侵犯曹永军两项专利的风险，其销售收入在报告期内占营业收入比重分别为 16.15%、42.88%，大幅增长；2013 年 1—4 月非执法记录仪产品实现营业收入合计 10 367 196.97 元（未经审计），占当期营业收入比重为 82.77%；2013 年 1—5 月公司已经签订的非执法记录仪产品大额合同金额约 667 万元，非执法记录仪产品已经逐渐被市场认可，并取代执法记录仪成为公司的主要产品，其市场不确定性已大大降低。因此，尽管公司执法记录仪产品存在涉诉风险，但是由于非执法记录仪产品发展良好，公司具有持续经营能力。

律师认为：公司现在生产、销售执法记录仪的行为不存在重大诉讼风险，即便是公司因潜在纠纷承担一定的经济赔偿责任，该经济责任最终由股东代松和刘艳承担。执法记录仪存在的潜在纠纷对公司业务和持续经营能力不构成重大不利影响，不构成公司在全国中小企业股份转让系统挂牌的实质性法律障碍。

10. 无实际控制人（翼捷股份 430234）

解决方案：作重大事项提示。

张杰先生持有本公司 40.00% 的股份，程琨先生持有本公司 30.00% 的股份，孙晓菲女士持有本公司 30.00% 的股份，任何单一股东均不能对公司决策形成实质性控制。因而，公司无控股股东和实际控制人。

公司单个股东持有的股份均未超过总股本的 50%，均无法决定董事会多数席位，公司的经营方针及重大事项决策是由全体股东充分讨论后确定，无任何一方能够决定和作出实质影响，公司无实际控制人。

由于公司无控股股东及实际控制人，决定了公司所有重大行为必须民主决策，由全体股东充分讨论后确定，避免了因单个股东控制引起决策失误而导致公司出现重大损失的可能性，但可能存在决策效率被延缓的风险。

11. 股份代持的处理（必可测 430215）

解决方案：挂牌前转让股份，解除代持关系；代持双方出具《股权代持情况说明》，书面确认代持情况。

2012 年 5 月 23 日，北京必可测科技有限公司召开股东会，同意成锡璐将货币出资额 5 万元转让给周继明，同意何忧将货币出资额 287 万元转让给何立荣，同意苗承刚将货币出资额 5 万元转让给苗雨，并修改公司章程。

2012 年 5 月 23 日，上述各方签署了相关的股权转让协议。何忧将其股权转让给何立荣的目的是解除双方的代持关系。成锡璐将其股权转让给周继明的转股价格为每股 1 元。苗承刚将其持有公司的股权无偿赠送给苗雨，苗雨为苗承刚的女儿。

何立荣与何忧就双方代持关系出具了《股权代持情况说明》，书面确认：出资款由何立荣实际支付，何忧仅仅为在工商登记注册的名义股东，在何立荣的授权下行使各项股东权利。双方之间的股权代持关系已于 2012 年 5 月解除，并完成了工商变更登记，双方不存在股权纠纷。

何立荣与何忧之间代持关系的形成、变动以及最终的解除，均系双方真实的意思表示，且该行为不存在《合同法》第五十二条规定的欺诈、胁迫及损害国家、社会公共利益或者第三人利益等情形，也不存在任何非法目的，故双方之间的代持行为应当是合法有效的。

12. 股权转让，股东缺席股东会（奥尔斯 430248）

解决方案：缺席股东出具声明，认可此次股权转让。

2010 年 7 月 9 日，有限公司召开股东会，全体股东一致同意李朱峰将其持有的有限公司 2% 的股权 4.00 万元货币出资转让给华志强；同意修改后的章程（章程修正案）。2010 年 7 月 12 日，李朱峰与华志强签订《出资转让协议》，李朱峰将其持有的有限公司 2.00% 的股权 4.00 万元出资额转让给华志强。

2010 年 7 月 28 日，有限公司就上述事项在北京市工商行政管理局海淀分局办理了变更登记手续并取得新的营业执照。

本次股权转让过程中，原股东侯少丹、刘巧玲、赵振丰未在股东会决议中签字，根据上述三人出具的《声明承诺》，其因个人原因未参加股东会，上述三人均认可此次股权转让。主办券商认为：本次股权转让程序瑕疵已经原股东签字确认，且上述原股东持有本公司股权均已全部转让，故不构成本次申请挂牌的实质性障碍。

申请挂牌公司律师认为：此项程序瑕疵对本次申请挂牌不构成实质性障碍。

13. 公司代垫股东股权转让款（卓繁信息 430256）

解决方案：股东在挂牌前归还；制度规范。

2005 年 6 月，由于杰美环境经营所需，遂与公司股东协商通过股权转让收回 400 万元投资款。经与公司实际控制人左骏沟通，并经其他股东一致同意杰美环境将其所持 400 万公司投资额作价 400 万元转让给左骏，由于时间较为仓促，双方达成口头股权转让协议后，卓繁信息即先行垫付了 400 万元股权转让款。之后，为办理正式的工商变更登记手续双方签订了书面的《股权转让协议》，由于杰美环境已收到全部股权转让价款，因此双方拟定股权转让协议时将股权转让价格误作为零元，对此，杰美环境出具书面说明，确认已收到上述转让价款。

卓繁信息垫付上述股权转让款后，左骏已陆续将该笔款项归还公司，其中：（1）2008 年至 2011 年先后 10 次向公司银行账户缴存现金共计 1 978 400.00 元；（2）2011 年先后 4 次直接以现金方式归还公司共计 380 388.52 元；（3）2008 年至 2009 年通过协议约定，以公司对逸炜科技的欠款抵偿左骏对公司的欠款，共计 1 641 211.48 元。

股份公司成立后，为进一步规范公司与控股股东及关联方的交易行为，公司完善了资金管理制度，制定了《关联交易决策制度》，建立防止控股股东及其他关联方占用发行人资金、侵害发行人利益的长效机制，该制度已经公司 2013 年 2 月 27 日董事会审议通过。

14. 人力资源出资（风格信息 430216）

解决方案：说明符合当地法规，并由工商局出具确认函；以货币资金置换出资。

（1）相关法律法规：公司设立时有效的《公司法》（1999 年修正）第二十四条第一款规定，"股东可以用货币出资，也可以用实物、工业产权、非专利技术、土地使用权作价出资。"根据国务院《鼓励软件产业和集成电路产业发展若干政策》（国发［2000］18 号）和上海市人民政府颁发《关于本市鼓励软件产业和集成电路产业发展的若干政策规定》（沪府发［2000］54 号）的精神，上海市工商行政管理局 2001 年出台的《关于鼓励软件产业和集成电路产业发展促进高新技术成果转化的若干实施意见》（沪工商注［2001］97 号）（2006 年 2 月 15 日失效）第二条规定"科技型企业、软件和集成电路的生产企业可以高新技术成果和人力资本、智力成果等无形资产作价投资入股。以人力资本和智力成果作价投资入股最高可占注册资本的 20%。"另外，上海市工商行政管理局关于印发《关于张江高科技园区内内资企业设立登记的实施细则》的通知（沪工商注［2001］334 号）明确规定"鼓励推进科技成果转化和允许人力资本、智力成果作为物化资本投资。具有管理才能、技术特长或者有专利成果的个人，可以人力资源、智力成果作价投资入股，最高可达注册资本的 20%"。

（2）有限公司人力资源出资情况：2004 年 8 月 6 日，惠新标以其自身作为人力资源出资，全体股东召开股东会并作出决议，一致同意其人力资源作价 40.00 万元出资，占注册资本的 20.00%。2004 年 8 月 6 日，惠新标、张聪慧共同签署了《上海风格信息技术有限公司章程》，章程约定了有限公司设立时的出资金额、出资比例及出资方式。2006 年 6 月，公司股东惠新标通过将上述人力资源出资以零元价格转让给杨树和，由杨树和将 40.00 万元货币资金注入公司验资账户的方式置换人力资源出资。2006 年 6 月 19 日，上海上审会计师事务所出具了《验资报告》（沪审事业［2006］3754 号）进行出资验证。2012 年 9 月 27 日，上海市工商行政管理局浦东新区分局出具《工商浦东分局关于〈关于商请就上海风格信息技术股份有限公司人力资源出资事项进行确认的函〉的复函》明确答复浦东新区推进中小企业上市工作联席会议办公室，"上海风格信息技术有限公司于 2004 年 8 月设立登记时注册资本中含有 40.00 万元（占注册资本的 20.00%）人力资本的出资形式，符合市场准入改革创新试点政策。"

（3）结论：有限公司设立时以人力资源出资是依据上海市工商行政管理局

（沪工商注［2001］97号）《关于鼓励软件产业和集成电路产业发展促进高新技术成果转化的若干实施意见》和（沪工商注［2001］334号）《关于印发〈关于张江高科技园区内内资企业设立登记的实施细则〉的通知》的规定，依法在上海市工商行政管理局浦东分局办理的设立登记手续。由于上海市工商行政管理局为鼓励本市企业发展设置了宽松的企业注册登记政策，引起风格信息存在出资方式与《公司法》的规定不一致的法律瑕疵。鉴于风格信息及其股东不存在主动违法违规情形，且已于2006年以货币资金置换了人力资源出资，同时取得上海市工商行政管理局浦东新区分局关于有限公司以人力资源出资符合地方政府市场准入改革创新试点政策的确认函，故认为有限公司上述出资行为不存在重大违法违规行为。

　　15. 技术出资超比例且未评估（风格信息430216）

　　解决方案：出资超比例问题：寻找法律依据，不符合旧公司法，但符合当时的地方法规（在旧公司法后出台）；出资未评估问题：追溯评估，股东会确认。

　　（1）相关法律法规

　　公司设立时有效的《公司法》（1999年修正）第二十四条第二款规定，"以工业产权、非专利技术作价出资的金额不得超过有限责任公司注册资本的百分之二十，国家对采用高新技术成果有特别规定的除外"。上海市工商行政管理局2001年出台的《关于鼓励软件产业和集成电路产业发展促进高新技术成果转化的若干实施意见》（沪工商注［2001］97号）第二条规定：科技型企业、软件和集成电路的生产企业可以高新技术成果和人力资本、智力成果等无形资产作价投资入股。①以高新技术成果作价投资入股可占注册资本的35.00%，全体股东另有约定的，可从其约定；②无形资产可经法定评估机构评估，也可经全体股东协商认可并出具协议书同意承担相应连带责任，或经高新技术成果转化办公室鉴证后由验资机构出具验资报告。《上海市工商行政管理局关于印发〈关于张江高科技园区内内资企业设立登记的实施细则〉的通知》（沪工商注［2001］334号）同样就高新技术成果作价出资可占到注册资本的35.00%进行明确规定。

　　（2）公司以高新技术成果出资情况

　　2004年8月6日，公司召开股东会并作出决议，同意股东惠新标以高新技术成果—嵌入式数字电视ASI码流监测设备作价70.00万元出资，占注册资本的35.0%。2004年8月11日，上海市张江高科技园区领导小组办公室出具《关于批准嵌入式数字电视ASI码流监测设备项目评估合格的函》（沪张江园区办项评字［2004］012号）认定为上海市高科技园区高新技术成果转化项目，所有者为惠新标。2004年8月11日，上海申洲会计师事务所有限公司出具《验资报告》（沪申洲［2004］验字第552号）验证，截至2004年8月10日，有限公司以高新技术成果—嵌入式数字电视 ASI 码流监测设备出资的 70.00 万元已完成转移手续。

2005 年 3 月 18 日，张江高科技园区领导小组办公室评估认定"嵌入式数字电视 ASI 码流监测设备"评估价值为 210.00 万元。2005 年 4 月 20 日，上海市高新技术成果转化项目认定办公室颁发证书认定"嵌入式数字电视 ASI 码流监测设备为上海市高新技术成果转化项目，权属单位为上海风格信息技术有限公司"，该项目可享受《上海市促进高新技术成果转化的若干规定》有关优惠政策。2012 年 11 月 9 日，上海众华资产评估有限公司出具《惠新标个人所拥有的部分资产追溯性评估报告》（沪众评报字［2012］第 357 号），确认"嵌入式数字电视 ASI 码流监测设备于评估基准日 2004 年 8 月 11 日的市场价值为 71.6059 万元。"

2012 年 11 月 15 日，股份公司召开 2012 年第三次临时股东大会通过《关于上海风格信息技术股份有限公司设立时以高新技术成果、人力资源出资的议案》，确认有限公司设立时股东出资真实到位，不存在虚假出资、出资不实等情况，有限公司或股份公司的出资或股权不存在纠纷或潜在纠纷。

（3）结论

上海市工商行政管理局为鼓励软件企业发展设置了宽松的企业出资和注册登记政策。有限公司设立时以高新技术成果出资的比例和程序虽不符合当时《公司法》的相关规定，但符合国务院关于印发《鼓励软件产业和集成电路产业发展的若干政策》的通知（国发［2000］18 号）的精神和上海市工商行政管理局 2001 年出台的《关于鼓励软件产业和集成电路产业发展促进高新技术成果转化的若干实施意见》（沪工商注［2001］97 号）的规定，同时也符合现行《公司法》关于无形资产出资比例的要求。另外，上述高新技术成果出资经上海众华资产评估有限公司追溯评估，其价值并未被高估，并已全部转移至公司。因此，该部分出资真实到位，不存在虚假出资、出资不实等情况。

16. 无形资产出资瑕疵，现金补正（奥特美克 430245）

解决方案：现金补正。

2006 年 4 月，有限公司股东吴玉晓和路小梅以非专利技术"水资源远程实时监控网络管理系统技术"出资 640 万元，二人各自占比均为 50%。由于该项非专利技术与公司的生产经营相关，不排除利用了公司的场地和办公设备甚至公司的相关技术成果，无法排除出资人职务成果的嫌疑，因此项技术出资存在瑕疵，公司决定以现金对该部分出资予以补正。

2012 年 8 月 29 日，有限公司召开股东会，决议由股东路小梅和吴玉晓分别以现金 320 万元对公司 2006 年 4 月的非专利技术出资 640 万元进行补正，并计入资本公积。2012 年 8 月 31 日，兴华会计师事务所出具［2012］京会兴核字第

01012239 号审核报告，对上述补正出资的资金进行了审验，确认截至 2012 年 8 月 31 日，公司已收到上述股东的补足出资，并已进行了合理的会计处理。补正该出资后，公司的注册资本、实收资本不变。

17. 不存在同业竞争的说明：划分业务专属行业（东软慧聚 430227）

解决方案：控股股东对相似子公司进行业务专属行业划分；控股股东出具承诺函，承诺挂牌后将相似资产转入挂牌公司。

（1）公司与控股股东及其控制的其他企业之间同业竞争情况

公司与辽宁东创的控股股东东软集团下辖的 ERP 事业部的部分业务重合，都有 ERP 实施与运维服务业务，该部分业务存在潜在同业竞争关系。

为解决此潜在竞争业务问题，也为规范集团内部经营范围，2009 年东软集团对公司和集团辖下的"ERP 事业部"（现已并入并成为"解决方案事业部"的部分业务内容）的目标市场进行了明确的划分，设定了各自业务的专属行业，其中："ERP 事业部"负责石油、地铁、柴油机、重工、钢铁、家电等行业，北京东软慧聚信息技术有限公司负责烟草行业（包括工业、商业、物资及烟机设备配套企业）、电力行业（包括电网、发电企业）及"ERP 事业部"未涉及的其他行业。公司多年来一直致力于上述行业领域的信息化咨询和服务，已经形成了烟草工业行业解决方案、电力行业解决方案、国际贸易行业解决方案、房地产行业解决方案等多套全面、科学、先进的行业解决方案，其中烟草、电力、高科技等行业是公司的重点优势领域。这些行业解决方案已经在相关行业的客户中得到广泛应用，并与客户建立了长期的合作伙伴关系，积累了丰富的行业经验。由于 ERP 服务业务具有极强的行业特性，行业经验、技术、市场和人才壁垒较高，掌握这些技术、经验和能力无疑需要长期的积累和历练。目前，双方严格遵守行业划分，未产生实质上的同业竞争。

为彻底解决上述潜在的同业竞争问题，东软集团承诺在公司挂牌后把该部分存在潜在同业竞争的业务进行分拆、分批转让至公司，以彻底解决潜在的同业竞争问题。暂缓转让的主要原因为该部分业务存在一些优质客户，如何将这些资源顺利延续到公司，需要一定的时间以及较大的资金投入。因此，需等公司挂牌后进行融资以收购该部分业务。

除上述情况外，东软集团控制的企业与公司在烟草行业（包括工业、商业、物资及烟机设备配套企业）、电力行业（包括电网、发电企业）及以下行业（石油、地铁、柴油机、重工、钢铁、家电、汽车、医药）之外的 SAPERP 及 ORACLEERP 咨询服务领域不存在同业竞争情况；公司与控股股东及其控制的企业、其他持股 5% 以上的主要股东之间不存在同业竞争情况。

（2）关于避免同业竞争的承诺

2012 年 12 月 21 日，公司控股股东、其他股东、董事、高级管理人员及核心技术人员出具《避免同业竞争承诺函》，表示不从事或参与与股份公司存在同业竞争的行为，并承诺：将不在中国境内外直接或间接从事或参与任何在商业上对股份公司构成竞争的业务及活动，或拥有与股份公司存在竞争关系的任何经济实体、机构经济组织的权益，或以其他任何形式取得该经营实体、机构、经济组织的控制权，或在该经营实体、机构、经济组织中担任高级管理人员或核心技术人员。鉴于公司董事贾彦生担任东软集团解决方案事业部总经理一职，该部门的部分业务与公司 ERP 业务重合，存在潜在的同业竞争关系，且东软集团已出具《关于避免与北京东软慧聚信息技术股份有限公司产生同业竞争行为的措施说明》，对如何解决贾彦生任职部门与公司存在的潜在同业竞争问题做出了承诺。因此，待东软集团履行完毕《关于避免与北京东软慧聚信息技术股份有限公司产生同业竞争行为的措施说明》之后，董事贾彦生于东软集团所任职部门将不会同公司存在潜在的同业竞争关系。因此，董事贾彦生将在东软集团解决该潜在同业竞争问题之后履行上述避免同业竞争承诺。2012 年 12 月 21 日，东软集团出具了《关于避免与北京东软慧聚信息技术股份有限公司产生同业竞争行为的措施说明》，表示 2009 年以来，除了从内部经营范围和管理上进行规范以及对目标市场进行明确的专属划分，设定各自的专属业务行业并严格遵守，避免产生矛盾和竞争外，东软集团为彻底解决将来可能产生新的或潜在的同业竞争，承诺在公司挂牌后，将把该部分存在潜在同业竞争的业务进行拆分，并分批转让至公司，以彻底解决潜在的同业竞争问题。

2013 年 4 月 18 日，东软集团出具了《关于所控制企业避免与北京东软慧聚信息技术股份有限公司产生同业竞争行为的措施说明》，表示东软集团所控制的企业将不从事任何在商业上对公司在烟草行业（包括工业、商业、物资及烟机设备配套企业）、电力行业（包括电网、发电企业）及以下行业（石油、地铁、柴油机、重工、钢铁、家电、汽车、医药）之外的 SAPERP 及 ORACLEERP 咨询服务业务构成竞争的业务。

18. 以注册资本额为对价收购子公司（盛世光明 430267）

解决方案：如实披露。

2011 年 12 月 5 日，盛世光明召开股东会，以现金购买孙伟力、李红新、王欢各自持有的济宁公司 300.00 万元、200.00 万元、50.00 万元出资额。上述交易构成关联交易。

上述关联交易的必要性：济宁公司自成立以来一直从事办公管理软件的开发与销售，虽然济宁公司应用领域为教育、税务等政府部门，但与公司同为软件业，双方在业务模式、研发模式等方面均有共通之处，同时，公司在收购济宁公司之前，济宁公司管理人员、研发内容与公司也有交叉。为便于管理，同时也便于未来济宁公司切入信息安全市场，公司进行了上述收购。

上述关联交易的定价依据为：根据立信中联闽都会计师事务所有限公司出具的中联闽都审字（2013）A－0068 号《审计报告》，截至 2011 年 12 月 31 日，济宁公司经审计的净资产为人民币 627.98 万元，由于转让时点是 2011 年 12 月 5 日，故扣除 2011 年 12 月的净利润 64.52 万元，估算截至 2011 年 11 月 30 日的净资产为 563.46 万元。因此，本次转让价格按注册资本确定，定价合理。本次受让方已支付了相应的股权转让款，不存在纠纷或潜在纠纷。上述关联交易的决策程序：上述关联交易在有限公司阶段发生，已通过了股东会决议。

19. 关联交易占比高，且短时期无法减少或消除（乐升股份 430213）

解决方案：如实披露，包括关联交易情况、产生的原因、定价机制、合规性等，并与同行业公司对比毛利率以证明关联交易价格的公允；做重大风险提示；关注公司治理的完善情况。

（1）重大风险提示 2010 年度、2011 年度以及 2012 年 1—9 月，公司对关联方实现的营业收入占公司营业收入总额的比例分别为 55.55%、89.97% 和 76.76%，公司营业收入存在对关联方较为依赖的经营风险。如果关联方的生产经营情况发生重大不利变化，将有可能减少对公司游戏开发业务的需求，从而对公司的营业收入带来不利影响。

北京乐升与关联方香港启升之间的关联交易因未及时向主管税务机关申报《特别纳税调整实施办法（试行）》（国税发〔2009〕2 号）第十一条规定的相关附件资料，存在被税务主管机关作出特别纳税调整，需要补缴税款的法律风险。

针对上述风险，公司将采取下列防范措施：①公司将严格按照已制定的《公司章程》、三会议事规则、《关联交易管理制度》等关于关联交易的规定，确保履行关联交易决策程序，最大限度地保护公司及股东利益。②公司将积极调整经营模式，进一步增加独立开发模式在公司经营模式中的比重，减少与关联方合作开发的比重；同时积极开发非关联方客户，减少通过关联方来面对市场与客户，以降低关联交易总额。③公司将通过加大科研开发力度、扩大资金规模、扩充专业人才队伍等方式，进一步提升公司实力，增强独立开发游戏项目能力，以增加来自于非关联方的收入，逐步减少关联交易比例。截至 2012 年 9 月 30 日，公司来自于关联方香港启升的收入占比已由 2011 年的 89.97% 降为 76.04%。④针对公司因关联交易存在被税务主管机关作出特别纳税调整，需要补缴税款的法律风险，公司的控股股东苏州乐升和实际控制人许金龙先生出具了承诺函，承诺若北京乐升因特别纳税调整事项，被税务主管机关作出特别纳税调整，需要补缴税款的，在北京乐升依法补缴税款及相关利息后的 20 个工作日之内，承诺人将全部的补缴税款金额及相关利息足额补偿给北京乐升，承诺人之间愿意为此承担连带责任。

公司律师认为，公司的控股股东苏州乐升和实际控制人许金龙先生的承诺具有法律约束力，可以有效地化解北京乐升补缴税款的法律风险，保护公司及中小股东的合法权益。

（2）关联交易定价机制及关联交易的公允性。报告期内公司与香港启升之间的关联交易全部是网页游戏的合作开发，与天空堂之间的关联交易为游戏运营分成。关联交易的定价是在参照成本加合理的费用和利润的基础上，结合市场行情，根据游戏产品的题材、质量、测试效果、市场接受度以及授权期限、范围、付款条件、投入的人力成本等因素协商确定的。

鉴于公司开发的网页游戏为非标准化智力产品，需要根据特定客户的要求及市场需求情况进行个性化的创意、设计、开发。因此，游戏的消费群体不同、所要求的技术水平不同，导致投入的成本会有较大差别，不同游戏产品之间的价格不具有可比性。报告期内公司未与其他独立第三方签订类似合同，市场上也无类似交易价格作比较。因此，以下主要从公司与同行业上市公司的毛利率水平对比情况来分析关联交易价格的公允性。

公司的毛利率水平低于同行业上市公司的平均水平，主要原因是上述两家公司的主营业务与公司有所不同。掌趣科技主要从事手机游戏和页面游戏的开发、发行和运营，其发行运营的游戏产品均来自自主研发及对外从游戏开发商处的一次性买断授权。中青宝的主营业务是网络游戏的开发及运营，其运营的游戏产品均来自自主研发。上述两家公司均从事游戏的运营，且自主研发的游戏产品并不对外销售，而是直接用于公司的游戏运营业务。由于公司专注于网页游戏的开发，是专业的网页游戏开发商，不直接从事网页游戏的运营业务，而游戏的运营业务毛利率相对较高，因此，公司的毛利率略低于同行业上市公司。

主办券商认为，由于游戏运营业务的毛利率水平高于游戏开发业务，而同行业上市公司均从事游戏的运营业务，北京乐升只专注于网页游戏的开发，所以主营业务的差别导致公司的毛利率水平低于同行业上市公司的毛利率水平，但上述毛利率水平的差异在合理的范围内，符合游戏开发行业的特征。公司与关联方之间的关联交易符合市场规律和公司实际，游戏委托开发业务交易价格公允且报告期内基本保持了稳定，关联方不存在通过关联交易向公司转移或获取不合理利润的情形，不存在损害公司及其他股东利益的情形。目前公司已建立起较为完善且有效运作的公司治理机制，建立了包括《关联交易管理制度》在内的较为完整的内部控制制度，对重大关联交易规定了严格的审批程序，能够保证关联交易决策程序合规，关联交易价格公允。

（3）关联交易的合规性。2013年3月8日，北京乐升召开了第一届董事会第三次会议，2013年3月30日召开了公司2013年第二次临时股东大会，审议通过了《关于同意并确认公司与香港启升之间关联交易的议案》，确认公司与香港启升在 2010 年 1 月 1 日至 2013 年 3 月期间发生的关联交易符合平等自愿、等价有偿的原则，符合公司发展时间较短，资金、人员规模小等现阶段的发展规律，有利于公司在市场竞争中生存，并逐步做大做强。确认公司与香港启升在 2010 年 1 月 1 日至 2013 年 3 月期间发生的历次关联交易的定价是在参照成本加合理的费用和利润的基础上，结合市场行情，根据游戏产品的题材、质量、测试效果、市场接受度以及授权期限、范围、付款条件、投入的人力成本等因素协商确定的。

公司律师认为，公司与香港启升之间签订的《技术开发（委托）合同》等关联交易协议符合《中华人民共和国合同法》的有关规定，合法有效。通过公司董事会和临时股东大会对以前年度发生的关联交易行为进行确认的方式，完善了公司在关联交易事项方面存在的决策程序瑕疵。公司关联交易未损害北京乐升及其股东的利益，不会对本次申请挂牌造成法律障碍。

（4）减少和规范关联交易的措施。公司的实际控制人许金龙及公司已就规范关联方资金往来事宜出具了《关于规范与关联企业之间资金拆借的承诺函》，承诺：①公司从关联企业之间的集团财务管理中退出，不再参与关联企业之间的资金拆借；②停止执行公司制定的《资金贷放作业》制度和子公司博乐千里制定的《资金贷与他人作业办法》；③将依据《企业会计准则》的有关规定，进一步建立健全公司的财务管理及资金管理制度，规范公司资金的使用管理；④公司未来将通过加大科研开发力度，扩充专业人才队伍等方式进一步提升公司实力，通过积极寻求并开拓有实力的新客户等方法增加营业收入，从而减少对关联方资金的需求。

公司对于短时期内无法减少或消除的关联交易，未来将严格按照已制定的《公司章程》、三会议事规则、《关联交易管理制度》等制度与规定，确保履行关联交易决策程序，降低对关联方依赖风险，最大限度地保护公司及股东利益。

20. 开具无真实交易票据为控股股东融资（天房科技 430228）

解决方案：停止不规范的行为，并如实披露；控股股东出具承诺函，承担全部责任。

最近两年，公司曾存在开具无真实交易背景票据进行融资的行为（以下简称"不规范票据融资"）。具体表现为以下两种形式：（1）以一份钢材采购业务合同向多家银行重复申请承兑汇票融资；（2）以未实际执行的采购合同向银行申请开具承兑汇票融资。公司开具无真实交易背景的银行承兑汇票，目的是为其控股股东天房集团提供融资。所融资金的使用方是天房集团，相应融资成本和费用也都由天房集团承担。2012 年 12 月起，公司逐步规范票据行为，强化内部控制，严格票据业务的审批程序，从 2012 年 12 月 1 日至本公开转让说明书出具日，没有新发生开具无真实交易背景票据的行为。所有票据均及时履行了相关票据义务，不存在逾期票据及欠息情况，不存在纠纷。截至 2012 年 12 月 20 日，开具的无真实交易背景的票据已经全部完成解付。

上述不规范票据融资行为虽然违反《中华人民共和国票据法》第十条："票据的签发、取得和转让，应当遵循诚实信用的原则，具有真实的交易关系和债权债务关系。票据的取得，必须给付对价，即应当给付票据双方当事人认可的相对应的代价。"但根据《中华人民共和国票据法》第一百零二条"有下列票据欺诈行为之一的，依法追究刑事责任"，第一百零三条"有前条所列行为之一，情节轻微，不构成犯罪的，依照国家有关规定给予行政处罚"判断，公司不规范票据融资行为不属于《中华人民共和国票据法》所述可能被行政处罚的行为之一，所以公司不会因不规范票据融资行为受到行政处罚。同时，公司的董事及高级管理人员未从中取得任何个人利益，不存在票据欺诈行为，也未因过往期间该等不规范票据融资行为受到过任何行政处罚。公司就此事项出具了《关于规范票据管理的承诺函》："将严格按照《票据法》等有关法律、法规要求开具所有票据，规范票据管理，杜绝发生任何违反票据管理相关法律法规的票据行为。"公司控股股东天房集团也就此事项出具了《关于规范公司票据使用的承诺函》："（1）截至 2012 年 12 月 20 日，确保天房科技开具的不规范票据完成解付；（2）不允许再发生与天房科技进行不规范票据的融资行为；（3）如天房科技因上述不规范使用票据行为而受到任何处罚，或因该等行为而被任何第三方追究任何形式的法律责任，以及造成有关损失均由天房集团承担相应责任。"

由于不规范票据融资额度较大，导致公司相关财务信息发生较大变动。综合来看，不规范票据融资导致公司 2011 年末资产总额、负债总额虚增；导致 2011 年末货币资金和应付票据大量增加；导致 2011 年末资产负债率上升，公司偿债能力受到一定程度影响。但上述财务信息的重大变化不会导致投资者对于公司资产质量和投资价值的高估，不影响公司财务信息披露的真实、准确和完整性。

综上所述，公司不规范使用票据行为的风险已经消除或得到保障，不会造成或有的利益损失，也不会对公司股票进入全国中小企业股份转让系统挂牌构成实质性障碍。

公司律师认为：报告期内，公司与控股股东及其控股子公司之间的部分银行承兑汇票往来没有真实的交易背景，存在不规范之处，但公司已清理完毕，实际控制人已承诺承担全部责任，该等票据融资行为不会对公司或公司其他股东的利益造成损害，对本次公司申请股票在全国中小企业股份转让系统挂牌并公开转让不构成实质性法律障碍。

21. 报告期内未缴纳员工住房公积金（网动科技 430224）

解决方案：股东承诺承担全部责任。

2012 年 10 月 8 日，公司股东朱云、李明、聂维伟和陶永劲签订了《公司股东关于北京网动网络科技股份有限公司住房公积金问题的承诺函》，具体承诺如下：如果公司住房公积金管理部门要求公司对报告期内的住房公积金进行补缴，公司现有股东朱云、李明、陶永劲、聂维伟将无条件按主管部门核定的金额无偿代公司补缴，如果公司因未按照规定为职工缴纳住房公积金而带来任何其他费用支出或经济损失，公司现有四位股东将无条件全部无偿代公司承担。

22. 董事在前五大供应商任职（随视传媒 430240）

报告期内，股份公司董事张东晨出任百度集团（Baidu, Inc.）总裁助理职务，并在 2013 年 1 月晋升为副总裁。张东晨在百度负责战略合作伙伴部、Hao123 事业部、投资项目管理部、职业道德建设部的工作。其工作职责是协助公司 CEO 开展各项工作，定位于公司发展战略层面的内容制定与执行，参与公司重大经营决策，经授权后代表公司进行重大商务与公共关系活动等。2012 年后，股份公司的五大供应商之一由百度在线网络技术（北京）有限公司变为北京百度网讯科技有限公司。张东晨不参与百度在线网络技术（北京）有限公司、北京百度网讯科技有限公司的业务与日常管理，不具备对上述合作事项的审批管理权限，且未参与该合作事项的洽谈与审批。

同时张东晨已经签署了《避免同业竞争承诺函》，承诺避免与股份公司产生同业竞争行为，并签署了《承诺函》承诺其担任随视传媒公司董事期间，不存在利益输送或损害公司利益的情形，未来承诺不采取导致利益输送或损害公司利益的任何行为。

23. 公司整体变更时，自然人股东未缴纳个人所得税

解决方案：如实披露；自然人股东出具承诺函，承担全部责任。

2013 年 1 月 29 日，公司 3 位自然人股东温光辉、宛六一、李春红出具《承诺函》，承诺蓝贝望有限整体变更为股份有限公司，股东应缴纳的个人所得税，由全体自然人股东按持股比例承担，与蓝贝望股份公司无关，若因此导致蓝贝望股份遭受任何损失和处罚，由全体自然人股东按出资比例承担。

24. 公司整体变更时，自然人股东缴纳个人所得税

解决方案：整体变更时以审计净资产扣除自然人股东缴纳所得税后的净资产为基础折股。

2012 年 12 月 20 日，普华有限股东包晓春等 34 人作为发起人股东，共同签署《上海普华科技发展股份有限公司发起人协议》，决定以普华有限截至 2012 年 9 月 30 日，经审计的所有者权益（净资产）人民币 41 988 791.31 元，扣除个人所得税人民币 4 970 915.75 元后的 37 017 875.56 元为基准，按照 1∶0.8104 的比例，折成总股本 3 000 万股，上海普华科技发展有限公司整体变更设立上海普华科技发展股份有限公司。有限公司整体变更设立股份公司过程中，自然人

股东需要缴纳个人所得税。由于公司所有发起人股东均为自然人，公司系以经审计的净资产扣减由于普华有限整体变更设立股份公司所应缴纳的个人所得税后的净资产为基准折股，因此上述方案中，股本乘以折股系数小于变更前经审计的净资产。

25. 关联方借款的处理（佳星慧盟 430246）

解决方案：挂牌前归还借款，未要求收取资金占用费；说明公司完善治理结构的情况。

因刘波任公司副总经理，为公司高级管理人员，北京朝瑞博科技有限公司与公司构成关联方。北京朝瑞博科技有限公司曾因资金周转紧张向公司及其全资子公司拆借资金，借款双方未约定借款利息。2011 年共借款 175 万元，截至 2012 年 12 月 31 日，上述款项已经还清。

公司在有限公司阶段由于规模较少，治理不够健全，公司没有针对关联交易进行具体的制度规定，拆借款项都是无息借出，该拆借行为不影响公司利润总额。主办券商进场后，对公司进行了辅导，此累计借出款项于本公开转让说明书出具之日，已经全部还清。《贷款通则》（中国人民银行令 1996 年 2 号）第六十一条规定，企业之间不得违反国家规定办理借贷或者变相借贷融资业务；第七十三条规定，企业之间擅自办理借贷或者变相借贷的，由中国人民银行对出借方按违规收入处以 1 倍以上至 5 倍以下罚款，并由中国人民银行予以取缔。公司上述资金拆借行为违反了上述规章的规定，但是，公司用于拆借的资金属于自身经营所得的合法收入，北京朝瑞博科技有限公司从公司拆借的资金也用于正常的、合法的生产经营活动，双方的资金拆借行为没有进行公开宣传，拆借对象指向特定、单一，并且双方没有约定利率，实际上也没有支付利息。因此，上述资金拆借行为不存在损害公司及其他非关联股东利益的情况。

由于发生上述关联交易时，公司治理结构和内控制度还未进行严格规范，还未制定相应的关联交易管理办法，存在关联交易决策程序不规范的问题。公司于 2011 年 10 月 26 日召开第三次临时股东大会审议通过了《北京佳星慧盟科技股份有限公司关联交易管理制度》，对关联关系、关联交易的认定进行了明确，并规定了关联交易的相关决策程序。公司今后可能发生的关联交易将严格按照相关制度进行。

为进一步规范公司关联方资金拆借问题，公司在主办券商协助下，制定了《北京佳星慧盟科技股份有限公司防范控股股东及关联方资金占用管理办法》，自然人股东、董事、高级管理人员向公司出具了《规范关联交易承诺函》。公司今后将避免关联方资金拆借情况。

26. 控股股东、实际控制人占用资金

解决方案：挂牌前归还借款，未要求收取资金占用费。

公司控股股东、实际控制人余龙山，截至 2012 年 12 月 31 日，向公司的借款总额为 985 821.68 元。截至本公开转让说明书签署日，余龙山已经全部偿还以上欠款。

公司控股股东、实际控制人余龙山控制的上海研科，截至 2012 年 12 月 31 日，公司其他应收上海研科款余额为 499 877.83 元，截至本公开转让说明书签署日，上海研科已经全部偿还以上欠款。

公司控股股东、实际控制人余龙山控制的上海攻之成，截至 2012 年 12 月 31 日，公司的其他应收上海攻之成款项余额为 453 079.80 元。截至本公开转让说明书签署日，已经全部偿还以上欠款。

公司控股股东、实际控制人余龙山控制的上海之立，截至 2012 年 12 月 31 日，公司应收上海之立款项余额分别为 450 174.10 元。截至本公开转让说明书签署日，已经全部偿还以上欠款。

27. 董事、高管亲属任公司监事（拓川股份 430219）

解决方案：完善治理机制，明确高管职责。

公司董事刘柏荣为公司控股股东、董事长兼总经理刘柏青之弟。公司监事马小骥为董事兼副总经理马捷之子。公司监事刘绵贵为公司董事长兼总经理刘柏青之姐夫，为董事刘平之父。

为了保障公司权益和股东利益，确保监事及监事会有效履行职责，公司建立了相应的治理机制；《公司章程》明确规定了监事及监事会的职责、权利和违法违规处罚机制，同时公司制定了《监事会议事规则》、《关联交易管理办法》等制度，要求公司监事严格按照有关规定监督董事及高级管理人员的行为，并建立了关联监事回避表决机制。此外，公司的董事、监事及高级管理人员均就公司对外担保、重大投资、委托理财、关联方交易等事项的情况，是否符合法律法规和公司章程及其对公司影响发表了书面声明。

28. 零对价转让子公司股权（普华科技 430238）

解决方案：如实披露，并对长期股权投资全额计提减值准备。

2012 年 12 月 5 日，普华有限同胡新渝签订股权转让协议，约定将普华有限持有的北京谊普华和项目管理顾问有限公司 10% 的股权转让给胡新渝。由于受让方也为北京谊普华和项目管理顾问有限公司的原股东，根据《公司法》及公司章程的规定，该等股权转让无须经其他股东同意。

北京谊普华和项目管理顾问有限公司已经注销了普华有限的出资证明书，向胡新渝重新签发了出资证明书，并在相应股东名册中有关于股东及其出资额的记载。

截至 2013 年 5 月 15 日，北京谊普华和项目管理顾问有限公司正在办理工商变更登记。由于北京谊普华和项目管理顾问有限公司最近几年都无经营，上述股权转让也是零价格转让，此笔股权投资已无法收回。因此，会计师在 2012 年年报中做了调整，全额计提了长期股权投资减值准备。

29. 使用员工个人账户收取货款（美兰股份 430236）

解决方案：个人账户注销；披露内部控制制度，不存在报告期内多计少计收入的情形。

报告期内，公司的收款方式包括：现金收款、个人卡收款、银行对公账户转账收款和承兑汇票收款。现金收款主要针对一些零散终端客户和一些上门提货的个体经营户，公司现金销售严格按照现金内控制度及相关财务制度的要求进行，制定了完整的销售审批、现金收款、收据开具、发货、现金缴存银行、每日记账、联合对账等一系列内控措施，严格做好财务凭证的确认、入账和财务核算工作，确保财务凭证的真实性、有效性、完整性和准确性，防范公司现金销售活动中财务风险的发生，确保现金安全和真实客观地反映企业的经营成果。个人卡收款主要是方便报告期内受银行营业时间和办理网点等方面的局限的企业和个体经营户付款。

报告期内美兰股份及其子公司并未将个人银行卡上收取的货款全部转入公司基本户和一般户，存在直接用于公司费用开支或借支给个人的情形，但相关的审批手续完善，支付得到有效控制，不存在未经批准擅自支用的情况；同时用于借出的款项于会计报表日前已归还，不存在公司资产流失及被他人长期占用的情形。为进一步规范收付款管理，公司已于 2013 年 4 月 24 日，将个人卡注销，不再使用个人卡收取货款，所有货款全部打入公司基本户和一般户。因此，报告期内公司存在使用个人账户收取货款的不规范情形，但使用员工个人账户收取的货款已经如实在公司财务中反映，不存在未计入收入或多计收入的情形。

30. 以人力资源、管理资源出资（联动设计 430266）

解决方案：工商管理部门书面确认以人力资源和管理资源出资符合地方管理规定；以现金置换原人力资源、管理资源出资。

公司设立时，股东黄万良、朱桂兰、任德才、黄玉娇以人力资源出资 340 万元。根据2001 年 2 月 19 日武汉东湖开发区管理委员会颁布的《武汉东湖开发区管委会关于支持武汉光电子信息产业基地（武汉·中国光谷）建设若干政策实施细则的通知》（武新管综［2001］10 号）第七条的规定："股东以人力资源入股的，经全体股东约定，可以占注册资本的 35%（含 35%）以内"，因此公司以人力资源出资事项符合该法规规定。

公司设立时，武汉留创园以管理资源出资 10 万元。根据 2000 年 4 月 12 日武汉市人民政府《关于加快高新技术创业服务中心建设与发展步伐的通知》（武政办［2000］63 号）第七条的规定："鼓励创业中心通过投资、提供优质服务等方式持有在孵企业的一定股权。"武汉创业园为武汉东湖新技术开发区管委会依据武新管人〔2002〕16号《关于成立武汉留学生创业园管理中心的决定》设立的创业管理中心，因此其以管理资源出资符合《关于加快高新技术创业服务中心建设与发展步伐的通知》的规定。

为规范公司历史出资中存在的人力资源出资、管理资源出资等事项，公司于2012年10月向武汉市工商行政管理局东湖新技术开发区分局提交了情况说明。2012年10月20日，武汉市工商行政管理局东湖新技术开发区分局作出《关于指定武汉中天奇会计师事务所有限公司对武汉联动设计工程有限公司实收资本进行验资的函》，指定中天奇对有限公司实收资本进行验资。中天奇于2012年10月22日出具《关于武汉联动设计工程有限公司截至2012年10月19日历次出资验资复核报告》（武奇会专审字〔2012〕第001号），验证：2003年7月8日股东第一次出资中，管理资源出资10万元、人力资源出资340万元，共计350万元是依照武汉东湖开发区管理委员会文件武新管综〔2001〕10号文件出资；2004年7月5日股东第二次出资中实物出资382万元，由于时间久远，无法获取相关原始资料证明出资实物所有权已转移至公司。为规范上述情况，公司股东以货币出资对人力资源出资、管理资源出资、实物出资进行了置换。

31. 设立时无验资报告（佳星慧盟 430246）

解决方案：以设立时工商部门有关规定检验企业出资到位问题。

《中华人民共和国公司法》第二十九条规定，"股东全部缴纳出资后，必须经法定的验资机构验资并出具证明"。北京市工商行政管理局2004年2月6日发布了《关于印发〈改革市场准入制度优化经济发展环境若干意见〉的通知》（京工商发〔2004〕19号）。《北京市工商局改革市场准入制度优化经济发展环境若干意见》（2004年2月15日起实施）第三条"改革内资企业注册资本（金）验证办法"之第（十三）项规定，"投资人以货币形式出资的，应到设有'注册资本（金）入资专户'的银行开立'企业注册资本（金）专用账户'交存货币注册资本（金）。工商行政管理机关根据入资银行出具的《交存入资资金凭证》确认投资人缴付的货币出资数额"；第（十四）项规定，"投资人以非货币形式出资的，应当在申请登记注册时提交资产评估报告。工商行政管理机关根据评估报告确定的资产价值，确认投资人缴付的非货币出资数额"。有限公司在设立注册时的出资没有经过法定验资机构验资并出具验资报告，虽在程序上不符合当时《公司法》的规定，但鉴于有限公司是根据当时北京市工商行政管理局的相关规定办理的设立手续，且出资已实际到位，本次出资真实有效。

32. 由关联方代缴出资（乐升股份 430213）

解决方案：双方签署委托支付投资款的委托协议，并出具非代持的证明书及声明书。

2006 年 9 月 27 日，XPECENTERTAINMENTHOLDINGS（CAYMAN）LTD. 代香港启升向有限公司汇入投资款 12.5423 万美元，作为香港启升投入有限公司的新增注册资本。

2006 年 11 月 10 日、11 月 17 日及 11 月 29 日香港启升分别向有限公司汇出投资款 12.8005 万美元、10 万美元及 14.6587 万美元，以上四笔款项共计 50.0015 万美元，均存入有限公司在中国工商银行北京分行海淀支行营业部开立的账户，该营业部出具了《外汇款收账通知》。

2006 年 12 月 18 日，北京数码会计师事务所有限公司出具开验字 [2006] 第 1591 号《验资报告》，确认截至 2006 年 11 月 29 日，香港启升对有限公司新增加的 50 万美元出资已全部缴纳完成。

2006 年 12 月 31 日，北京市工商行政管理局出具京工商注册企许字（2006）0035812 号《准予设立（变更、注销、撤销变更）登记（备案）通知书》，核准了 50 万美元出资已全部缴纳的变更登记事项。

公司律师认为：根据香港启升与 XPECENTERTAINMENTHOLDINGS（CAYMAN）LTD. 在 2006 年 9 月 27 日签署的关于委托支付投资款 12.5423 万美元的《委托协议》、双方出具的证明书及声明书，XPECENTERTAINMENTHOLDINGS（CAYMAN）LTD. 与香港启升之间是借款 12.5423 万美元的债权债务关系，不存在股权代持关系，且香港启升已经将该借款全部归还，双方不存在任何争议和法律纠纷。

33. 对主要客户存在依赖（信诺达 430239）

解决方案：合理解释原因，并如实披露；作重大事项提示。

（1）营业收入波动风险

公司 2011 年、2012 年营业收入分别为 1 109 866.41 元、13 742 126.70 元，2012 年收入大幅增加主要原因为与镇江艾科半导体有限公司的业务合同（销售收入 10 935 923.09 元）占公司全年收入比例较高，达 79.58%，致使公司当期营业收入出现波动。公司目前的客户数量较少，且未与销售客户签订长期合作协议。若公司与镇江艾科半导体有限公司终止合作关系，公司又无其他大额销售合同弥补未来销售额下滑，公司未来的收入及盈利水平将可能受到较大影响。

（2）主要客户情况

2011 年、2012 年公司对前五名客户的销售金额占比主营业务收入分别为 100% 和 93.62%。2011 年，公司全部 3 家客户为中国电子科技集团公司第 54 研究所、中国人民解放军某部队科研所和重庆金美通信有限责任公司；2012 年，前五位大客户为镇江艾科半导体有限公司、山东航天电子技术研究所、北京市科学技术研究院、中国电子科技集团公司第 39 研究所和中国航天科技集团公司第九所。报告期内，公司的主要客户销售金额占营业收入比例较高，主要原因在于现阶段公司市场拓展有限，主要客户大都计入上述样本统计。随着公司市场开拓力度的不断加大，上述问题将得到改善。

34. 设立时注册资本低于《公司法》的规定

解决方案：披露地方性法规。

经核查，依据有限公司设立时生效的 1999 年《公司法》第二十三条的规定，科技开发、咨询、服务性公司的注册资本最低为人民币十万元。有限公司设立时注册资本为人民币三万元，不符合当时《公司法》的规定。但依据《北京市工商行政管理局转发市政府办公厅〈关于同意在中关村科技园区进行高新技术企业注册登记改制改组试点的通知〉的通知》（京工商发［2000］127 号）第三条的规定，高新技术企业中有限责任公司申请登记注册时，其注册资本达到 3 万元（含）以上，即予登记注册。因此，有限公司设立时注册资本虽不符合当时施行的《公司法》规定，但有限公司出资人的出资真实，且符合北京市人民政府以及北京市工商行政管理局的相关规定，不存在潜在法律风险，不会对本次挂牌转让造成不利影响。

35. 短期内，非专利技术出资又减资

解决方案：完善验资手续，如实披露。

2012 年 5 月 8 日，有限公司股东会决议将有限公司注册资本由 265.28 万元增加至 1 005 万元，新增注册资本 739.72 万元分两期缴付；首期以原股东王福民、王鸥、夏敬东共同拥有的非专利技术"企业项目管理与全面预算管控技术"入资 185 万元，其中王福民以非专利技术出资 74 万元；王鸥以非专利技术出资 55.5 万元；夏敬东以非专利技术出资 55.5 万元。第二期需缴付出资 554.72 万元，其中王福民、王鸥、夏敬东分别以货币资金认缴 221.888 万元、166.416 万元、166.416 万元。首期出资的非专利技术"企业项目管理与全面预算管控技术"市场价值已经北京东审资产评估有限责任公司出具（东评字［2012］第 035 号）《知识产权—非专利技术"企业项目管理与全面预算管控技术"资产评估报告》确认，北京东审鼎立国际会计师事务所有限责任公司出具了《知识产权—非专利技术"企业项目管理与全面预算管控技术"转移专项审计报告》（东鼎字［2012］第 05 - 234 号），确认该非专利技术已转移至公司。

2012 年 9 月 21 日，有限公司股东会作出决议注册资本由 1 005 万元减少至 820 万元，减资项目为 2012 年 5 月作价 185 万元出资的"企业项目管理与全面预算管控技术"。王福民、王鸥、夏敬东分别减少知识产权出资 74 万元、55.5 万元、55.5 万元。北京东审鼎立国际会计师事务所有限责任公司出具东鼎字［2012］第 05 - 465 号《验资报告》对本次减资事项进行了审验。2013 年 4 月 5 日，王福民、王鸥、夏敬东已与公司签订协议，将该技术以独占许可的方式永久无偿授予公司使用。

36. 持股低但实际控制公司（易同科技 430258）

解决方案：如实披露。

股份公司成立时（2009 年 11 月），朱玉明、杨亚官夫妇合计持有公司 40.00% 股份，杨军、施陈飞夫妇合计持有公司 50.00% 股份；股份公司第一次增资扩股后（2011 年 3 月），朱玉明、杨亚官合计持有公司 45.00% 股份，杨军、施陈飞夫妇合计持有公司 25.00% 股份；股份公司第二次增资扩股后（2012 年 12 月），朱玉明、杨亚官夫妇合计持有公司 50.16% 股份至今，杨军、施陈飞夫妇合计持有公司 20.00% 股份至今。在上述期间内，公司其他股东持股比例分散，与上述两对夫妇无关联关系，相互之间也无关联关系。

2009 年 11 月至 2011 年 3 月期间，朱玉明、杨亚官分别为公司董事长兼总经理、董事，杨军、施陈飞分别为公司董事、监事会主席；朱玉明为公司创始人、法定代表人，是主要决策者、实际经营管理者及核心技术人员，杨亚官为公司决策者之一，而杨军仅作为公司财务投资者，并不参与公司经营的决策，施陈飞也仅为公司财务投资者和监督者之一。虽然在此期间朱玉明、杨亚官夫妇合计持股比例低于杨军、施陈飞夫妇合计持股比例，但不论从公司的历史沿革，还是当时的实际状况，公司均由朱玉明、杨亚官夫妇控制。

37. 股东占款的规范（威控科技 430292）

解决方案：公司权益是否被控股股东、实际控制人及其控制的企业损害，说明公司控股股东、实际控制人王涛，不存在控制其他企业的情况。

（1）报告期内，有限公司与股东王涛、胡字滢存在以下资金拆借情形：

①公司为股东王涛提供个人借款 127 372.87 元，截至 2012 年 12 月 24 日，股东王涛已归还上述借款。有限公司阶段，公司受限于北京市车辆限购政策未能通过摇号获得购车指标，公司所购车辆登记在王涛名下，但该车一直由公司实际使用。在公司股份制改造过程中，基于相应的规范要求，公司将车辆认定为王涛所有，并将相关车辆购置款调整为王涛的个人借款，之后王涛及时归还了上述款项。目前，该车辆仍然由公司继续使用。因此，该笔款项未约定利息，不存在股东侵占或损害公司利益的情形。

②2011 年 12 月 27 日，公司为股东胡字滢提供个人借款 270 000.00 元，截至 2012 年 9 月 15 日，股东胡字滢已归还上述借款。公司向胡字滢提供借款时未约定借款利息。为避免胡字滢因上述借款侵占公司利益，2013 年 6 月 18 日，经全体股东一致同意，胡字滢按银行同期贷款利率向公司支付利息总计 13 369.75 元。

（2）有限公司阶段，公司相关治理机制并不完善，部分股东与公司之间存在资金拆借情形。股份公司成立后，股份公司的《公司章程》、《股东大会议事规则》、《董事会议事规则》、《关联交易管理办法》，对关联方的认定、关联交易的认定、关联交易的决策权限、关联交易信息披露、关联方表决权回避等内容进行了具体的规定，从公司制度层面避免日后类似情形的发生。为避免日后关联方与公司之间的资金拆借行为，2013 年 4 月 10 日，公司持股 5% 以上股东王涛、李建明、胡字滢出具了《关于禁止向关联方企业互借资金、互为代垫支付款项的承诺函》。承诺："①自本承诺函签署之日起，股份公司与其关联方之间不再发生资金拆借、代垫款项的行为，股份公司将严格遵守《关联交易管理制度》等公司制度，严禁股份公司与关联方之间从事资金拆借、代垫款项的行为。②股份公司如存在与关联方之间因资金拆借、代垫款项而损害股份公司利益的情况，本人承诺以本人所拥有的股份公司外的个人财产优先承担全部损失。③本人愿意承担因违反上述承诺而给股份公司造成的全部经济损失及其他相应的法律责任。④本承诺函自签署之日即构成对承诺方具有法律效力的文件。"

38. 解决潜在同业竞争问题

解决方案：控股股东承诺在限期内变更营业范围，若未完成变更则转让给第三方；承诺不从事竞争性业务。

披露情况：长沙普兴自设立以来，与公司没有关联交易，但由于其控股股东石淑珍持有普华科技 2.7% 的股权，且担任普华科技董事会秘书一职，为了避免长沙普兴与公司存在的潜在同业竞争，2012 年 11 月 20 日，石淑珍郑重承诺："①本人于 2013 年 6 月 30 日前办理公司名称、法定代表人、营业范围的变更，变更后的营业范围将不包括信息技术服务、电子产品的销售等类似内容，保证长沙普兴不从事与普华科技相似的业务，只经营新型农产品的销售和推广以及其他贸易、咨询类业务；②若本人在 2013 年 6 月 30 日前不能完成第一项的承诺事项，届时本人会将长沙普兴的股权转让给无关联第三方。如若本人因违反上述承诺内容，给普华科技造成损失的，相应的损失由本人承担。"

39. 股东是证券从业人员

解决方案：承诺挂牌后尽快转让。

公司股东刘玉华现任职于太平洋证券股份有限公司，属于证券从业人员，2012 年 12 月刘玉华出具了书面承诺，称将按照相关法律法规的规定，在伊禾农品于全国中小企业股份转让系统挂牌后，尽快将其所持有的伊禾农品 265.5244万股股份（占公司总股本的 2.53%）进行转让，待股份转让后，将不再持有伊禾农品任何股份，不再作为伊禾农品股东。

40. 注销同业竞争企业

解决方案：挂牌前商标无偿转让给公司。

恒鑫阀门、宝恒自控在经营范围、业务类型方面与公司较为相近，出于避免同业竞争的考虑，恒鑫阀门在 2012 年公司股份制改制期间进行了资产清算，停止了与公司之间的关联交易，其相关业务、人员及资产也已转移到公司。截至本说明书签署之日，恒鑫阀门已办理工商注销手续。此外，报告期内宝恒自控已停止一切经营业务，截至本说明书签署之日，宝恒自控已发布注销公告，公司实际控制人承诺相关注销手续在其将"宝恒"商标转让给公司后将尽快予以办妥。

海斯特的主营业务是高速变频电机的设计、制造、销售，其相关产品属于机电设备类，主要用于木工机械行业、铁路信号行业，其主要客户包括广州弘亚机械有限公司、东莞豪力机械有限公司、东莞市南兴木工机械有限责任公司等木工机械生产厂商。而公司的产品为电动执行器与控制阀，属于工业仪器仪表设备类，主要应用于建材、冶金、电力、石化等工业自动化控制领域，主要客户为各类水泥建材生产企业、钢铁生产企业、火力发电企业、化工生产企业以及各类配套离心风机制造厂商、阀门制造厂商等。公司产品所使用的电机为伺服电机，是公司电动产品的重要零部件之一，其对于电机转动精度有较高要求；而海斯特产品的主要性能体现为高转速与高能量转换效率，因此两种电机并不能通用或互相替代。在业务性质、市场差别、客户群体、产品可替代性等方面，海斯特与公司均存在显著差异，因此，海斯特的业务对公司不构成同业竞争。

睦翔科技的主营业务为代理德国 MATMIX 公司所产建筑用材料在国内的销售业务。在业务性质、产品可替代性、客户群体、市场差别等方面，睦翔科技与公司均存在显著差异，因此，睦翔科技的业务对公司不构成同业竞争。为了规避潜在同业竞争情况，《公司章程》第三十八条规定："公司控股股东及实际控制人对公司和公司其他股东负有诚信义务。控股股东应严格依法行使出资人的权利，控股股东不得利用利润分配、资产重组、对外投资、资金占用、借款担保等方式损害公司和其他股东的合法权益，不得利用其控制地位损害公司和其他股东的利益。"此外，公司实际控制人（同时为宝恒自控、海斯特实际控制人）林子晨、黄皖平出具《承诺函》，承诺在宝恒自控相关注销手续办妥之前，不开展任何与公司（即天津宝恒）构成同业竞争的经营活动。如违反承诺，愿承担由此产生的全部经济责任。同时承诺海斯特在未来不开展任何与公司（即天津宝恒）构成同业竞争的经营活动。如违反承诺，愿承担由此产生的全部经济责任。公司董事、监事、高级管理人员、核心技术人员均出具了避免同业竞争的承诺声明。经核查，公司律师认为：公司与实际控制人及其控制的企业之间不存在同业竞争；公司实际控制人、持股 5% 以上的股东和公司董事、监事、高级管理人员、核心技术人员已作出有效承诺以避免同业竞争，该等承诺真实、合法、有效。

41. 变更经营范围消除同业竞争案例（天房科技 430228）

解决方案：挂牌前变更关联公司的经营范围。

公司与另一重要股东——腾达楼宇在经营范围上有两处相近，其一是"计算机及外围设备、建筑材料批发兼零售"；其二是"计算机网络系统集成服务。"最近两年，公司与腾达楼宇在经营计算机及外围设备、建筑材料批发兼零售业务时，主要客户对象不交叉重叠，没有发生事实上的同业竞争情况，同时腾达楼宇在最近两年没有经营过系统集成业务，因而与天房科技在系统集成领域没有发生事实上的同业竞争情况。

为避免将来发生同业竞争行为的可能，腾达楼宇作出如下承诺：本公司将不在中国境内外直接或间接从事或参与任何在商业上对天房科技构成竞争的业务及活动；将不直接或间接开展对天房科技有竞争或可能构成竞争的业务、活动或拥有与天房科技存在同业竞争关系的任何经济实体、机构、经济组织的权益；或以其他任何形式取得该经济实体、机构、经济组织的控制权；本公司将在法律、法规、规范性文件及公司章程所规定的框架内，依法行使股东权利，不以股东身份谋求不正当利益；将于 2013 年 5 月 30 日前，完成我公司经营范围的修改，减少与天房科技相近的经营范围，即减去"计算机及外围设备、建筑材料批发兼零售"、减去"计算机网络系统集成服务"。自 2012 年 11 月 30 日至 2013 年 5 月 30 日不会在上述经营范围内发生与天房科技同业竞争的行为；若违反上述承诺，本公司将对由此给天房科技造成的损失作出全面、及时和足额的赔偿。

2013 年 5 月 17 日，腾达楼宇变更经营范围事项获得天津市工商行政管理局核准，腾达楼宇变更后经营范围为"自动化设备、计算机产品开发、技术咨询（不含中介）服务；办公用品及设备、装饰材料批发兼零售（以上经营范围涉及行业许可的凭许可证件，在有效期限内经营，国家有专项专营规定的按规定办理）"。腾达楼宇变更后经营范围与天房科技不存在相同或相近之处。

42. 公司及其实际控制人最近两年存在的违法违规及受处罚情况（威控科技 430292）

解决方案：核实违规情况，取得无违法违规情况说明。

2011 年 6 月 23 日，因公司财务人员疏忽导致公司支票无法及时承兑，中国人民银行营业管理部出具银管罚—支票［2011］第 01279 号处罚决定书，对公司处以罚款 3 564.5 元。2012 年 2 月 27 日，因公司财务人员工作疏忽，未及时申报办理变更登记，北京市海淀区地方税务局第一税务所出具行政处罚决定书，对公司处以罚款 500 元。

上述违法违规行为系因有限公司工作人员疏忽所致，有限公司在收到处罚决定书后及时缴纳了罚款，并对有关人员进行了批评教育。公司在 2012 年 11 月股份制改造后相应完善了内部控制制度，公司未来将严格执行财务管理制度，杜绝类似情形的发生。

　　公司律师与主办券商通过查阅两项行政处罚告知书、决定书及相关法律法规的规定，一致认为上述违法违规行为情节轻微，罚款数额较低，且未对公司或他人利益造成重大影响，根据《中国人民银行行政处罚程序规定》和《中华人民共和国税收征收管理法（新征管法）》的相关规定，均属于非重大行政处罚情形，不构成重大违法违规行为。除上述行政处罚以外，公司最近两年内不存在其他违法违规及受处罚的情况。公司已经取得工商部门、税务部门和社保部门出具的无违法违规情况证明。公司实际控制人最近两年内不存在违法违规及受处罚的情况。

　　43. 盈余公积转增股本，各股东比例不一致（威林科技430241）

　　解决方案：披露程序合规；未披露个人所得税事宜。

　　2003 年 6 月 4 日，有限公司股东会通过决议，同意增加注册资本 300 万元，其中王渝斌增资 91.605 万元（货币增资 86.925 万元、公积金转增出资 4.68 万元）、刘忠江增资 59.605 万元（货币增资 47.025 万元、公积金转增出资 2.58 万元）、苏伯平增资 59.605 万元（货币增资 47.025 万元、公积金转增出资 2.58 万元）、丁岩峰增资 59.605 万元（货币增资 47.025 万元、公积金转增出资 2.58 万元）、刘少明增资 59.605 万元（货币增资 47.025 万元、公积金转增出资 2.58 万元）、新股东王长清货币出资 9.975 万元，并通过了公司章程修正案。2003 年 6 月 23 日，湖北大华有限责任会计师事务所出具了鄂华会事验字〔2003〕A 第 121 号《验资报告》，对本次增资进行了审验。转增后，盈余公积为 1 113 776.95 元，所留存的该项公积金不少于转增前公司注册资本的百分之二十五，符合 1993 年《公司法》第一百七十九条的规定。有限公司本次以盈余公积转增股本未按照股东持股比例转增，其中王渝斌转增比例高于其持股比例，则其他股东的转增比例低于其持股比例。经主办券商及律师核查，本次决定以盈余公积转增股本的股东会决议是经全体股东一致同意表决通过，全体股东均在决议上签名确认。主办券商及律师认为，经有限公司全体股东一致同意，有限公司不按照股东的持股比例以盈余公积转增股本是股东意思自治的体现，本次以盈余公积转增股本过程及结果合法有效，不存在法律纠纷及风险。2003 年 7 月 8 日，武汉市工商局出具了企业变更通知书，对上述变更予以确认。

　　44. 无形资产出资瑕疵，先减资再现金增资（金日创430247）

　　解决方案：先减资再现金增资。

　　2011 年 11 月，公司股东付宏实、李喜钢、李皎峰以其拥有的知识产权——非专利技术"热电厂水处理控制系统"对公司进行增资，并以该非专利技术截至评估基准日 2011 年 11 月 15 日的评估价值 500 万元作为出资金额。此次股东用作增资的非专利技术存在可能被认定为职务成果的问题。由于投入该项非专利技术的股东付宏实为公司董事长兼总经理，股东李喜钢为公司董事，李皎峰为公司董事、副总经理，该项技术与公司主营业务具有较大相关性，因此存在该项技术被认定为上述股东在公司任职期间的职务成果，其权属属于公司造成出资不实的风险。因此，为彻底规范公司的历史出资，维护其他股东的利益，上述股东决定以现金形式对该无形资产出资进行置换补正，在法律程序上采用了先减资后增资的形式。

具体程序如下：

（1）2012 年 6 月 8 日，有限公司召开股东会，决议将公司注册资本由 900 万元减少至 400 万元，共减资 500 万元，减资部分均为股东的知识产权出资部分，其中减少付宏实知识产权出资 336.93 万元，减少李喜钢知识产权出资 128.07 万元，减少李皎峰知识产权出资 35 万元。同时，股东会决议同意前述涉及减资的股东以等额的货币增加注册资本 500 万元，其中付宏实以货币增资 336.93 万元，李喜钢以货币增资 128.07 万元，李皎峰以货币增资 35 万元，同意修改后的公司章程。

（2）2012 年 6 月 8 日，北京百特会计师事务所就前述减资及增资事宜出具了"京百特验字（2012）R00418 号"《验资报告》，经审验，截至 2012 年 6 月 8 日，有限公司已收到付宏实、李喜钢、李皎峰缴纳的新增注册资本 500 万元，其中股东付宏实以货币出资人民币 336.93 万元，李喜钢以货币出资人民币 128.07 万元，李皎峰以货币出资人民币 35 万元。

（3）2012 年 6 月 13 日，有限公司就此次减资事宜在《北京晨报》上进行了公告。

（4）2012 年 6 月 13 日，北京市工商行政管理局就有限公司上述变更事宜换发了《企业法人营业执照》。根据该营业执照，有限公司的注册资本为 900 万元，实收资本为 900 万元。根据 2013 年 6 月该非专利技术的相关出资人出具的《确认函》，减资完成后，非专利技术的所有权人付宏实、李喜钢和李皎峰均同意将无形资产无偿转让给公司，并由公司享有无形资产的所有权。

45. 专利技术出资比例违反《公司法》规定（铜牛信息 430243）

解决方案：披露地方性法规的要求；控股股东出具确认函。

2004 年 8 月 28 日修订的《中华人民共和国公司法》第二十四条第二款规定："以工业产权、非专利技术作价出资的金额不得超过有限责任公司注册资本的百分之二十，国家对采用高新技术成果有特别规定的除外。"2000 年 12 月 8 日，北京市人大常委会依据国务院《关于建设中关村科技园区有关问题的批复》（国函〔1999〕45 号）颁布了《中关村科技园区条例》（北京市人大常委会公告第 25 号，以下简称《条例》，有效期至 2010 年 12 月 23 日），北京市人民政府于 2001 年 3 月 2 日颁布了《中关村科技园区企业登记注册管理办法》（北京市人民政府令第 70 号，以下简称《办法》，有效期至 2007 年 11 月 23 日）。上述法规对中关村科技园区内企业以高新技术成果作价出资均作了规定。《条例》第十一条规定："以高新技术成果作价出资占企业注册资本的比例，可以由出资各方协商约定。"《办法》第十三条规定："以高新技术成果出资设立公司和股份合作企业的，对其高新技术成果出资所占注册资本（金）和股权的比例不作限制，由出资人在企业章程中约定。企业注册资本（金）中以高新技术成果出资的，对高新技术成果应当经法定评估机构评估。"第十四条规定："出资人以高新技术成果出资，应当出具高新技术成果说明书；该项高新技术成果应当由企业的全体出资人一致确认，并应当在章程中写明。经全体出资人确认的高新技术成果可以作为注册资本（金）登记注册。"第十五条规定："工商行政管理机关对以高新技术成果作价出资的，应当在《营业执照》经营范围栏的最后项下注明作为非货币出资的技术成果的价值金额、占注册资本的比例以及是否办理了财产转移手续的情况。"根据当时有效的北京市工商行政管理局于2004年2月6日颁布的《关于印发〈改革市场准入制度，优化经济发展环境若干意见〉的通知》对内资企业注册资本（金）缴付方式进行改革的规定，"投资人以高新技术成果出资，应当出具经全体投资人一致确认的高新技术成果说明书。以高新技术成果作价出资占企业注册资本（金）的比例，可以由投资各方协商约定。"2005年9月21日，由铜牛针织集团、高鸿波等9方共同签署了《高新技术成果说明书及确认书》，共同确认该非专利技术为高新技术成果，同意以该高新技术成果投入到有限公司中。同时，用于出资的此项非专利技术也由北京新京联成资产评估有限公司进行了评估，并出具评估报告书确认该项非专利技术的评估值为78万元。2005年10月10日，公司所有股东签订了《财产转让协议》，将该非专利技术转移给有限公司，且经北京中万华会计师事务所审计，该非专利技术已完成转移手续。有限公司也于2005年10月10日召开股东会，全体股东一致同意以非专利技术出资78万元。该股东会决议通过的《公司章程》也明确载有该项无形资产出资的内容。北京市工商行政管理局核准了公司的设立登记，并在公司营业执照的经营范围栏的最后项下注明了作为非货币出资的技术成果的价值金额。因此，有限公司成立时无形资产占注册资本的比例符合当时有效的相关规定，出资形式合法，出资有效到位。关于非专利技术出资比例的事项，北京市国联律师事务所在其为本次公司进入全国中小企业股份转让系统出具的《法律意见书》中发表了如下意见：铜牛信息有限设立时，注册资本中非专利技术占比达到78%是符合当时相关规定的；并且取得了北京市工商行政管理局核准登记，铜牛信息有限的非专利技术出资合法、有效。北京纺织控股有限责任公司作为铜牛集团及铜牛信息的控股股东，于2013年5月24日出具了《关于北京铜牛信息科技股份有限公司历史沿革有关问题的报告》，确认"上述非专利技术出资虽未根据《国有资产评估管理若干问题的规定》进行国有资产评估备案，程序上存有瑕疵，但国有产权明晰，不存在纠纷，并未造成国有资产流失，也未损害国有权益。"

46. 设立时注册资本低于《公司法》的规定（三意时代 430255）

解决方案：披露地方性法规。

经核查，依据有限公司设立时生效的《公司法》第二十三条的规定，科技开发、咨询、服务性公司的注册资本最低为人民币十万元。有限公司设立时注册资本为人民币三万元，不符合当时《公司法》的规定。但依据《北京市工商行政管理局转发市政府办公厅〈关于同意在中关村科技园区进行高新技术企业注册登记改制改组试点的通知〉的通知》（京工商发〔2000〕127 号）第三条的规定，高新技术企业中有限责任公司申请登记注册时，其注册资本达到 3 万元（含）以上，即予登记注册。因此，有限公司设立时注册资本虽不符合当时施行的《公司法》规定，但有限公司出资人的出资真实，且符合北京市人民政府以及北京市工商行政管理局的相关规定，不存在潜在法律风险，不会对本次挂牌转让造成不利影响。

47. 无发票，资产未入账（蓝天环保 430263）

解决方案：资产评估；向股东购买。

2008 年 9 月，公司在与金隅嘉业房地产公司洽谈供暖运营项目期间，了解到金隅集团下属的北京金海燕物业管理有限公司拟处置部分锅炉资产，因对方无法提供发票，故公司总经理潘忠以个人名义出资购买并投入公司使用。由于公司当时会计核算欠规范，对此次由潘忠购入并投入公司使用的锅炉设备未作任何账务处理。2012 年 9 月，公司在筹备股票在全国中小企业股份转让系统挂牌事宜过程中，相关中介机构对公司固定资产进行盘点时发现了该账实不符问题。经讨论协商，决定聘请专业评估机构进行评估后由公司向潘忠购买该批资产。2012 年 10 月 15 日公司第一届董事会第四次会议和 2012 年 10 月 31 日公司2012 年第四次临时股东大会通过的决议，同意向股东潘忠购买锅炉等相关设备，交易价格以评估值为准。根据北京正和国际资产评估有限公司 2012 年 12 月 7 日出具的正和国际评报字（2012）第 379 号《资产评估报告》，上述锅炉设备的评估价值为 139.36 万元。公司与股东潘忠的上述设备买卖已按照《公司章程》等内部制度履行了必要的决策程序；交易价格依据评估价值确定，价格公允，不存在损害公司及其他股东利益的情况。

48. 无形资产出资瑕疵（奥尔斯 430248）

解决方案：作减资处理。

有限公司系由自然人李朱峰、赵振丰共同出资设立的有限责任公司，注册资本 50.00 万元，成立于 2003 年 12 月 19 日。2003 年 12 月 15 日，北京驰创会计师事务所有限责任公司出具了京创会字〔2003〕第 2－Y3311 号《验资报告》，经审验，截至 2003 年 12 月 15 日，有限公司注册资本 50.00 万元已全部到位，其中李朱峰以货币资金出资 6.40 万元，以非专利技术"智能微电流传感器"出资 25.60 万元，出资额占公司注册资本的 64.00%；赵振丰以货币资金出资 3.60 万元，以非专利技术"智能微电流传感器"出资 14.40 万元，出资额占公司注册资本的 36.00%。根据 1999 年修订的《公司法》规定："股东可以用货币出资，也可以用实物、工业产权、非专利技术、土地使用权作价出资。对作为出资的实物、工业产权、非专利技术或者土地使用权，必须进行评估作价，核实财产，不得高估或者低估作价。土地使用权的评估作价，依照法律、行政法规的规定办理。"公司设立时的无形资产非专利技术未进行评估作价，存在出资瑕疵。该部分无形资产出资已经在 2012 年 7 月进行了减资处理，出资瑕疵影响已经消除。

49. 股份公司发起人未签订发起人协议（易同科技 430258）

解决方案：全体发起人出具《关于公司整体变更的声明》。

股份公司发起人当时未签订发起人协议，2013 年 3 月 10 日，全体发起人出具了《关于公司整体变更的声明》，声明"有限公司的所有资产、业务、债权、债务及其他一切权益、权利和义务，自有限公司变更登记为股份公司之日起由公司承继。有限公司自 2009 年 1 月 1 日至股份公司完成变更登记之日的经营损益由各发起人按照其持股比例承担或享有。发起人之间没有发生有关公司整体变更事项的争议，发起人认可公司整体变更的有效性，未来不就公司整体变更相关事项发生争议。"

50. 出售子公司予股东，交易款项未支付完毕（盛世光明 430267）

解决方案：如实披露；作重大风险提示。

2012 年 4 月 26 日，盛世光明召开股东会，将公司持有的微山公司的出资额分别转让给孙伟力、李红新、孙良浩各 300.00 万元、100.00 万元、100.00 万元。上述交易构成关联交易。上述关联交易的原因：公司启动全国股份转让系统挂牌事宜后，相关中介机构经过调查后认为，微山公司主营业务与公司主营业务显著不同，且微山公司财务基础薄弱，因此，建议公司将持有的微山公司股权转让出去。

上述关联交易的定价依据为：微山公司尚未形成稳定的经营和盈利能力，根据微山信衡有限责任会计师事务所出具的（2012）微信会师鉴字第 41 号《审计报告》，截至 2012 年 4 月，微山公司经审计的净资产为人民币 451.11 万元。由于公司本次剥离微山公司股权距离前次收购微山公司股权仅相隔 5 个月，为不损害盛世光明的利益，因此本次转让价格按注册资本确定，定价合理。上述关联交易的决策程序：上述关联交易在有限公司阶段发生，已通过了股东会决议。上述关联交易的价款支付：截至目前，孙伟力、孙良浩共欠公司股权转让款 347.67 万元。该欠款是因股权转让引起的真实债权债务，是公司正常运营过程中发生的，属于合法、真实的关联交易。而占用公司资金行为属于控股股东或关联方违反公司法的规定非法使用公司资金的情形，因此，该欠款行为不属于对公司的占用。该欠款未支付不会对本次挂牌造成障碍，主要原因为：

第一，根据工商资料，公司将股权转回给孙伟力和孙良浩时，虽然签订了股权转让协议，但股权转让协议并未约定股权转让款的支付时间。为此，2012 年 10 月 9 日，在各中介机构的要求下，孙伟力、孙良浩向公司出具了还款承诺，承诺在 2013 年 10 月 9 日之前将上述欠款清偿完毕。

第二，为保证上述债权实现，孙伟力、孙良浩将持有的微山公司股权全部质押给盛世光明，2012 年 12 月 14 日，孙伟力、孙良浩与公司签订了质押合同，并于 2012 年 12 月 28 日在山东微山工商行政管理局办理了质押登记手续。

第三，公司已在本说明书中就此事项作出重大风险提示，以保护投资者的利益。上述关联交易对公司财务状况影响：公司剥离微山股权尚有 347.67 万元款项未收回，已收回的款项中，孙伟力以现金偿还 72 万元，以其对公司的债权抵偿 80.33 万元，使得公司 2012 年度长期股权投资减少 500 万元，其他应收款增加 347.67 万元，货币资金增加 72 万元，其他应付款中应付孙伟力的款项减少 80.33 万元。上述关联交易对公司经营成果的影响：公司 2011 年度、2012 年度均未将微山公司纳入合并财务报表范围，且上述剥离微山公司和收购微山公司价款相同，未产生投资收益，因此上述事项对公司经营成果无影响。

51. 反馈要求对是否符合"公司依法设立"发表明确意见（昌盛股份 430503）

解决方案：补充披露。

请公司补充披露控股股东蚌埠市双环电子集团有限公司（以下简称双环集团）历史沿革的详细情况，包括各个历史时期的企业性质和改制情况。请主办券商和律师核查在公司的初始设立、股权转让和整体变更设立股份公司的过程中，是否涉及国有资产出资，是否需要履行相应的国资审批备案程序。如有，请补充披露，并对是否符合"公司依法设立"发表明确意见。

双环集团各个历史时期的企业性质与公司历史沿革的对应关系：

（1）双环集团的主要历史沿革

①双环集团成立于 1966 年，原名为蚌埠市无线电六厂，1996 年更名为蚌埠市双环电阻器总厂，企业性质是集体所有制企业，注册资本 410.53 万元。

②1997 年 9 月，双环集团依法定程序改制为股份合作制企业，注册资本为 521.68 万元。后经历史股权变化，至 2007 年 7 月，注册资本变更为 1 528.08 万元。注册资本中有集体股、量化股（集体股的一部分之收益权量化给职工）。

③2008 年 5 月，双环集团的集体股、量化股转让给公司职工，其依法定程序改制为有限责任公司，成为全部由自然人出资的公司制企业。

（2）昌盛电子的主要历史沿革

①1990 年 7 月公司设立。公司注册资本为 70 万美元，其中蚌埠市无线电六厂出资 49 万元（持股 70%）、中国台湾天元贸易有限公司出资 21 万元（持股 30%）。成立时公司为中外合资经营企业。

②2009 年 4 月，公司外方股东将其所持公司股权全部转让给中方股东，公司变更为内资企业，成为双环集团的全资子公司。

③2013 年 8 月，公司双环集团将所持公司 5% 股权转让给顺达电子，公司成为双环集团持股 95%、顺达电子持股 5% 的有限责任公司。

（3）公司历史沿革中涉及的国有资产或集体资产事宜

对照双环集团与昌盛电子的历史沿革可知，公司的初始设立、股权转让和整体变更设立股份公司的过程中，不涉及国有资产出资，但公司 1990 年 4 月设立时涉及集体企业出资。经核查，公司 1990 年 4 月设立时经历的审批备案程序如下：

①主管部门同意

昌盛电子初始设立时，当时的中方股东蚌埠市无线电六厂为集体企业，隶属蚌埠市电子工业公司管理。1990 年 5 月 31 日，蚌埠市电子工业公司向蚌埠市外经贸委报送《关于呈请无线电厂热敏电阻器合资项目的合同、章程报告》（电工改字〔1990〕54 号），呈请蚌埠市外经贸委审批同意蚌埠市无线电六厂与台湾天元贸易公司合资生产经营热敏电阻器项目，合资企业拟定名称为"安徽昌盛电子有限公司"。

②计划部门对于合资经营项目的批准

1990 年 4 月 23 日，经蚌埠市计划委员会作出《关于无线电六厂与台商合资经营热敏电阻项目可行性研究报告的批复》（计引字〔1990〕78 号），同意无线电六厂与台湾天元贸易公司合资生产热敏电阻器项目；同意二者共同举办合资经营企业，合营期限 10 年；注册资本双方出资 70 万美元，其中无线电六厂占 70%，天元公司占 30%。

③外资管理部门同意

1990 年 6 月 8 日，蚌埠市对外经济贸易委员会作出《关于"安徽昌盛电子有限公司"合同、章程的批复》（外经贸经字〔1990〕第 9 号），同意无线电六厂与天元公司合资成立"安徽昌盛电子有限公司"，合营公司投资总额 80 万美元，注册资本 70 万美元；批准合营公司的合同、章程及其他附件同时生效。

④获得省级政府批准

1990 年 7 月 6 日，安徽省人民政府颁发《中华人民共和国中外合资经营企业批准证书》（外经贸皖府资字［1990］26 号），批准昌盛电子成为中外合资经营企业。综上所述，本所律师认为，昌盛电子的设立，已经有权机关同意和审批，符合当时的法律法规的规定，系依法设立。

52. 反馈要求说明并披露是否符合"依法设立且存续满两年"的挂牌条件（430559）

解决方案：如实说明及披露。

反馈问题"非财务问题1"：关于 2013 年 8 月 30 日，有限公司注册资本由 300 万元变更为 1 000 万元，未变更实收资本，未验资。2013 年 9 月 10 日，有限公司整体变更，各股东以净资产折股的方式缴足实收资本至 1 000 万元。请公司结合《全国中小企业股份转让系统股票挂牌条件适用基本标准指引（试行）》，说明并披露是否符合"依法设立且存续满两年"的挂牌条件。请律师和主办券商对上述问题核查并发表意见。

律师反馈答复：

关于是否符合"依法设立且存续满两年"的挂牌条件。

2013 年 8 月 30 日，新华通有限作出股东会决议，同意注册资本由 300 万元变更为 1 000 万元，同时修改新华通有限章程，规定南策云未缴出资 560 万元于 2015 年 8 月 30 日前缴足，股东卢姝伶未缴出资 140 万元于 2015 年 8 月 30 日前缴足。本次注册资本变更在珠海市工商局办理备案登记。2013 年 9 月 10 日，新华通有限作出股东会决议，同意将新华通有限整体变更为股份公司，并同意股份公司的注册资本为 1 000 万元，以新华通有限截至 2013 年 8 月 31 日经审计的账面净资产 14 357 788.57 元，折合股份总数 1 000 万股，每股面值 1 元，共计 1 000 万元，其余 435 788.57 元计入公司的资本公积，各股东以净资产折股的方式缴足实收资本至 1 000 万元。2013 年 9 月 23 日，瑞华出具"瑞华验字［2013］第 846A0001 号"《验资报告》，验证：截至 2013 年 9 月 10 日，公司已收到全体股东以其拥有的新华通有限截至 2013 年 8 月 31 日审计后的净资产 14 357 788.57 元折合的股本 1 000 万元。本次整体变更及《验资报告》在珠海市工商局办理变更及备案登记。《公司法》第二十六条规定，有限责任公司的注册资本为在公司登记机关登记的全体股东认缴的出资额。公司全体股东的首次出资额不得低于注册资本的百分之二十，也不得低于法定的注册资本最低限额，其余部分由股东自公司成立之日起两年内缴足。第一百七十九条规定，有限责任公司增加注册资本时，股东认缴新增资本的出资，依照本法设立有限责任公司缴纳出资的有关规定执行。2013 年 3 月 1 日起实施的《珠海经济特区商事登记条例》第十九条规定，有限责任公司实行注册资本认缴登记制度，其登记的注册资本为全体股东认缴的出资额。商事登记机关不登记有限责任公司的实收资本，申请人无须提交验资证明文件。第二十条规定，有限责任公司股东的姓名或者名称、认缴和实缴的出资额、出资时间、出资方式、非货币出资的缴付比例等出资事项由股东约定，并记载于公司章程。股东缴纳出资的，公司应当向股东出具出资证明书。公司可以向商事登记机关申请实收资本备案，申请备案的，应当提交验资证明文件。

根据上述《公司法》和《珠海经济特区商事登记条例》的规定，有限公司的注册资本为全体股东认缴的出资额，股东按章程规定缴纳出资后，才需要变更实收资本和办理验资。2013 年 8 月 30 日新华通有限注册资本由 300 万元变更为 1 000 万元，未变更实收资本，未验资，符合《公司法》和《珠海经济特区商事登记条例》的规定，而且在 2013 年 9 月 10 日新华通有限整体变更，各股东以净资产折股的方式缴足实收资本至 1 000 万元，验资后在工商部门办理了变更及备案登记，股东按时出资足额到位。本所律师认为，上述新华通有限注册资本变更、整体变更、出资等行为，均符合《公司法》和《珠海经济特区商事登记条例》的有关规定，不存在未按法律和章程缴纳出资的情形，公司出资合法、合规，有效存续。根据全国中小企业股份转让系统股票挂牌条件适用基本标准指引（试行）第一条第（三）款规定"有限责任公司按原账面净资产值折股整体变更为股份有限公司的，存续时间可以从有限责任公司成立之日起计算"，新华通有限成立于 2009 年 9 月 10 日，至今已存续两个完整的会计年度，公司符合"依法设立且存续满两年"的挂牌条件。

53. 以非专利技术出资形式进行股权激励（铜牛信息 430243）

解决方案：如实披露。

铜牛针织集团及高鸿波等 9 方用于出资的无形资产为出资各方共同拥有的非专利技术"易纺制衣 ERP 系统技术"，受出资人委托，北京新京联成资产评估有限公司对该项无形资产进行评估，并出具了新京评报字［2005］第 B0096 号评估报告书，确认该项非专利技术的评估值为 78 万元。根据《科学技术进步法》、《促进科技成果转化法》、《国务院办公厅转发科技部等部门关于促进科技成果转化的若干规定》及《北京科委关于促进科技成果转化若干规定的实施办法》等法律法规，并经铜牛集团公司第三届第七次董事会批准，铜牛集团董事会于 2005 年 9 月通过了《北京铜牛针织集团有限责任公司关于易纺制衣 ERP 系统非专利技术激励方案》，铜牛集团为了"依靠公司现有人才的同时吸纳其他软件开发人员，将易纺制衣 ERP 系统形成的非专利技术模块化、市场化、产业化，并通过市场化运作服务于其他服装生产型企业"，决定将易纺制衣 ERP 系统形成的非专利技术进行市场评估，按照各参与人员的贡献大小给予分割，并一同出资成立北京铜牛信息科技有限公司。经北京新京联成评估有限公司对易纺制衣 ERP 系统形成的非专利技术进行评估后，其价值为人民币 78 万元整，铜牛集团将评估值的 16.67%（即 13 万元）以股权形式激励给付军，10.90%（即 8.5 万元）以股权形式激励给高鸿波，8.96%（即7万元）以股权形式激励给王泉，6.41%（即5万元）以股权形式激励给刘毅，6.41%（即5万元）以股权形式激励给黄飞，3.85%（即3万元）以股权形式激励给皮纪梅，3.85%（即3万元）以股权形式激励给李舜尧，1.92%（即1.5万元）以股权形式激励给张永刚。2005年9月14日铜牛集团、高鸿波等签署了"非专利技术分割协议书"，明确了各出资方对该非专利技术拥有的权益比例。依据该分割协议书，全体出资人于2005年9月21日签署了"高新技术成果说明书及确认书"，一致同意将该高新技术成果作价78万元投入到有限公司中。其中，铜牛针织集团以该高新技术成果出资32万元，占注册资本的32%；付军以该高新技术成果出资13万元，占注册资本的13%；高鸿波以该高新技术成果出资8.5万元，占注册资本的8.5%；王泉以该高新技术成果出资7万元，占注册资本的7%；刘毅以该高新技术成果出资5万元，占注册资本的5%；黄飞以该高新技术成果出资5万元，占注册资本的5%；皮纪梅以该高新技术成果出资3万元，占注册资本的3%；李舜尧以该高新技术成果出资3万元，占注册资本的3%；张永刚以该高新技术成果出资1.5万元，占注册资本的1.5%。

54. 未办理环保相关许可手续（大树智能 430607）

解决方案：合理说明未办理环保相关许可不影响企业挂牌。

反馈意见：是否办理完备环保相关许可或手续，公司日常生产经营是否符合国家环保相关规定。请主办券商律师核查并发表意见。

（1）公司2013年搬迁之前的环保许可情况

①1993年成立至1997年搬迁之前。大树有限成立于1993年2月1日，1997年搬迁至原生产经营用地江宁开发区经一路挹淮街8号。期间，与环保许可相关的《建设项目环境保护管理条例》、《中华人民共和国环境影响评价法》（主席令第77号）尚未发布实施。

②1997年搬迁后至2013年搬迁之前。1997年大树有限搬迁后，一直在江宁开发区经一路挹淮街8号生产经营，直至2013年10月再次搬迁至现有租赁厂房江宁科学园乾德路9号。根据公司提供的说明，期间大树有限未进行过大型改扩建项目和技术改造项目。1998年11月18日，国务院发布并施行《建设项目环境保护管理条例》（国务院令第253号），根据该条例第五条，改建、扩建项目和技术改造项目必须采取措施，治理与该项目有关的原有环境污染和生态破坏。经核查，大树有限自成立至2013年10月未办理相关环保许可手续。

（2）公司2013年搬迁之后的环保许可情况

2013年10月，公司搬迁至现有租赁厂房江宁科学园乾德路9号进行经营生产。2013年12月10日，公司取得南京市江宁区环境保护局核发的《建设项目环保业务咨询表》，根据该表，南京市江宁区环境保护局建议建设单位可委托有资质的环评单位编制"环境影响报告表"。2013 年 12 月 22 日，南京国环环境科技发展股份有限公司编制《建设项目环境影响报告表》，建设项目为"南京大树智能科技股份有限公司年产在线视觉检测装置 50 套、在线振动分选装置 10 套、异物剔除系统 10 套建设项目"，建设地点为南京市江宁高新区乾德路 9 号，大树股份租用大树环保 3 号车间部分房屋进行建设项目。2013 年 12 月 29 日，南京市江宁区环境保护局出具审批意见，根据该审批意见，在大树股份落实该批复要求前提下同意建设；经其研究，同意南京国环环境科技发展股份有限公司的环评结论与建议，大树股份在生产和环境管理中，须认真落实报告表中提出的各项污染防治措施，并重点注意排水排气等污染防治措施，项目竣工后，按规定来该局办理试生产核准手续，试生产三个月内完成环保专项验收。根据公司提供的说明，截至本《补充法律意见书》出具之日，大树股份建设项目已竣工，项目建设符合上述南京市江宁区环保局审批意见的要求，目前大树股份正在按照上述审批意见的要求申请"试生产核准手续"以及"建设项目环保设施竣工验收"。2014 年 1 月 7 日，本所律师针对公司上述建设项目环保验收事项对南京市江宁区环境保护局进行了访谈，了解到该局主要负责监督管理南京市江宁区辖区环境保护工作。根据本次访谈的情况，了解到"大树股份目前营业执照所核准的经营范围内不包含对环境影响较大或污染较严重的业务；大树股份目前建设项目环保竣工验收不存在实质性障碍；大树股份未因环评事项受到过行政处罚，该局也没有收到过关于大树股份的环评投诉"。

（3）公司的日常经营环保守法情况

根据公司说明及本所律师适当核查，2013 年 10 月搬迁之前公司生产经营场所在江宁开发区经一路挹淮街 8 号，2013 年 10 月搬迁至江宁区科学园乾德路 9 号，公司在生产过程中的主要致污物为生活废水、噪声、固体废物，采取防治措施后未对环境造成污染。公司在搬迁前及搬迁后的生产过程中均未受到过环保部门的处罚，也未因环境保护事项而受到过投诉。就公司搬迁前的环保守法情况，2013 年 8 月 19 日，南京市江宁区环境保护局出具证明，确认："南京大树智能科技股份有限公司系我局辖区内企业，近三年没有因违反环境法律、法规受到行政处罚的行为"。就公司搬迁后已经依法申请的环保许可事宜，2013 年 12 月 13 日，南京市江宁区环境保护局出具说明："南京大树智能科技股份有限公司迁至江宁科学园乾德路 9 号进行经营生产的环评许可事宜已经我局受理。截至本说明出具日，公司的环评手续尚在办理之中。公司搬迁以来的生产经营活动无违反国家环境保护方面的法律、法规和规范性文件的情形"。

（4）公司实际控制人出具的承诺

2013 年 12 月 30 日，公司实际控制人王李苏出具了《关于环评的书面承诺》，承诺"在本人实际控制公司期间（即 2012 年 6 月至本承诺出具之日），公

司自 2012 年 6 月至 2013 年 10 月在南京江宁开发区经一路挹淮街 8 号经营期间
未办理相关许可环保手续；2013 年 10 月搬迁至南京江宁科学园乾德路 9 号后，
环评许可手续尚在办理之中。截至本承诺签署日，公司没有因上述未办理环境
影响批复手续而受到行政处罚，也未收到环境保护主管行政部门责令限期补办
手续的通知。若公司未来因上述未办理环境影响批复手续而被相关部门处罚的，
本人将自愿以现金形式向公司足额补偿因该处罚给公司带来的全部经济损失。"
2013 年 12 月 30 日，大树有限原实际控制人王李宁出具了《关于环评的书面承
诺》，承诺"在本人实际控制大树有限期间（即大树有限成立之日至 2012 年 6
月），大树有限一直未办理相关许可环保手续，大树有限未因上述未办理相关许
可环保手续而受到环境保护主管行政部门行政处罚，也未收到环境保护主管行
政部门责令限期补办手续的通知。若公司未来因在本人实际控制大树有限期间
未办理环境影响许可手续而被相关部门处罚的，本人将自愿以现金形式向公司
足额补偿因该处罚给公司带来的全部经济损失。"经核查，本所律师认为：根据
环保主管部门出具的证明，报告期内公司没有因违反环境法律、法规受到行政
处罚，公司 2013 年搬迁以来无违反国家环境保护方面的法律、法规和规范性文
件的情形；公司目前已经取得了主管环保部门对公司生产建设项目环评手续的
审批意见；公司实际控制人王李苏、原实际控制人王李宁也已分别就上述环评
事宜出具了书面承诺。除发生不可预见情形外，公司通过建设项目环保设施竣
工验收不存在实质性障碍，公司的环评事项不会对公司的生产经营活动产生重
大影响，不会对本次公司股份申请进入全国中小企业股份转让系统挂牌构成实
质性障碍。

第八章 新三板市场监管主体及信息披露

第一节 新三板市场监管主体

新三板将构建三个层次的风险控制体系:一是强化主办券商市场卖方角色和持续督导责任。二是构建分层次的市场自律监管体系。三是构建与监管机构之间的联防联控机制。

目前,新三板挂牌公司及其市场参与人,均已纳入中国证监会监管,需要以《证券法》及其证监会部门规章作为基本行为规范,对于市场运行中的重大违法违规行为,将移交证监会立案调查并依法查处。

在自律监管方面,全国股份转让系统已初步建立起以信息披露合规性监管为主线,以主办券商持续督导为抓手,以全国股份转让系统自律管理为核心,以监管机构事后查处为保障,以问责惩戒为制约的集中统一的监管体系。全国股份转让系统将以底线思维为原则,进一步完善风险控制体系,强化主办券商市场卖方角色和持续督导责任,落实挂牌公司信息披露和规范治理义务,构建与监管机构之间的联防联控机制,维护市场"三公"原则,保障市场健康稳定发展。

目前全国股份转让系统对挂牌公司的日常监管主要是"以信息披露为核心"、依托主办券商持续督导的自律监管。具体方式为:主办券商对挂牌公司的信息披露和业务办理事先审查和把关,全国股份转让系统进行事后审查和监管。在监管实践中,全国股份转让系统探索出了由监管员对挂牌公司进行日常监管的方法。

日常监管主要包括四个方面:一是以主办券商来划分监管员对挂牌公司的监管分工。每个监管员负责几家主办券商推荐的挂牌公司的日常监管工作,以利于保持监管的连续性和稳定性,提高监管和沟通的效率。二是监管员通过对挂牌公司信息披露文件事后审查的方式,对信息披露文件中涉及的重大事项以及风险外溢程度高的挂牌公司进行监管。三是在风险可控、影响有限的前提下,对挂牌公司主要通过引导、培训、督促的方式进行规范和监管。四是通过内部晨会及日志的形式及时将监管情况进行汇总,并传递到每个监管员;在对重点监管事项及重点公司处理后,及时形成监管案例,并建立了标准化的处理程序。

在风险控制方式上,全国股份转让系统公司正探索更加市场化的实现形式;在准入管理方面,坚持以信息披露为核心,对已经公布的中小企业挂牌条件,全国股份转让系统公司按照"可识别、可把握、可据证"的原则，公布了不留自由裁量空间的标准体系，供市场周知、共同遵守；在行为管理方面，全国股份转让系统公司对挂牌公司的融资和并购重组业务，实行信息披露文件的备案管理制度，充分体现信息公平、公司自治和买者自负原则；在信息披露管理方面，坚持在主办券商督导基础上的事后监管，全国股份转让系统公司将借助现代技术手段，实现及时发现可能的问题线索，并提请主办券商进行专项核查和披露。对于所有在自律监管中发现的问题，全国股份转让系统公司将根据问题的性质和风险外溢的可能性，采取差别监管措施，不断强化市场主体的自律意识。

一、证监会对新三板的监督、指导和管理

可以说证监会是新三板市场的实际缔造者，是新三板制度的实际规划者和推动者，是新三板市场运作的实际监管者。之所以冠以"实际"之名，在于新三板的形式监管机构是证券业协会，将在下文详述，然而证券业协会是受证监会监管的行业自律组织，更多地以政策实施者的角色出现；而证监会，却在新三板市场中起着举足轻重的作用。证监会的支持和发展，是新三板不断发展进步的重要原因，具体体现在以下方面：

（一）规则建设方面

新三板的市场规则都由证券业协会颁布，但是所有经证券业协会颁布的规则均须经过证监会的核准。证监会核准新三板制度，是新三板市场有效运转，并与场内市场及其他场外市场有效协调的重要保证。同时，由于新三板的规则构建多半比照场内市场，而没有规则的地方，基本上依赖于证监会的意见。因此，证监会意见、决策或工作指引，成为新三板制度空白部分的有效补充，弥补了试点过程中由于制度缺陷造成无法可依的状态，保证了新三板的持久有效运行。同时，我们也期待着立法机构可以尽快出台有关新三板法律、法规或规章等有法律效力层面的文件，推动新三板的规范化，规模化发展。

（二）市场建设方面

证监会为丰富新三板的市场功能作出了巨大贡献。2006 年在证监会的允许下，"北京科技"开始尝试定向增发。由于新三板的现有规则并没有明确中小企业能否定向增发，故而有赖于证监会的批准。证监会大胆地进行了市场运作模式的创新，批准并鼓励中小企业在尽力回避风险的前提下定向增资。随着"北京时代"定向增发的成功，新三板从此在股权转让之外增加了新功能——融资功能。

（三）制度建设方面

证监会正在研究扩容的具体方案，并探讨解除或降低个人投资者的准入限制，适时引入做市商制度以及建立转板机制。这一系列制度对于繁荣市场必定起到根本性作用。预计 2010 年内，新三板扩容方案能够尘埃落定，而扩容对于

新三板规模的扩大、交易的活跃无疑起着重要作用。扩容一旦成功，新的受到证监会承认的全国统一场外交易市场的地位即可以确立。

（四）资本市场的整体协调方面

证监会还担负着协调新三板与场内市场关系的重任。依照资本市场建设的步骤和机遇，证监会负责合理调配金融资源，保证特定市场的有效运转。2010 年，证监会的工作重点在场外市场建设，也就是新三板的建设，因而，业界称 2010 年为"三板年"。在证监会的大力支持下，新三板将要迎来下一轮发展的机遇与挑战。

证监会的支持与推动，加固了新三板在多层次资本市场中的地位，提升了其与平行场外市场（比如股权交易所、产权交易所）的竞争优势，并推动着新三板更快更好地发展。

二、中国证券业协会对新三板的主管职责

中国证券业协会是依据《中华人民共和国证券法》、《中华人民共和国证券投资基金法》和《社会团体登记管理条例》的有关规定设立的证券业自律性组织，属非营利性社会团体法人，接受中国证监会和民政部的业务指导和监督管理。中国证券业协会以服务于会员、维护会员的合法权益，维持证券业的正当竞争秩序，促进证券市场的公开、公平、公正，推动证券市场的健康稳定发展为宗旨，在国家对证券业实行集中统一监督管理的前提下，进行证券业自律管理，发挥着政府与证券行业间的桥梁和纽带作用。

虽然证监会对新三板进行实际股份转让系统运行规则，监督证券公司代办股份转让业务活动和信息披露等事项，并通过审查文件、备案登记等制度，对中小企业在新三板挂牌和股份的报价转让进行直接监管。领导与监管，但是从常规意义上看，证券业协会才是新三板市场的"立法者"，负责制定代办股份转让系统的相关规则。

（一）制度与规则的创立

新三板的制度和规则，绝大多数都是以证券业协会的名义颁布，因此证券业协会是新三板市场制度和规则的"立法者"。

新三板的制度和规则，在性质上属于行业自律性协议。在效力上，这些制度和规则需要新三板市场上所有主体遵守，违反者会有相应的罚则，故而这些协议具有一定的强制力，具有法律的基本特征。

（二）对市场进行直接监管

证券业协会对新三板进行监管的方式有三种：接受挂牌中小企业备案、接受情势变更备案、监管券商及从业人员行为。

在接受挂牌中小企业备案方面，证券业协会收到主办券商报送推荐非上市公司挂牌的备案文件后，会对备案文件进行形式审查，并做出是否受理的决定。

决定受理，证券业协会向该主办券商出具受理通知书，并同时进入实质性审查阶段。实质审查的内容大体包括：主办券商是否已完成合理的尽职调查；该公司拟披露的信息是否符合信息披露规则的要求；主办券商备案文件是否履行了内核程序审查。通过挂牌中小企业备案制度，证券业协会得以在挂牌环节通过控制挂牌中小企业质量，履行对新三板的监管职责。

在接受情势变更备案方面，挂牌公司董事、监事及高级管理人员持有的股份按规定需进行限售或解除限售的，挂牌公司可向中国证券业协会报备并取得确认函；挂牌公司控股股东、实行控制人发生变化时，或发生重大资产重组、并购等事项时，其推荐主办券商应及时向协会报告并备案。这些需要备案的情势变更情形，均为影响中小企业运作和股票价值的重大事项，证券业协会通过掌握挂牌后中小企业的变动情况进行市场风险把控。

在监管券商及从业人员行为方面，证券业协会有权对主办券商的资格进行监管，并对违反法律法规或协会公告的行为进行提醒、批评，甚至暂停受理其推荐挂牌备案文件；主办券商的相关业务人员违反本办法的规定，协会有权责令其改正，视情节轻重予以处理，并记入证券从业人员诚信信息管理系统。证券业协会通过对券商及从业人员的行为进行监管，可以有效降低违规行为发生的概率，保持市场运作的透明、公平与有效。

三、证券结算登记机构

新三板的证券登记结算机构是指中国证券登记结算有限责任公司。从名称可知，其主要职责是对股份数量、流转情况进行登记及结算。可以说，证券登记结算机构是新三板中的服务者。

（一）股份登记与存管

拟挂牌中小企业应与中国证券登记结算有限责任公司深圳分公司签订《股份登记服务协议》。随后，中小企业会同主办券商办理初始股份的集中登记；当出现情势变更时，中小企业及券商也应当在证券登记机构申请相应的变更登记；挂牌公司股份终止挂牌后，挂牌公司应当及时到深圳分公司办理股份的退出登记。

此外，主办券商将其所托管的非上市公司股份存管在证券登记结算机构。

证券登记结算机构是新三板中的挂牌中小企业股份的登记机构，也是券商所托管股份的存管机构，证券登记结算机构对新三板市场股份的流通情况进行有效统计，是主办券商代为申报买卖股份时对可交易股份进行核对的依据和交易的载体。

（二）投资者账户管理

投资者买卖挂牌公司股份，应持有中国证券登记结算有限责任公司深圳分公司人民币普通股票账户。在 2009 年合并账户改革之后，投资者持有的场内市场交易账户与新三板市场交易账户打通，投资者可以用一个账户投资于场内市场的任何板块，以及新三板市场。证券登记结算机构对投资者账户进行管理，不但保证了投资者账户的安全，同时还防止交易一方做空股份，损害交易对手利益。

（三）交收结算

股份转让完成后，应进行现金和股份的交收，此时证券登记结算机构作为交收的中介机构，按照货银对付的原则，为挂牌公司的股份转让提供逐笔全额非担保交收服务。交收后进行结算工作，按照分级结算原则，证券登记结算机构根据成交确认结果办理主办券商之间股份和资金的清算交收，主办券商负责办理其与客户之间的清算交收。

四、深圳证券交易所

新三板是依托深交所的技术系统进行运作的，深交所是新三板中小企业的挂牌平台、股份报价转让平台和信息披露平台。因此，深交所这个交易平台的技术改进和升级，直接推动着新三板市场的发展。

（一）挂牌环节

主办券商需向深交所中小板公司管理部申请报价转让证券简称和证券代码，取得简称和证券代码的中小企业方得以在新三板挂牌；在成功挂牌后，当中小企业出现除权、除息和停复牌情形时，主办券商应向深交所公司管理部申请变更；中小企业的证券简称和全称需要变更时，主办券商应向深交所报价转让系统工作小组申请变更。

（二）报价转让环节

主办券商在深交所提供的转让系统上进行操作，完成证券的交易。在 2009年合并账户之前，主办券商通常需要在电脑上进行点选来完成报价转让，而2009 年账户合并改革之后，深交所新三板交易系统的技术更新，计算机可以代替人工进行报价配对成交，从而有效地提高了交易效率，刺激了市场交易热情。

（三）信息披露方面

中小企业和券商在深交所网站上披露主要信息，包括报价转让说明书、年报、半年报、季报、股权变动公告、股东大会等重要信息；随着深交所交易系统技术的更新，新三板挂牌中小企业的行情得以进入深交所系统，并在深交所网站实时更新，使得挂牌中小企业信息更为透明，保护了交易公平。

此外，深交所也在推进新三板扩容、转板等方面发挥了积极的作用。目前深交所优秀的交易系统，仅承载 65 家挂牌中小企业，多少有些大材小用。随着新三板的扩容，深交所交易系统的优越性会体现得更加明显。

第二节　新三板市场信息披露要求

一、新三板市场信息披露最新要求

附1：全国中小企业股份转让系统于2014年9月19日发布关于全国股份转让系统信息披露系统全市场测试的通知，并附全市场测试期间持续信息披露业务指南。这是最新关于信息披露的具体要求。通知内容如下：

各主办券商：

全国中小企业股份转让系统有限责任公司（以下简称股转公司）信息披露系统是依据相关业务规则、细则、指南和指引，将市场主体需要披露的信息，通过电子化、信息化方式向市场参与者发布的信息系统，未来将替代目前运行于深圳证券信息有限公司（以下简称信息公司）的信息披露系统。目前，系统已完成开发和测试工作，拟于2014年9月22日开始全市场测试。此外，业务支持平台主办券商信息交流平台也同期一并进行全市场测试。为确保系统上线后相关工作的平稳过渡和正常开展，现将有关事项通知如下：

（一）总体要求

全市场测试期间，股转公司信息披露系统和现有信息公司信息披露系统同时运行，主办券商需同时向信息公司和股转公司信息披露系统报送待披露公告，但面向公众披露仍以信息公司的信息披露系统为准。

在确保挂牌公司和其他信息披露义务人的公告文件在现行流程下能正常、规范披露的基础上，主办券商应组织挂牌公司积极参与新系统、新流程的测试，包含挂牌前信息披露业务和持续信息披露业务。

（二）挂牌前信息披露流程及要求

1. 首次信息披露

（1）申请挂牌公司及主办券商向全国股份转让系统公司挂牌业务部领取《关于证券简称及证券代码的通知》时，提交《信息披露业务流转表》（盖主办券商公章）、《主办券商办理股份公司股票挂牌进度计划表》。

（2）同日，申请挂牌公司及主办券商向深圳证券信息公司邮箱、全国股份转让系统公司信息研究部指定邮箱（bpm_ scxxp@ neeq. org. cn）报送首次信息披露文件，同时抄送财务和非财务审查员；第二个工作日或之前相关文件在全国股份转让系统指定信息披露平台（www. neeq. com. cn 或 www. neeq. cc）披露。

首次信息披露文件包括：

①公开转让说明书；

②财务报表及审计报告；

③补充审计期间的财务报表及审计报告（如有）；

④法律意见书；

⑤补充法律意见书（如有）；

⑥公司章程；

⑦主办券商推荐报告；

⑧股票发行情况报告书（如有）；

⑨全国股份转让系统公司同意挂牌的函；

⑩中国证监会核准文件（如有）；

⑪其他公告文件。

文件披露后，不得随意更改、替换或撤销。如确需修改，申请挂牌公司和主办券商或其他信息披露主体应当及时向全国股份转让系统公司挂牌业务部提交情况说明、更正公告、更正后的相关文件；经挂牌业务部确认后，发布更正公告及更正后的信息披露文件。

2. 第二次信息披露

申请挂牌公司及主办券商取得中国证券登记结算有限责任公司北京分公司出具的《股份登记确认书》的当日，向全国股份转让系统公司挂牌业务部报送《股份登记确认书》、《股票公开转让记录表》、《信息披露业务流转表》（加盖主办券商公章）等文件的扫描件，确定公司挂牌日期（挂牌日为取得《股份登记确认书》后的第三个工作日），办理挂牌前的第二次信息披露事宜。

（1）披露时间

T-2 日或之前（T 日为挂牌日，下同），申请挂牌公司及主办券商向深圳证券信息公司和全国股份转让系统公司信息研究部报送第二次信息披露文件，同时抄送财务和非财务审查员。

T-1 日或之前，相关文件在全国股份转让系统指定信息披露平台（www. neeq. com. cn 或 www. neeq. cc）披露。

（2）披露文件

①关于公司股票将在全国股份转让系统挂牌公开转让的提示性公告；

②关于公司挂牌同时发行的股票将在全国股份转让系统挂牌公开转让的公告（如有）；

③其他公告文件。

（三）持续信息披露业务的相关要求

1. 规则依据

现行流程仍按 2013 年 7 月 15 日发布的《全国中小企业股份转让系统挂牌公司持续信息披露业务指南（试行）》执行；新流程的测试按照《全市场测试期间持续信息披露业务指南》进行。

2. 公告编制

主办券商应督导挂牌公司根据现行规定编制正式公告并协助披露。挂牌公司及相关信息披露义务人应保证披露在官方网站（www.neeq.com.cn，或www.neeq.cc）上的公告内容真实、准确、完整，不存在虚假记载、误导性陈述或者重大遗漏。

同时，主办券商应协助挂牌公司安装股转公司提供的公告编制工具，编制测试公告。原则上公告编制工具仅在新流程中试用，其生成的公告文件仅在测试网站上披露。

编制完成后，挂牌公司应同时向主办券商提交正式公告和测试公告。

3. 公告的报送（上传）

主办券商应特别注意区分报送信息公司的正式公告和上传股转公司信息披露系统的测试公告。

（四）主办券商信息交流平台使用要求

主办券商信息交流平台包括信息快递与反馈、在线问答、在线调查、会议与培训报名四个模块，具体使用要求如下：

1. 主办券商应指定至少一名人员担任主办券商联络员并将其信息向全国股份转让系统公司报备。主办券商联络员代表主办券商与全国股份转让系统公司联络。对目前已开通"QS机构信息报送"权限的业务证书，系统将自动开通"QS机构部联络员"权限，主办券商可以通过管理员证书查看、申请调整"QS机构部联络员"权限。

2. 主办券商联络员每天应及时查看全国股份转让系统公司发送的信息，并向主办券商相关部门和人员传达。主办券商联络员因出差、休假等原因不能履行职责的，主办券商应指定或委派其他人员履行职责，不得以未收到或者未查看信息为由推脱责任。

3. 全国股份转让系统公司通过主办券商信息交流平台通知的事项，主办券商应及时办理或回复。

（五）软件环境准备

1. XBRL编报工具的安装文件、安装说明书和操作手册下载地址：

http：//bpmweb.neeq.org.cn/xxpl/web/downloadFile.infor？files=/xbrl.zip。

2. 信息披露用户手册和培训视频在"下载与帮助"页面下载，下载地址分别为：

用户手册：

http：//bpmweb.neeq.org.cn/xxpl/web/downloadFile.infor？files=/信息披露操作手册。

培训视频：

http：//bpmweb. neeq. org. cn/xxpl/web/downloadFile. infor？ files =/信息披露培训视频. zip。

3. 信息交流平台操作手册在"下载与帮助"页面下载，下载地址为：

http：//bpmweb. neeq. org. cn/xxpl//web/downloadFile. infor？ files =/信息传递与交流平台操作手册。

（六）试用问题反馈

全市场测试期间，主办券商应每周五将当周测试情况，遇到的程序 BUG、编制工具公告模板问题、信息披露新流程问题等报送至股转公司，股转公司将对相关问题进行处理。

报送方式：主办券商可按附件1格式填写《用户反馈意见表》，并发送至附件1中提供的电子邮箱。

（七）相关联系人及电话

1. 首次信息披露系统

深圳证券信息有限公司　黄女士：0755 – 82515500

全国股份转让系统公司挂牌业务部　蔡女士：010 – 63889631

全国股份转让系统公司信息研究部　曾先生：010 – 63889815

2. 持续信息披露系统

全国股份转让系统公司业务部　陈先生：010 – 63889582

3. 主办券商信息交流平台

全国股份转让系统公司机构业务部　谭先生：010 – 63889552

4. 技术保障

全国股份转让系统公司技术服务部　杨先生：010 – 63889706

特此通知。

全国中小企业股份转让系统有限责任公司

2014 年 9 月 18 日

附2：全国中小企业股份转让系统最新全市场测试期间持续信息披露业务指南如下：

全市场测试期间持续信息披露业务通过全国中小企业股份转让系统业务支持平台信息披露系统（以下简称"信息披露系统"）测试披露文件的电子化填写与报送，信息披露系统由信息披露文件编制端（以下简称"编制端"）和信息披露文件报送端（以下简称"报送端"）组成。

挂牌公司应当通过编制端编制披露文件；主办券商使用"全国中小企业股份转让系统数字证书"（以下简称"数字证书"）通过报送端报送披露文件；信息披露系统在规定的时间段将披露文件自动发送至全国中小企业股份转让系统指定信息披露平台（以下简称"信息披露平台"）。

（一）挂牌公司编制披露文件并报主办券商审查

1. 挂牌公司董事会秘书或者信息披露事务负责人应按照《业务规则》、《信息披露细则》、《全国中小企业股份转让系统挂牌公司年度报告内容与格式指引（试行）》、《全国中小企业股份转让系统挂牌公司半年度报告内容与格式指引（试行）》和《全国中小企业股份转让系统临时公告格式模板》等规定，在编制端使用披露文件编制工具填写披露内容，生成公告文稿。编制工具里没有明确给出模板的临时公告，由挂牌公司根据有关规定自行编制。

挂牌公司在使用编制工具完成披露文件编制工作后，应当对编制工具生成的披露文件内容的真实性、准确性、完整性进行核查，确保不存在虚假记载、误导性陈述或者重大遗漏，并对其真实性、准确性、完整性承担相应的法律责任。

2. 挂牌公司将编制好的信息披露文件及备查文件送达主办券商。一般情况下，上述材料包括加盖董事会章的公告纸质文件及相应电子文档，其中电子文档包括定期报告或临时公告正文及相应 XBRL 文件（自行编制的除外）。

3. 挂牌公司在遇到可能涉及暂停与恢复转让事宜时，应提前告知主办券商，主办券商在办理信息披露业务的同时应当协助挂牌公司办理暂停或恢复转让。办理暂停与恢复转让业务按照《全国中小企业股份转让系统挂牌公司暂停与恢复转让业务指南（试行）》执行。

4. 进行定期报告披露的，挂牌公司应与主办券商商定披露日期。主办券商通过报送端的电子化预约功能协助挂牌公司完成披露时间的预约。特殊原因需变更披露预约时间的，主办券商应协助挂牌公司在原预约披露日 5 个转让日前通过报送端进行修改；在 5 个转让日内需要变更预约披露时间的，挂牌公司还应发布《关于变更××年度（半年度）报告披露日期的提示性公告》。

信息披露系统根据均衡披露原则，限制每日预约量以及修改次数。预计披露日期、变更情况及最终披露日期将在信息披露平台上公布。

5. 挂牌公司申请豁免披露涉及国家机密或商业秘密的信息，应通过主办券商向全国中小企业股份转让系统有限责任公司（以下简称"全国股份转让系统公司"）申请并提出豁免披露的充分依据。豁免定期报告相关信息披露的，主办券商应协助挂牌公司在申报预约披露日期的同时通过报送端申请；豁免临时公告披露的，应及时在线下向全国股份转让系统公司提出申请。

6. 进行临时报告披露的，应按照《信息披露细则》规定的披露时点之后的 2 个转让日内发布临时公告。

（二）主办券商事前审查并上传至信息披露系统

1. 主办券商对拟披露文件进行事前审查，发现拟披露文件与全国股份转让系统公司相关规定不符的，主办券商应与挂牌公司沟通，了解相关情况，督导挂牌公司进行更正或补充，直至符合全国股份转让系统公司有关规定的要求。拟披露文件存在虚假记载、误导性陈述、重大遗漏、不正当披露信息的，主办券商应要求挂牌公司及时改正；挂牌公司拒不改正的，主办券商应通过报送端向全国股份转让系统公司报告并在 2 个转让日内发布风险揭示公告。

主办券商对年度报告进行事前审查中，如发现挂牌公司的财务报告被出具了否定意见或者无法表达意见的审计报告，或期末净资产为负值，或全国股转系统公司规定的其他情形的，主办券商应通过报送端向全国股份转让系统公司报告。

2. 主办券商事前审查无异议后，应通过报送端将披露文件正文（PDF 格式）及 XBRL 文件（自行编制的除外）上传至信息披露系统，披露文件一经上传将不可撤回。

（三）信息披露系统将披露文件发送至信息披露平台

1. 主办券商在转让日 15：30 前完成公告提交，且拟披露日期为当日的，信息披露系统于当日 15：30 后自动发送相关公告至信息披露平台披露。

2. 主办券商在转让日 15：30 后完成公告提交，且拟披露日期为当日的，信息披露系统即时自动发送相关公告至信息披露平台披露。

（四）公告披露后的审查和处理

1. 更正或补充公告的处理

全国股份转让系统公司监管人员在信息披露系统上对披露文件进行审查，若发现公告不符合全国股份转让系统公司信息披露有关规定，或公告存在重大错误或遗漏的，将通过信息披露系统向主办券商发送反馈意见。主办券商对有关问题核实后应及时通过信息披露系统向全国股份转让系统公司进行回复。

公告在信息披露平台披露后，如因错误或遗漏需要更正或补充的，挂牌公司需发布更正或补充公告，并重新披露相关公告，原已披露的公告不做撤销。

2. 撤销或替换公告的处理

一经披露的公告不得随意被撤销或替换。

挂牌公司或主办券商确有理由认为已披露的信息需要被撤销或者全文替换的，应向全国股份转让系统公司递交盖有挂牌公司及主办券商公章的书面申请，经全国股份转让系统公司同意的，可进行撤销或替换。

3. 补发公告的处理

挂牌公司不能按照规定的时间披露公告，或发现存在应当披露但尚未披露的公告的，挂牌公司应发布补发公告并补发披露文件。

全国股份转让系统公司若发现挂牌公司存在应披露但未披露公告的，通知主办券商督促挂牌公司发布补发公告并补发披露文件。

新三板作为一个宽进严出的市场，对挂牌中小企业没有设置任何财务指标的门槛，也没有将此指标与退市挂钩，因此，满足规范性、合规性要求的中小企业有明确的业务的中小企业均可以进场挂牌交易。同时，新三板的挂牌公司多处于初创期或成长期，业绩波动大，发展不确定性较高，交易又无涨跌幅限制，因此，无论是从投资者保护角度出发，还是建立市场诚信标准来讲，都应该要求挂牌公司有比较高的信息披露要求。

二、用直观形象的表格形式说明信息披露的要求、方式规则

表8－1　　　　　　　　　　　信息披露的要求和方式规则

披露要求		《非上市公众公司监管指引第1号——信息披露》、《全国中小企业股份转让系统挂牌公司信息披露细则（试行）》、《全国中小企业股份转让系统挂牌公司年度报告内容与格式指引（试行）》
定期报告	1. 年度报告	1. 挂牌公司应当在每个会计年度结束之日起四个月内编制并披露年度报告。 2. 年度报告应包括以下内容： （一）公司基本情况； （二）最近两年主要财务数据和指标； （三）管理层讨论与分析本年度内的主要经营情况，对持续经营能力进行评价；对下一年度经营计划或目标进行说明； （四）重要事项；本年度内发生的所有诉讼、仲裁事项，本年度内履行的及尚未履行完毕的对外担保合同，股权激励计划，关联交易，股东及其关联方以各种形式占用或者转移公司的资金、资产及其他资源； （五）股本变动及股东情况； （六）董事、监事、高级管理人员及核心员工情况； （七）公司治理及内部控制情况； （八）财务报告； （九）备查文件目录。
	2. 半年度报告	在每个会计年度的上半年结束之日起两个月内披露半年度报告。
	3. 季度报告	在每个会计年度前三个月、九个月结束后的一个月内披露季度报告。披露季度报告的，第一季度报告的披露时间不得早于上一年的年度报告。
临时报告	1. 召开董事会、监事会、股东大会会议	会议结束后及时将经与会董事签字确认的决议（包括所有提案均被否决的董事会决议）向主办券商报备。董事会决议涉及本细则规定的应当披露的重大信息，公司应当以临时公告的形式及时披露；决议涉及根据公司章程规定应当提交经股东大会审议的收购与出售资产、对外投资（含委托理财、委托贷款、对子公司投资等）的，公司应当在决议后及时以临时公告的形式披露。 挂牌公司应当在年度股东大会召开二十日前或者临时股东大会召开十五日前，以临时公告方式向股东发出股东大会通知。挂牌公司在股东大会上不得披露、泄露未公开重大信息。 挂牌公司召开股东大会，应当在会议结束后两个转让日内将相关决议公告披露。年度股东大会公告中应当包括律师鉴证意见。

续表

披露要求		《非上市公众公司监管指引第1号——信息披露》、《全国中小企业股份转让系统挂牌公司信息披露细则（试行）》、《全国中小企业股份转让系统挂牌公司年度报告内容与格式指引（试行）》
临时报告	2. 需及时报送的重大事项	挂牌公司出现以下情形之一的，应当自事实发生之日起两个转让日内披露： （一）控股股东或实际控制人发生变更； （二）控股股东、实际控制人或者其关联方占用资金； （三）法院裁定禁止有控制权的大股东转让其所持公司股份； （四）任一股东所持公司5%以上股份被质押、冻结、司法拍卖、托管、设定信托或者被依法限制表决权； （五）公司董事、监事、高级管理人员发生变动；董事长或者总经理无法履行职责； （六）公司减资、合并、分立、解散及申请破产的决定；或者依法进入破产程序、被责令关闭； （七）董事会就并购重组、股利分派、回购股份、定向发行股票或者其他证券融资方案、股权激励方案形成决议； （八）变更会计师事务所、会计政策、会计估计； （九）对外提供担保（挂牌公司对控股子公司担保除外）； （十）公司及其董事、监事、高级管理人员、公司控股股东、实际控制人在报告期内存在受有权机关调查、司法纪检部门采取强制措施、被移送司法机关或追究刑事责任、中国证监会稽查、中国证监会行政处罚、证券市场禁入、认定为不适当人选，或受到对公司生产经营有重大影响的其他行政管理部门处罚； （十一）因前期已披露的信息存在差错、未按规定披露或者虚假记载，被有关机构责令改正或者经董事会决定进行更正； （十二）主办券商或全国股份转让系统公司认定的其他情形。发生违规对外担保、控股股东或者其关联方占用资金的公司应当至少每月发布一次提示性公告，披露违规对外担保或资金占用的解决进展情况。
	3. 关联交易	挂牌公司的关联交易，是指挂牌公司与关联方之间发生的转移资源或者义务的事项。 挂牌公司的关联方及关联关系包括《中小企业会计准则第36号——关联方披露》规定的情形，以及挂牌公司、主办券商或全国股份转让系统公司根据实质重于形式原则认定的情形。 挂牌公司董事会、股东大会审议关联交易事项时，应当执行公司章程规定的表决权回避制度。 对于每年发生的日常性关联交易，挂牌公司应当在披露上一年度报告之前，对本年度将发生的关联交易总金额进行合理预计，提交股东大会审议并披露。对于预计范围内的关联交易，公司应当在年度报告和半年度报告中予以分类，列表披露执行情况。如果在实际执行中预计关联交易金额超过本年度关联交易预计总金额的，公司应当就超出金额所涉及事项依据公司章程提交董事会或者股东大会审议并披露。 除日常性关联交易之外的其他关联交易，挂牌公司应当经过股东大会审议并以临时公告的形式披露。

续表

披露要求		《非上市公众公司监管指引第 1 号——信息披露》、《全国中小企业股份转让系统挂牌公司信息披露细则（试行）》、《全国中小企业股份转让系统挂牌公司年度报告内容与格式指引（试行）》
临时报告	3. 关联交易	挂牌公司与关联方进行下列交易，可以免予按照关联交易的方式进行审议和披露： （一）一方以现金认购另一方发行的股票、公司债券或中小企业债券、可转换公司债券或者其他证券品种； （二）一方作为承销团成员承销另一方公开发行的股票、公司债券或中小企业债券、可转换公司债券或者其他证券品种； （三）一方依据另一方股东大会决议领取股息、红利或者报酬； （四）挂牌公司与其合并报表范围内的控股子公司发生的或者上述控股子公司之间发生的关联交易。
	其他规则	1. 挂牌公司及相关信息披露义务人应当及时、公平地披露所有对公司股票及其他证券品种转让价格可能产生较大影响的信息（以下简称"重大信息"），并保证信息披露内容的真实、准确、完整，不存在虚假记载、误导性陈述或重大遗漏。 2. 挂牌公司应当制定信息披露事务管理制度，经董事会审议后及时向全国股份转让系统公司报备并披露。公司应当将董事会秘书或信息披露事务负责人的任职及职业经历向全国股份转让系统公司报备并披露，发生变更时亦同。上述人员离职无人接替或因故不能履行职责时，公司董事会应当及时指定一名高级管理人员负责信息披露事务并披露。 3. 挂牌公司应当在挂牌时向全国股份转让系统公司报备董事、监事及高级管理人员的任职、职业经历及持有挂牌公司股票情况。有新任董事、监事及高级管理人员或上述报备事项发生变化的，挂牌公司应当在两个转让日内将最新资料向全国股份转让系统公司报备。 4. 董事、监事及高级管理人员应当在公司挂牌时签署遵守全国股份转让系统公司业务规则及监管要求的《董事（监事、高级管理人员）声明及承诺书》（以下简称"承诺书"），并向全国股份转让系统公司报备。新任董事、监事应当在股东大会或者职工代表大会通过其任命后五个转让日内，新任高级管理人员应当在董事会通过其任命后五个转让日内签署上述承诺书并报备。 5. 挂牌公司披露重大信息之前，应当经主办券商审查，公司不得披露未经主办券商审查的重大信息。挂牌公司在其他媒体披露信息的时间不得早于指定披露平台的披露时间。 6. 挂牌公司发生的或者与之有关的事件没有达到本细则规定的披露标准，或者本细则没有具体规定，但公司董事会认为该事件对股票价格可能产生较大影响的，公司应当及时披露。 7. 主办券商应当指导和督促所推荐挂牌公司规范履行信息披露义务，对其信息披露文件进行事前审查。发现拟披露的信息或已披露信息存在任何错误、遗漏或者误导的，或者发现存在应当披露而未披露事项的，主办券商应当要求挂牌公司进行更正或补充。挂牌公司拒不更正或补充的，主办券商应当在两个转让日内发布风险揭示公告并向全国股份转让系统公司报告。

第九章　新三板转板的条件与成功案例

第一节　新三板转板条件

一、新三板转板概述

企业在新三板挂牌，也就是已经获得了证监会公开转让的批准，那么从实际操作上来看，是不是就可以顺利实现转板？目前来看，企业要实现转板，还需要一定的挂牌新三板条件，并不是在短期内就可以实现的。

首先，新三板挂牌企业要达到在证券交易所上市的条件。

如前所述，我国实行的是发行和上市分离的制度。这就形成了这样一种制度，那就是证券交易所有决定是否让已经经过证监会公开发行批准的企业在其交易所上市的权力。因此企业欲在交易所上市就要满足交易所规定的上市标准。按照沪深证券交易所修订的上市规则，主板上市需要股本在5 000万元以上，公开发行的股份达到公司股份总数的25%（股本超过4亿元的，这一比例是10%）；创业板则要求股本总额不少于3 000万元，公司股东不少于200人，具体详见后续阐述及分析。

其次，《证券法》的修改以及证券发行制度的改革。

对于转板问题，需要有一个合理的机制以及一套规范的制度安排。这其中包括要对《证券法》进行修改。现行《证券法》有关市场体系的规定主要是立足于交易所市场，欠缺对多层次场外市场的整体设计，对不同层次的资本市场（包括场外和场内）之间的转板机制缺乏基本规定。同时，还应调整现行《证券法》有关股票发行采取核准制以及与之相配套的发行条件、发审委制度等相关规定，试行更加灵活的核准制度或者逐步实现由核准制向注册制的转变。

再次，新三板的健康发展。

目前新三板市场尚处于起步阶段，交易规则、信息披露、监管制度等仍有待完善。因此，在现阶段，企业由新三板向创业板、主板等板块转板就不可操之过急，而是要循序渐进，逐步采取措施促进新三板本身不断完善，从而为转板创造条件。

最后，防止监管套利的制度和措施的完备。

如果在新三板挂牌企业可以通过直接转板进入创业板等板块进行上市，那么管理层需要防范新三板转板过程中的监管套利问题。

因此这也需要进行整体设计，协调好证监会、交易所、新三板以及其他层次场外交易市场的关系，理顺各种机制，防止监管套利以及利益输送等问题的发生。

综合上述几点，虽然由新三板直接转板到主板理论上有一定的可行性，但是现阶段无论在顶层设计还是具体操作等方面条件都还不完全具备，还需要进行制度改革以及等待市场的逐步完善。我国目前并不存在真正的转板制度，三板挂牌企业及非三板企业，都需要通过首次公开发行的程序才能在场内资本市场的相关板块上市。

二、新三板转板条件

（一）在主板上市的公司首次公开发行股票的条件

1. 发行人持续经营时间为 3 年以上。

（1）股份有限公司自成立后，持续经营时间在 3 年以上；

（2）有限责任公司按原账面净资产值折股整体变更为股份有限公司的，持续经营时间可以从有限责任公司成立之日起计算，并达 3 年以上（经国务院批准，有限责任公司在依法变更为股份有限公司时，可以采取募集设立方式公开发行股票）。

2. 发行人最近 3 年内主营业务和董事、高级管理人员没有发生重大变化，实际控制人没有发生变更（不包括监事）。需要明确的是，①根据《首发管理办法》，要求发行人最近 3 年内实际控制人没有发生变更，旨在以公司控制权的稳定为标准，判断公司是否具有持续发展、持续盈利的能力，以便投资者在对公司的持续发展和盈利能力拥有较为明确预期的情况下作出投资决策。②在发行人存在多人共同拥有公司控制权的情况下，其中某个小股东变更，不构成公司控制权变更。③如果发行人最近 3 年内持有、实际支配公司表决权比例最高的人发生变化，且变化前后的股东不属于同一实际控制人，视为公司控制权发生变更。④当发行人不存在拥有公司控制权的人或者公司控制权的归属难以判断的，如果符合以下情形，可视为公司控制权没有发生变更：A. 发行人的股权及控制结构、经营管理层和主营业务在首发前 3 年内没有发生重大变化；B. 发行人的股权及控制结构不影响公司治理的有效性；C. 发行人及其保荐人和律师能够提供证据充分证明。⑤因国有资产监督管理需要，国务院或者省级人民政府国有资产监督管理机构无偿划转直属国有控股企业的国有股权或者对该企业进行重组等导致发行人控股股东发生变更的，如果符合以下情形，可视为公司控制权没有发生变更：A. 有关国有股权无偿划转或者重组等属于国有资产监督管理的整体性调整，经国务院国有资产监督管理机构或者省级人民政府按照相关程序决策通过，且发行人能够提供有关决策或者批复文件；B. 发行人与原控股股东不存在同业竞争或者大量的关联交易，不存在故意规避《首发管理办法》规定的其他发行条件的情形；C. 有关国有股权无偿划转或者重组等对发行人的经营管理层、主营业务和独立性没有重大不利影响。⑥按照国有资产监督管理的整体性调整，国务院国有资产监督管理机构直属国有企业与地方国有企业之间无偿划转国有股权或者重组等导致发行人控股股东发生变更的，比照前款规定执行，但是应当经国务院国有资产监督管理机构批准并提交相关批复文件。不属于上述规定情形的国有股权无偿划转或者重组等导致发行人控股股东发生变更的，视为公司控制权发生变更。⑦为了上市，发行人往往进行改制，以实现主营业务整体发行上市、降低管理成本、发挥业务协同优势、提高企业规模经济效益，此时发行人往往会对同一公司控制权下相同、类似或相关业务进行重组，这时发行人是否符合"最近 3 年内主营业务没有发生重大变化"的要求？中国证监会解释认为：发行人报告期内存在对同一公司控制权人下相同、类似或相关业务进行重组情况的，如同时符合下列条件，视为主营业务没有发生重大变化：①被重组方应当自报告期期初起即与发行人受同一公司控制权人控制，如果被重组方是在报告期内新设立的，应当自成立之日即与发行人受同一公司控制权人控制；②被重组进入发行人的业务与发行人重组前的业务具有相关性（相同、类似行业或同一产业链的上下游。2013 年新增）。

3. 发行人的人员独立

（1）发行人的总经理、副总经理、财务负责人和董事会秘书等高级管理人员不得在控股股东、实际控制人及其控制的其他企业中担任除"董事、监事"以外的其他职务，不得在控股股东、实际控制人及其控制的其他企业领薪；

（2）发行人的"财务人员"不得在控股股东、实际控制人及其控制的其他企业中兼职。

4. 发行人的业务独立

发行人的业务应当独立于控股股东、实际控制人及其控制的其他企业，与控股股东、实际控制人及其控制的其他企业间不得有同业竞争或者显失公平的关联交易。

5. 发行人持续盈利能力

影响发行人持续盈利能力的情形，包括但不限于：

（1）发行人最近 1 个会计年度的营业收入或净利润对关联方或者存在重大不确定性的客户存在重大依赖。

（2）发行人最近 1 个会计年度的净利润主要来自合并财务报表范围以外的投资收益。

6. 审计报告

由注册会计师出具了"无保留意见的审计报告"。

7. 财务指标

（1）最近3个会计年度净利润均为正数且累计超过人民币3 000万元，净利润以扣除非经常性损益前后较低者为计算依据。

（2）最近3个会计年度经营活动产生的现金流量净额累计超过人民币5 000万元；或者最近3个会计年度营业收入累计超过人民币3亿元。

（3）发行前股本总额不少于人民币3 000万元。

（4）最近一期期末无形资产（扣除土地使用权、水面养殖权和采矿权等后）占净资产的比例不高于20%。

（5）最近一期期末不存在未弥补亏损。

8. 不存在重大偿债风险

发行人不存在重大偿债风险，不存在影响持续经营的担保、诉讼以及仲裁等重大或有事项。

9. 财务资料真实完整

发行人披露的财务资料不得存在以下情形：

（1）故意遗漏或虚构交易、事项或者其他重要信息；

（2）滥用会计政策或者会计估计；

（3）操纵、伪造或篡改编制财务报表所依据的会计记录或者相关凭证。

10. 募集资金用途

募集资金原则上应当用于主营业务。除金融类企业外，募集资金使用项目不得为持有交易性金融资产和可供出售的金融资产、借予他人、委托理财等财务性投资，不得直接或者间接投资于以买卖有价证券为主要业务的公司。

11. 法定障碍

（1）最近36个月内未经法定机关核准，擅自公开或者变相公开发行过证券；或者有关违法行为虽然发生在36个月前，但目前仍处于持续状态。

（2）最近36个月内违反工商、税收、土地、环保、海关以及其他法律、行政法规，受到行政处罚，且情节严重。

（3）最近36个月内曾向中国证监会提出发行申请，但报送的发行申请文件有虚假记载、误导性陈述或重大遗漏；或者不符合发行条件以欺骗手段骗取发行核准；或者以不正当手段干扰中国证监会及其发行审核委员会审核工作；或者伪造、变造发行人或其董事、监事、高级管理人员的签字、盖章。

（4）本次报送的发行申请文件有虚假记载、误导性陈述或者重大遗漏。

（5）涉嫌犯罪被司法机关立案侦查，尚未有明确结论意见。

（6）严重损害投资者合法权益和社会公共利益的其他情形。

12. 招股说明书中引用的财务报表在其最近一期截止日后 6 个月内有效。特别情况下发行人可申请适当延长，但至多不超过 1 个月（2012 年单选题）。

【解释】公司 2012 年 6 月申请首发，至少应提供截止日为 2011 年 12 月 31 日的财务会计报告，不能提供截止日为 2011 年 11 月 30 日的财务会计报告。

（二）创业板上市公司首次公开发行股票的条件

1. 基本条件：

①发行人是依法设立且持续经营 3 年以上的股份有限公司，有限责任公司按原账面净值折股整体变更为股份有限公司的，持续经营时间可以从有限责任公司成立之日起计算。

②最近 2 年连续盈利，最近 2 年净利润累计不少于 1 000 万元，且持续增长；或最近 1 年盈利，且净利润不少于 500 万元，最近 1 年营业收入不少于 5 000 万元，最近两年营业收入增长率均不低于 30%。净利润以扣除非常性损益前后孰低者为计算依据。

③最近一期末净资产不少于 2 000 万元，且不存在未弥补亏损。

④发行后股本总额不少于 3 000 万元。

2. 发行人应当有持续盈利能力，且不存在下列情形：

①发行人的经营模式、产品或服务的品种结构已经或者将发生重大变化，并对发行人的持续盈利能力构成重大不利影响；

②发行人的行业地位或发行人所处行业的经营环境已经或者将发生重大变化，并对发行人的持续盈利能力构成重大不利影响；

③发行人在用的商标、专利、专有技术、特许经营权等重要资产或技术的取得或者使用存在重大不利变化的风险；

④发行人最近 1 年的营业收入或净利润对关联方或者有重大不确定性的客户存在重大依赖；

⑤发行人最近 1 年的净利润主要来自合并财务报表范围以外的投资收益；

⑥其他可能对发行人持续盈利能力构成重大不利影响的情形。

3. 对董事、监事和高级管理人员的要求：

发行人的董事、监事和高级管理人员了解股票发行上市有关的法律法规，知悉上市公司及其董事、监事、高级管理人员的法定义务和责任；最近 2 年董事、高级管理人员没有发生重大变化；发行人的董事、监事和高级管理人员具备法律、行政法规和规章规定的任职资格。

4. 其他条件：

①发行人具有完善的公司治理结构，依法建立健全股东大会、董事会、监事会、独立董事、董事会秘书、审计委员会制度、相关机构和人员能够依法履行职责。

②发行人的注册资本已足额缴纳，发行人或股东用作出资的资产的财产权转移手续已办理完毕，发行人的主要资产不存在重大权属纠纷。股权清晰，控股股东和受控股股东，实际控制人支配的股东持有的发行人股份不存在重大权属纠纷；资产完整、业务、人员、财务、机构独立，具有完整的业务体系和直接面向市场独立经营的能力，不存在同业竞争。

③发行人主要经营一种业务，其生产经营活动符合法律、行政法规和公司章程的规定，符合国家产业政策及环境保护政策；最近 2 年主营业务没有发生重大变化，实际控制人没有发生变更。

④发行人依法纳税。各项税收优惠符合相关法律法规的规定；发行人的经营成果对税收优惠不存在严重依赖。不存在重大偿债风险，不存在影响持续经营的担保、诉讼以及仲裁等重大事项。

⑤发行人会计基础工作规范，财务报表的编制符合企业会计准则和相关会计制度的规定，在所有重大方面公允地反映了发行人的财务状况、经营成果和现金流量，并由注册会计师出具了无保留意见的审计报告。

⑥发行人及其控股股东、实际控制人最近 3 年内不存在损害投资者合法权益和社会公共利益的重大违法行为。

第二节　转板案例

案例一

首家转板中小板的三板公司：粤传媒

广州日报传媒股份有限公司（简称"粤传媒"，在 2012 年 8 月由"广东九州阳光传媒股份有限公司"更名而来）于 2007 年 11 月 16 日，在中小板挂牌，是最早从新三板成功转板至中小板的公司，它不仅开启了三板转板先河，也是中小板上第一只传媒股、广东省第一家媒体上市公司。

而在成为第一家三板转中小板的公司之前，粤传媒已经在代办股份转让系统（即原来的"老三板"）挂牌 6 年，其前身是曾在原 NET 系统上市流通的清远建北，2001 年开始在代办转让系统进行股份转让，其停牌前挂牌转让价格为 20.9 元。2007 年在中小板 IPO 时，发行价格为 7.49 元，实际募集资金 5.24 亿元。

解析：粤传媒被外界所广泛熟知，一方面是新三板首家转板的身份，另一方面是中国报业第一股的身份。长期以来，虽然中国的传媒业一直有着上市的冲动，但出于种种考虑，上市过程停滞不前，粤传媒带领中国传媒业的体制改革进入了一个新阶段。随后，华闻传媒、浙报传媒、新华传媒等报业巨头相继现身 A 股，直至如今，传媒类企业的上市热潮也丝毫不减。资本运作被传媒企业视为战略发展的必要手段，而中国传媒业也由于资本的广泛介入而进入全新的发展阶段，实现了产业与资本的有效融合。

案例二

三次闯关中小板：久其软件

久其软件于 2006 年 9 月在新三板系统挂牌，主要从事财务决算、统计及决策分析，财务业务一体化管理等相关系统及平台的研究和开发，以提供报表管理软件、商业智能软件、ERP 软件等管理软件产品及其服务为主营业务。这家曾以 22.5% 中国管理软件市场占有率名列行业第一的公司，资本征程却一波三折。资料显示，久其软件于 2001 年 11 月 30 日完成股份制改造；2006 年完成新三板挂牌；2007 年 7 月 31 日第一次递交 IPO 申请，因"没有募集资金的紧迫性"而被否决；2008 年 7 月 30 日第二次递交 IPO 申请并成功过会，但始终未能与批文谋面。

解析：2009 年 8 月 11 日，久其软件正式登陆中小板，而这已经是其第三次冲击 IPO，但无论如何，久其软件成为了继粤传媒之后，第二家从新三板成功转板至中小板的公司，发行价格 27 元，实际募资 4.13 亿元。而在上市之前的新三板市场，久其软件的成交价最高只有 15 元，意味着公司上百名股东一夜之间全部成为百万富翁。

案例三

首家转板创业板的三板公司：北陆药业

北陆药业是首家由新三板公司成功"转型"为创业板的公司，发行价格17.86 元，实际募集资金总额为 3.04 亿元，用于对比剂生产线技术改造与营销网络建设、九味镇心颗粒生产线扩建改造与营销网络建设等项目。

2009 年 10 月 30 日，北陆药业作为首批 28 家创业板企业成功上市，并且是首家由新三板成功转型为创业板的公司。业内认为，北陆药业挂牌新三板获得了推动企业发展的宝贵资金，而此后一直按照要求规范运作，不断完善公司治理、严格履行信息披露义务，这等于为其登陆创业板提前练兵，做好了铺垫。

公司所处对比剂市场，三年财报期的销售额年复合增长率达 18.32%，增长势头强劲。预计到 2013 年，全国市场的销售额将达到 68 亿元，年复合增长率仍将保持在 18.92%。

2013 年 7 月 20 日，公司收盘价为 8.08 元，较开盘首日的 29 元下降 72%。尽管如此，北陆药业上市后的业绩表现一直都不错，2012 年度，公司营业收入为 2.74 亿元，比上年同期的 1.97 亿元增长 39.29%；利润总额 7 531.17 万元，比上年同期增长 40.51%，实现归属于上市公司股东的净利润 6 303.87 万元，比上年同期增长 42.58%。

解析：专业资料显示，对比剂的使用可以提高对病灶尤其是小病灶的检出率；可以提高对病灶的定性能力；可以提高诊断精度，可提高肿瘤分期的准确性；还可以为鉴别诊断提供依据，对于血管性病变的诊断和显示，动态增强扫描更是必不可少的。随着人们的健康意识不断提高，医疗和体检市场前景可期，这为北陆药业未来的成长提供了想象空间。

北陆药业是一个精耕细分的成功代表，它将对比剂这一个产品做到极致，市场龙头地位不断巩固，也为公司开发其他附属产品线奠定了坚实的基础。目前，北陆药业自称是"国内对比剂应用领域品种最多、最全"的专业企业之一。

案例四

新三板第一股：世纪瑞尔

世纪瑞尔是 2006 年 1 月新三板正式成立后的第一个挂牌公司，挂牌后一度成为市场焦点。2009 年 9 月 9 日，世纪瑞尔定向增发 2 000 万股，其中 1 400 万股为国投高科、启迪中海、启迪明德和清华大学教育基金会认购，600 万股由原股东按持股比例配售，增资价格为 4.35 元/股。

但这只"新三板第一股"的上市进程并不顺利。2006 年 11 月，世纪瑞尔公告，公司递交的中小板 IPO 申请已获证监会受理，但一年之后，世纪瑞尔主动撤回申请，原因是"时机尚不成熟"。

直到 2010 年 12 月 13 日，世纪瑞尔才成功登陆创业板，首次发行价格为 32.99 元，实际募资金额为 11 亿元，其中超募资金 8.47 亿元，全部用于公司主营业务相关的项目及主营业务发展所需的营运资金，正式完成了新三板转板创业板的完美一跳。

从 2006 年 1 月到 2010 年 1 月，这家主营工业监控产品和解决方案的企业，从新三板迈向创业板用了整整 4 年时间。尽管 IPO 路程有些坎坷，但世纪瑞尔的股东们倒是获益颇丰，尤其是当年参与了新三板定增的股东，在转板之后大赚一笔。

在公司的招股材料中发现，此次冲击创业板的关键因素，除了企业自身的资质以外，还有时下被炒得火热的高铁概念，那时，只要与铁路沾边的行业或者企业都备受投资者的关注。而世纪瑞尔冲击 IPO 的定位恰恰是"充分受益于高铁建设的铁路行车监控系统龙头企业"。

近年来，高铁建设成为国家重点扶持的项目，而世纪瑞尔依赖铁路综合视频监控等产品也迎来新的发展机遇。由新三板转板到创业板的世纪瑞尔上市之初，也一度给了投资者以很大的想象，尤其是公司上市首日以56.99元开盘，较32.99元发行价上涨近73%。

然而，2011年"7·23动车追尾事故"之后，世纪瑞尔虽然在第一时间内停牌，但是公司股票并没有躲过这次事件的影响。2013年7月20日，公司收盘价为10.96元，较开盘首日的56.99元，下降81%。

解析：高铁安全事故给世纪瑞尔的安防监控业务带来的巨大冲击，加上目前中国铁路建设政策的不确定性，企业风险加剧，因此，该公司未来可能需要改变现有单一的盈利模式。

不过，世纪瑞尔的市场意义，更多地还在于高达11亿元的募集资金量，让人们看到了新三板转板创业板的好处，从而在新三板掀起了冲击创业板IPO的热潮。

案例五

舞剑新三板　意在创业板：佳讯飞鸿

北京佳讯飞鸿电气股份有限公司专注于通信、信息领域的新技术及新产品的自主研发与生产，并在通信设备及解决方案方面实现了规模销售。

该公司冲击资本市场的目标十分明确：借力新三板，伺机转板A股。2007年底挂牌新三板后，股东惜售，创下半年无交易纪录，一直伺机申报IPO。终于，公司在2008年4月10日第一次向监管机构递交中小板IPO上市申请，并于当年10月10日被证监会正式受理。不巧正好赶上当年底的新股发行暂停，佳讯飞鸿的中小板上市之路就此搁置。

2009年5月，IPO开闸，佳讯飞鸿再度开启IPO，但是上市地点从中小板转至创业板，并于2010年底成功过会，2011年3月22日获得上市核准。此轮IPO实际募集资金高达4.62亿元。

而在佳讯飞鸿之前，新三板已经有久其软件、世纪瑞尔、北陆药业成功登陆A股，因此，作为新三板成功IPO上市的第四家企业，佳讯飞鸿的上市之路备受关注。

关注最多的莫过于公司在新三板挂牌的4年时间里，只完成了一笔交易，即2008年6月17日，一笔3万股的单子在盘中挂出，股价从1元/股增至9.8元/股成交。

解析：在新三板上交易如此清淡的原因可能在于，该公司股东相当看好未来的发展前景，自身资金也很充足，所以不需要通过三板市场获得融资，从这一点更可以窥见其意在瞄准 A 股的勃勃野心。因此，佳讯飞鸿的顺利转板，常常被视为成功利用新三板作为 IPO 跳板的典型代表。

案例六

深耕电子商务法检细分市场：华宇软件

北京紫光华宇软件股份有限公司是一家以软件与信息服务为主营业务的信息技术企业，2006 年 8 月在中关村科技园区股份报价转让系统挂牌，2011 年 4 月 18 日，IPO 首发获得通过。

然而，华宇软件上市之初承担着巨大的舆论压力，媒体纷纷指出，华宇软件正是深交所上市公司"紫光股份"当年的募投项目之一，华宇软件设立时，紫光股份持股比例为 65%，紫光股份软件中心总经理邵学持股比例 5%，经过几次股权转让后，紫光股份低价退出，邵学则成为紫光华宇实际控制人。

最终，华宇软件力排众议，于 2011 年 10 月 26 日完成创业板 IPO，顺利募集 5.15 亿元资金。

解析：信息化与第一、第二、第三产业的有效融合，是未来的发展趋势，在这一过程当中，研发能力突出、市场份额占有欲强、扩张意愿积极的公司将会胜出。

而华宇软件未来的发展重点正是基于云计算的电子政务，且已经在法院、检察院细分领域取得较为稳固的市场地位，预计随着业务的进一步拓展，公司电子政务市场的占用率将进一步上升。

案例七

搭乘医改便车成功闯关创业板：博晖创新

北京博晖创新光电技术股份有限公司是一家专门从事临床人体元素分析检测系列产品的研发、生产、销售以及售后服务的高新技术企业，于 2012 年 5 月在创业板上市，发行价格为 15 元/股，实际募资 3.84 亿元。而博晖创新在新三板停止挂牌前的价格为 7 元/股，此次转板创业板之后，发行价较之前已经翻倍。

实际上，早在 2010 年 1 月 26 日，该公司第一次冲击 IPO 时就遭否决，原因可能与"突击入股"有关，2011 年再次重启 IPO，可见其对接资本市场的迫切性。

解析：博晖创新在未来拥有较大的发展潜力，因为其所在的行业是医疗器械，受医疗体制改革、城镇化建设的推动，受检人群将在未来几年出现较大增长，从而带动人体健康医疗检测市场的发展。加上博晖创新在技术创新、商业模式、销售网络等方面的优势，未来在资本市场的表现值得期待。

案例八

曾被封创业板"最袖珍"股：东土科技

北京东土科技股份有限公司专注于机器与机器之间通信技术的研究，在通信技术中不断融合数据采集技术和控制数据管理技术，为构建工业信息化的智能"神经网络"平台提供解决方案和产品。

2010年12月创业板IPO初次上会时，东土科技曾因其"袖珍"股本广受关注，后因"抗风险能力较弱"折戟。当时发审委共提出了两点质疑："1. 公司在目前阶段抗风险能力较弱，无法对公司的成长性和持续盈利能力作出明确判断；2. 募投项目在技术开发和市场开拓方面面临较大风险，募集资金投资项目与现有生产经营规模不相适应。"

首次上会期间，东土科技的"袖珍"业绩的确被业界广泛质疑，媒体报道曾这样描述东土科技的上市：年营业收入不到6 700万元，年利润只有1 310.76万元，发行前股东只有2 507.05万股，拟发行840万股，这是即将于12月17日在创业板发审会上会的东土科技目前的"身家"。这家新三板挂牌公司或将成为迄今为止"最袖珍"的创业板及A股拟上市公司。

首次冲关失利后，东土科技并未放弃，于2011年8月卷土重来，并于2012年9月27日完成创业板上市发行，合计融资2.37亿元。

解析：该公司所属工业以太网交换机行业，准入门槛较高，而该公司进入较早，在国有品牌梯队中处于领先地位。更重要的是，"十二五"期间，国家电网公司智能电网投资将达2 861亿元、城市轨道交通投资将达1.64万亿元，这将极大地激发工业以太网的市场需求，东土科技未来的业绩增长较为乐观。

第十章　新三板企业的收购与重组

第一节　新三板企业收购与重组分析

一、新三板企业收购与重组概述

为进一步完善多层次资本市场、提升资本市场服务中小微企业的功能，贯彻落实《国务院关于进一步优化企业兼并重组市场环境的意见》，中国证券监督管理委员会审议通过《非上市公众公司收购管理办法》、《非上市公众公司重大资产重组管理办法》、《并购重组私募债券试点办法》等规则。新三板挂牌公司通过市场化并购重组，以合理的价格顺利出售重组主营资产，是全国股份转让系统市场价值发现功能逐步完善的体现，企业到全国股份转让系统后，规范化治理程度显著提升，市场价值也得以展现。从新三板并购案例类型来看，挂牌企业首要与上市公司有业务互补性，或者在做同一类业务，有切合性，例如：新冠亿碳便是同行业上市公司发起的收购。不仅如此，另一家已终止挂牌的瑞翼信息被鼎通光电（002491.SZ）整合，也是因为两者客户均为电信运营商，因此可以对客户资源进行整合共享，实现产业整合。处于新兴行业的挂牌企业，尤其是 TMT 行业，更容易被上市公司看中。第一，企业并购重组为公司的产业整合；第二，上市公司为做市值，比如去年，很多手机游戏团队被上市公司收购，就是为增加市值所采取的策略。由于非上市公司并购重组政策松绑、新三板挂牌标的逐渐趋向成熟等多重内外部因素影响，新三板或出现并购浪潮，企业在新三板挂牌的价值将体现得越来越明显。

二、新三板并购重组潮开启

截至 2014 年 12 月 5 日，新三板挂牌企业已达到 1 441 家，做市转让 82 家，协议转让 1 359 家。新三板待挂牌企业 73 家，在审企业数量达到 726 家。按此挂牌节奏，预计至 2014 年年底新三板挂牌企业将超过 1 500 家。越来越多品质不错的公司登陆新三板也吸引了上市公司的目光，截至 2014 年 12 月 5 日，共有 9 家新三板公司成为 A 股上市公司的收购标的。

新三板并购重组大背景下，可以从两方面挖掘上市公司和新三板的投资机会。

包括：（1）参股或控股新三板的上市公司。受益组合包括鲁信创投（600783）、钱江水利（600283）、大族激光（002008）和紫光股份（000938）。（2）具有热门或稀缺概念的新三板公司。这类公司主要集中在医药、教育、电子政务、信息安全、体育、互联网电商、国防、汽车智能化、环保新能源等。

三、多家新三板公司被上市公司收购

截至 2014 年 12 月 5 日，新三板挂牌企业已达到 1 441 家，做市转让 82 家，协议转让 1 359 家。新三板待挂牌企业 73 家，在审企业数量达到 726 家。按此挂牌节奏，预计至 2014 年年底新三板挂牌企业将超过 1 500 家。

2013 年以来 A 股上市公司并购重组风起云涌，而新三板有不少属于具有技术优势和模式创新的公司，为上市公司谋求外延扩张或者跨界转型提供了可选择的标的范围。截至 2014 年 12 月 5 日，共有 9 家新三板公司成为 A 股上市公司的收购标的。

从行业来看，除湘财证券外，其余 8 家被收购标的均属于新兴行业，其中瑞翼信息、屹通信息及铂亚信息均属于信息技术行业公司。

从交易价格来看，收购市盈率（对应 14 年净利润）普遍在 10～20 倍，较二级市场相关行业可比公司市盈率有较大幅度折价。

从核心产品来看，被收购标的普遍具有核心技术或资源，如铂亚信息在人脸识别领域拥有多项关键技术，阿姆斯拥有微生物菌剂培养核心技术，新冠亿碳深耕气体发电领域，易事达在 LED 高清显示屏优势明显，屹通信息和瑞翼信息都是信息服务提供商。

四、定向增发助力新三板公司并购重组

2010 年以来，新三板公司共实施定向增发 537 起。按预案公告日，2010 年有 11 起定向增发，2011 年有 18 起，2012 年有 18 起，2013 年激增到 89 起，2014 年 1—11 月更是达到 401 起。从融资规模上来看，2014 年 1—11 月新三板公司定向增发募集资金已达到 190 亿元，远远超出了 2010—2013 年的总和。

目前来看，新三板公司定向增发仍以补充流动资金为主，但 2014 年以来已有部分新三板公司通过定向增发进行并购重组。我们认为未来定向增发将成为推动新三板公司并购重组的主要资金来源。

五、五因素推热新三板并购重组市场

不管是新三板公司被上市公司收购或者是新三板公司自身进行并购重组，都给市场带来新的投资机会。我们认为有五大因素推热了新三板的并购重组市场：（1）2013 年以来 A 股上市公司并购重组风起云涌，而新三板有不少属于具

有技术优势和模式创新的公司，为上市公司谋求外延扩张或者跨界转型提供了可选择的标的范围。（2）新三板公司并购重组制度逐步完善，政策面支持有关新三板公司的并购重组。包括引入做市商制度、颁布《非上市公众公司收购管理办法》、《非上市公众公司重大资产重组管理办法》、《并购重组私募债券试点办法》等。（3）新三板公司的并购成本较低。新三板公司具有较高的信息披露要求和财务透明度，较好的公司治理有利于上市公司降低并购成本。（4）套利动机，注册制渐行渐远，优质新三板公司转板预期强烈。（5）曲线上市，部分新三板公司有创投背景，创投通过推动并购重组实现退出。

1. 新三板公司多属新兴行业，可选余地较大

新三板市场一个重要特点是新兴行业公司数量多，信息技术类公司占比达到36%。而2013年以来A股上市公司并购重组风起云涌，新三板里这类具有技术优势和模式创新的公司，为上市公司谋求外延扩张或者跨界转型提供了可选择的标的范围。

新三板公司普遍具有核心技术和资产。上市公司并购新三板公司有两个目的：第一可以加快产业链横向或纵向整合，如联建光电并购易事达，属于产业链的横向整合。第二，由于缺乏行业积累和相关核心人才，上市公司进入新的行业需要很大的成本，且具有较大的不确定性，而上市公司可以直接通过收购新三板公司实现跨界转型或者储备新业务，例如欧比特并购铂亚信息。

2. 新三板市场制度趋于完善，政策助力并购重组

随着新三板制度不断完善，政策红利不断释放。预计未来政策将从提高流动性（降低投资者门槛，引入更大范围的做市机构），完善市场功能（试点连续竞价交易，发展优先股、可转债等多种融资工具），引入转板机制（符合条件的新三板企业转创业板上市）为主要着力点，新三板公司的吸引力有望大大加强，并购重组的火会越烧越旺。

3. 提升流动性，为并购重组提供价格依据

新三板的一个突出问题是其流动性相比主板市场相差太大，其原因有三：第一，目前新三板除了少数公司可以做市转让之外，转让交易制度只有协议转让方式，大大限制了其流动性。第二，当前新三板准入制度的限制。新三板扩容初期，为防范风险，将个人投资者准入门槛设置为500万元。这一准入门槛令大部分中小投资者无法达到，因此大大减少了参与新三板市场的投资人数量。第三，新三板企业股权集中度过高，按照《公司法》的规定，改制以后发起人在一年之内股份不能转让。在这种情况下，很多企业挂牌之后没有可转让的股份。

2014年以来，一系列政策有望解决新三板流动性问题。（1）2014年8月25日，证监会正式引入做市商制度，40余家企业成为试点挂牌做市企业，我们预计未来做市转让会逐步扩展到新三板其他公司，做市交易将成为新三板交易的

重要方法，极大地改善新三板流动性。（2）市场预期年底将推出集合竞价制度，集合竞价制度的推出或将彻底解决流动性问题。我们设想新三板市场引入集合竞价和连续竞价机制，按照"价格优先、时间优先"的原则，由交易系统自动撮合交易，成交效率将大大提高，且双方无法操纵价格，这对新三板市场有极大的促进作用。（3）现在对投资人的门槛限制，实际上是为避免新三板在发展最初出现混乱而制定的高标准，其目的在于防范风险。随着新三板市场发展，标准一定会有所降低，以符合对中小投资者公平交易的原则。随着三种交易模式的出现，投资门槛的降低，以及股权分散度开始形成，未来新三板的流动性会有大幅提升，流动性的提升将带来连续的价格曲线，所形成的公允价格将为企业未来并购重组提供价格依据。

4. 完善市场功能，为并购重组提供新的融资工具

2014 年 6 月 27 日，证监会发布《非上市公众公司收购管理办法》和《非上市公众公司重大资产重组管理办法》，明确非上市公司收购的具体程序，信息披露要求，资产重组管理办法等，为新三板挂牌企业的并购与被并购提供了明确的政策支持。

2014 年 11 月 5 日，中国证券业协会发布《并购重组私募债券试点办法》，丰富了新三板公司并购重组融资工具。

以上法律法规的出台都释放了明确的政策信号——鼓励新三板公司使用多种融资工具，通过并购重组做大做强。

5. 新三板公司的并购成本较低

对于上市公司来讲，新三板如同过滤器。挂牌上新三板公司大多具有较高的信息披露要求和财务透明度，较好的公司治理有利于上市公司降低并购成本。同时主办券商需要持续督导，能进一步提升企业规范运作水平。

6. 转板预期下新三板公司将加快并购重组步伐

2013 年 12 月 24 日，国务院发布《关于全国中小企业股份转让系统有关问题的决定》，提出在全国股份转让系统挂牌的公司，达到股票上市条件的，可以直接向证券交易所申请上市交易。该政策为新三板公司转板提供了最有力的政策支持。

2014 年 10 月 9 日，证监会发布《支持深圳资本市场改革创新意见》，允许符合一定条件尚未盈利的互联网和科技创新企业在全国中小企业股份转让系统挂牌满 12 个月后到创业板发行上市，进一步提升了新三板公司潜在的转板预期。

新三板转板政策已经蓄势待发，未来极有可能首先以互联网公司作为试验田，打通新三板和创业板的转板机制。由于《证券法》的修改需要到 2015 年 6 月才能完成，注册制的推行应该也要在 2015 年年中，部分优质新三板公司将直

接转板至创业板中的分层市场。阿里巴巴和腾讯的故事已经充分说明一个可以容纳尚未盈利的互联网企业上市的重要性，互联网公司转创业板上市符合如今全球资本市场的趋势，未来以此作为突破口的概率很大。而在转板预期下，套利动机将加快新三板公司的并购重组步伐。

7. 并购重组成为创投退出新渠道

新三板公司被上市公司并购成为投资机构退出的新途径，投资机构推动相关收购方案实施的动力极强。2014 年 9 个新三板公司被上市公司并购的案例中，有一半以上新三板公司具有创投背景。

六、投资机会

新三板并购重组大背景下，我们认为可以从两方面挖掘上市公司和新三板的投资机会。包括：（1）参股或控股新三板的上市公司，受益组合包括鲁信创投、钱江水利、大族激光和紫光股份。（2）具有热门或稀缺概念的新三板公司。这类公司主要集中在医药、教育、电子政务、信息安全、体育、互联网电商、国防、汽车智能化、环保新能源等。

参股或控股新三板的上市公司。新三板公司通过并购重组做大做强，或者在被上市公司并购的潜在预期下，套利空间巨大。部分上市公司与新三板公司存在股权关系，未来将明显受益。

七、模式选择

"定增 + 现金"模式成趋势

仅就并购重组而言，2014 年 8 月做市制度实施之前，新三板公司更愿意被上市公司收购。2014 年以来，随着新三板公司交易的活跃，"定增 + 现金"的并购手法渐成趋势。

以天翔昌运为例，公司 3 月上旬发布收购报告书，海文投资拟以现金认购公司发行的 539 万股股份。交易完成后，海文投资将持有公司 25.04% 的股份，此次收购将导致天翔昌运控制权发生变化，海文投资将成为天翔昌运的控股股东。此前的 2 月初，中钰资本也宣布以 1.01 元/股的价格认购新三板公司华欣远达 670 万股股份，收购完成后其持股比例达到 67.08%，成为华欣远达的控股股东。

不过，从 2013 年第四季度以来，随着做市开展及交易越来越活跃，新三板做市公司不甘于被并购，筹谋主动出击渐成趋势。并购过程中类似于 A 股市场的"定增 + 现金"模式得以运用。

第二节　收购重组下的壳资源分析

企业挂牌后取得一个无形资产——壳资源，可以充分利用它进行资本运作。另外，企业有了知名度后，更容易吸引风险资本投入，引入战略投资者，企业更方便地进行资产并购与重组。

一、壳资源情况

截至 2015 年 3 月 26 日，全国股转系统数据显示，新三板在审申请挂牌企业数量 376 家。其中 202 家处于反馈意见回复审查状态，318 家处于落实反馈意见中，376 家待出具反馈意见。

新三板市场如此火爆，未挂牌的企业按捺不住，部分企业甚至通过购买新三板壳资源实现快速上市。

事实上，企业想买新三板的壳资源可以归纳为两种，一种是目前市场比较好，企业想抓住时机快速实现募资。甚至有一家企业仅仅为了少等两个月挂牌，选择借壳上市；二是企业在存续时间、财务标准等方面不符合相关规定，因此通过借壳曲线实现挂牌新三板。

此前，有报道曾经指出新三板壳资源叫价达千万元，尽管如此之昂贵，买壳的企业仍趋之若鹜。

券商新三板人士认为：这是正常现象，新三板市场活跃了，大家都关注，于是就会有稀缺性资源的产生。目前新三板企业盘子比较小，未来肯定会有爆发式的增长，企业趋之若鹜也在情理之中。

面对日渐火热的新三板壳资源市场，券商则表示，不是所有企业都适合买壳，一味地追求买壳是不理智的行为，市场应该冷静思考。相对于独立挂牌，借壳成本肯定稍微便宜些，但是也存在一定风险。

新三板早期挂牌的公司资产参差不齐，壳资源好坏不一。借壳的公司挂牌后未来还要披露风险，而且需要对壳资源进行尽职调查，也要花一定时间的。挂牌新三板，其实时间与金钱成本不是很高，项目的周期一般在四个月到六个月。

新三板挂牌快速高效，一般企业挂牌不会有太大问题。买壳欲望强烈的大多数都是自身有问题的。有问题的企业就算挂牌后，也要补税，按正常纳税，一些问题还是要规范的。如果挂牌企业一开始就有问题，后续券商等中介机构的压力比较大，因为融资后续还有持续督导。

打算买壳的企业应该冷静下判断，如果是出于合理的理由，比如为了实现强强联合、上下游整合、通过买壳实现业务升级等这种目的可以推崇的。如果仅仅是为了规避监管风险去买壳，则没有必要。

二、壳资源未来情况

国务院办公厅发布《全国中小企业股份转让系统有关问题的决定》（以下简称《决定》），新三板扩容拉开大幕。符合条件的企业在新三板挂牌无须证监会核准，意味着注册制在新三板先行转板机制的建立，为企业上市开辟了新通道。

根据《决定》，"股东人数未超过 200 人的股份公司申请在全国股份转让系统挂牌，证监会豁免核准。挂牌公司向特定对象发行证券，且发行后证券持有人累计不超过 200 人的，证监会豁免核准"。这意味着，符合条件的企业无须通过证监会审核就可以在新三板挂牌。

另外，《决定》同时确立了转板机制："在全国股份转让系统挂牌的公司，达到股票上市条件的，可以直接向证券交易所申请上市交易"。

这意味着，符合条件的企业可以借道新三板挂牌后再通过转板进入主板市场，实际上为企业提供了一个无须证监会审核而进入主板市场上市的新通道。

新三板大规模扩容，将会加速壳资源的贬值，垃圾股将被市场彻底抛弃。

第十一章 中小企业挂牌新三板涉及相关协议、申请表格范本

一、有限公司董事会（或执行董事）、股东会同意股改的决议文件

（一）有限公司执行董事决定范式

【】年【】月【】日有限公司的执行董事【】先生（或女士）在公司会议室形成决定如下：

1. 同意公司类型由有限公司依法整体变更为股份公司（非上市公司），全体股东作为发起人向有关部门申请将公司整体变更发起设立股份有限公司。

2. 同意公司名称由【】有限公司变更为【】。

3. 同意公司整体变更发起设立股份公司的具体方案：

以公司截至【】年【】月【】日经【】会计师事务所（特殊普通合伙）依法审计的净资产人民币【】万元，按照【】：【】比例折合【】万股，每股面值人民币1元，其余人民币【】万元计入资本公积金。

4. 同意有限公司的债权债务及其他权利和义务由依法定程序变更后的股份公司依法承继。该决定需提交公司股东会审议。

5. 提议股东会全权委托筹办委员会依法办理公司整体变更发起设立股份公司的相关事宜。

6. 审议通过公司财务报告。

7. 提议于【】年【】月【】日召开有限公司临时股东会，并提请股东会审议上述事项。

（以下无正文）

（本页无正文，为【】有限公司执行董事签字页）

执行董事：

【】年【】月【】日

（二）有限公司董事会决定范式

根据《中华人民共和国公司法》及《有限公司章程》的有关规定，有限公司全体董事于【】年【】月【】日在公司会议室召开董事会议，会议通过如下决议：

1. 同意公司类型由有限公司依法整体变更为股份公司（非上市公司），全体股东作为发起人向有关部门申请将公司整体变更发起设立股份有限公司。

2. 同意公司名称由【】有限公司变更为【】。

3. 同意公司整体变更发起设立股份公司的具体方案：

以公司截至【】年【】月【】日经【】会计师事务所（特殊普通合伙）依法审计的净资产人民币【】万元，按照【】：【】比例折合【】万股，每股面值人民币 1 元，其余人民币【】万元计入资本公积金。

4. 同意有限公司的债权债务及其他权利和义务由依法定程序变更后的股份公司依法承继。该决定需提交公司股东会审议。

5. 提议股东会全权委托筹办委员会依法办理公司整体变更发起设立股份公司的相关事宜。

6. 审议通过公司财务报告。

7. 提议于【】年【】月【】日召开有限公司临时股东会，并提请股东会审议上述事项。

（以下无正文）

（本页无正文，为【】有限公司董事会决议签字页）

董事：

【】年【】月【】日

（三）有限公司临时股东会决议范式

【】有限公司（以下简称公司）于【】年【】月【】日上午（或下午）××:00，在公司会议室召开了【】年第【】次临时股东会。出席会议的股东/股东代表【】人，代表公司表决权的【】%，符合《中华人民共和国公司法》及公司章程的规定。会议由公司董事长主持。

全体股东一致通过如下决议：

1. 同意公司类型由有限公司依法整体变更为股份公司（非上市公司），全体股东作为发起人向有关部门申请将公司整体变更发起设立股份有限公司。

2. 同意公司名称由【】有限公司变更为【】，最终以工商行政管理部门核准确定的名称为准。

3. 公司整体变更发起设立股份公司的具体方案：

以公司截至【】年【】月【】日经【】会计师事务所（特殊普通合伙）依法审计的净资产人民币【】万元，按照【】：【】比例折合【】万股，每股面值人民币1元，其余人民币【】万元计入资本公积金。

4. 同意有限公司的债权债务及其他权利和义务由依法定程序变更后的股份公司依法承继。该决定需提交公司股东会审议。

5. 授权【】、【】、【】共同组成股份有限公司筹备委员会，全权负责下述与公司整体变更为股份有限公司有关的相关事宜：

聘请与公司整体变更为股份有限公司有关的中介机构；

草拟股份有限公司的发起人协议并提交股东讨论签署；

草拟股份有限公司章程及其他制度并提交股东讨论签署；

处理其他与公司变更有关的事宜。

（以下无正文）

（此页无正文，仅为【】有限公司【】年第【】次股东会决议之签署页）

全体股东签字/盖章：

董事会签字：

【】年【】月【】日

二、创立大会暨第一次股东大会会议文件

（一）表决票范式

签名：_____

持股数（单位：股）_____

序号	议案名称		同意	反对	弃权
1	《关于股份有限公司筹建情况的报告》				
2	《关于股份有限公司筹建费用开支情况的议案》				
3	关于《股份有限公司章程》的议案				
4	《关于组建成立公司第一届董事会的议案》	【董事姓名】			
		【董事姓名】			
		【董事姓名】			
		【董事姓名】			
		【董事姓名】			
		【董事姓名】			
5	《关于组建成立公司第一届监事会的议案》	【监事姓名】			
		【监事姓名】			
		【监事姓名】			
6	《关于股份有限公司股东大会议事规则的议案》				
7	《关于股份有限公司董事会议事规则的议案》				
8	《关于股份有限公司监事会议事规则的议案》				
9	《关于股份有限公司对外投资管理制度的议案》				
10	《关于股份有限公司关联交易决策制度的议案》				
11	《关于股份有限公司对外担保管理制度的议案》				
12	《关于聘任【　】会计师事务所（特殊普通合伙）为公司财务审计机构的议案》				
13	《关于授权公司第一届董事会办理公司工商注册登记及相关事宜的议案》				
14	《关于股份有限公司在全国中小企业股份转让系统挂牌的议案》				
15	《关于授权公司第一届董事会办理股份有限公司在全国中小企业股份转让系统挂牌相关事宜的议案》				

说明：各选项中，在"同意"、"反对"或"弃权"栏中用"✓"选择一项，多选无效。

（二）统计表范式

股份有限公司（以下简称公司）创立大会暨第一次股东大会于【　】年【　】月【　】日在【　】召开。股东表决情况统计如下：

计票人：＿＿＿＿＿＿＿＿＿＿＿＿＿＿＿＿＿＿＿＿＿＿＿＿

监票人：＿＿＿＿＿＿＿＿＿＿＿＿＿＿＿＿＿＿＿＿＿＿＿＿

序号	议案名称		同意股东所持股份占出席会议有效表决权股份的比例（％）	反对股东所持股份占出席会议有效表决权股份的比例（％）	弃权股东所持股份占出席会议有效表决权股份的比例（％）
16	《关于股份有限公司筹建情况的报告》				
17	《关于股份有限公司筹建费用开支情况的议案》				
18	关于《股份有限公司章程》的议案				
19	《关于组建成立公司第一届董事会的议案》	【董事姓名】			
		【董事姓名】			
		【董事姓名】			
		【董事姓名】			
		【董事姓名】			
		【董事姓名】			
20	《关于组建成立公司第一届监事会的议案》	【监事姓名】			
		【监事姓名】			
		【监事姓名】			
21	《关于股份有限公司股东大会议事规则的议案》				
22	《关于股份有限公司董事会议事规则的议案》				
23	《关于股份有限公司监事会议事规则的议案》				
24	《关于股份有限公司对外投资管理制度的议案》				
25	《关于股份有限公司关联交易决策制度的议案》				
26	《关于股份有限公司对外担保管理制度的议案》				
27	《关于聘任【　】会计师事务所（特殊普通合伙）为公司财务审计机构的议案》				
28	《关于授权公司第一届董事会办理公司工商注册登记及相关事宜的议案》				
29	《关于股份有限公司在全国中小企业股份转让系统挂牌的议案》				
30	《关于授权公司第一届董事会办理股份有限公司在全国中小企业股份转让系统挂牌相关事宜的议案》				

（三）会议记录范式

会议名称	【　】股份有限公司创立大会暨第一次股东大会		
会议日期	【　】年【　】月【　】日	会议地点	【　】
主持人		召集人	
列席人员			
公司股本总数		出席股东及股东代表 人数所持的股本总数	
出席股东及股东 代表人数		出席会议的股东所持股份 占公司注册资本的比例	100%
中介机构代表			
计票人		监票人	

附：

一、会议议程

议程一：主持人致辞；

议程二：审议《关于股份有限公司筹建情况的报告》；

……

议程十一：审议《关于授权公司第一届董事会办理股份有限公司在全国中小企业股份转让系统挂牌相关事宜的议案》；

议程十二：会议进行各议案的投票及统计；

议程十三：宣读议案表决结果。

二、各提案的审议经过及发言要点

（一）《关于股份有限公司筹建情况的报告》

1. 审议经过：

（1）听取【　】作《关于股份有限公司筹建情况的报告》的报告；

（2）请股东对该议案发布意见。发言内容：【　】

（3）与会股东、股东代表及委托投票代理人投票表决；

（4）监票人现场统计表决结果；

（5）主持人宣布表决结果：【　】

2. 审议结果：

表决情况：同意【　】股，占出席会议股东所持有表决权股份总股数的

【】%；反对【】股，占出席会议股东所持有表决权股份总股数的【】%；弃权【】股，占出席会议股东所持有表决权股份总股数的【】%。

……

三、各议案的表决结果

以上【】项议案经出席本次股东大会的全体股东以记名投票方式进行表决，表决结果为【一致通过】

四、本次会议的召集和召开程序、出席会议人员资格、本次会议的议案和表决程序等事宜，均符合法律法规及《公司章程》的有关规定，本次会议的决议合法、有效。

（以下无正文）

（此页无正文，仅为股份有限公司创立大会暨第一次股东大会会议记录之签署页）

全体股东签字/盖章

主持人：

计票人：

监票人：

记录人：

【】年【】月【】日

（四）通知（含回执、授权委托书）范式

股份有限公司（筹）定于【】年【】月【】日召开创立大会暨第一次股东大会，现将会议的有关事项通知如下：

1. 会议的时间、地点

会议时间：【】年【】月【】日

会议地点：【】

2. 会议议案

（1）审议《关于股份有限公司筹建情况的报告》；

……

（10）审议《关于授权公司第一届董事会办理股份有限公司在全国中小企业股份转让系统挂牌相关事宜的议案》。

3. 出席会议人员

公司所有发起人股东及董事、监事及高级管理人员候选人。

其中，自然人发起人亲自出席会议的，应出示本人身份证原件或其他能够表明其身份的有效证件或证明；委托代理人出席会议的，代理人应出示股东身份证复印件、本人身份证原件、股东依法出具的书面授权委托书原件（授权委托书的内容请参见附件1）。

法人或其他组织发起人由法定代表人或负责人出席会议的，应出示本人身份证原件、营业执照复印件（盖章）；委托代理人出席会议的，代理人应出示本人身份证原件、营业执照复印件（盖章）、法人或其他组织发起人单位的法定代表人或负责人依法出具的书面授权委托书原件（授权委托书的内容请参见附件1）。

4. 会议联络人

为便于安排本次创立大会，出席本次创立大会暨第一次股东大会的发起人请于【】月【】日之前如实填写参会人员情况等信息，并将本通知随附的回执（请参见附件2）传真至本次创立大会暨第一次股东大会的联络人【】。联系方式如下：

电话：【】

传真：【】

地址：【】

邮编：【】

股份有限公司筹备委员会
【】年【】月【】日

附件1

授权委托书

兹委托＿＿＿＿＿＿＿＿＿＿（身份证号码为＿＿＿＿＿＿＿＿＿＿＿＿＿＿＿）代表【本人/本单位】出席股份有限公司创立大会暨第一次股东大会，对该次会议通知所列各项议案均投赞成票，并签署会议记录、会议决议等与该次会议有关的会议文件。本授权委托书有效期自【】年【】月【】日至【】年【】月【】日。

自然人发起人（签字）：
【】年【】月【】日

或

法人或其他组织发起人（单位盖章）

法定代表人或负责人（签字）：

【】年【】月【】日

附件2

<h1 style="text-align:center">回　执</h1>

股份有限公司筹备委员会：

现收到《股份有限公司创立大会暨第一次股东大会通知》，本单位将：

□亲自参加会议：或者

□委托代理人_____先生/女士（身份证号码：_____）

代表本人参加会议，并同时随附《授权委托书》。（请根据实际情况在对应□画

✓，并填写有关情况及授权委托书）

自然人发起人（签字）：

【】年【】月【】日

或

法人或其他组织发起人（单位盖章）

法定代表人或负责人（签字）：

【】年【】月【】日

（五）决议范式

股份有限公司（以下简称公司）于【】年【】月【】日在【】举行了股份有限公司创立大会暨第一次股东大会，大会应到股东【】人，实到股东/股东授权委托代表【】人，代表有表决权股份数合计【】万股，占公司有表决权股份总数的【】%，符合《公司法》的规定，本次大会以投票方式通过以下决议：

【】年【】月【】日，股份有限公司（以下简称公司）创立大会暨第一次股东大会在【】召开。公司的全部发起人及其授权代表出席了会议。

创立大会暨第一次股东大会由公司筹备委员会召集，【】主持了会议。会议做出如下决议：

1. 审议通过《关于股份有限公司筹建情况的报告》的议案。

表决结果：【】股赞成，占出席会议发起人代表股份的【】%；【】股反对；【】股弃权。

……

（以下无正文）

　　（本页无正文，为股份有限公司创立大会暨第一次股东大会决议签字页）

全体股东签字/盖章：

【】年【】月【】日

（六）各议案范式

议案一

关于股份有限公司筹建情况的报告

各位发起人：

根据【】有限公司【】年【】月【】日临时股东会决议，为设立股份有限公司（以下简称"股份公司"），经过公司筹备委员会和中介机构的共同努力，顺利完成了审计、资产评估、整体变更方案准备和股份公司创立大会筹备等各项工作，股份公司设立的条件现已具备，现将有关股份公司筹建及各发起人出资等情况做如下报告：

根据【评估所】于【】年【】月【】日出具的【评估报告】，截至【】年【】月【】日，有限公司（以下简称"公司"）净资产账面值的评估结果为【】万元。根据【】会计师事务所（特殊普通合伙）于【】年【】月【】日出具的【审计报告】，截至【】年【】月【】日，公司净资产为【】元。

公司整体变更为股份有限公司。公司全体股东作为发起人以公司截至【】年【】月【】日经审计的净资产为基础折为【】股，每股面值为人民币1.00元；股份公司注册资本【】元，股本溢价【】元计入资本公积。股份公司的发起人及其持股情况如下：

序号	股东姓名/名称	认购股份数（股）	持股比例（％）
1			
2			
3			

请审议。

【】股份有限公司筹备委员会

【】年【】月【】日

议案二

关于股份有限公司筹建费用开支情况的议案

各位发起人：

股份公司成立后，经股份公司创立大会审核通过的股份公司设立费用列入股份公司的开办费。

根据实际情况，本着勤俭节约的原则，至本次创立大会召开为止，为设立股份有限公司，财务审计费人民币【　】万元，评估费人民币【　】万元，律师顾问费人民币【　】万元，共计人民币【　】万元。

　　请审议。

股份有限公司筹备委员会

【　】年【　】月【　】日

议案三

关于《股份有限公司章程》的议案

各位发起人：

　　鉴于有限公司将整体变更为股份有限公司，在股份公司成立时，将废止原有限责任公司章程，特提请创立大会审议通过《股份有限公司章程》（见附件）。

　　请审议。

　　附件：《股份有限公司章程》

股份有限公司筹备委员会

【　】年【　】月【　】日

议案四

关于组建成立公司第一届董事会的议案

各位发起人：

　　根据《公司法》和《股份有限公司章程》的有关规定，现提名下列【　】人为股份公司第一届董事会董事候选人（简历见附件1）。董事任期三年，自本次股东大会通过之日起计算。

　　董事候选人：【　】、【　】、【　】、【　】、【　】

　　同时，提议指定【　】为第一届董事会第一次会议召集人。

　　上述【　】名董事候选人符合《公司法》及相关法律法规规定的董事任职资格，并已签署了《声明书》（见附件2）。

　　请审议。

　　附件1：董事候选人简历

　　附件2：董事候选人《声明书》

股份有限公司筹备委员会

【　】年【　】月【　】日

附件2

声明书

本人_____，作为股份有限公司的董事候选人，在此郑重声明：

1. 本人具有完全的民事权利能力和民事行为能力；

2. 本人不是国家公务员；

3. 本人不存在因犯有贪污、贿赂、侵占财产、挪用财产罪或破坏社会经济秩序罪而判处刑罚或被剥夺政治权利的情况；

4. 本人不存在因担任经营不善破产清算的公司、中小企业的董事或厂长、经理而需对该公司、中小企业的破产负有个人责任的情况；

5. 本人不存在担任因违法被吊销营业执照、责令关闭的公司、中小企业的法定代表人而负有个人责任的情况；

6. 本人无数额较大的到期未清偿债务；

7. 本人不存在因涉嫌犯罪被司法机关立案侦查或者涉嫌违法违规被中国证监会立案调查，尚未有明确结论意见的情况；

8. 本人不存在被有关主管机构裁定违反有关证券法规的规定，且涉及有欺诈或者不诚实行为的情况；

9. 本人未担任公司监事；

10. 本人无自营或为他人经营与公司竞争的业务或从事损害公司利益的活动，且均不存在同公司签订合同或与公司进行交易的情况；

11. 本人不存在被中国证监会采取证券市场禁入措施尚在禁入期的情况；

12. 本人不存在最近36个月内受到中国证监会行政处罚，或者最近12个月内受到证券交易所公开谴责的情况。

根据本人的知识和了解，本人也不存在其他与《公司法》及有关法律法规的规定相违背的情况。

签字：

【 】年【 】月【 】日

议案五

关于组建成立公司第一届监事会的议案

各位发起人：

根据《公司法》和《股份有限公司章程》的有关规定，现提名下列【 】人作为拟由股东选举的监事候选人（简历见附件1），经股东选举产生的【 】名监事将与职工代表大会选举产生的【】名监事组成股份公司第一届监事会。监事任期三年，自本次股东大会通过之日起计算。

拟由股东选举的监事候选人：【】、【】

根据公司职工代表大会决议，公司职工代表大会选举【】为公司监事会职工代表监事，任期三年。

同时，提议指定【】为第一届监事会第一次会议召集人。

上述三名监事候选人符合《公司法》及相关法律法规规定的监事任职资格并已签署了《声明书》（见附件2）。

请审议。

附件1：监事候选人简历

附件2：监事候选人《声明书》

股份有限公司筹备委员会

【】年【】月【】日

附件2

声明书

本人【】，作为股份有限公司的监事候选人，在此郑重声明：

1. 本人具有完全的民事权利能力和民事行为能力；

2. 本人不是国家公务员；

3. 本人不存在因犯有贪污、贿赂、侵占财产、挪用财产罪或破坏社会经济秩序罪而判处刑罚或被剥夺政治权利的情况；

4. 本人不存在因担任经营不善破产清算的公司、中小企业的董事或厂长、经理而需对该公司、中小企业的破产负有个人责任的情况；

5. 本人不存在担任因违法被吊销营业执照、责令关闭的公司、中小企业的法定代表人而负有个人责任的情况；

6. 本人无数额较大的到期未清偿债务；

7. 本人不存在因涉嫌犯罪被司法机关立案侦查或者涉嫌违法违规被中国证监会立案调查，尚未有明确结论意见的情况；

8. 本人不存在被有关主管机构裁定违反有关证券法规的规定，且涉及有欺诈或者不诚实行为的情况；

9. 本人未担任公司董事、高级管理人员；

10. 本人无自营或为他人经营与公司竞争的业务或从事损害公司利益的活动，且均不存在同公司签订合同或与公司进行交易的情况；

11. 本人不存在被中国证监会采取证券市场禁入措施尚在禁入期的情况；

12. 本人不存在最近 36 个月内受到中国证监会行政处罚，或者最近 12 个月内受到证券交易所公开谴责的情况。

根据本人的知识和了解，本人也不存在其他与《公司法》及有关法律法规的规定相违背的情况。

签字：

【】年【】月【】日

议案六

关于股份有限公司股东大会议事规则的议案

各位发起人：

为使股份有限公司成立后，公司各管理机构能更有效地运作，特提请创立大会审议通过《股份有限公司股东大会议事规则》（见附件）。

请审议。

附件：《股份有限公司股东大会议事规则》

股份有限公司筹备委员会

【】年【】月【】日

议案七

关于股份有限公司董事会议事规则的议案

各位发起人：

为使股份有限公司成立后，公司各管理机构能更有效地运作，特提请创立大会审议通过《股份有限公司董事会议事规则》（见附件）。

请审议。

附件：《股份有限公司董事会议事规则》

股份有限公司筹备委员会

【】年【】月【】日

议案八

关于股份有限公司监事会议事规则的议案

各位发起人：

为使股份有限公司成立后，公司各管理机构能更有效地运作，特提请创立大会审议通过《股份有限公司监事会议事规则》（见附件）。

请审议。

附件：《股份有限公司监事会议事规则》

股份有限公司筹备委员会

【　】年【　】月【　】日

议案九

关于股份有限公司对外投资管理制度的议案

各位发起人：

为使股份有限公司成立后，公司各管理机构能更有效地运作，特提请创立大会审议通过《股份有限公司对外投资管理制度》（见附件）。

请审议。

附件：《股份有限公司对外投资管理制度》

股份有限公司筹备委员会

【　】年【　】月【　】日

议案十

关于股份有限公司关联交易决策制度的议案

各位发起人：

为使股份有限公司成立后，公司各管理机构能更有效地运作，特提请创立大会审议通过《股份有限公司关联交易决策制度》（见附件）。

请审议。

附件：《股份有限公司关联交易决策制度》

股份有限公司筹备委员会

【　】年【　】月【　】日

议案十一

关于股份有限公司对外担保管理制度的议案

各位发起人：

为使股份有限公司成立后，公司各管理机构能更有效地运作，特提请创立大会审议通过《股份有限公司对外担保管理制度》（见附件）。

请审议。

附件：《股份有限公司对外担保管理制度》

股份有限公司筹备委员会

【　】年【　】月【　】日

议案十二

关于聘任【　】会计师事务所（特殊普通合伙）
为公司财务审计机构的议案

各位发起人：

公司拟聘任【　】会计师事务所（特殊普通合伙），为公司编制定期审计报告。

请审议。

股份有限公司筹备委员会

【　】年【　】月【　】日

议案十三

关于授权公司第一届董事会办理公司工商注册登记及相关事宜的议案

各位发起人：

为办理股份有限公司设立事宜，特提请创立大会授权由公司第一届董事会办理公司本次由有限责任公司整体变更为股份有限公司的工商注册登记及相关事宜。

请审议。

股份有限公司筹备委员会

【　】年【　】月【　】日

议案十四

关于股份有限公司在全国中小企业股份转让系统挂牌的议案

各位发起人：

为顺利实现股份有限公司（以下简称公司）申请股票在全国中小企业股份转让系统挂牌并公开转让（以下简称本次挂牌），根据《中华人民共和国公司法》以及其他法律、法规、规范性文件和《股份有限公司章程》的规定，提议审议通过本次挂牌事宜。同时，聘请【　】证券有限责任公司作为本次挂牌的推荐主办券商，聘请【　】律师事务所为本次挂牌出具相关法律文件，聘请【　】会计师事务所（特殊普通合伙）完成公司相关审计工作，协助公司完成本次挂牌工作。

请审议。

股份有限公司筹备委员会

【　】年【　】月【　】日

议案十五

关于授权公司第一届董事会办理股份有限公司在全国中小企业
股份转让系统挂牌相关事宜的议案

各位发起人：

根据《中华人民共和国合同法》、《中华人民共和国证券法》等法律法规的规定和《股份有限公司章程》的规定，股东大会决议授权董事会全权办理公司在全国中小企业股份转让系统挂牌的相关事宜。具体如下：

1. 办理公司本次申请股票在全国中小企业股份转让系统挂牌并公开转让相关事宜；

2. 办理本次挂牌向全国中小企业股份转让系统有限公司递交审查材料及向中国证监会递交核准材料相关事宜；

3. 批准、签署与本次挂牌相关的文件、合同；

4. 聘请参与本次挂牌的中介机构并决定其专业服务费用；

5. 在本次挂牌完成后，办理公司章程中的有关条款修改、工商变更登记等事宜；

6. 办理与本次挂牌相关的其他一切事宜；

7. 授权期限为自股东大会审议批准之日起【　】个月内有效。

请审议。

股份有限公司筹备委员会

【　】年【　】月【　】日

（七）会议议程范式

1. 宣布大会开幕；

2. 介绍发起人；

3. 介绍来宾；

4. 宣布会议议程安排和注意事项；

5. 正式议程：

（1）宣读《关于股份有限公司筹建情况的报告》；

……

6. 推选监票人、计票人；

7. 股东逐项表决有关议案；

8. 统计表决情况并宣布股东大会决议；

9. 股东签署大会决议、会议记录及有关文件。

（八）出席会议人员登记册范式

会议时间：【】年【】月【】日

会议地点：【】

表 12－1 出席会议人员登记表

序号	股东	股东或股东代表姓名	持有或者代表有表决权的股份数	身份证号	住所地	在股东单位的职务
1						
2						
3						
	合计	—		—	—	—

三、基本制度

（一）股份有限公司章程范本

第一章 总 则

第一条 为维护公司、股东和债权人的合法权益，规范【】股份有限公司（以下简称公司）的组织和行为，根据《中华人民共和国公司法》（以下简称《公司法》）、《非上市公众公司监督管理办法》（以下简称《非公办法》）、《非上市公众公司监管指引第 3 号——章程必备条款》和其他有关规定，制订本章程。

　　第二条　公司是依照《公司法》和其他有关规定以发起方式成立的股份有限公司，在【　】工商行政管理局注册登记。

　　公司经有关监管机构批准，可以向境内外社会公众公开发行股票。

　　第三条　公司注册名称：【　】股份有限公司。

　　第四条　公司住所：【　】。

　　第五条　公司注册资本为人民币【　】万元。

　　公司股东大会通过增加或者减少注册资本的决议时，应当就注册资本额的变更事项做出相应的修改本章程的决议，并授权董事会具体办理注册资本的变更登记手续。

　　第六条　公司为永久存续的股份有限公司。

　　第七条　【　】为公司的法定代表人。

　　第八条　公司全部资产分为等额股份，股东以其认购的股份为限对公司承担责任，公司以其全部资产对公司的债务承担责任。

　　第九条　本章程自生效之日起，即成为规范公司的组织与行为、公司与股东、股东与股东之间权利义务关系的具有法律约束力的文件，对公司、股东、董事、监事、高级管理人员具有法律约束力的文件。依据本章程，股东可以起诉股东，股东可以起诉董事、监事、总经理和其他高级管理人员，股东可以起诉公司，公司可以起诉股东、董事、监事、总经理和其他高级管理人员。

　　公司、股东、董事、监事、高级管理人员之间涉及章程规定的纠纷，应当先行通过协商解决。协商不成的，通过诉讼方式解决。

　　第十条　依照《公司法》和其他有关法律、法规的要求，公司职工依法组织工会开展活动。公司依法保护职工的合法权益，通过职工代表大会或者其他形式实行民主管理。公司设立中国共产党组织，开展党的活动。公司应当为工会活动、党组织活动提供必要的条件。

　　第十一条　公司从事经营活动，应当遵守法律、行政法规，遵守社会公德、商业道德，诚实守信，接受政府和社会公众的监督，承担社会责任。

　　第十二条　公司可以依法设立分公司、子公司。分公司不具有法人资格，其民事责任由公司承担；子公司具有法人资格，独立承担民事责任。

　　第十三条　公司应当按照法律、行政法规的规定，将本章程、股东名册、股东大会记录、董事会记录、监事会记录、财务会计报告等重要文件置备于公司，并在法律、行政法规或者本章程规定的期限内妥善保存。

　　第十四条　公司的控股股东、实际控制人、董事、监事、高级管理人员不得利用其关联关系损害公司利益，由此给公司造成损失的，应当承担赔偿责任。

　　第十五条　本章程所称"其他高级管理人员"是指公司的副总经理、董事会秘书、财务总监等。

第二章　经营宗旨和范围

第十六条　公司的经营宗旨为：【　】。

第十七条　经依法登记，公司的经营范围为【　】。

第三章　股　　份

第一节　股份发行

第十八条　公司的股份采取记名股票的形式。

公司股票在中国证券登记结算有限公司集中登记存管。

第十九条　公司股份的发行，实行公开、公平、公正的原则，同种类的每一股份应当具有同等权利。

同次发行的同种类股票，每股的发行条件和价格应当相同；任何单位或者个人所认购的股份，每股应当支付相同价格。

第二十条　公司发行的股票一律用股东姓名或名称记名。公司向法人发行的股票，应记载法人名称，不得另立户名或以代表人姓名记名。

第二十一条　公司发行的股票，以人民币标明面值，每股面值人民币壹元。公司股本总数为【　】万股，均为普通股。

第二十二条　公司系原【　】有限公司整体变更而来，以截至【　】年【　】月【　】日为基准日的净资产中的【　】元计入注册资本，其余计入公司资本公积，发起人持股比例不变。公司设立时，发起人股东出资金额、方式如表 12 - 2 所示：

表 12 - 2　　　　　　　　公司设立发起人股东出资情况

序号	股东	持股数额（万股）	持股比例（％）	出资方式
1				
2				
3				
4				
	合计		100.00	

第二十三条　公司或其子公司（包括公司的附属中小企业）不得以赠予、垫资、担保、补偿或贷款等形式对购买或者拟购买公司股份的人提供任何资助。

第二节　股份增减和回购

第二十四条　公司根据经营和发展的需要，依照法律、法规的规定，经股东大会分别做出决议，可以采用下列方式增加注册资本：

（一）公开发行股份；

（二）非公开发行股份；

（三）向现有股东派送红股；

（四）以公积金转增股本；

（五）法律、行政法规规定以及中国证监会批准的其他方式。

第二十五条　公司可以减少注册资本。公司减少注册资本，应当按照《公司法》以及其他有关法规和本章程规定的程序办理。公司减资后的注册资本不得低于法定的最低限额。

第二十六条　公司在下列情况下，可以依照法律、行政法规、部门规章和本章程的规定，收购本公司的股份：

（一）减少公司注册资本；

（二）与持有本公司股票的其他公司合并；

（三）将股份奖励给本公司职工；

（四）股东因对股东大会做出的公司合并、分立决议持异议，要求公司收购其股份的。

除上述情形外，公司不进行买卖本公司股份的活动。

第二十七条　公司收购本公司股份，可以选择下列方式之一进行：

（一）证券交易所集中竞价交易方式；

（二）要约方式；

（三）法律、行政法规规定和国家有关主管部门批准的其他情形。

第二十八条　公司因第二十七条第（一）款至第（三）款的原因收购本公司股份的，应当经股东大会决议。公司依照第二十七条规定收购本公司股份后，属于第（一）款情形的，应当自收购之日起 10 日内注销；属于第（二）款、第（四）款情形的，应当在 6 个月内转让或者注销。

公司依照第二十七条第（三）款规定收购的本公司股份，不得超过本公司已发行股份总额的 5%；用于收购的资金应当从公司的税后利润中支出，所收购的股份应当在 1 年内转让给职工。

第三节　股份转让

第二十九条　公司的股份可以依法转让。

公司股份采取公开方式转让的，应当在依法设立的证券交易所进行；公司股份采取非公开方式协议转让的，股东应当自股份协议转让后及时告知公司，并在登记存管机构登记过户。

第三十条　公司不得接受本公司的股票作为质押权的标的。

持有公司5%以上有表决权股份的股东，将其持有的股份进行质押的，应当自该事实发生当日，向公司作出书面报告。

第三十一条　发起人持有的本公司股份，自公司成立之日起1年内不得转让。

公司公开发行股份前已发行的股份，自公司股票在证券交易所上市交易之日起1年内不得转让。

公司董事、监事、高级管理人员应当向公司申报所持有的本公司的股份及其变动情况，在任职期间每年转让的股份不得超过其所持有本公司股份总数的25%；上述人员离职后半年内，不得转让其所持有的本公司股份。

第四章　股东和股东大会

第一节　股　东

第三十二条　公司股东为依法持有本公司股份的自然人、法人或其他组织。

第三十三条　公司依法并依据证券登记机构提供的凭证建立股东名册，股东名册是证明股东持有公司股份的充分证据，由董事会秘书或证券事务代表负责管理和更新。股东按其所持有股份的种类享有权利，承担义务；持有同一种类股份的股东，享有同等权利，承担同种义务。公司召开股东大会、分配股利、清算及从事其他需要确认股东身份的行为时，在股东名册登记的股东为享有相关权益的股东。

股东名册包括以下内容：

（一）股东姓名或名称及住所；

（二）各股东所持股份数；

（三）各股东取得其股份的日期。

第三十四条　公司股东享有下列权利：

（一）依照其所持有的股份份额获得股利和其他形式的利益分配；

（二）依法请求、召集、主持、参加或者委派股东代理人参加股东大会，并行使相应的表决权；

（三）对公司的经营进行监督，提出建议或者质询；

（四）依照法律、行政法规及本章程的规定转让、赠予或质押其所持有的股份；

（五）查阅本章程、股东名册、公司债券存根、股东大会会议记录、董事会会议决议、监事会会议决议、财务会计报告；

（六）公司终止或者清算时，按其所持有的股份份额参加公司剩余财产的分配；

（七）对股东大会做出的公司合并、分立决议持异议的股东，要求公司收购其股份；

（八）法律、行政法规、部门规章或本章程规定的其他权利。

第三十五条　股东提出查阅前条所述有关信息或者索取资料的，应当向公司提供证明其持有公司股份的种类以及持股数量的书面文件，公司经核实股东身份后按照股东的要求予以提供。

第三十六条　公司股东大会、董事会决议内容违反法律、行政法规的，股东有权请求人民法院认定无效。

股东大会、董事会的会议召集程序、表决方式违反法律、行政法规或者本章程，或者决议内容违反本章程的，股东有权自决议做出之日起60日内，请求人民法院撤销。

第三十七条　董事、高级管理人员执行公司职务时违反法律、行政法规或者本章程的规定，给公司造成损失的，连续180日以上单独或合并持有公司1%以上股份的股东有权书面请求监事会向人民法院提起诉讼；监事会执行公司职务时违反法律、行政法规或者本章程的规定，给公司造成损失的，股东可以书面请求董事会向人民法院提起诉讼。

监事会、董事会收到前款规定的股东书面请求后拒绝提起诉讼，或者自收到请求之日起30日内未提起诉讼，或者情况紧急、不立即提起诉讼将会使公司利益受到难以弥补的损害的，前款规定的股东有权为了公司的利益以自己的名义直接向人民法院提起诉讼。

他人侵犯公司合法权益，给公司造成损失的，本条第一款规定的股东可以依照前两款的规定向人民法院提起诉讼。

第三十八条　董事、高级管理人员违反法律、行政法规或者本章程的规定，损害股东利益的，股东可以向人民法院提起诉讼。

第三十九条　公司股东承担下列义务：

（一）遵守法律、行政法规和本章程；

（二）依其所认购的股份和入股方式缴纳股金；

（三）以其所持有股份为限对公司承担责任；

（四）除法律、法规规定的情形外，不得退股；

（五）不得滥用股东权利损害公司或者其他股东的利益；不得滥用公司法人独立地位和股东有限责任损害公司债权人的利益；

公司股东滥用股东权利给公司或者其他股东造成损失的，应当依法承担赔偿责任；

公司股东滥用公司法人独立地位和股东有限责任，逃避债务，严重损害公司债权人利益的，应当对公司债务承担连带责任；

（六）法律、行政法规及本章程规定应当承担的其他义务。

第四十条　持有公司5%以上有表决权股份的股东，将其持有的股份进行质押的，应当自该事实发生当日，向公司作出书面报告。

第四十一条　任何股东持有或者通过协议等其他安排与他人共同持有本公司的股份达到本公司已发行股份的5%时，应当在该事实发生之日起5个工作日内书面通知本公司董事会并提交未来六个月的增持计划。该等持股达到5%的股东提名董事、监事时，应董事会要求需如实披露其与公司其他股东的关联关系和共同持股情况，不披露或披露不实的，其按第八十五条有权提出董事、监事提名议案的持股时间从如实披露之日重新起算。

第四十二条　公司的控股股东、实际控制人不得利用其关联关系损害公司利益。违反规定给公司造成损失的，应当承担赔偿责任。

公司控股股东及实际控制人对公司和公司社会公众股股东负有诚信义务。控股股东应严格依法行使出资人的权利，控股股东不得利用利润分配、资产重组、对外投资、资金占用、借款担保等方式损害公司和公司社会公众股股东的合法权益，不得利用其控制地位损害公司和公司社会公众股股东的利益。控股股东及实际控制人违反相关法律、法规及章程规定，给公司及公司社会公众股股东造成损失的，应承担赔偿责任。

第四十三条　公司与控股股东和实际控制人之间发生提供资金、商品、劳务等交易时，应当严格按照关联交易决策制度履行董事会、股东大会的审议程序，关联董事、关联股东应当回避表决，防止控股股东、实际控制人及其关联方占用或者转移公司资金、资产及其他资源。

公司董事、监事和高级管理人员有义务维护公司资产不被控股股东、实际控制人及其控制的中小企业占用。

第四十四条　公司制定《投资者关系管理制度》，具体规定投资者关系管理工作的内容和方式。

第二节　股东大会的一般规定

第四十五条　股东大会是公司的权力机构，依法行使下列职权：

（一）决定公司的经营方针和投资计划；

（二）选举和更换非由职工代表担任的董事、监事，决定有关董事、监事的报酬事项；

（三）审议批准董事会的报告；

（四）审议批准监事会的报告；

（五）审议批准公司的年度财务预算方案、决算方案；

（六）审议批准公司的利润分配方案和弥补亏损方案；

（七）对公司增加或者减少注册资本做出决议；

（八）对发行公司债券做出决议；

（九）对公司合并、分立、解散、清算或者变更公司形式做出决议；

（十）修改本章程；

（十一）对公司聘用、解聘会计师事务所做出决议；

（十二）审议批准第四十一条规定的担保事项；

（十三）审议公司在一年内购买、出售重大资产超过公司最近一期经审计总资产 30% 的事项；

（十四）审议批准变更募集资金用途事项；

（十五）审议股权激励计划；

（十六）审议法律、行政法规、部门规章或本章程规定应当由股东大会决定的其他事项。

上述股东大会的职权不得通过授权形式由董事会或其他机构和个人代为行使。

第四十六条　公司下列对外担保行为，应当经股东大会审议通过：

（一）单笔担保额超过最近一期经审计净资产 10% 的担保；

（二）公司及其控股子公司的对外担保总额，达到或超过最近一期经审计净资产的 50% 以后提供的任何担保；公司的对外担保总额，达到或超过最近一期经审计总资产的 30% 以后提供的任何担保；

（三）为资产负债率超过 70% 的担保对象提供的担保；

（四）连续十二个月内担保金额超过公司最近一期经审计总资产的 30%；

（五）连续十二个月内担保金额超过公司最近一期经审计净资产的 50% 且绝对金额超过 5 000 万元人民币；

（六）法律、法规或本章程规定的其他担保情形。

上述对外担保事项应当在董事会审议通过后提交股东大会审议，股东大会审议前款第（四）款担保事项时，必须经出席会议的股东所持表决权的三分之二以上通过。

股东大会在审议为股东、实际控制人及其关联人提供的担保议案时，该股东或者受该实际控制人支配的股东，不得参与该项表决，该项表决由出席股东大会的其他股东所持表决权的半数以上通过。

公司不得为股东、实际控制人、董事、监事、高级管理人员及其关联方提供担保或其他财务资助。

第四十七条　股东大会分为年度股东大会和临时股东大会。年度股东大会每年召开1次，应当于上一会计年度结束后的6个月内举行。

第四十八条　有下列情形之一的，公司在事实发生之日起2个月内召开临时股东大会：

（一）董事人数不足《公司法》规定人数或者本章程规定人数的2/3时；

（二）公司未弥补的亏损达实收股本总额1/3时；

（三）单独或者合计持有公司10%以上股份的股东请求时；

（四）董事会认为必要时；

（五）监事会提议召开时；

（六）法律、行政法规、部门规章或本章程规定的其他情形。

第四十九条　公司召开股东大会的地点为公司住所地或董事会决定的其他地点。

股东大会应当设置会场，以现场会议形式召开为原则，必要时可采取视频、电话、传真或电子邮件表决等形式召开。

第三节　股东大会的召集

第五十条　股东大会会议由董事会召集，董事会不能履行或者不履行召集股东大会会议职责的，监事会应当及时召集；监事会不召集的，连续九十日以上单独或者合计持有公司百分之十以上股份的股东可以自行召集。

第五十一条　监事会有权向董事会提议召开临时股东大会，并应当以书面形式向董事会提出。董事会应当根据法律、行政法规和本章程的规定，在收到提案后10日内提出同意或不同意召开临时股东大会的书面反馈意见。

董事会同意召开临时股东大会的，应当在做出董事会决议后的5日内发出召开股东大会的通知，通知中对原提议的变更，应当征得监事会的同意。

董事会不同意召开临时股东大会，或者在收到提案后10日内未做出反馈的，视为董事会不能履行或者不履行召集股东大会会议职责，监事会可以自行召集和主持。

独立董事有权向董事会提议召开临时股东大会。

第五十二条　单独或者合计持有公司10%以上股份的股东有权向董事会请求召开临时股东大会，并应当以书面形式向董事会提出。董事会应当根据法律、行政法规和本章程的规定，在收到请求后10日内提出同意或不同意召开临时股东大会的书面反馈意见。

董事会同意召开临时股东大会的，应当在做出董事会决议后的5日内发出召开股东大会的通知，通知中对原请求的变更，应当征得相关股东的同意。

董事会不同意召开临时股东大会，或者在收到请求后 10 日内未做出反馈的，单独或者合计持有公司 10%以上股份的股东有权向监事会提议召开临时股东大会，并应当以书面形式向监事会提出请求。

监事会同意召开临时股东大会的，应当在收到请求 5 日内发出召开股东大会的通知。通知中对原提案的变更，应当征得相关股东的同意。

监事会未在规定期限内发出股东大会通知的，视为监事会不召集和主持股东大会，连续 90 日以上单独或者合计持有公司 10%以上股份的股东可以自行召集和主持。

第五十三条 监事会或股东决定自行召集股东大会的，应当书面通知董事会。

在股东大会决议做出前，召集股东持股比例不得低于 10%。

第五十四条 对于监事会或股东自行召集的股东大会，董事会和董事会秘书应当予以配合。董事会应当提供股东名册，召集人所获取的股东名册不得用于除召开股东大会以外的其他用途。董事会未提供股东名册的，召集人可以持召集股东大会通知，向公司申请获取。

第五十五条 监事会或股东自行召集的股东大会，会议所必需的费用由公司承担。

第四节 股东大会的提案与通知

第五十六条 提案的内容应当属于股东大会职权范围，有明确议题和具体决议事项，并符合法律、行政法规和本章程的有关规定。

第五十七条 公司召开股东大会，董事会、监事会以及单独或者合计持有公司 3%以上股份的股东，有权向公司提出提案。

单独或者合计持有公司 3%以上股份的股东，可以在股东大会召开 10 日前提出临时提案并书面提交召集人。召集人应当在收到提案后 2 日内发出股东大会补充通知，告知临时提案的内容。

除前款规定的情形外，召集人在发出股东大会通知后，不得修改股东大会通知中已列明的提案或增加新的提案。

股东大会通知中未列明或不符合本章程第五十六条规定的提案，股东大会不得进行表决并作出决议。

第五十八条 召集人应当在年度股东大会召开 20 日前以书面形式通知各股东，临时股东大会应当于会议召开 15 日前以书面形式通知各股东。

上款所述通知期限不包括会议召开当日。

第五十九条 股东大会通知包括以下内容：

（一）会议的时间、地点和会议期限；

（二）提交会议审议的事项和提案；

（三）以明显的文字说明：全体股东均有权出席股东大会，并可以书面委托代理人出席会议和参加表决，该股东代理人不必是公司的股东；

（四）会务常设联系人姓名、电话号码。

股东大会通知应当充分、完整披露所有提案的全部具体内容，以及为使股东对拟议事项做出合理判断所需的全部资料或解释。

第六十条　股东大会拟讨论董事、监事选举事项的，股东大会通知应当充分披露董事、监事候选人的详细资料，至少包括以下内容：

（一）教育背景、工作经历、兼职等个人情况；

（二）与本公司或本公司的控股股东及实际控制人是否存在关联关系；

（三）披露持有本公司股份数量；

（四）是否受过中国证监会及其他有关部门的处罚和证券交易所惩戒。

除采取累积投票制选举董事、监事外，每位董事、监事候选人应当以单项提案提出。

第六十一条　发出股东大会通知后，无正当理由，股东大会不得延期或取消，股东大会通知中列明的提案不得取消。一旦出现延期或取消的情形，召集人应当在原定召开日前至少2个工作日发出通知并说明原因。

第五节　股东大会的召开

第六十二条　股权登记在册的所有股东或其代理人有权出席股东大会，并依照有关法律、法规及本章程行使表决权。

股东可以亲自出席股东大会，也可以委托代理人代为出席和表决。

第六十三条　个人股东亲自出席会议的，应当出示本人身份证或其他能够表明其身份的有效证件或证明；委托代理他人出席会议的，应当出示本人有效身份证件、股东授权委托书。

法人股东应当由法定代表人或者法定代表人委托的代理人出席会议。法定代表人出席会议的，应当出示本人身份证、能证明其具有法定代表人资格的有效证明；委托代理人出席会议的，代理人应当出示本人身份证、法人股东单位的法定代表人依法出具的书面授权委托书。

第六十四条　股东出具的委托他人出席股东大会的授权委托书应当载明下列内容：

（一）代理人的姓名；

（二）是否具有表决权；

（三）分别对列入股东大会议程的每一审议事项投赞成票、反对票或弃权票的指示；

（四）委托书签发日期和有效期限；

（五）委托人签名或盖章，委托人为法人股东的，应加盖法人单位印章。

第六十五条 授权委托书应当注明：如果股东不作具体指示，股东代理人是否可以按自己的意思表决。

第六十六条 代理投票授权委托书由委托人授权他人签署的，授权签署的授权书或者其他授权文件应当经过公证。经公证的授权书或者其他授权文件以及投票代理委托书，均需备置于公司住所或者会议通知中指定的其他地方。

委托人为法人的，由其法定代表人或者董事会、其他决策机构决议授权的人作为代表出席公司的股东大会。

第六十七条 出席会议人员的会议登记册由公司负责制作。会议登记册载明参加会议人员姓名或单位名称、身份证号码、住所地址、持有或者代表有表决权的股份数额、被代理人姓名或单位名称等事项。

第六十八条 召集人应当依据股东名册对股东资格的合法性进行验证，并登记股东姓名或名称及其所持有表决权的股份数。在会议主持人宣布出席会议的股东和代理人人数及所持有表决权的股份总数之前，会议登记应当终止。

第六十九条 股东大会可视情况由董事、监事、总经理和其他高级管理人员列席。

第七十条 股东大会由董事长主持。董事长不能履行职务或不履行职务时，由半数以上董事共同推举的一名董事主持。

监事会自行召集的股东大会，由监事会主席主持。监事会主席不能履行职务或不履行职务时，由半数以上监事共同推举的一名监事主持。

股东自行召集的股东大会，由召集人推举代表主持。

召开股东大会时，会议主持人违反议事规则使股东大会无法继续进行的，经现场出席股东大会有表决权过半数的股东同意，股东大会可推举一人担任会议主持人，继续开会。

第七十一条 公司制定股东大会议事规则，详细规定股东大会的召开和表决程序，包括通知、登记、提案的审议、投票、计票、表决结果的宣布、会议决议的形成、会议记录及其签署等内容，以及股东大会对董事会的授权原则，授权内容应明确具体。股东大会议事规则作为本章程的附件，报股东大会批准。

第七十二条 在年度股东大会上，董事会、监事会应当就其过去一年的工作向股东大会做出报告。

第七十三条 董事、监事、高级管理人员在列席股东大会时，应当就股东的质询和建议做出解释和说明。

第七十四条 会议主持人应当在表决前宣布出席会议的股东和代理人人数

及所持有表决权的股份总数，出席会议的股东和代理人人数及所持有表决权的股份总数以会议登记为准。

第七十五条　股东大会应当有会议记录。会议记录记载以下内容：

（一）会议时间、地点、议程和召集人姓名或名称；

（二）会议主持人或列席会议的董事、监事、总经理和其他高级管理人员姓名；

（三）出席会议的股东和代理人人数、所持有表决权的股份总数及占公司股份总数的比例；

（四）对每一提案的审议经过、发言要点和表决结果；

（五）股东的质询意见或建议以及相应的答复或说明；

（六）计票人、监票人姓名；

（七）本章程规定应当载入会议记录的其他内容。

第七十六条　召集人应当保证会议记录内容真实、准确和完整。出席会议人员应当在会议记录上签名。会议记录应当与会议登记册及代理出席的委托书一并保存，保存期限不少于 10 年。

第七十七条　召集人应当保证股东大会连续举行，直至形成最终决议。因不可抗力等特殊原因导致股东大会中止或不能做出决议的，应采取必要措施尽快恢复召开股东大会或直接终止本次股东大会。

第六节　股东大会的表决和决议

第七十八条　股东大会决议分为普通决议和特别决议。

股东大会做出普通决议，应当由出席股东大会的股东（包括股东代理人）所持表决权的 1/2 以上通过。

股东大会做出特别决议，应当由出席股东大会的股东（包括股东代理人）所持表决权的 2/3 以上通过。

第七十九条　下列事项由股东大会以普通决议通过：

（一）董事会和监事会的工作报告；

（二）董事会拟定的利润分配方案和弥补亏损方案；

（三）董事会和监事会成员的任免及其报酬和支付方法；

（四）公司年度预算方案、决算方案；

（五）公司年度报告；

（六）审议批准公司与关联人发生的金额在【　】万元以上，且占公司最近一期经审计净资产绝对值5%以上的关联交易；

（七）除授权董事会审议之外公司进行的购买或出售资产、对外担保、对外投资（含委托理财、委托贷款等）、提供财务资助、租人或租出资产、签订管理方面的合同（含委托经营、受托经营等）、赠予或受赠资产、债权或债务重组、研究与开发项目的转移、签订许可协议等交易（公司受赠现金资产除外）行为；

（八）认定需要以特别决议通过的对公司产生重大影响的本章程未有明确规定的事项；

（九）除法律、行政法规规定或者本章程规定应当以特别决议通过以外的其他事项。

第八十条　下列事项由股东大会以特别决议通过：

（一）公司增加或者减少注册资本；

（二）公司的分立、合并、解散和清算；

（三）本章程的修改；

（四）公司在一年内购买、出售重大资产或者担保金额超过公司最近一期经审计总资产30%的；

（五）股权激励计划；

（六）法律、行政法规或本章程规定的，以及股东大会以普通决议认定会对公司产生重大影响的、需要以特别决议通过的其他事项。

第八十一条　股东（包括股东代理人）以其所代表的有表决权的股份数额行使表决权，每一股份享有一票表决权。

公司持有的本公司股份没有表决权，且该部分股份不计入出席股东大会有表决权的股份总数。

第八十二条　股东大会审议关联交易事项时，关联股东不应当参与投票表决，其所代表的有表决权的股份数不计入有效表决总数。

第八十三条　股东大会审议关联交易事项按照以下程序办理：

（一）董事会或其他召集人应当对拟提交股东大会审议的有关事项是否构成关联交易做出判断，在判断时股东的持股数以股东名册的数额为准；

（二）如根据判断拟提交股东大会审议的有关事项构成关联交易，则董事会或其他召集人应当书面通知关联股东，并要求其回复是否申请豁免回避；

（三）董事会或其他召集人应当在发出股东大会通知前完成上述工作，并在股东大会通知中对相关结果予以说明；

（四）在股东大会对关联交易事项进行表决时，扣除关联股东所代表的有表决权的股份数后，由出席股东大会的非关联股东按本章程的相关规定表决。

第八十四条　除公司处于危机等特殊情况外，非经股东大会以特别决议批准，公司不得与董事、总经理和其他高级管理人员以外的人订立将公司全部或者重要业务的管理交予该人负责的合同。

第八十五条　董事、监事候选人名单以提案的方式提请股东大会表决。

董事会、单独或合并持有公司股份10%以上且持股时间超过12个月的股东可以提名董事候选人；监事会、单独或合并持有公司股份5%以上的股东可以提名由股东代表出任的监事候选人。

第八十六条　股东大会就选举董事、监事进行表决时，根据本章程的规定或者股东大会的决议，可以实行累积投票制。

前款所称累积投票制是指股东大会选举董事或者监事时，每一股份拥有与应选董事或者监事人数相同的表决权，股东拥有的表决权可以集中使用。董事会应当向股东公告候选董事、监事的简历和基本情况。

第八十七条　除累积投票制外，股东大会应当对所有提案进行逐项表决；对同一事项有不同提案的，应当按提案提出的时间顺序进行表决。除因不可抗力等特殊原因导致股东大会中止或不能做出决议外，股东大会不得对提案进行搁置或不予表决。

第八十八条　股东大会审议提案时不得对提案进行修改，否则有关变更应当被视为一个新的提案，不得在本次股东大会上进行表决。

第八十九条　股东大会采取记名方式投票表决。

第九十条　股东大会对提案进行表决前，应当推举两名股东代表参加计票和监票。审议事项与股东有利害关系的，相关股东及代理人不得参加计票、监票。

股东大会对提案进行表决时，应当由股东代表与监事代表共同负责计票、监票，并当场公布表决结果，决议的表决结果载入会议记录。

第九十一条　会议主持人应当宣布每一提案的表决情况和结果，并根据表决结果宣布提案是否通过。

第九十二条　出席股东大会的股东，应当对提交表决的提案发表以下意见之一：同意、反对或弃权。

未填、错填、字迹无法辨认的表决票、未投的表决票均视为投票人放弃表决权利，其所持股份数的表决结果应计为"弃权"。

第九十三条　会议主持人如果对提交表决的决议结果有任何怀疑，可以对所投票数组织点票；如果会议主持人未进行点票，出席会议的股东或其代理人对会议主持人宣布结果有异议的，有权在宣布表决结果后立即要求点票，会议主持人应当立即组织点票。

第九十四条　股东大会通过有关董事、监事选举提案的，新任董事、监事就任时间为股东大会表决通过之日。

第九十五条　股东大会通过有关派现、送股或资本公积转增股本提案的，公司将在股东大会结束后2个月内实施。

第五章 董事会

第一节 董 事

第九十六条 公司董事为自然人，有下列情形之一的，不得担任公司的董事：

（一）无民事行为能力或者限制民事行为能力；

（二）因贪污、贿赂、侵占财产、挪用财产或者破坏社会主义市场经济秩序，被判处刑罚，执行期满未逾 5 年，或者因犯罪被剥夺政治权利，执行期满未逾 5 年；

（三）担任破产清算的公司、中小企业的董事或者厂长、经理，对该公司、中小企业的破产负有个人责任的，自该公司、中小企业破产清算完结之日起未逾 3 年；

（四）担任因违法被吊销营业执照、责令关闭的公司、中小企业的法定代表人，并负有个人责任的，自该公司、中小企业被吊销营业执照之日起未逾 3 年；

（五）个人所负数额较大的债务到期未清偿；

（六）被证监会处以证券市场禁入处罚，期限未满的；

（七）最近 36 个月内受到中国证监会行政处罚，或者最近 12 个月内受到证券交易所公开谴责；

（八）因涉嫌犯罪被司法机关立案侦查或者涉嫌违法违规被中国证监会立案调查，尚未有明确结论意见；

（九）法律、行政法规或部门规章规定的其他内容。

违反本条规定选举、委派或者聘任董事的，该选举、委派或者聘任无效。董事在任职期间出现本条情形的，公司解除其职务。

第九十七条 董事由股东大会选举或更换，任期 3 年。董事任期届满，可连选连任。董事在任期届满以前，股东大会不得无故解除其职务。

董事任期从就任之日起计算，至本届董事会任期届满时为止。董事任期届满未及时改选，在改选出的董事就任前，原董事仍应当依照法律、行政法规、部门规章和本章程的规定，履行董事职务。

第九十八条 非因任期届满更换，一年内更换的董事人数一般不得超过董事总数的三分之一。

第九十九条 董事应当遵守法律、行政法规和本章程，对公司负有下列忠实义务：

（一）不得利用职权收受贿赂或者其他非法收入，不得侵占公司的财产；

（二）不得挪用公司资金；

（三）不得将公司资产或者资金以其个人名义或者其他个人名义开立账户存储；

（四）不得违反本章程的规定，未经股东大会或董事会同意，将公司资金借贷给他人或者以公司财产为他人提供担保；

（五）不得违反本章程的规定或未经股东大会同意，与本公司订立合同或者进行交易；

（六）未经股东大会同意，不得利用职务便利，为自己或他人谋取本应属于公司的商业机会，自营或者为他人经营与本公司同类的业务；

（七）不得接受与公司交易的佣金归为己有；

（八）不得擅自披露公司秘密；

（九）不得利用其关联关系损害公司利益；

（十）法律、行政法规、部门规章及本章程规定的其他忠实义务。

董事违反本条规定所得的收入，应当归公司所有；给公司造成损失的，应当承担赔偿责任。

第一百条　董事应当遵守法律、行政法规和本章程，对公司负有下列勤勉义务：

（一）应谨慎、认真、勤勉地行使公司赋予的权利，以保证公司的商业行为符合国家法律、行政法规以及国家各项经济政策的要求，商业活动不超过营业执照规定的业务范围；

（二）应公平对待所有股东；

（三）及时了解公司业务经营管理状况；

（四）保证公司所披露的信息真实、准确、完整；

（五）应当如实向监事会提供有关情况和资料，不得妨碍监事会或者监事行使职权；

（六）法律、行政法规、部门规章及本章程规定的其他勤勉义务。

第一百零一条　董事连续两次未能亲自出席，也不委托其他董事出席董事会会议，视为不能履行职责，董事会应当建议股东大会予以撤换。

第一百零二条　董事可以在任期届满以前提出辞职，董事辞职应向董事会提交书面辞职报告。

如因董事的辞职导致公司董事会低于法定最低人数时，在改选出的董事就任前，原董事仍应当依照法律、行政法规、部门规章和本章程规定，履行董事职务。

除前款所列情形外，董事辞职自辞职报告送达董事会时生效。

第一百零三条　未经本章程规定或者董事会的合法授权，任何董事不得以个人名义代表公司或者董事会行事。董事以其个人名义行事时，在第三方会合理地认为该董事在代表公司或者董事会行事的情况下，该董事应当事先声明其立场和身份。

第一百零四条　董事执行公司职务时违反法律、行政法规、部门规章或本章程的规定，给公司造成损失的，应当承担赔偿责任。

第一百零五条　董事依法承担履行职务所产生的责任。

第二节　董事会

第一百零六条　公司设董事会，对股东大会负责。

第一百零七条　董事会由【　】名董事组成，其中，董事长1名，独立董事【　】名。

第一百零八条　董事会行使下列职权：

（一）召集股东大会，并向股东大会报告工作；

（二）执行股东大会的决议；

（三）决定公司的经营计划和投资方案；

（四）制订公司的年度财务预算方案、决算方案；

（五）制订公司的利润分配方案和弥补亏损方案；

（六）制订公司增加或者减少注册资本、发行债券或其他证券及上市方案；

（七）拟订公司重大收购、收购本公司股票或者合并、分立、解散及变更公司形式的方案；

（八）在股东大会授权范围内，决定公司对外投资、收购出售资产、资产抵押、对外担保事项、委托理财、关联交易等事项；

（九）决定公司内部管理机构的设置；

（十）聘任或者解聘总经理，根据总经理的提名聘任或者解聘副总经理、财务总监等高级管理人员，并决定其报酬事项和奖惩事项；

（十一）制订公司的基本管理制度；

（十二）制订本章程的修改方案；

（十三）管理公司信息披露事项，依法披露定期报告和临时报告；

（十四）负责投资者关系管理工作；

（十五）向股东大会提请聘请或更换为公司审计的会计师事务所；

（十六）听取总经理的工作汇报，并检查总经理的工作；

（十七）对公司治理机制是否给所有股东提供合适的保护和平等权利，以及公司治理结构是否合理、有效等情况，进行讨论和评估；

（十八）法律、行政法规、部门规章或本章程授予的其他职权。

第一百零九条　董事会应当对公司与投资者沟通的内容与方式予以审查。

公司与投资者沟通的内容主要包括：公司的发展战略、法定信息披露及说明、公司依法可以披露的经营管理信息、公司依法可以披露的重大事项、中小企业文化建设及其他。

公司与投资者沟通的方式包括但不限于：定期报告与临时报告、业绩说明会、股东大会、公司网站、一对一沟通、邮寄资料、电话咨询、现场参观及其他。

第一百一十条 公司董事会应当就注册会计师对公司财务报告出具的非标准审计意见向股东大会作出说明。

第一百一十一条 公司制订董事会议事规则，以确保董事会落实股东大会决议，提高工作效率，保证科学决策。董事会议事规则作为本章程的附件，报股东大会批准。

第一百一十二条 董事会应当确定对外投资、收购出售资产、资产抵押、对外担保事项、委托理财、关联交易的权限，建立严格的审查和决策程序；重大投资项目应当组织有关专家、专业人员进行评审，并报股东大会批准。

第一百一十三条 董事长由全体董事过半数选举产生。

第一百一十四条 董事长行使下列职权：

（一）主持股东大会，召集、主持董事会会议；

（二）督促、检查董事会决议的执行；

（三）签署公司股票、债券及其他有价证券；

（四）签署董事会通过的重要文件，以及其他应由公司董事长签署的文件；

（五）在发生特大自然灾害等不可抗力的紧急情况下，对公司事务行使符合法律规定和公司利益的特别处置权，并在事后向公司董事会和股东大会报告；

（六）董事会授予的其他职权。

第一百一十五条 董事长不能履行职务或者不履行职务的，由半数以上董事共同推举一名董事履行职务。

第一百一十六条 董事会每年至少召开二次会议，由董事长召集，于会议召开10日以前书面通知全体董事和监事。通知方式为专人、传真、邮件或电子邮件方式送出。

第一百一十七条 代表1/10以上表决权的股东、1/3以上董事、1/2以上独立董事或者监事会，可以提议召开董事会临时会议。董事长应当自接到提议后10日内，召集和主持董事会会议。

第一百一十八条 董事会召开临时董事会会议的通知方式为专人、传真、邮件或电子邮件方式送出，通知时限为会议召开前3日。

第一百一十九条 董事会会议通知包括以下内容：

（一）会议日期和地点；

（二）会议期限；

（三）事由及议题；

（四）发出通知的日期。

第一百二十条　董事会会议应当有过半数的董事出席方可举行。董事会做出决议，应当经全体董事过半数通过。

董事会表决，实行一人一票。

第一百二十一条　董事与董事会会议决议事项所涉及的中小企业有关联关系的，不得对该项决议行使表决权，也不得代理其他董事行使表决权。该董事会会议由过半数的无关联关系董事出席即可举行，董事会会议所作决议应当经无关联关系董事过半数通过。出席董事会的无关联董事人数不足 3 人的，应当将该事项提交股东大会审议。

第一百二十二条　董事会决议表决方式为举手表决。

董事会临时会议在保障董事充分表达意见的前提下，可以传真方式进行表决并做出决议，并由与会董事签字。

第一百二十三条　董事会会议应当由董事本人出席。董事因故不能出席，可以书面委托其他董事代为出席；委托书中应载明代理人的姓名、代理事项、授权范围和有效期限，并由委托人签名或盖章。代为出席会议的董事应当在授权范围内行使董事的权利。董事未出席董事会会议，也未委托代表出席的，视为放弃在该次会议上的表决权。

第一百二十四条　董事会应当有会议记录，出席会议的董事应当在会议记录上签名。出席会议的董事有权要求在会议记录上对其发言做出说明性记载。

董事会会议记录作为公司档案保存，保存期限不少于 10 年。

第一百二十五条　董事会会议记录包括以下内容：

（一）会议召开的日期、地点和召集人姓名；

（二）出席董事的姓名以及受他人委托出席董事会的董事姓名；

（三）会议议程；

（四）董事发言要点；

（五）每一决议事项的表决方式和结果，表决结果应载明赞成、反对或弃权的票数。

第三节　董事会秘书

第一百二十六条　董事会设董事会秘书。董事会秘书是公司高级管理人员，对董事会负责。

第一百二十七条　董事会秘书应当具有必备的专业知识和经验，由董事会委任。

本章程规定不得担任公司董事的情形适用于董事会秘书。

第一百二十八条 董事会秘书的主要职责是：

（一）准备和递交国家有关部门要求的董事会和股东大会出具的报告和文件；

（二）筹备董事会会议和股东大会，并负责会议的记录和会议文件、记录的保管；

（三）负责公司信息披露事务，保证公司信息披露的及时、准确、合法、真实和完整；

（四）保证有权得到公司有关记录和文件的人及时得到有关文件和记录；

（五）公司章程规定的其他职责。

第一百二十九条 公司董事或者其他高级管理人员可以兼任公司董事会秘书。公司聘请的会计师事务所的注册会计师和律师事务所的律师不得兼任公司董事会秘书。

第一百三十条 董事会秘书由董事长提名，经董事会聘任或者解聘。

董事兼任董事会秘书的，如某一行为需由董事、董事会秘书分别作出时，则该兼任董事及公司董事会秘书的人不得以双重身份作出。

第六章 总经理及其他高级管理人员

第一百三十一条 公司设总经理1名，由董事会聘任或解聘。

公司设副总经理若干名，由董事会聘任或解聘。

总经理、副总经理、财务总监、董事会秘书为公司高级管理人员。

第一百三十二条 本章程第九十条规定的不得担任董事的情形适用于高级管理人员。

本章程第九十五条关于董事的忠实义务和第九十六条第（四）款至第（六）款关于勤勉义务的规定适用于高级管理人员。

第一百三十三条 在公司控股股东、实际控制人单位担任除董事以外其他职务的人员，不得担任公司的高级管理人员。

第一百三十四条 总经理每届任期3年，连聘可以连任。

第一百三十五条 总经理对董事会负责，行使下列职权：

（一）主持公司的经营管理工作，组织实施董事会决议，并向董事会报告工作；

（二）组织实施公司年度经营计划和投资方案；

（三）拟订公司内部管理机构设置方案；

（四）拟订公司的基本管理制度；

（五）制定公司的具体规章；

（六）提请董事会聘任或者解聘公司副总经理、财务总监；

（七）决定聘任或者解聘除应由董事会决定聘任或者解聘以外的负责管理人员；

（八）本章程或董事会授予的其他职权。

总经理列席董事会会议。

第一百三十六条　公司应当制定总经理工作细则，报董事会批准。

第一百三十七条　总经理工作细则包括下列内容：

（一）总经理会议召开的条件、程序和参加的人员；

（二）总经理及其他高级管理人员各自具体的职责及其分工；

（三）公司资金、资产运用，签订重大合同的权限，以及向董事会、监事会的报告制度；

（四）董事会认为必要的其他事项。

第一百三十八条　总经理可以在任期届满以前提出辞职。有关总经理辞职的具体程序和办法由总经理与公司之间的劳动合同规定。

第一百三十九条　高级管理人员执行公司职务时违反法律、行政法规、部门规章或本章程的规定，给公司造成损失的，应当承担赔偿责任。

第七章　监事会

第一节　监　事

第一百四十条　本章程第九十条规定的不得担任董事的情形适用于监事。

董事、总经理和其他高级管理人员不得兼任监事。

第一百四十一条　监事应当遵守法律、行政法规和本章程，对公司负有忠实义务和勤勉义务，不得利用职权收受贿赂或者其他非法收入，不得侵占公司的财产。

第一百四十二条　监事的任期每届为3年。监事任期届满，连选可以连任。

第一百四十三条　监事任期届满未及时改选，或者监事在任期内辞职导致监事会成员低于法定人数的，在改选出的监事就任前，原监事仍应当依照法律、行政法规和本章程的规定，履行监事职务。

第一百四十四条　监事应当保证公司披露的信息真实、准确、完整。

第一百四十五条　监事可以列席董事会会议，并对董事会审议事项提出质询或者建议。

第一百四十六条　监事不得利用其关联关系损害公司利益，如给公司造成损失，应当承担赔偿责任。

第一百四十七条　监事执行公司职务时违反法律、行政法规、部门规章或本章程的规定，给公司造成损失的，应当承担赔偿责任。

第二节　监事会

第一百四十八条　公司设监事会。监事会由【　】名监事组成，监事会设主席 1 人。监事会主席由全体监事过半数选举产生。

监事会应当包括股东代表和适当比例的公司职工代表，其中职工代表 3 名。监事会中的职工代表由公司职工通过职工代表大会选举产生。

监事会主席召集和主持监事会会议。监事会主席不能履行职务或者不履行职务的，由半数以上监事共同推举一名监事召集和主持监事会会议。

第一百四十九条　监事会行使下列职权：

（一）检查公司财务；

（二）对董事、高级管理人员执行公司职务的行为进行监督，对违反法律、行政法规、本章程或者股东大会决议的董事、高级管理人员提出罢免的建议；

（三）当董事、高级管理人员的行为损害公司的利益时，要求董事、高级管理人员予以纠正；

（四）提议召开临时股东大会，在董事会不履行《公司法》规定的召集和主持股东大会职责时召集和主持股东大会；

（五）列席董事会会议；

（六）对董事会编制的公司定期报告进行审核并提出书面审核意见；

（七）向股东大会提出提案；

（八）依照《公司法》第一百五十二条的规定，对董事、高级管理人员提起诉讼；

（九）发现公司经营情况异常，可以进行调查；必要时，可以聘请会计师事务所、律师事务所等专业机构协助其工作，费用由公司承担；

（十）法律、行政法规、部门规章或本章程授予的其他职权。

第一百五十条　监事会每 6 个月至少召开一次会议。监事可以提议召开临时监事会会议。监事会会议通知应当在会议召开十日以前书面送达全体监事。召开监事会临时会议以书面形式通知，形成决议或审核问题可在 5 日前告知；非形成决议的在 3 日前告知。

监事会决议应当经半数以上监事通过。

第一百五十一条　公司制定监事会议事规则，明确监事会的议事方式和表决程序，以确保监事会的工作效率和科学决策。

第一百五十二条　监事会应当将所议事项的决定作成会议记录，出席会议的监事应当在会议记录上签名。监事有权要求在会议记录上对其发言做出说明性记载。

监事会会议记录作为公司档案保存，保存期限不少于 10 年。

第一百五十三条　监事会会议记录包括以下内容：

（一）会议召开的日期、地点和召集人姓名；

（二）出席监事的姓名以及受他人委托出席监事会的监事姓名；

（三）会议议程；

（四）监事发言要点；

（五）每一决议事项的表决方式和结果，表决结果应载明赞成、反对或弃权的票数。

第八章　财务会计制度、利润分配和审计

第一节　财务会计制度

第一百五十四条　公司依照法律、行政法规和国家有关部门的规定，制定公司的财务会计制度。

第一百五十五条　公司在每一会计年度前 6 个月结束后 60 日以内编制公司的中期财务报告；在每一会计年度结束后 120 日以内编制公司年度财务报告。编制财务会计报告，并依法经会计师事务所审计。

公司的财务会计报告应当在召开年度股东大会会议的 20 日前置备于公司，供股东查阅。

第一百五十六条　公司年度财务报告以及进行中期利润分配的中期财务报告，包括下列内容：

（一）资产负债表；

（二）利润表；

（三）利润分配表；

（四）财务状况变动表（或现金流量表）；

（五）会计报表附注。

公司不进行中期利润分配的，中期财务报告包括上款除第（三）项以外的会计报表及附注。

第一百五十七条　中期财务报告和年度财务报告按照有关法律、法规的规定进行编制。

第一百五十八条　公司除法定的会计账簿外，不得另立会计账簿。公司的资产不得以任何个人名义开立账户存储。

第一百五十九条　公司分配当年税后利润时，应当提取利润的 10% 列入公司法定公积金。公司法定公积金累计额为公司注册资本的 50% 以上的，可以不再提取。

公司的法定公积金不足以弥补以前年度亏损的，在依照前款规定提取法定公积金之前，应当先用当年利润弥补亏损。

公司从税后利润中提取法定公积金后，经股东大会决议，还可以从税后利润中提取任意公积金。

公司弥补亏损和提取公积金后所余税后利润，按照股东持有的股份比例分配，但本章程规定不按持股比例分配的除外。

股东大会违反前款规定，在公司弥补亏损和提取法定公积金之前向股东分配利润的，股东必须将违反规定分配的利润退还公司。

公司持有的本公司股份不参与分配利润。

第一百六十条　公司的公积金用于弥补公司的亏损、扩大公司生产经营或者转为增加公司资本，但是资本公积金不得用于弥补公司的亏损。

法定公积金转为资本时，所留存的该项公积金将不少于转增前公司注册资本的25%。

第一百六十一条　公司股东大会对利润分配方案做出决议后，公司董事会应当在股东大会召开后2个月内完成股利或股份的派发事项。

第一百六十二条　公司可以采取现金或者股票方式分配股利。

第二节　内部审计

第一百六十三条　公司实行内部审计制度，配备专职审计人员，对公司财务收支和经济活动进行内部审计监督。

第一百六十四条　公司内部审计制度和审计人员的职责，应当经董事会批准后实施。审计负责人向董事会负责并报告工作。

第三节　会计师事务所的聘任

第一百六十五条　公司聘用取得"从事证券相关业务资格"的会计师事务所进行会计报表审计、净资产验证及其他相关的咨询服务等业务，聘期1年，可以续聘。

第一百六十六条　公司聘用会计师事务所应当由股东大会决定，董事会不得在股东大会决定前委任会计师事务所。

第一百六十七条　公司应当向聘用的会计师事务所提供真实、完整的会计凭证、会计账簿、财务会计报告及其他会计资料，不得拒绝、隐匿或谎报。

第一百六十八条　会计师事务所的审计费用由股东大会决定。

第一百六十九条　公司解聘或者不再续聘会计师事务所时，提前10天事先通知会计师事务所，公司股东大会就解聘会计师事务所进行表决时，允许会计师事务所陈述意见。

会计师事务所提出辞聘的，公司应当要求会计师事务所向公司股东大会说明公司有无不当情形。

第九章　通　　知

第一节　通　　知

第一百七十条　公司的通知以下列形式发出：

（一）以专人送出；

（二）以传真送出；

（三）以邮件方式送出；

（四）以电子邮件送出；

（五）以公告方式发出；

（六）本章程规定的其他形式。

公司发出的通知以公告方式进行的，已经公告，视为所有相关人员收到通知。

第一百七十一条　公司召开股东大会的会议通知，以专人、传真、邮件、电子邮件、公告等方式送出。

第一百七十二条　公司召开董事会的会议通知，以专人、传真、邮件或电子邮件、公告等方式送出。

第一百七十三条　公司召开监事会的会议通知，以专人、传真、邮件或电子邮件、公告等方式送出。

第一百七十四条　公司通知以专人送出的，由被送达人在送达回执上签名或盖章，被送达人签收日期为送达日期；公司通知以传真方式送出的，自传真发送之日起第 2 个工作日为送达日期；公司通知以邮件送出的，自交付邮局之日起第 5 个工作日或被送达人签收日期为送达日期；公司通知以电子邮件送出的，自电子邮件发送之日起第 2 个工作日为送达日期；公司通知以公告方式送达的，第一次公告刊登日为送达日期。

第一百七十五条　因意外遗漏未向某有权得到通知的人送出会议通知或者该人没有收到会议通知，会议及会议作出的决议并不因此无效。

第二节　公　　告

第一百七十六条　公司应当在全国中小企业股份转让系统指定的信息披露平台依法披露信息。公司依法编制并披露定期报告和临时报告。

公司制定《信息披露事务管理制度》具体规范公司的信息披露事务。

第一百七十七条　董事会为公司的信息披露负责机构，公司董事会秘书具体负责信息披露相关事务。

第十章　合并、分立、增资、减资、解散和清算

第一节　合并、分立、增资和减资

第一百七十八条　公司合并可以采取吸收合并或者新设合并方式。

一个公司吸收其他公司为吸收合并，被吸收的公司解散。两个以上公司合并设立一个新的公司为新设合并，合并各方解散。

第一百七十九条　公司合并，应当由合并各方签订合并协议，并编制资产负债表及财产清单。公司应当自做出合并决议之日起10日内通知债权人，并于30日内在报纸上公告。债权人自接到通知书之日起30日内，未接到通知书的自公告之日起45日内，可以要求公司清偿债务或者提供相应的担保。

第一百八十条　公司合并时，合并各方的债权、债务，由合并后存续的公司或者新设的公司承继。

第一百八十一条　公司分立，其财产作相应的分割。

公司分立，应当编制资产负债表及财产清单。公司应当自做出分立决议之日起10日内通知债权人，并于30日内在报纸上公告。

第一百八十二条　公司分立前的债务由分立后的公司承担连带责任。但是，公司在分立前与债权人就债务清偿达成的书面协议另有约定的除外。

第一百八十三条　公司需要减少注册资本时，应当编制资产负债表及财产清单。

公司应当自做出减少注册资本决议之日起10日内通知债权人，并于30日内在报纸上公告。债权人自接到通知书之日起30日内，未接到通知书的自公告之日起45日内，有权要求公司清偿债务或者提供相应的担保。

公司减资后的注册资本不得低于法定的最低限额。

第一百八十四条　公司合并或者分立，登记事项发生变更的，应当依法向公司登记机关办理变更登记；公司解散的，应当依法办理公司注销登记；设立新公司的，应当依法办理公司设立登记。

公司增加或者减少注册资本，应当依法向公司登记机关办理变更登记。

第二节　解散和清算

第一百八十五条　公司因下列原因解散：

（一）本章程规定的营业期限届满或者本章程规定的其他解散事由出现；

（二）股东大会决议解散；

（三）因公司合并或者分立需要解散；

（四）依法被吊销营业执照、责令关闭或者被撤销；

（五）公司经营管理发生严重困难，继续存续会使股东利益受到重大损失，通过其他途径不能解决的，持有公司全部股东表决权10%以上的股东，请求人民法院解散公司。

第一百八十六条　公司存在第一百八十五条第（一）款情形的，可以通过修改本章程而存续。

依照前款规定修改本章程，应当经出席股东大会会议的股东所持表决权的2/3以上通过。

第一百八十七条　公司因第一百八十五条第（一）款、第（二）款、第（四）款、第（五）款规定而解散的，应当在解散事由出现之日起15日内成立清算组，开始清算。清算组由董事或者股东大会确定的人员组成。逾期不成立清算组进行清算的，债权人可以申请人民法院指定有关人员组成清算组进行清算。

第一百八十八条　清算组在清算期间行使下列职权：

（一）清理公司财产，分别编制资产负债表和财产清单；

（二）通知、公告债权人；

（三）处理与清算有关的公司未了结的业务；

（四）清缴所欠税款以及清算过程中产生的税款；

（五）清理债权、债务；

（六）处理公司清偿债务后的剩余财产；

（七）代表公司参与民事诉讼活动。

第一百八十九条　清算组应当自成立之日起10日内通知债权人，并于60日内在报纸上公告。债权人应当自接到通知书之日起30日内，未接到通知书的自公告之日起45日内，向清算组申报其债权。

债权人申报债权，应当说明债权的有关事项，并提供证明材料。清算组应当对债权进行登记。

在申报债权期间，清算组不得对债权人进行清偿。

第一百九十条　清算组在清理公司财产、编制资产负债表和财产清单后，应当制定清算方案，并报股东大会或者人民法院确认。

公司财产在分别支付清算费用、职工的工资、社会保险费用和法定补偿金，缴纳所欠税款，清偿公司债务后的剩余财产，公司按照股东持有的股份比例分配。

清算期间，公司存续，但不能开展与清算无关的经营活动。公司财产在未按前款规定清偿前，不得分配给股东。

第一百九十一条　清算组在清理公司财产、编制资产负债表和财产清单后，发现公司财产不足清偿债务的，应当依法向人民法院申请宣告破产。

公司经人民法院裁定宣告破产后，清算组应当将清算事务移交给人民法院。

第一百九十二条　公司清算结束后，清算组应当制作清算报告，报股东大会或者人民法院确认，并报送公司登记机关，申请注销公司登记，公告公司终止。

第一百九十三条　清算组成员应当忠于职守，依法履行清算义务。

清算组成员不得利用职权收受贿赂或者其他非法收入，不得侵占公司财产。

清算组成员因故意或者重大过失给公司或者债权人造成损失的，应当承担赔偿责任。

第一百九十四条　公司被依法宣告破产的，依照有关中小企业破产的法律实施破产清算。

第十一章　修改章程

第一百九十五条　有下列情形之一的，公司应当修改本章程：

（一）《公司法》或有关法律、行政法规修改后，本章程规定的事项与修改后的法律、行政法规的规定相抵触；

（二）公司的情况发生变化，与本章程记载的事项不一致；

（三）股东大会决定修改本章程。

第一百九十六条　股东大会决议通过的章程修改事项应经主管机关审批的，应当报主管机关批准；涉及公司登记事项的，应当依法办理变更登记。

第一百九十七条　董事会依照股东大会修改本章程的决议和有关主管机关的审批意见修改本章程。

第一百九十八条　章程修改事项属于法律、法规要求披露的信息，按规定予以公告。

第十二章　附　　则

第一百九十九条　在本章程中，下列词语具有以下含义：

（一）控股股东，是指其持有的股份占公司股本总额50%以上的股东；持有股份的比例虽然不足50%，但依其持有的股份所享有的表决权已足以对股东大会的决议产生重大影响的股东。

（二）实际控制人，是指虽不是公司的股东，但通过投资关系、协议或者其他安排，能够实际支配公司行为的人。

（三）关联关系，是指公司控股股东、实际控制人、董事、监事、高级管理人员与其直接或者间接控制的中小企业之间的关系，以及可能导致公司利益转移的其他关系。但是，国家控股的中小企业之间不仅因为同受国家控股而具有关联关系。

（四）关联交易，指公司及其控股子公司与关联方之间发生的转移资源或义务的事项，包括但不限于下列事项：

1. 购买或销售商品；

2. 购买或销售除商品以外的其他资产；

3. 提供或接受劳务；

4. 代理；

5. 租赁；

6. 提供资金（贷款或股权投资）；

7. 提供担保；

8. 签订管理方面的合同；

9. 研究与开发项目的转移；

10. 签订许可协议；

11. 赠予；

12. 债务重组；

13. 委托或受托购买、出售；

14. 与关联方共同投资；

15. 关键管理人员报酬；

16. 其他可能导致资源或义务转移的事项。

第二百条　本章程所称"以上"、"以内"、"以下"均含本数，"不满"、"以外"、"低于"、"多于"不含本数。

第二百零一条　本章程由公司董事会负责解释。

第二百零二条　本章程附件包括股东大会议事规则、董事会议事规则和监事会议事规则。

第二百零三条　本章公司章程自股东大会审议通过之日起施行。

【】股份有限公司（盖 章）：

法定代表人签字：

【】年【】月【】日

（二）股东大会议事规则

第一章　总　　则

第一条　为保障【　】股份有限公司（以下简称公司）股东能够依法行使权利，确保股东大会能够高效规范运作和科学决策，完善公司治理结构，根据《中华人民共和国公司法》（以下简称《公司法》）、《非上市公众公司监督管理办法》、《非上市公众公司监管指引第 3 号》、《全国中小企业股份转让系统业务规则（试行）》、《全国中小企业股份转让系统挂牌公司信息披露细则（试行）》等法律、法规、规范性文件和《【　】股份有限公司章程》（以下简称公司章程）的规定，结合公司实际情况，制定本规则。

第二条　股东大会是公司的最高权力机构，依照《公司法》及公司章程行使下列职权：

（一）决定公司的经营方针和投资计划；

（二）选举和更换董事、非由职工代表担任的监事，决定有关董事、监事的报酬事项；

（三）审议批准董事会的报告；

（四）审议批准监事会报告；

（五）审议批准公司的年度财务预算方案、决算方案；

（六）审议批准公司的利润分配方案和弥补亏损方案；

（七）对公司增加或者减少注册资本作出决议；

（八）对发行公司债券作出决议；

（九）对公司合并、分立、解散、清算或者变更公司形式作出决议；

（十）修改公司章程；

（十一）对公司聘用、解聘会计师事务所作出决议；

（十二）审议公司在一年内购买、出售及处置重大资产超过公司最近一期经审计总资产 30% 的事项；

（十三）审议单笔交易金额在人民币 500 万元以上的公司对外投资事项；

（十四）审议批准公司拟与关联法人发生的单笔或与同一关联法人连续 12 个月内发生交易标的相同累计计算的交易金额在 1 000 万元人民币以上，且占公司最近一期经审计净资产绝对值 5% 以上的关联交易（公司获赠现金资产和提供担保除外）；

（十五）审议批准公司拟与关联自然人发生的单笔或与同一关联法人连续 12 个月内累计计算的交易金额在 300 万元人民币以上的关联交易（公司获赠现金资产和提供担保除外）；

（十六）审议股权激励计划；

（十七）审议公司年度贷款计划；

（十八）审议法律、行政法规、部门规章或公司章程规定应当由股东大会决定的其他事项。

上述股东大会的职权不得通过授权的形式由董事会或其他机构和个人代为行使。

第三条 公司下列对外担保行为，须经董事会审议通过后提交股东大会审议通过：

（一）公司及公司控股子公司的对外担保总额，达到或超过最近一期经审计净资产的50%以后提供的任何担保；

（二）公司的对外担保总额，达到或超过最近一期经审计总资产的30%以后提供的任何担保；

（三）为资产负债率超过70%的担保对象提供的担保；

（四）单笔担保额超过公司最近一期经审计净资产10%的担保；

（五）对关联方、股东、实际控制人及其关联方提供的担保。

第四条 公司发生的交易（公司受赠现金资产除外）达到下列标准之一的，应当提交股东大会审议：

（一）交易涉及的资产总额占公司最近一期经审计总资产的50%以上，该交易涉及的资产总额同时存在账面值和评估值的，以较高者作为计算数据；

（二）交易标的（如股权）在最近一个会计年度相关的营业收入占公司最近一个会计年度经审计营业收入的50%以上，且绝对金额超过3 000万元人民币；

（三）交易标的（如股权）在最近一个会计年度相关的净利润占公司最近一个会计年度经审计净利润的50%以上，且绝对金额超过300万元人民币；

（四）交易的成交金额（含承担债务和费用）占公司最近一期经审计净资产的50%以上，且绝对金额超过3 000万元人民币；

（五）交易产生的利润占公司最近一个会计年度经审计净利润的50%以上，且绝对金额超过300万元人民币。

上述指标计算中涉及的数据如为负值，取其绝对值计算。

第五条 股东大会应当在《公司法》和公司章程规定的范围内行使职权。

第六条 股东大会分为年度股东大会和临时股东大会。年度股东大会每年召开一次，应当于上一会计年度结束后的六个月内举行。

第七条 有下列情形之一的，公司应当在事实发生之日起两个月内召开临时股东大会：

（一）董事会人数不足《公司法》规定的法定最低人数或少于公司章程要求的数额2/3时；

（二）公司未弥补的亏损累计达到股本总额1/3时；

（三）持有公司股份10%以上的股东请求时；

（四）董事会认为必要时；

（五）监事会提议召开时；

（六）法律、行政法规、部门规章或公司章程规定的其他情形。

第八条　股东（含代理人）出席股东大会，依法享有知情权、发言权、质询权和表决权等各项权利。

第九条　公司应当严格按照法律、行政法规、公司章程及本规则的相关规定召开股东大会，保证股东能够依法行使权利。公司全体董事应当勤勉尽责，确保股东大会正常召开和依法行使职权。

第二章　股东大会的召集

第十条　董事会应当在本规则第六条、第七条规定的期限内按时召集股东大会。

第十一条　监事会有权向董事会提议召开临时股东大会，并应当以书面形式向董事会提出。董事会应当根据法律、行政法规和公司章程的规定，在收到提议后十日内提出同意或不同意召开临时股东大会的书面反馈意见。

董事会同意召开临时股东大会的，应当在作出董事会决议后的五日内发出召开股东大会的通知，通知中对原提议的变更，应当征得监事会的同意。

董事会不同意召开临时股东大会，或者在收到提议后十日内未作出书面反馈的，视为董事会不能履行或者不履行召集股东大会会议职责，监事会可以自行召集和主持。

第十二条　单独或者合计持有公司10%以上股份的股东有权向董事会请求召开临时股东大会，并应当以书面形式向董事会提出。董事会应当根据法律、行政法规和公司章程的规定，在收到请求后十日内提出同意或不同意召开临时股东大会的书面反馈意见。

董事会同意召开临时股东大会的，应当在作出董事会决议后的5日内发出召开股东大会的通知，通知中对原请求的变更，应当征得相关股东的同意。

董事会不同意召开临时股东大会，或者在收到请求后十日内未作出书面反馈的，单独或者合计持有公司10%以上股份的股东有权向监事会提议召开临时股东大会，并应当以书面形式向监事会提出请求。

监事会同意召开临时股东大会的，应在收到请求5日内发出召开股东大会的通知，通知中对原请求的变更，应当征得相关股东的同意。

监事会未在规定期限内发出股东大会通知的，视为监事会不召集和主持股东大会，连续九十日以上单独或者合计持有公司10%以上股份的股东可以自行召集和主持。

第十三条　监事会或股东决定自行召集股东大会的，须书面通知董事会。在股东大会作出决议前，召集股东持股比例不得低于 10%。

第十四条　对于监事会或股东自行召集的股东大会，董事会和董事会秘书应予配合。

第十五条　监事会或股东自行召集的股东大会，会议所必需的费用由公司承担。

第三章　股东大会的提案与通知

第十六条　提案的内容应当属于股东大会职权范围，有明确议题和具体决议事项，并且符合法律、行政法规和公司章程的有关规定。

第十七条　公司召开股东大会，董事会、监事会以及单独或者合并持有公司 3% 以上股份的股东，有权向公司提出提案。

单独或者合计持有公司 3% 以上股份的股东，可以在股东大会召开 10 日前提出临时提案并书面提交召集人。连续 360 日单独或者合计持有公司 3% 以上股份的股东，可以在股东大会召开 10 日前提出关于提名董事、监事的临时提案并书面提交召集人。召集人应当在收到提案后 2 日内发出股东大会补充通知，通知临时提案的内容。

除前款规定的情形外，召集人在发出股东大会通知后，不得修改股东大会通知中已列明的提案或增加新的提案。

股东大会通知中未列明或不符合本规则第十六条规定的提案，股东大会不得进行表决并作出决议。

第十八条　召集人应当在年度股东大会召开 20 日前以公司章程规定的方式通知各股东和其他出席、列席人员，临时股东大会应当于会议召开 15 日前以公司章程规定的方式通知各股东和其他出席、列席人员。

第十九条　股东大会通知和补充通知中应当充分、完整披露所有提案的全部具体内容，以及为使股东对拟讨论的事项作出合理判断所需的全部资料或解释。

第二十条　股东大会的通知包括以下内容：

（一）会议的时间、地点和会议期限；

（二）提交会议审议的事项和提案；

（三）以明显的文字说明：全体股东均有权出席股东大会，并可以书面委托代理人出席会议和参加表决，该股东代理人不必是公司的股东；

（四）有权出席股东大会股东的股权登记日；

（五）会务常设联系人姓名，电话号码。

第二十一条　股东大会拟讨论董事、监事选举事项的，股东大会通知中应充分披露董事、监事候选人的详细资料，至少包括以下内容：

（一）教育背景、工作经历、兼职等个人情况；

（二）与本公司或本公司的控股股东及实际控制人是否存在关联关系；

（三）披露持有本公司股份数量；

（四）是否受过中国证监会及其他有关部门的处罚和证券交易所惩戒。

每位董事、监事候选人应当以单项提案提出。董事、监事候选人应在公司股东大会召开之前作出书面承诺，承诺股东大会通知中有关董事、监事候选人的资料真实、完整并保证当选后切实履行董事、监事职责。

第二十二条　股东大会通知中应当列明会议时间、地点，并确定股权登记日。股权登记日与会议日期之间的间隔应当不多于 7 个工作日。股权登记日一旦确认，不得变更。

第二十三条　发出股东大会通知后，无正当理由，股东大会不应延期或取消，股东大会通知中列明的提案不应取消。一旦出现延期或取消的情形，召集人应当在原定召开日前至少 2 个工作日之前发布通知并说明原因。延期召开股东大会的，应当在通知中公布延期后的召开日期。

第四章　股东大会的召开

第二十四条　董事会和其他召集人应当采取必要措施，保证股东大会的正常秩序。对于干扰股东大会、寻衅滋事和侵犯股东合法权益的行为，应当采取措施加以制止并及时报告有关部门查处。

第二十五条　股权登记日登记在册的所有股东或其代理人，均有权出席股东大会，并依照有关法律、法规及公司章程行使表决权。

股东可以亲自出席股东大会，也可以委托代理人代为出席和表决。

第二十六条　自然人股东亲自出席会议的，应出示本人身份证或其他能够表明其身份的有效证件或证明；委托代理他人出席会议的，应出示本人有效身份证件、股东授权委托书，代理人应在授权范围内行使表决权。

法人股东应由法定代表人或其委托的代理人出席会议。法定代表人出席会议的，应出示本人身份证、能证明其具有法定代表人资格的有效证明；委托代理人出席会议的，代理人应出示本人身份证、法人股东单位的法定代表人或负责人依法出具的书面授权委托书。

第二十七条　召集人将依据股东名册共同对股东资格的合法性进行验证，并登记股东姓名（或名称）及其所持有表决权的股份数。在会议主持人宣布现场出席会议的股东和代理人人数及所持有表决权的股份总数之前，会议登记应当终止。

第二十八条　公司召开股东大会，全体董事、监事和董事会秘书应当出席会议，总经理和其他高级管理人员应当列席会议。

第二十九条 股东大会由董事长主持。董事长不能履行职务或不履行职务时，由半数以上董事共同推举的一名董事主持。首次股东大会由出资最多的股东召集和主持。

监事会自行召集的股东大会，由监事会主席主持。监事会主席不能履行职务或者不履行职务时，由半数以上监事共同推举的一名监事主持。

股东自行召集的股东大会，由召集人推举代表主持。

召开股东大会时，会议主持人违反议事规则使股东大会无法继续进行的，经现场出席股东大会有表决权过半数的股东同意，股东大会可推举一人担任会议主持人，继续开会。

第三十条 在年度股东大会上，董事会、监事会应当就其过去一年的工作向股东大会作出报告。

第三十一条 除涉及公司商业秘密不能在股东大会公开的情形外，董事、监事、高级管理人员在股东大会上应就股东的质询和建议作出解释和说明。

第三十二条 会议主持人应当在表决前宣布现场出席会议的股东和代理人人数及所持有表决权的股份总数，现场出席会议的股东和代理人人数及所持有表决权的股份总数以会议登记为准。

第三十三条 股东大会会议记录由董事会秘书负责，应记载以下内容：

（一）会议时间、地点、议程和召集人姓名或名称；

（二）会议主持人以及出席或列席会议的董事、监事、总经理和其他高级管理人员姓名；

（三）出席会议的股东和代理人人数、所持有表决权的股份总数及占公司股份总数的比例；

（四）对每一提案的审议经过、发言要点和表决结果；

（五）股东的质询意见或建议以及相应的答复或说明；

（六）律师及计票人、监票人姓名；

（七）公司章程规定应当载入会议记录的其他内容。

第三十四条 召集人应当保证会议记录内容真实、准确和完整。出席会议的董事、监事、召集人或其代表、会议主持人应当在会议记录上签名。会议记录应当与现场出席股东的签名册及代理出席的委托书、网络及其他方式表决情况的有效资料一并保存，保存期限不少于十年。

第三十五条 召集人应当保证股东大会连续举行，直至形成最终决议。因不可抗力等特殊原因导致股东大会中止或不能作出决议的，应采取必要措施尽快恢复召开股东大会或直接终止本次股东大会，并及时公告。

第五章　股东大会的表决和决议

第三十六条　股东大会决议分为普通决议和特别决议。

股东大会作出普通决议，应当由出席股东大会的股东（包括股东代理人）所持表决权的 1/2 以上通过。

股东大会作出特别决议，应当由出席股东大会的股东（包括股东代理人）所持表决权的 2/3 以上通过。

第三十七条　下列事项由股东大会以普通决议通过：

（一）董事会和监事会的工作报告；

（二）董事会拟定的利润分配方案和弥补亏损方案；

（三）董事会和监事会成员的任免及其报酬和支付方法；

（四）公司年度预算方案、决算方案；

（五）公司年度报告；

（六）除法律、行政法规规定或者公司章程规定应当以特别决议通过以外的其他事项。

第三十八条　下列事项由股东大会以特别决议通过：

（一）公司增加或者减少注册资本；

（二）公司的分立、合并、解散和清算；

（三）公司章程的修改；

（四）公司在一年内购买、出售重大资产或担保金额超过公司最近一期经审计总资产 30% 的；

（五）股权激励计划；

（六）公司章程第四十条规定的重大担保行为；

（七）法律、行政法规或公司章程规定的、以及股东大会以普通决议认定会对公司产生重大影响的、需要以特别决议通过的其他事项。

第三十九条　股东（包括股东代理人）以其所代表的有表决权的股份数额行使表决权，每一股份享有一票表决权。

公司持有的本公司股份没有表决权，且该部分股份不计入出席股东大会有表决权的股份总数。

第四十条　股东大会审议有关关联交易事项时，关联股东不应当参与投票表决，其所代表的有表决权的股份数不计入有效表决总数；股东大会决议应当充分披露非关联股东的表决情况。

股东大会审议关联交易事项之前，公司应当依照国家的有关法律、法规确定关联股东的范围。关联股东或其授权代表可以出席股东大会，并可以依照大会程序向到会股东阐明其观点，但在投票表决时应当回避表决。股东大会决议有关关联交易事项时，关联股东应主动回避，不参与投票表决；关联股东未主动回避表决，参加会议的其他股东有权要求关联股东回避表决。关联股东回避后，由其他股东根据其所持表决权进行表决，并依据公司章程的规定通过相应的决议；关联股东的回避和表决程序由股东大会主持人通知，并载入会议记录。

第四十一条 公司应在保证股东大会合法、有效的前提下，通过各种方式和途径，为股东参加股东大会提供便利。

第四十二条 除公司处于危机等特殊情况外，非经股东大会以特别决议批准，公司将不与董事、总经理和其他高级管理人员以外的人订立将公司全部或者重要业务的管理交予该人负责的合同。

第四十三条 董事、监事候选人名单以提案的方式提请股东大会表决。董事会应当向股东提供候选董事、监事的简历和基本情况。

公司董事会换届选举或补选董事时，董事会、合并或单独持有公司3%以上股份且持股满一年的股东可以提出董事候选人，由董事会审核后提请股东大会选举。公司监事会换届选举或补选监事时，监事会、合并或单独持有公司3%以上股份且持股满一年的股东可以提出非由职工代表担任的监事候选人，由监事会审核后提请股东大会选举；职工代表担任的监事由职工通过职工代表大会、职工大会或其他形式民主选举产生后直接进入监事会。

第四十四条 股东大会将对所有提案进行逐项表决，对同一事项有不同提案的，将按提案提出的时间顺序进行表决。除因不可抗力等特殊原因导致股东大会中止或不能作出决议外，股东大会将不会对提案进行搁置或不予表决。

第四十五条 股东大会审议提案时，不会对提案进行修改，否则，有关变更应当被视为一个新的提案，不能在本次股东大会上进行表决。

第四十六条 同一表决权只能选择现场或其他表决方式中的一种。同一表决权出现重复表决的以第一次投票结果为准。

第四十七条 股东大会采取记名投票方式或举手方式表决。

第四十八条 股东大会对提案进行表决前，应当推举两名股东代表参加计票和监票。审议事项与股东有利害关系的，相关股东及代理人不得参加计票、监票。

股东大会对提案进行表决时，应当由股东代表与监事代表共同负责计票、监票，并当场公布表决结果，决议的表决结果载入会议记录。

第四十九条 股东大会会议主持人应当宣布每一提案的表决情况和结果，并根据表决结果宣布提案是否通过。

在正式公布表决结果前，公司、计票人、监票人、主要股东等相关各方对表决情况均负有保密义务。

第五十条 出席股东大会的股东，应当对提交表决的提案发表以下意见之一：同意、反对或弃权。

未填、错填、字迹无法辨认的表决票、未投的表决票均视为投票人放弃表决权利，其所持股份数的表决结果应计为"弃权"。

第五十一条 会议主持人如果对提交表决的决议结果有任何怀疑，可以对所投票数组织点票；如果会议主持人未进行点票，出席会议的股东或者股东代理人对会议主持人宣布结果有异议的，有权在宣布表决结果后立即要求点票，会议主持人应当立即组织点票。

第五十二条 股东大会决议应列明出席会议的股东和代理人人数、所持有表决权的股份总数及占公司有表决权股份总数的比例、表决方式、每项提案的表决结果和通过的各项决议的详细内容。

第五十三条 提案未获通过，或者本次股东大会变更前次股东大会决议的，应当在股东大会决议中作特别提示。

第五十四条 股东大会通过有关董事、监事选举提案的，新任董事、监事的就任时间自股东大会作出有关董事、监事选举决议之日起计算，至本届董事会、监事会任期届满之日为止。

第五十五条 股东大会通过有关派现、送股或资本公积转增股本提案的，公司应当在股东大会结束后两个月内实施具体方案。

第五十六条 公司股东大会决议内容违反法律、行政法规的，股东有权请求人民法院认定无效。

股东大会的会议召集程序、表决方式违反法律、行政法规或者公司章程，或者决议内容违反公司章程的，股东可以自决议作出之日起六十日内，请求人民法院撤销。

第六章 附 则

第五十七条 本规则所称"以上"、"内"，含本数；"过"、"低于"、"多于"，不含本数。

第五十八条 本规则进行修改时，由董事会提出修正案，提请股东大会审议批准。

第五十九条 本规则由公司董事会负责解释。

第六十条 本规则为公司章程的附件，经股东大会审议通过后，自公司设立之日起生效。

【 】股份有限公司

【 】年【 】月【 】日

（三）董事会议事规则

第一章 总 则

第一条 为保障【 】股份有限公司（以下简称公司）董事会依法成立、规范、有效地行使职权，确保董事会能够高效规范运作和科学决策，完善公司治理结构，根据《中华人民共和国公司法》（以下简称《公司法》）、《非上市公众公司监督管理办法》、《非上市公众公司监管指引第 1 号》、《全国中小企业股份转让系统业务规则（试行）》、《全国中小企业股份转让系统挂牌公司信息披露细则（试行）》等有关法律、法规、规范性文件和《【 】股份有限公司章程》（以下简称公司章程）的规定，结合公司实际情况，制定本规则。

本议事规则为公司章程的附件，公司召开董事会除应遵守本议事规则的规定外，还应符合相关法律、行政法规、规范性文件和公司章程的规定。

第二条 董事会对股东大会负责。

董事会会议是董事会议事的主要形式。董事按规定参加董事会会议是履行董事职责的基本方式。

第三条 董事会下设董事会办公室，处理董事会日常事务。

第二章 董事会的组成

第四条 董事会为公司的常设执行机构和经营决策机构，对股东大会负责并报告工作。

董事会下设董事会办公室，处理董事会日常事务。

第五条 公司董事为自然人，董事无须持有公司股份。

第六条 董事会由 5 名董事组成，设董事长 1 人。董事长由董事会以全体董事的过半数选举产生。

公司不设立职工董事。

第七条 有下列情形之一的人员，不得担任公司的董事：

（一）无民事行为能力或者限制民事行为能力；

（二）因贪污、贿赂、侵占财产、挪用财产或者破坏社会主义市场经济秩序，被判处刑罚，执行期满未逾 5 年，或者因犯罪被剥夺政治权利，执行期满未逾 5 年；

（三）担任因经营管理不善而破产清算的公司、中小企业的董事或者厂长、经理，并对该公司、中小企业的破产负有个人责任的，自该公司、中小企业破产清算完结之日起未逾 3 年的；

（四）担任因违法被吊销营业执照、责令关闭的公司、中小企业的法定代表人，并负有个人责任者，自该公司、中小企业被吊销营业执照之日起未逾 3

年的；

（五）个人所负数额较大的债务到期未清偿；

（六）国家公务员；

（七）被中国证监会处以证券市场禁入处罚，期限未满的；

（八）同一行业和本公司不存在关联关系的董事或高级管理人员；

（九）法律、行政法规、部门规章或公司章程规定的其他内容。

违反本条规定选举、委派董事的，该选举、委派或者聘任无效。董事在任职期间出现本条情形的，公司解除其职务。

第八条 董事由股东大会选举或更换，每届任期三年。董事任期届满，可连选连任。董事在任期届满以前，股东大会不能无故解除其职务。

董事任期从就任之日起计算，至本届董事会任期届满时为止。董事任期届满未及时改选或者董事在任期内辞职导致董事会成员低于法定人数的，在改选出的董事就任前，原董事仍应当依照法律、行政法规、部门规章和公司章程的规定，履行董事职务。

第九条 董事会会议由董事长召集。每届董事会第一次会议，由得票最多的董事为召集负责人，并在该次会议上选举产生董事长。当董事得票相同时，由董事共同推举该届董事会第一次会议的召集负责人；如无法推举出召集负责人，由董事抽签决定。每届董事会第一次会议应于选举或改选后三日内召开。

第十条 董事长由公司董事担任，以公司全体董事过半数选举产生和罢免。

第三章 董事会职权

第十一条 董事会行使下列职权：

（一）召集股东大会，并向股东大会报告工作；

（二）执行股东大会的决议；

（三）决定公司的经营计划和投资方案；

（四）制订公司的年度财务预算方案、决算方案；

（五）制订公司的利润分配方案和弥补亏损方案；

（六）制订公司增加或者减少注册资本、发行债券或其他证券及上市方案；

（七）拟订公司重大收购、收购本公司股票或者合并、分立、解散及变更公司形式的方案；

（八）在股东大会授权范围内，决定公司对外投资、收购出售资产、资产抵押、对外担保事项、委托理财、关联交易等事项；

（九）决定公司内部管理机构的设置；

（十）聘任或者解聘公司总经理、董事会秘书；根据总经理的提名，聘任或者解聘公司财务负责人等高级管理人员，并决定其报酬事项和奖惩事项；

（十一）制订公司的基本管理制度；

（十二）制订公司章程的修改方案；

（十三）管理公司信息披露事项；

（十四）向股东大会提请聘请或更换为公司审计的会计师事务所；

（十五）听取公司总经理的工作汇报并检查总经理的工作；

（十六）制定董事会各专门委员会的工作规则；

（十七）审议批准全资和控股子公司的改制、分立、重组、解散；

（十八）拟订股权激励计划；

（十九）审议批准年度贷款计划外该年度内贷款事项；

公司原有贷款计划均由董事会授权董事长审议批准，公司新增贷款计划由董事会审议批准；

（二十）法律、行政法规、部门规章或公司章程授予的其他职权。

第十二条　公司董事会应当就注册会计师对公司财务报告出具的非标准审计意见向股东大会作出说明。

第十三条　董事会应当确定对外投资、收购出售资产、资产抵押、对外担保事项、委托理财、关联交易的权限，建立严格的审查和决策程序；重大投资项目应当组织有关专家、专业人员进行评审，并报股东大会批准。

董事会有权决定下列收购或出售资产、投资、借款、关联交易、对外担保等事项：

（一）公司在一年内购买、出售重大资产不超过公司最近一期经审计总资产30%的事项；

（二）公司与关联自然人发生的交易金额低于300万元的关联交易；

（三）公司与关联法人发生的交易（公司获赠现金资产和提供担保除外）金额低于1 000万元人民币，或低于公司最近一期经审计净资产绝对值5%的关联交易；

（四）公司章程第四十条、《股东大会议事规则》第三条规定以外的担保事项；

（五）《股东大会议事规则》第四条规定以外的交易事项。

董事会审议对外担保事项时，除应遵守公司章程的规定外，还应严格遵循以下规定：

（一）公司对外担保必须要求对方提供反担保，且反担保的提供方应当具有相应的承担能力；

（二）应由股东大会审批的对外担保，必须经董事会审议通过后，方可提交股东大会审批。

第十四条　董事长行使下列职权：

（一）主持股东大会和召集、主持董事会会议；

（二）督促、检查股东大会和董事会决议的执行；

（三）提名公司总经理人选，交董事会会议任命；

（四）代表公司签署有关文件；

（五）在发生特大自然灾害等不可抗力的紧急情况下，对公司事务行使符合法律规定和公司利益的特别处置权，并在事后向公司董事会和股东大会报告；

（六）董事会授予的其他职权。

第四章　董事会会议

第十五条　董事会每年至少召开两次定期会议，由董事长召集。

在发出召开董事会定期会议的通知前，董事会办公室应当充分征求各董事的意见，初步形成会议提案后交董事长拟定。

董事长在拟定提案前，应当视需要征求经理和其他高级管理人员的意见。

第十六条　有下列情形之一的，董事会应当召开临时会议：

（一）代表十分之一以上表决权的股东提议时；

（二）三分之一以上董事联名提议时；

（三）监事会提议时；

（四）二分之一以上独立董事联名提议时；

（五）总经理提议时；

（六）公司章程规定的其他情形。

第十七条　按照前条规定提议召开董事会临时会议的，应当通过董事会办公室或者直接向董事长提交经提议人签字（盖章）的书面提议。书面提议中应当载明下列事项：

（一）提议人的姓名或者名称；

（二）提议理由或者提议所基于的客观事由；

（三）提议会议召开的时间或者时限、地点和方式；

（四）明确和具体的提案；

（五）提议人的联系方式和提议日期等。

提案内容应当属于公司章程规定的董事会职权范围内的事项，与提案有关的材料应当一并提交。

董事会办公室在收到上述书面提议和有关材料后，应当于当日转交董事长。董事长认为提案内容不明确、具体或者有关材料不充分的，可以要求提议人修改或者补充。

董事长应当自接到提议后十日内，召集董事会会议并主持会议。

第十八条　董事长不能履行职务或不履行职务时，由半数以上董事共同推举的一名董事履行职务。

第十九条　董事会召开定期会议的，应在会议召开 10 日以前向全体出席和列席人员发出书面通知；董事会召开临时会议的，应在会议召开前 5 日发出书面通知。董事会通知一般以专人送出、传真、电子邮件或邮寄形式进行。

情况紧急需要尽快召开董事会会议的，经全体董事同意，可以缩短董事会的通知时间，或者随时通过电话或者其他口头方式发出会议通知，但召集人应当在会议上作出说明并在会议记录中记载。董事如已出席会议，并且未在到会前或到会时提出未收到会议通知的异议，应视作已向其发出会议通知。

第二十条　董事会会议通知包括以下内容：

（一）会议日期和地点；

（二）会议期限；

（三）事由及议题；

（四）发出通知的日期。

第二十一条　董事会定期会议的书面会议通知发出后，如果需要变更会议的时间、地点等事项或者增加、变更、取消会议提案的，应当在原定会议召开 3 日前发出书面变更通知，说明情况和新提案的有关内容及相关材料。不足 3 日的，会议日期应当相应顺延或者取得全体与会董事的书面认可后按原定日期召开。

董事会临时会议的会议通知发出后，如果需要变更会议的时间、地点等事项或者增加、变更、取消会议提案的，应当事先取得全体与会董事的认可并做好相应记录。

第二十二条　董事会会议应有过半数的董事出席方可举行。

监事可以列席董事会会议，总经理应当列席董事会会议。会议主持人认为有必要的，可以通知其他有关人员列席董事会会议。

第二十三条　董事会会议，应由董事本人出席；董事因故不能出席，可以书面委托其他董事代为出席，委托书中应载明代理人的姓名，代理事项、授权范围和有效期限，并由委托人签名或盖章。代为出席会议的董事应当在授权范围内行使董事的权利。董事未出席董事会会议，亦未委托代表出席的，视为放弃在该次会议上的投票权。

委托书应当载明：

（一）委托人和受托人的姓名、身份证号码；

（二）委托人不能出席会议的原因；

（三）委托人对每项提案的简要意见；

（四）委托人的授权范围和对提案表决意向的指示；

（五）委托人的签字、日期等。

委托其他董事对定期报告代为签署书面确认意见的，应当在委托书中进行专门授权。

受托董事应当向会议主持人提交书面委托书，在会议登记册上说明受托出席的情况。

第二十四条　委托和受托出席董事会会议应当遵循以下原则：

（一）在审议关联交易事项时，非关联董事不得委托关联董事代为出席；关联董事也不得接受非关联董事的委托；

（二）董事不得在未说明其本人对提案的个人意见和表决意向的情况下全权委托其他董事代为出席，有关董事也不得接受全权委托和授权不明确的委托；

（三）一名董事不得接受超过两名董事的委托，董事也不得委托已经接受两名其他董事委托的董事代为出席。

第二十五条　董事连续两次未能亲自出席，也不委托其他董事出席董事会会议，视为不能履行职责，董事会应当建议股东大会予以撤换。

第二十六条　董事会决议表决方式为：记名投票等书面表决方式或举手表决。

在保障董事充分表达意见的前提下，可以用视频、电话、传真等方式进行并作出决议，并由参会董事签字。

第二十七条　会议主持人应当逐一提请出席董事会会议的董事对各项提案发表明确的意见。

除征得全体与会董事的一致同意外，董事会会议不得就未包括在会议通知中的提案进行表决。董事接受其他董事委托代为出席董事会会议的，不得代表其他董事对未包括在会议通知中的提案进行表决。

第二十八条　提案经过充分讨论后，主持人应当适时提请与会董事对提案逐一分别进行表决。

董事会决议的表决，实行一人一票。

董事会作出决议，必须经全体董事的过半数通过。

第二十九条　以下事项做出决议必须经全体董事通过：

（一）决定公司的经营方针和投资计划（包括对外股权投资）；

（二）决定公司重要资产的处置、抵押、出售和出租等；

（三）决定公司资金拆借、提供担保以及关联交易。

第三十条　董事的表决意向分为同意、反对和弃权。与会董事应当从上述意向中选择其一，未做选择或者同时选择两个以上意向的，会议主持人应当要求有关董事重新选择，拒不选择的，视为弃权；中途离开会场不回而未做选择的，视为弃权。

第三十一条　与会董事表决完成后，董事会办公室有关工作人员应当及时收集董事的表决票，并在一名监事的监督下进行统计。

现场召开会议的，会议主持人应当当场宣布统计结果；其他情况下，会议主持人应当要求董事会办公室有关工作人员在规定的表决时限结束后下一工作日之前，通知董事表决结果。

董事在会议主持人宣布表决结果后或者规定的表决时限结束后进行表决的，其表决情况不予统计。

第三十二条　出现下述情形的，董事应当对有关提案回避表决：

（一）法律、法规规定董事应当回避的情形；

（二）董事本人认为应当回避的情形；

（三）公司章程规定的因董事与会议提案所涉及的中小企业有关联关系而须回避的其他情形。

在董事回避表决的情况下，有关董事会会议由过半数的无关联关系董事出席即可举行，形成决议须经无关联关系董事过半数通过。出席会议的无关联关系董事人数不足三人的，不得对有关提案进行表决，而应当将该事项提交股东大会审议。

董事的回避及回避理由应当记入董事会会议记录。

第三十三条　董事会应当严格按照股东大会和公司章程的授权行事，不得越权形成决议。

第三十四条　提案未获通过的，在有关条件和因素未发生重大变化的情况下，董事会会议在一个月内不应当再审议内容相同的提案。

第三十五条　二分之一以上的与会董事认为提案不明确、不具体，或者因会议材料不充分等其他事由导致其无法对有关事项作出判断时，会议主持人应当要求会议对该议题进行暂缓表决。

提议暂缓表决的董事应当对提案再次提交审议应满足的条件提出明确要求。

第三十六条　董事会应当对会议所议事项的决定做成会议记录，出席会议的董事应当在会议记录上签名。董事会会议记录作为公司档案保存，保存期限不少于十年。

第三十七条　董事会会议记录包括以下内容：

（一）会议召开的日期、地点和召集人姓名；

（二）出席董事的姓名以及受他人委托出席董事会的董事（代理人）姓名；

（三）会议议程；

（四）董事发言要点；

（五）每一决议事项的表决方式和结果（表决结果应载明赞成、反对或弃权的票数）。

第三十八条　除会议记录外，董事会办公室工作人员可对会议召开情况作成简明扼要的会议纪要，根据统计的表决结果就会议所形成的决议制作单独的决议记录。

董事既不按前款规定进行签字确认，又不对其不同意见作出书面说明或者发表公开声明的，视为完全同意会议记录和决议记录的内容。

第三十九条　董事应当在董事会决议上签字并对董事会的决议承担责任。董事对会议记录、纪要或者决议有不同意见的，可以在签字时作出书面说明。

第四十条　董事会决议违反法律、法规或者章程规定，致使公司遭受损失的，参与决议的董事对公司负赔偿责任。但经证明在表决时曾表明异议并记载于会议记录的，该董事可以免除责任。

第四十一条　董事长应当督促有关人员落实董事会决议，检查决议的实施情况，并在以后的董事会会议上通报已经形成的决议的执行情况。

第五章　董事会文件规范

第四十二条　董事会将建立健全董事会的各项规章制度，保证董事会工作运行规范，有章可循。

第四十三条　董事会将制定董事会文件管理的有关制度，所有文件和议案都要按规定归档保存。

第六章　附　　则

第四十四条　本规则所称"以上"、"内"，含本数；"过"、"低于"、"多于"，不含本数。

第四十五条　本规则进行修改时，由董事会提出修正案，提请股东大会审议批准。

第四十六条　本规则由公司董事会负责解释。

第四十七条　本规则为公司章程的附件，经股东大会审议通过后，自公司设立之日起生效。

【　】股份有限公司

【　】年【　】月【　】日

（四）监事会议事规则

第一章　总　　则

第一条　为保障【　】股份有限公司（以下简称公司）监事会依法独立行使监督权，确保监事会能够高效规范运作和科学决策，完善公司治理结构，根据

《中华人民共和国公司法》（以下简称《公司法》）、《非上市公众公司监督管理办法》、《非上市公众公司监管指引第 3 号》、《全国中小企业股份转让系统业务规则（试行）》、《全国中小企业股份转让系统挂牌公司信息披露细则（试行）》等有关法律、法规、规范性文件和《【】股份有限公司章程》（以下简称公司章程）的规定，结合公司实际情况，制定本规则。

本议事规则为公司章程的附件，公司召开监事会除应遵守本议事规则的规定外，还应符合相关法律、行政法规、规范性文件和公司章程的规定。

第二条　监事会是股东大会的监督机构，向股东大会负责并报告工作，对公司财务、董事会及其成员和总经理等高级管理人员履职、尽职情况进行监督，防止其滥用职权，维护股东的合法权益。

第三条　公司应采取措施保障监事的知情权，按照规定及时向监事会提供有关的信息和资料，以便监事会对公司财务状况、风险控制和经营管理等情况进行有效的监督、检查和评价。

第四条　监事会设监事会办公室，处理监事会日常事务。

第二章　监事会的组成

第五条　监事会由 3 名监事组成，其中包括职工代表监事 1 名。监事会设主席 1 人。监事会主席由全体监事过半数选举产生和罢免。

监事会应当包括股东代表和适当比例的公司职工代表，其中职工代表的比例不低于 1/3。监事会中的股东代表监事由股东大会选举产生；监事会中的职工代表由公司职工通过职工代表大会、职工大会或者其他形式民主选举产生。

第六条　有下列情形之一的人员，不得担任公司的监事：

（一）无民事行为能力或者限制民事行为能力；

（二）因贪污、贿赂、侵占财产、挪用财产或者破坏社会主义市场经济秩序，被判处刑罚，执行期满未逾 5 年，或者因犯罪被剥夺政治权利，执行期满未逾 5 年的；

（三）担任因经营管理不善而破产清算的公司、中小企业的董事或者厂长、经理，并对该公司、中小企业的破产负有个人责任的，自该公司、中小企业破产清算完结之日起未逾 3 年的；

（四）担任因违法被吊销营业执照、责令关闭的公司、中小企业的法定代表人，并负有个人责任者，自该公司、中小企业被吊销营业执照之日起未逾 3 年的；

（五）个人所负数额较大的债务到期未清偿；

（六）国家公务员；

（七）被中国证监会处以证券市场禁入处罚，期限未满的；

（八）同一行业和本公司不存在关联关系的董事或高级管理人员；

（九）法律、行政法规、部门规章或本章程规定的其他内容。

公司董事、总经理和其他高级管理人员不得兼任监事。

公司董事、高级管理人员在任期间及其配偶和直系亲属不得担任公司监事。

第七条　监事的任期每届为 3 年。监事任期届满，连选可以连任。监事任期届满未及时改选，或者监事在任期内辞职导致监事会成员低于法定人数的，在改选出的监事就任前，原监事仍应当依照法律、行政法规和公司章程的规定，履行监事职务。

第三章　监事会职权

第八条　监事会行使下列职权：

（一）应当对董事会编制的公司定期报告进行审核并提出书面审核意见；

（二）检查公司财务；

（三）对董事、总经理和其他高级管理人员执行公司职务的行为进行监督，对违反法律、行政法规、公司章程或者股东大会决议的董事、高级管理人员提出罢免的建议；

（四）当董事、高级管理人员的行为损害公司的利益时，要求董事、高级管理人员予以纠正；

（五）提议召开临时股东大会，在董事会不履行《公司法》规定的召集和主持股东大会职责时召集和主持股东大会；

（六）向股东大会提出提案；

（七）依照《公司法》第一百五十二条的规定，对董事、高级管理人员提起诉讼；

（八）发现公司经营情况异常，可以进行调查；必要时，可以聘请会计师事务所、律师事务所等专业机构协助其工作，费用由公司承担；

（九）公司章程和股东大会授予的其他职权。

第四章　监事会会议

第九条　监事会会议分为定期会议和临时会议。

第十条　监事会每年至少召开两次定期会议，出现下列情况之一的，监事会应当在 10 日内召开临时会议：

（一）任何监事提议召开时；

（二）股东大会、董事会会议通过了违反法律、法规、规章、监管部门的各种规定和要求、公司章程、公司股东大会决议和其他有关规定的决议时；

（三）董事和高级管理人员的不当行为可能给公司造成重大损害或者在市场

中造成恶劣影响时；

（四）公司、董事、监事、高级管理人员被股东提起诉讼时；

（五）公司章程规定的其他情形。

第十一条　在发出召开监事会定期会议的通知之前，监事会办公室应当向全体监事征集会议提案。在征集提案和征求意见时，监事会办公室应当说明监事会重在对公司规范运作和董事、高级管理人员职务行为的监督而非公司经营管理的决策。

第十二条　监事提议召开监事会临时会议的，应当通过监事会办公室或者直接向监事会主席提交经提议监事签字的书面提议。书面提议中应当载明下列事项：

（一）提议监事的姓名；

（二）提议理由或者提议所基于的客观事由；

（三）提议会议召开的时间或者时限、地点和方式；

（四）明确具体的提案；

（五）提议监事的联系方式和提议日期等。

在监事会办公室或者监事会主席收到监事的书面提议后3日内，监事会办公室应当发出召开监事会临时会议的通知。

第十三条　监事会会议由监事会主席召集和主持；监事会主席不能履行职务或者不履行职务的，由半数以上监事共同推举一名监事召集和主持监事会会议。

第十四条　监事会召开定期会议的，应在会议召开10日以前向全体出席和列席人员发出书面通知；监事会召开临时会议的，应在会议召开3日以前向全体出席和列席人员发出通知。监事会通知一般以专人送出、传真、电子邮件或邮寄形式进行。

但情况紧急，需要尽快召开监事会会议的，经全体监事同意，可以缩短监事会的通知时间，或者随时通过电话或者其他口头方式发出会议通知，但召集人应当在会议上作出说明，并在会议记录中记载。

第十五条　监事会会议通知包括以下内容：

（一）举行会议的日期、地点和会议期限；

（二）事由及议题；

（三）发出通知的日期。

第十六条　监事会会议应当以现场方式召开。

紧急情况下，监事会会议可以通讯方式进行表决，但监事会召集人（会议主持人）应当向与会监事说明具体的紧急情况。在会议表决时，监事应当将其对审议事项的书面意见和投票意向在签字确认后传真至监事会办公室。

第十七条 监事会会议应当有过半数的监事出席方可举行。董事会秘书应当列席监事会会议。

第十八条 监事会会议，应由监事本人出席；监事因故不能出席，可以书面委托其他监事代为出席，委托书中应载明代理人的姓名、代理事项、授权范围和有效期限，并由委托人签名或盖章。代为出席会议的监事应当在授权范围内行使监事的权利。监事未出席监事会会议，亦未委托代表出席的，视为放弃在该次会议上的投票权。

第十九条 监事连续两次不能亲自出席监事会会议，也不委托其他监事出席监事会会议的，视为不能履行职责，经股东大会或职工代表大会予以撤换。

第二十条 会议主持人应当提请与会监事对各项提案发表明确的意见。

会议主持人应当根据监事的提议，要求董事、高级管理人员、公司其他员工或者相关中介机构业务人员到会接受质询。

第二十一条 监事会决议实行一人一票的记名表决方式，监事会决议应当经半数以上监事通过。

监事的表决意向分为同意、反对和弃权。与会监事应当从上述意向中选择其一，未做选择或者同时选择两个以上意向的，会议主持人应当要求该监事重新选择，拒不选择的，视为弃权；中途离开会场不回而未做选择的，视为弃权。

第二十二条 监事会办公室工作人员应当对现场会议做好记录。会议记录应当包括以下内容：

（一）会议届次和召开的时间、地点、方式；

（二）会议通知的发出情况；

（三）会议召集人和主持人；

（四）会议出席情况；

（五）会议审议的提案、每位监事对有关事项的发言要点和主要意见、对提案的表决意向；

（六）每项提案的表决方式和表决结果（说明具体的同意、反对、弃权票数）；

（七）与会监事认为应当记载的其他事项。

对于以通讯方式召开的监事会会议，监事会办公室应当参照上述规定，整理会议记录。

第二十三条 与会监事应当对会议记录进行签字确认。监事对会议记录有不同意见的，可以在签字时作出书面说明。

监事既不按前款规定进行签字确认，又不对其不同意见作出书面说明或者发表公开声明的，视为完全同意会议记录的内容。

第二十四条 监事应当督促有关人员落实监事会决议。监事会主席应当在以后的监事会会议上通报已经形成的决议的执行情况。

第二十五条　监事会会议记录作为公司档案至少保存十年。

第五章　附　　则

第二十六条　本规则进行修改时，由监事会提出修正案，提请股东大会审议批准。

第二十七条　本规则由公司监事会负责解释。

第二十八条　本规则为公司章程的附件，经股东大会审议通过后，自公司设立之日起生效。

【　】股份有限公司

【　】年【　】月【　】日

（五）对外投资管理制度

第一章　总　　则

第一条　为规范公司的重大投资行为，保证投资资金及资产安全，提高投资效率，维护全体股东利益，根据《公司法》和《公司章程》等有关规定，制定本制度。

第二条　本制度所称的对外投资，是指公司以货币资金出资，或将权益、股权、技术、债权、厂房、设备、土地使用权等实物或无形资产作价出资依照本条款规定的形式进行投资的行为。公司通过收购、置换、出售或其他方式导致公司对外投资的资产增加或减少的行为也适用于本制度。

对外投资的形式包括：投资有价证券、金融衍生产品、股权、不动产、经营性资产、单独或与他人合资、合作的形式新建、扩建项目以及其他长期、短期债券、委托理财等。

第三条　公司所有投资行为必须符合国家有关法规及产业政策，符合公司长远发展计划和发展战略，有利于拓展主营业务，有利于公司的可持续发展，有预期的投资回报，有利于降低公司财务费用，有利于提高公司的整体经济效益。

第四条　根据国家对投资行为管理的有关要求，需要报政府部门审批的，应履行必要的报批手续。

第二章　投资决策

第五条　公司对外投资的决策机构为股东大会或董事会。投资金额一次性超过公司最近一期经审计总资产 30%、单笔交易金额在人民币 500 万元以上的公司对外投资行为，由董事会审议后，交公司股东大会批准；投资金额、比例未达到上述标准的，由公司董事会负责审批；除此以外的任何部门和个人均无权对公司对外投资作出决定。

第六条　在董事会或股东大会审议对外投融资事项以前，公司应向全体董事或股东提供拟投资项目的可行性研究报告及相关资料，以及融资方案，以便其作出决策。

第三章　执行控制

第七条　公司在确定对外投资及融资方案时，应广泛听取有关部门及人员的意见及建议，注重对外投融资决策的几个关键指标，如现金流量、货币的时间价值、投资风险、财务费用、负债结构等。在充分考虑了项目投资风险、预计投资收益及偿债能力，并权衡各方面利弊的基础上，选择最优投资及融资方案。

第八条　公司股东大会或董事会决议通过对外投资项目及融资实施方案后，应当明确出资时间（或资金到位时间）、金额、出资方式（或资金使用项目）及责任人员等内容。对外投融资项目实施方案的变更，必须经过公司股东大会或董事会审查批准。

第九条　对外投资项目获得批准后，由获得授权的部门或人员具体实施对外投资计划，与被投资单位签订合同，实施财产转移的具体操作活动。在签订投资合同之前，不得支付投资款或办理投资资产的移交；投资完成后，应取得被投资方出具的投资证明或其他有效凭据。

第十条　公司使用实物或无形资产进行对外投资的，其资产必须经过具有相关资质的资产评估机构进行评估，其评估结果必须经公司股东大会或董事会决议通过后方可对外出资。

第十一条　公司对外投资项目实施后，应根据需要对被投资中小企业派驻代表，如董事或财务总监，以便对投资项目进行跟踪管理，及时掌握被投资单位的财务状况和经营情况，发现异常情况，应及时向董事长或总经理报告，并采取相应措施。

第十二条　公司财务部应当加强对外投资收益的控制，对外投资获取的利息、股利以及其他收益，均应纳入公司的会计核算体系，严禁设置账外账。

第十三条　公司财务部在设置对外投资总账的基础上，还应根据对外投资业务的种类、时间先后分别设立对外投资明细账，定期或不定期地与被投资单位核对有关投资账目，确保投资业务记录的正确性，保证对外投资的安全、完整。

第十四条 公司财务部应当加强有关对外投资档案的管理，保证各种决议、合同、协议以及对外投资权益证书等文件的安全与完整。

第四章 投资处置

第十五条 公司应当加强对外投资项目资产处置环节的控制，对外投资的收回、转让、核销等必须依照本制度第五条的金额限制，经过公司股东大会或董事会决议通过后方可执行。

第十六条 公司对外投资项目终止时，应按国家关于中小企业清算的有关规定对被投资单位的财产、债权、债务等进行全面的清查；在清算过程中，应注意是否有抽调和转移资金、私分和变相私分资产、乱发奖金和补贴的行为；清算结束后，各项资产和债权是否及时收回并办理了入账手续。

第十七条 公司核销对外投资，应取得因被投资单位破产等原因不能收回投资的法律文书和证明文件。

第十八条 公司财务部应当认真审核与对外投资资产处置有关的审批文件、会议记录、资产回收清单等相关资料，并按照规定及时进行对外投资资产处置的会计处理，确保资产处置真实、合法。

第十九条 公司应认真执行各项融资、使用、归还资金的工作程序，严格履行各类合同条款，维护投资者的各项权益。

第五章 重大事项报告及信息披露

第二十条 公司的对外投资及融资应严格按照法律法规、证券监管部门的相关规定以及《公司章程》的规定履行信息披露的义务。

第二十一条 公司相关部门应配合公司做好对外投资及融资的信息披露工作。

第二十二条 对外投资及融资事项未披露前，各知情人员均有保密的责任和义务。

第六章 附　　则

第二十三条 本制度未尽事宜，依据国家有关法律、行政法规及《公司章程》的有关规定执行。

第二十四条 本制度的有关条款与《公司法》等法律、行政法规或者《公司章程》的规定相冲突的，按法律、行政法规或者《公司章程》的规定执行，必要时修订本制度。

第二十五条 本制度所称"以下"，含本数；"超过"，不含本数。

第二十六条　本制度由公司董事会拟订，提交公司股东大会审议通过之日起生效并执行，修改时亦同。

第二十七条　本制度由公司董事会负责解释。

【　】股份有限公司

【　】年【　】月【　】日

（六）关联交易决策制度

第一章　总　　则

第一条　为进一步规范【　】股份有限公司（以下简称本公司或公司）的关联交易行为，保证关联交易的公允性，切实保护投资者的利益，根据《中华人民共和国公司法》（以下简称《公司法》）、《中华人民共和国证券法》（以下简称《证券法》）、《中小企业会计准则第36号——关联方披露》、《【　】股份有限公司章程》（以下简称《公司章程》）及其他法律、规范性文件的有关规定，结合本公司的实际情况，特制订本《关联交易管理制度》（以下简称本管理制度）。

第二章　关联人和关联关系

第二条　本公司关联人包括关联法人和关联自然人。

第三条　具有以下情形之一的法人，为本公司的关联法人：

（一）直接或者间接地控制本公司的法人或其他组织；

（二）由前项所述法人直接或者间接控制的除本公司及本公司控股子公司以外的法人或者其他组织；

（三）由第四条所列本公司关联自然人直接或者间接控制的，或者担任董事、高级管理人员的，除本公司及其控股子公司以外的法人或其他组织；

（四）持有本公司5%以上股份的法人或者其他组织；

（五）在过去12个月内或者根据相关协议安排在未来12个月内，存在上述情形之一的；

（六）中国证券监督管理委员会或本公司根据实质重于形式的原则认定的其他与本公司有特殊关系，可能或者已经造成本公司对其利益倾斜的法人或其他组织。

第四条　本公司的关联自然人是指：

（一）直接或者间接持有本公司5%以上股份的自然人；

（二）本公司董事、监事及高级管理人员；

（三）直接或者间接地控制本公司的法人的董事、监事及高级管理人员；

（四）本条第（一）第（二）款所述人士的关系密切的家庭成员，包括配偶、父母、年满 18 周岁的子女及其配偶、兄弟姐妹及其配偶，配偶的父母、兄弟姐妹，子女配偶的父母；

（五）在过去 12 个月内或者根据相关协议安排在未来 12 个月内，存在上述情形之一的；

（六）中国证券监督管理委员会或本公司根据实质重于形式的原则认定的其他与本公司有特殊关系，可能造成本公司对其利益倾斜的自然人。

第五条 关联关系主要是指在财务和经营决策中，有能力对公司直接或者间接控制或施加重大影响的方式或途径，主要包括关联人与公司存在的股权关系、人事关系、管理关系及商业利益关系。

第六条 关联关系应从关联人对公司进行控制或影响的具体方式、途径及程度等方面进行实质判断。

第七条 公司董事、监事、高级管理人员、持股 5% 以上的股东及其一致行动人、实际控制人，应当将其与公司存在的关联关系及时告知公司并备案。

第三章 关联交易

第八条 关联交易是指本公司或者本公司控股子公司与本公司关联人之间发生的转移资源或者义务的事项，包括以下交易：

（一）购买或出售资产；

（二）对外投资（含委托理财、委托贷款、对子公司投资等）；

（三）提供财务资助；

（四）提供担保；

（五）租入或租出资产；

（六）签订管理方面的合同（含委托经营、受托经营）；

（七）赠予或受赠资产；

（八）债权或债务重组；

（九）研究与开发项目的转移；

（十）签订许可协议；

（十一）购买原材料、燃料、动力；

（十二）销售产品、商品；

（十三）提供或者接受劳务；

（十四）委托或者受托销售；

（十五）与关联人共同投资；

（十六）在关联人财务公司存贷款；

（十七）其他通过约定可能引致资源或者义务转移的事项。

第九条 公司关联交易应当遵循以下基本原则：

（一）符合诚实信用的原则；

（二）关联方如享有本公司股东大会表决权，除特殊情况外，应当回避表决；

（三）与关联方有任何利害关系的董事，在董事会对该事项进行表决时，应当回避；

（四）公司董事会应当根据客观标准判断该关联交易是否对公司有利，必要时应当聘请专业评估师或独立财务顾问。

第十条 关联交易的定价原则：

关联交易遵循市场原则和公正、公平、公开的原则，关联交易的价格或收费不应偏离市场独立第三方的标准，对于难以比较市场价格或者定价受到限制的关联交易，应当通过合同明确有关成本和利润的标准。

第四章 关联交易的决策程序

第十一条 除本管理制度另有规定外，公司关联交易的决策权限如下：

（一）股东大会审议批准下列关联交易：

本公司拟与关联法人发生的单笔或与同一关联法人连续12个月内发生交易标的相同累计计算的交易金额在1 000万元人民币以上，且占公司最近一期经审计净资产绝对值5%以上的关联交易（公司获赠现金资产和提供担保除外）；本公司拟与关联法人发生的单笔或与同一关联法人连续12个月内累计计算的交易金额在300万元人民币以上的关联交易（公司获赠现金资产和提供担保除外）。对于前述重大关联交易，由董事会审议后，将该交易提交股东大会审议。

（二）经股东大会授权，董事会审议批准下列关联交易：

1. 公司与关联自然人发生的交易金额在人民币300万元以下的关联交易；

2. 公司与关联法人发生的交易（公司获赠现金资产和提供担保除外）金额低于1 000万元人民币，或低于公司最近一期经审计净资产绝对值5%的关联交易。

（三）经董事会授权，总经理有权决定下列关联交易：

1. 本公司与关联法人达成的交易金额在人民币15万元以下或不足本公司最近一期经审计净资产绝对值的0.5%的关联交易（公司提供担保除外）；

2. 本公司与关联自然人达成的交易金额不足10万元或本公司最近一期经审计净资产0.4%以下的关联交易（公司提供担保除外）。

第十二条 董事会就关联交易进行决策的程序如下：

董事会审议关联交易事项时，关联董事应当回避表决，也不得代理其他董事行使表决权。该董事会会议由过半数的非关联董事出席即可举行，董事会会议所作决议须经非关联董事过半数通过。出席董事会会议的非关联董事人数不足三人的，不得对有关提案进行表决，公司应当将交易提交股东大会审议。

前款所称关联董事包括下列董事或者具有下列情形之一的董事：

（一）为交易对方；

（二）为交易对方的直接或者间接控制人；

（三）在交易对方任职，或者在能直接或间接控制该交易对方的法人单位或其他组织、该交易对方直接或间接控制的法人单位或其他组织任职；

（四）为交易对方或者其直接或间接控制人的关系密切的家庭成员（具体范围参见第四条的规定）；

（五）为交易对方或者其直接或间接控制人的董事、监事或高级管理人员的关系密切的家庭成员（具体范围参见第四条的规定）；

（六）中国证券监督管理委员会或本公司基于其他理由认定的，其独立商业判断可能受到影响的董事。

第十三条　股东大会审议关联交易事项时，关联股东应当回避表决。

前款所称关联股东包括下列股东或者具有下列情形之一的股东：

（一）为交易对方；

（二）为交易对方的直接或者间接控制人；

（三）被交易对方直接或者间接控制；

（四）与交易对方受同一法人或者自然人直接或间接控制；

（五）在交易对方任职，或在能直接或间接控制该交易对方的法人单位或者该交易对方直接或间接控制的法人单位任职的（适用于股东为自然人的）；

（六）因与交易对方或者其关联人存在尚未履行完毕的股权转让协议或者其他协议而使其表决权受到限制和影响的股东；

（七）中国证券监督管理委员会认定的可能造成公司对其利益倾斜的法人或自然人。

第十四条　公司为关联方提供担保的，不论数额大小，均应当在董事会审议通过后提交股东大会审议。公司为持股5%以下的股东提供担保的，参照前述规定执行，有关股东应当在股东大会上回避表决。

第十五条　有关关联交易决策记录、决议事项等文件，由董事会秘书负责保管，保存期限不少于十五年。

第五章　关联交易的信息披露

第十六条　公司应将关联交易协议的订立、变更、终止及履行情况等事项按照有关规定予以披露（在不适用披露规定时可不进行披露）。

第十七条　公司披露的关联交易公告应当包括以下内容：

（一）交易概述及交易标的的基本情况；

（二）独立董事（如有）的事前认可情况和发表的独立意见；

（三）董事会表决情况（如适用）；

（四）交易各方的关联关系说明和关联人基本情况；

（五）交易的定价政策及定价依据，包括成交价格与交易标的账面值、评估值以及明确、公允的市场价格之间的关系以及因交易标的的特殊而需要说明的与定价有关的其他特定事项；若成交价格与账面值、评估值或市场价格差异较大的，应当说明原因。如交易有失公允的，还应当披露本次关联交易所产生的利益转移方向；

（六）交易协议的主要内容，包括交易价格、交易结算方式、关联人在交易中所占权益的性质和比重，协议生效条件、生效时间、履行期限等；

（七）交易目的及交易对公司的影响，包括进行此次关联交易的必要性和真实意图，对公司本期和未来财务状况和经营成果的影响等；

（八）当年年初至披露日公司与该关联人累计已发生的各类关联交易的总金额；

（九）中国证券监督管理委员会要求的有助于说明交易实质的其他内容。

第十八条 公司与不同关联人就同一标的或者公司与同一关联人在连续 12 个月达成的关联交易累计金额达到本管理制度所述各项标准的，应适用本管理制度各项规定。已按照本管理制度规定履行相关义务的，不再纳入相关的累计计算范围。

上述同一关联人包括与该关联人受同一主体控制或相互存在股权控制关系；以及由同一关联自然人担任董事或高级管理人员的法人或其他组织。

第十九条 公司进行"提供财务资助"和"委托理财"等关联交易时，应当以发生额作为披露的计算标准，并按交易类别在连续十二个月内累计计算，经累计计算的发生额达到本管理制度所述各项标准的，应适用本管理制度各项规定。已按照本管理制度规定履行相关义务的，不再纳入相关的累计计算范围。

第二十条 公司与关联人进行购买原材料、燃料、动力，销售产品、商品，提供或接受劳务，委托或受托销售、租赁房屋等日常关联交易时，应当按照相关法律、法规的规定进行披露并履行相应审议程序。

第六章 附 则

第二十一条 除非有特别说明，本管理制度所使用的术语与《公司章程》中该等术语的含义相同。

第二十二条 本管理制度未尽事宜或与法律、规范性文件或经合法程序制定、修改的《公司章程》相抵触时，执行法律、规范性文件和《公司章程》的规定。

第二十三条　本规则所称"以上"、"内",均含本数;"以下"、"过"、"低于"等均不含本数。

第二十四条　本管理制度经股东大会审议通过后生效。

第二十五条　本管理制度进行修改时,由董事会提出修正案,提请股东大会审议通过后生效。

第二十六条　本管理制度的解释权属于公司董事会。

【 】股份有限公司

【 】年【 】月【 】日

（七）信息披露管理制度

第一章　总　　则

第一条　根据《中华人民共和国公司法》、《中华人民共和国证券法》、《非上市公众公司监督管理办法》、《非上市公众公司监管指引第 1 号——信息披露》以及《全国中小企业股份转让系统业务规则（试行）》、《全国中小企业股份转让系统挂牌公司信息披露细则（试行）》（以下简称《挂牌公司信息披露细则》）等法律、法规、规章、规范性文件和《【 】股份有限公司章程》,为规范【 】股份有限公司（以下简称公司）信息披露行为,确保信息披露的真实、准确、及时、完整,保护投资者合法权益,增加公司透明度,维护公司在资本市场的良好形象,结合公司实际情况,制定本制度。

第二条　本制度所称信息披露是指将可能对公司股票价格产生重大影响而投资者尚未得知的重大信息以及全国中小企业股份转让系统有限责任公司（以下简称全国股份转让系统公司）要求披露的其他信息,在第一时间内,报送主办券商,经主办券商审查后,在全国股份转让系统公司网站上,向社会公众公布。

第三条　公司依法披露信息应在指定披露平台——全国股份转让系统公司网站上公告。公司在其他媒体披露信息的时间不得早于指定披露平台的披露时间。

第四条　信息披露是公司的持续责任,公司应该忠实诚信履行持续信息披露的义务。公司及相关信息披露义务人应当及时、公平地披露所有对公司股票及其他证券品种转让价格可能产生较大影响的信息（以下简称重大信息）,并保证信息披露内容的真实、准确、完整,不存在虚假记载、误导性陈述或重大遗漏。

第五条　公司信息披露要体现公开、公正、公平对待所有股东的原则。

第六条　公司应当将董事会秘书或信息披露事务负责人的任职及职业经历向全国股份转让系统公司报备并披露，发生变更时亦同。上述人员离职无人接替或因故不能履行职责时，公司董事会应当及时指定一名高级管理人员负责信息披露事务并披露。

第七条　公司应当在挂牌时向全国股份转让系统公司报备董事、监事及高级管理人员的任职、职业经历及持有公司股票情况。

有新任董事、监事及高级管理人员或上述报备事项发生变化的，公司应当在两个转让日内将最新资料向全国股份转让系统公司报备。

第八条　董事、监事及高级管理人员应当在公司挂牌时签署遵守全国股份转让系统公司业务规则及监管要求的《董事（监事、高级管理人员）声明及承诺书》（以下简称承诺书），并向全国股份转让系统公司报备。

新任高级管理人员应当在董事会通过其任命后 5 个转让日内签署上述承诺书并报备。

第九条　公司披露重大信息之前，应当经主办券商审查，公司不得披露未经主办券商审查的重大信息。

公司在其他媒体披露信息的时间不得早于指定披露平台的披露时间。

第十条　公司发生的或者与之有关的事件没有达到《挂牌公司信息披露细则》规定的披露标准，或者《挂牌公司信息披露细则》没有具体规定，但公司董事会认为该事件对股票价格可能产生较大影响的，公司应当及时披露。

第二章　应当披露的信息及披露标准

第十一条　公司应当披露的信息包括公开转让说明书、定向转让说明书、定向发行说明书、发行情况报告书、定期报告和临时报告等。

第一节　公开转让说明书、定向转让说明书、定向发行说明书和发行情况报告书

第十二条　公司编制公开转让说明书应当符合相关规定。凡是对投资者作出投资决策有重大影响的信息，均应当在公开转让说明书中披露。

第十三条　公司董事、监事、高级管理人员，应当对公开转让说明书签署书面确认意见，保证所披露的信息真实、准确、完整。

公开转让说明书应当加盖公司公章。

第十四条　公开转让说明书引用主办券商、证券服务机构的专业意见或者报告的，相关内容应当与主办券商、证券服务机构出具的文件内容一致，确保引用主办券商、证券服务机构的意见不会产生误导。

第十五条　上述第十二条至第十四条有关公开转让说明书的规定，适用于公司定向转让说明书、定向发行说明书和发行情况报告书。

第十六条　公开转让说明书应当在公开转让前披露。

公司在申请定向发行股票的，股票发行结束后，公司应当依法披露发行情况报告书。申请分期发行的，应当在每期发行后进行披露，并在全部发行结束或者超过核准文件有效期后披露发行情况报告书。

第二节　定期报告

第十七条　公司应当披露的定期报告包括年度报告、半年度报告。凡是对投资者作出投资决策有重大影响的信息，均应当披露。

第十八条　定期报告的内容、格式及编制规则，按全国股份转让系统公司的相关规定执行。

公司应当在每个会计年度结束之日起4个月内编制并披露年度报告，在每个会计年度的上半年结束之日起2个月内披露中期报告。

第十九条　公司应当与全国股份转让系统公司约定定期报告的披露时间，由全国股份转让系统公司同统筹安排公司定期报告披露时间。

公司应当按照全国股份转让系统公司安排的时间披露定期报告，因故需要变更披露时间的，应当告知主办券商并向全国股份转让系统公司申请。

第二十条　公司总经理、财务负责人、董事会秘书等高级管理人员应当及时编制定期报告草案并提交董事会审议；公司董事、高级管理人员应当对公司定期报告签署书面确认意见；公司监事会应当对董事会编制的定期报告进行审核并提出书面审核意见，说明董事会的编制和审核程序是否符合法律、行政法规和全国股份转让系统公司的规定，报告的内容是否能够真实、准确、完整地反映公司的实际情况。

董事、监事、高级管理人员对定期报告内容的真实性、准确性、完整性无法保证或者存在异议的，应当陈述理由和发表意见，并予以披露。

第二十一条　公司年度报告中的财务报告必须经具有证券、期货相关业务资格的会计师事务所审计。

公司不得随意变更会计师事务所，如确需变更的，应当由董事会审议后提交股东大会审议。

第二十二条　公司董事会应当确保公司定期报告按时披露。董事会因故无法对定期报告形成决议的，应当以董事会公告的方式披露，说明具体原因和存在的风险。公司不得以董事、高级管理人员对定期报告内容有异议为由不按时披露。

公司不得披露未经董事会审议通过的定期报告。

第二十三条　公司应当在定期报告披露前及时向主办券商送达下列文件：

（一）定期报告全文、摘要（如有）；

（二）审计报告（如适用）；

（三）董事会、监事会决议及其公告文稿；

（四）公司董事、高级管理人员的书面确认意见及监事会的书面审核意见；

（五）按照全国股份转让系统公司要求制作的定期报告和财务数据的电子文件；

（六）主办券商及全国股份转让系统公司要求的其他文件。

第二十四条　公司财务报告被注册会计师出具非标准审计意见的，公司在向主办券商送达定期报告的同时应当提交下列文件：

（一）董事会针对该审计意见涉及事项所做的专项说明，审议此专项说明的董事会决议以及决议所依据的材料；

（二）监事会对董事会有关说明的意见和相关决议；

（三）负责审计的会计师事务所及注册会计师出具的专项说明；

（四）主办券商及全国股份转让系统公司要求的其他文件。

第二十五条　公司应当对全国股份转让系统公司关于定期报告的事后审查意见及时回复，并按要求对定期报告有关内容作出解释和说明。

主办券商应当在公司对全国股份转让系统公司回复前对相关文件进行审查。如需更正、补充公告或修改定期报告并披露的，公司应当履行相应内部审议程序。

第三节　临时报告——一般规定

第二十六条　临时报告是指公司按照法律法规和全国股份转让系统公司有关规定发布的除定期报告以外的公告。

临时报告应当加盖董事会公章并由公司董事会发布。

第二十七条　公司应披露的临时报告内容包括但不限于下列事项：

（一）股东大会、董事会、监事会会议决议公告；

（二）关联交易；

（三）其他重大事项；

（四）全国股份转让系统公司认为需要披露的其他事项或情形。

第二十八条　公司应当在临时报告所涉及的重大事件最先触及下列任一时点后及时履行首次披露义务：

（一）董事会或者监事会作出决议时；

（二）签署意向书或者协议（无论是否附加条件或者期限）时；

（三）公司（含任一董事、监事或者高级管理人员）知悉或者理应知悉重大事件发生时。

第二十九条 对公司股票转让价格可能产生较大影响的重大事件正处于筹划阶段，虽然尚未触及本制度第二十八条规定的时点，但出现下列情形之一的，公司亦应履行首次披露义务：

（一）该事件难以保密；

（二）该事件已经泄露或者市场出现有关该事件的传闻；

（三）公司股票及其衍生品种交易已发生异常波动。

第三十条 公司履行首次披露义务时，应当按照《挂牌公司信息披露细则》规定的披露要求和全国股份转让系统公司制定的临时公告格式指引予以披露。

在编制公告时若相关事实尚未发生的，公司应当客观公告既有事实，待相关事实发生后，应当按照相关格式指引的要求披露事项进展或变化情况。

第三十一条 公司控股子公司发生的对公司股票转让价格可能产生较大影响的信息，视同公司的重大信息，公司应当披露。

第四节 临时报告——董事会、监事会和股东大会决议

第三十二条 公司召开董事会会议，应当在会议结束后及时将经与会董事签字确认的决议（包括所有提案均被否决的董事会决议）向主办券商报备。

董事会决议涉及《挂牌公司信息披露细则》规定的应当披露的重大信息，公司应当以临时公告的形式及时披露；决议涉及根据公司章程规定应当提交经股东大会审议的收购与出售资产、对外投资（含委托理财、委托贷款、对子公司投资等）的，公司应当在决议后及时以临时公告的形式披露。

第三十三条 公司召开监事会会议，应当在会议结束后及时将经与会监事签字的决议向主办券商报备。

涉及《挂牌公司信息披露细则》规定的应当披露的重大信息，公司应当以临时公告的形式及时披露。

第三十四条 公司应当在年度股东大会召开 20 日前或者临时股东大会召开15 日前，以临时公告方式向股东发出股东大会通知。

公司在股东大会上不得披露、泄露未公开重大信息。

第三十五条 公司召开股东大会，应当在会议结束后两个转让日内将相关决议公告披露。年度股东大会公告中应当包括律师见证意见。

第三十六条 主办券商及全国股份转让系统公司要求提供董事会、监事会及股东大会会议记录的，公司应当按要求提供。

第五节 临时报告——关联交易

第三十七条 公司的关联交易，是指公司与关联方之间发生的转移资源或

者义务的事项。

第三十八条　公司的关联方及关联关系包括《中小企业会计准则第 36 号——关联方披露》规定的情形，以及公司、主办券商或全国股份转让系统公司根据实质重于形式原则认定的情形。

第三十九条　公司董事会、股东大会审议关联交易事项时，应当执行公司章程规定的表决权回避制度。

第四十条　对于每年发生的日常性关联交易，公司应当在披露上一年度报告之前，对本年度将发生的关联交易总金额进行合理预计，提交股东大会审议并披露。对于预计范围内的关联交易，公司应当在年度报告和半年度报告中予以分类，列表披露执行情况。

如果在实际执行中预计关联交易金额超过本年度关联交易预计总金额的，公司应当就超出金额所涉及事项依据公司章程提交董事会或者股东大会审议并披露。

第四十一条　除日常性关联交易之外的其他关联交易，公司应当经过股东大会审议并以临时公告的形式披露。

第四十二条　公司与关联方进行下列交易，可以免予按照关联交易的方式进行审议和披露：

（一）一方以现金认购另一方发行的股票、公司债券或中小企业债券、可转换公司债券或者其他证券品种；

（二）一方作为承销团成员承销另一方公开发行的股票、公司债券或中小企业债券、可转换公司债券或者其他证券品种；

（三）一方依据另一方股东大会决议领取股息、红利或者报酬；

（四）公司与其合并报表范围内的控股子公司发生的或者上述控股子公司之间发生的关联交易。

第六节　临时报告——其他重大事件

第四十三条　公司对涉案金额占公司最近一期经审计净资产绝对值 10% 以上的重大诉讼、仲裁事项应当及时披露。

未达到前款标准或者没有具体涉案金额的诉讼、仲裁事项，董事会认为可能对公司股票及其他证券品种转让价格产生较大影响的，或者主办券商、全国股份转让系统公司认为有必要的，以及涉及股东大会、董事会决议被申请撤销或者宣告无效的诉讼，公司也应当及时披露。

第四十四条　公司应当在董事会审议通过利润分配或资本公积转增股本方案后，及时披露方案具体内容，并于实施方案的股权登记日前披露方案实施公告。

第四十五条　股票转让被全国股份转让系统公司认定为异常波动的，公司应当于次一股份转让日披露异常波动公告。如果次一转让日无法披露，公司应当向全国股份转让系统公司申请股票暂停转让直至披露后恢复转让。

第四十六条　公共媒体传播的消息（以下简称传闻）可能或者已经对公司股票转让价格产生较大影响的，公司应当及时向主办券商提供有助于甄别传闻的相关资料，并决定是否发布澄清公告。

第四十七条　公司如实行股权激励计划，应当严格遵守全国股份转让系统公司的相关规定，并履行披露义务。

第四十八条　限售股份在解除转让限制前，公司应当按照全国股份转让系统公司有关规定披露相关公告或履行相关手续。

第四十九条　在公司中拥有权益的股份达到该公司总股本5%的股东及其实际控制人，其拥有权益的股份变动达到全国股份转让系统公司规定的标准的，应当按照要求及时通知公司并披露权益变动公告。

第五十条　公司和相关信息披露义务人披露承诺事项的，应当严格遵守其披露的承诺事项。

公司未履行承诺的，应当及时披露原因及相关当事人可能承担的法律责任；相关信息披露义务人未履行承诺的，公司应当主动询问，并及时披露原因，以及董事会拟采取的措施。

第五十一条　全国股份转让系统公司对公司实行风险警示或作出股票终止挂牌决定后，公司应当及时披露。

第五十二条　公司出现以下情形之一的，应当自事实发生之日起两个转让日内披露：

（一）控股股东或实际控制人发生变更；

（二）控股股东、实际控制人或者其关联方占用资金；

（三）法院裁定禁止有控制权的大股东转让其所持公司股份；

（四）任一股东所持公司5%以上股份被质押、冻结、司法拍卖、托管、设定信托或者被依法限制表决权；

（五）公司董事、监事、高级管理人员发生变动；董事长或者总经理无法履行职责；

（六）公司减资、合并、分立、解散及申请破产的决定；或者依法进入破产程序、被责令关闭；

（七）董事会就并购重组、股利分派、回购股份、定向发行股票或者其他证券融资方案、股权激励方案形成决议；

（八）变更会计师事务所、会计政策、会计估计；

（九）对外提供担保（公司对控股子公司担保除外）；

（十）公司及其董事、监事、高级管理人员、公司控股股东、实际控制人在报告期内存在受有权机关调查、司法纪检部门采取强制措施、被移送司法机关或追究刑事责任、中国证监会稽查、中国证监会行政处罚、证券市场禁入、认定为不适当人选，或收到对公司生产经营有重大影响的其他行政管理部门处罚；

（十一）因前期已披露的信息存在差错、未按规定披露或者虚假记载，被有关机构责令改正或者经董事会决定进行更正；

（十二）主办券商或全国股份转让系统公司认定的其他情形。发生违规对外担保、控股股东或者其关联方占用资金的公司应当至少每月发布一次提示性公告，披露违规对外担保或资金占用的解决进展情况。

第五十三条　公司进行自愿性信息披露的，应当遵守公平信息披露原则，避免选择性信息披露。公司不得利用自愿性信息披露从事市场操纵、内幕交易或者其他违法违规行为。

公司自愿性披露的信息发生重大变化，有可能影响投资者决策的，公司应当及时披露进展公告，说明最新变化及其原因。

第三章　信息的传递、审核、披露流程

第五十四条　重大信息的报告程序

（一）董事、监事、高级管理人员获悉的重大信息应当第一时间报告董事长并同时通知董事会秘书，董事长应当立即向董事会报告并督促董事会秘书做好相关信息披露工作；

（二）公司各部门和下属公司负责人应当第一时间向董事会秘书报告与本部门、下属公司相关的重大信息；

（三）公司对外签署的涉及重大信息的合同、意向书、备忘录等文件在签署前应当知会董事会秘书，并经董事会秘书确认，因特殊情况不能事前确认的，应当在相关文件签署后立即报送董事会秘书和公司证券部。

上述事项发生重大进展或变化的，相关人员应及时报告董事长并同时通知董事会秘书，董事会秘书应及时做好相关信息披露工作。

第五十五条　定期报告的草拟、审核、通报和发布程序

（一）公司总经理、财务负责人、董事会秘书等高级管理人员应当及时编制定期报告草案，提请董事会审议；

（二）董事会秘书负责送达董事审阅；

（三）董事长负责召集和主持董事会会议审议定期报告；

（四）监事会负责审核董事会编制的定期报告；

（五）董事会秘书负责组织定期报告的披露工作；

（六）董事、监事、高级管理人员应积极关注定期报告的编制、审议和披露

工作的进展情况，出现可能影响定期报告按期披露的情形应立即向公司董事会报告；

（七）定期报告披露前，董事会秘书应当将定期报告文稿通报董事、监事和高级管理人员，并经主办券商审查。

第五十六条　临时公告草拟、审核、通报和发布流程

临时公告文稿由公司证券部负责草拟，董事会秘书负责审核，临时公告应当及时通报董事、监事和高级管理人员。

第五十七条　信息公告由董事会秘书负责对外发布，其他董事、监事、高级管理人员，未经董事会书面授权，不得对外发布任何有关公司的重大信息。

第五十八条　公司向全国股份转让系统公司报送报告的草拟、审核、通报流程

向全国股份转让系统公司报送的报告由公司证券部或董事会指定的其他部门负责草拟，董事会秘书负责审核。

第五十九条　公司对外宣传文件的草拟、审核、通报流程

公司应当加强宣传性文件的内部管理，防止在宣传性文件中泄露公司重大信息，公司宣传文件对外发布前应当经董事会秘书同意。

第六十条　公司有关部门对于是否涉及信息披露事项有疑问时，应及时向董事会秘书或通过董事会秘书向全国股份转让系统公司咨询。

第六十一条　公司不得以新闻发布或答记者问等形式代替信息披露。

第六十二条　公司发现已披露的信息有错误、遗漏或误导时，应及时发布更正公告、补充公告或澄清公告。

第四章　董事和董事会、监事和监事会、高级管理人员及相关部门信息披露事务的管理职责

第六十三条　公司董事长为信息披露工作第一责任人，董事会秘书为信息披露工作直接责任人，负责管理信息披露事务。

第六十四条　董事和董事会、监事和监事会、总经理、副总经理、财务负责人等高级管理人员应当配合董事会秘书信息披露相关工作，并为董事会秘书和证券部履行职责提供工作便利，董事会、监事会和公司经营层应当建立有效机制，确保董事会秘书能够第一时间获悉公司重大信息，保证信息披露的及时性、准确性、公平性和完整性。

第六十五条　董事会应当定期对公司信息披露事务管理制度的实施情况进行自查，发现问题的，应当及时改正，并在年度董事会报告中披露公司信息披露事务管理制度执行情况。

第六十六条　公司监事会负责信息披露事务管理制度的监督，监事会应当

对公司信息披露事务管理制度的实施情况进行定期检查，发现重大缺陷应当及时提出处理建议并督促公司董事会进行改正，公司董事会不予改正的，应当向全国股份转让系统公司报告。监事会应当在监事会年度报告中披露对公司信息披露事务管理制度进行检查的情况。

第六十七条　公司控股股东、实际控制人和持股5%以上的大股东出现或发生以下重大事项时，应及时、主动告知董事会秘书，并配合公司履行相应的信息披露义务：

（一）其持有股份或者控制公司的情况发生较大变化；

（二）法院裁决禁止控股股东转让其所持股份，任一股东所持公司5%以上股份被质押、冻结、司法拍卖、托管、设定信托或者被依法限制表决权；

（三）拟对公司进行重大资产或者业务重组；

（四）全国股份转让系统公司规定的其他情形。

第六十八条　董事会秘书负责组织和协调公司信息披露事务，负责公司信息对外发布；制定并完善公司信息披露事务管理制度；督促公司相关信息披露义务人遵守信息披露相关规定，协助相关各方及有关人员履行信息披露义务；负责公司未公开重大信息的保密工作；关注媒体报道，主动向公司及相关信息披露义务人求证，督促董事会及时披露或澄清。

董事会秘书有权参加股东大会、董事会会议、监事会会议和高级管理人员相关会议，有权了解公司的财务和经营情况，查阅涉及信息披露事宜的所有文件。

公司有关部门研究、决定涉及信息披露事项时，应通知董事会秘书列席会议，并向其提供信息披露所需要的资料。

公司董事会秘书为履行职责，有权了解公司的财务和经营情况，查阅其职责范围内的所有文件，并要求公司有关部门和人员及时提供相关资料和信息。

第六十九条　公司证券部为信息披露事务的日常管理部门，由董事会秘书直接领导，承担如下职责：

（一）负责起草、编制公司定期报告和临时报告；

（二）负责完成信息披露申请及发布；

（三）负责收集各子公司发生的重大事项，并向董事会秘书汇报及披露；

（四）负责持续关注媒体对公司的报道并主动求证报道的真实情况。

第七十条　公司财务部门应建立有效的财务管理和会计核算内部控制制度，按照有关法律、行政法规及部门规章的制度进行编制财务会计报告，确保财务信息的真实、准确，并防止财务信息的泄露。

第七十一条　公司实行内部审计制度，设立审计部门并配备专职审计人员，对财务管理和会计核算内部控制制度的建立和执行情况进行定期或不定期的监督，并定期向董事长报告监督情况。

第七十二条　公司各部门和下属公司负责人为本公司和本部门信息披露事务管理和报告的第一责任人。

各部门和下属公司应当指派专人负责信息披露工作，并及时向董事会秘书和证券部报告与本部门、本公司相关的信息。

董事会秘书和证券部向各部门和下属公司收集相关信息时，各部门和下属公司应当积极予以配合。

第五章　保密责任

第七十三条　公司及其董事、监事、高级管理人员、相关信息披露义务人和其他知情人在信息披露前，应当将该信息的知情者控制在最小范围内，不得泄露未公开重大信息。

第七十四条　公司董事长、总经理作为公司保密工作的第一责任人，副总经理及其他高级管理人员作为分管业务范围保密工作的第一责任人，各部门和下属公司负责人作为各部门、下属公司保密工作第一责任人。

第七十五条　若公司有充分依据证明其拟披露的信息属于国家机密、商业秘密，可能导致其违反国家有关保密法律、行政法规规定或者严重损害公司利益的，可以向全国股份转让系统公司申请豁免披露或履行相关义务。

第六章　信息披露相关文件、资料的档案管理

第七十六条　公司对外信息披露的文件档案管理事务由公司证券部负责。股东大会文件、董事会文件、监事会文件、信息披露文件应分类专卷存档保管。

第七十七条　公司董事、监事、高级管理人员、各部门和下属公司履行信息披露职责情况应由公司证券部负责记录，并作为公司档案由证券部予以妥善保管。

第七章　监管部门文件的内部报告

第七十八条　公司应当及时在内部报告、通报监管部门的文件，包括但不限于：

（一）监管部门新颁布的规章、规范性文件以及规则、细则、指引、通知等相关业务规则；

（二）监管部门发出的通报批评以上处分的决定文件；

（三）监管部门向本公司发出的任何函件。

第七十九条　公司收到监管部门发出的本制度第七十八条所列文件，董事会秘书应第一时间向董事长报告，除涉及国家机密、商业秘密等特殊情形外，董事长应督促董事会秘书及时将收到的文件向所有董事、监事和高级管理人员通报。

第八章　违规责任的处理

第八十条　公司的董事、监事、高级管理人员应当忠实、勤勉地履行职责，保证披露信息的真实、准确、完整、及时、公平。

第八十一条　公司董事、监事违反本制度规定的，公司将视情节轻重给予批评、警告，直至提请股东大会或职工代表大会予以撤换。

公司内部人员违反本制度规定，但未给公司造成严重影响或损失的，公司将视情节轻重给予批评、警告、降职的处分。

公司内部人员违反本制度规定，导致信息披露违规，给公司造成严重影响或损失的，公司将视情节轻重对当事人给予降职、撤职、开除的处分。

信息披露过程中涉嫌违法的，国家及主管部门另有规定的从其规定。

第八十二条　对违反信息披露规定人员的责任追究、处分情况应当及时报告证券监管部门。

第八十三条　公司聘请的中介机构工作人员、关联人和其他利益相关者等若擅自披露公司信息，给公司造成损失的，公司保留追究其责任的权利。

第九章　附　　则

第八十四条　本制度未尽事宜，按照有关法律、法规、规范性文件和本公司章程等相关规定执行；本制度如与日后颁布的法律、法规、规范性文件或经合法程序修改后的公司章程相抵触时，按有关法律、法规、规范性文件和公司章程的规定执行。

第八十五条　本制度由公司董事会负责解释和修订。

第八十六条　本制度经公司董事会审议通过后生效。

【　】股份有限公司

【　】年【　】月【　】日

（八）发起人协议

本协议由以下各方于【　】年【　】月【　】日在【　】签署。

1. 【　】
2. 【　】
3. 【　】
4. 【　】

各方经友好协商，就共同发起设立（以下简称【　】）事宜达成本发起人协议，以示信守。

第一章　发起人

第一条　【　】股份有限公司发起人为以下各方：

1.【　】
2.【　】
3.【　】
4.【　】

第二章　股份公司的成立

第二条　发起人经充分协商，同意根据国家有关法律、法规规定，各发起人以其持有的【　】有限公司在审计基准日确定净资产份额投资，共同发起在【　】省【　】市注册成立股份公司。

第三条　股份公司名称：【　】股份有限公司

第四条　股份公司为永久性股份公司，股东以其所认购股份对股份公司承担有限责任，分享利润和分担风险及亏损。股份公司以其全部资产对公司债务承担责任。

第三章　股份公司的经营目的和经营范围

第五条　股份公司的经营目的：通过股份公司的组织形式，提高公司的经营管理水平，最大限度地提高公司的经济效益，为全体股东创造满意的经济回报。股份公司的经营范围：【　】。

第四章　注册资本

第六条　股份公司的注册资本拟定为人民币【　】万元，具体数额以有关主管机关实际核定的数额为准。

第七条　各发起人认购的股份数为

表 12 – 3　　　　　　　**各发起人认购的股份情况**

发起人姓名或名称	认购股份数（万股）	占公司总股本的比例（%）	出资方式
			净资产
			净资产
			净资产
			净资产
合计		100.00	

第八条　各发起人投入股份公司的经评估后的净资产数额及比例为：发起

人投入股份公司的经评估后的净资产总额为【】万元，其中：【】投入的净资产数额为【】万元，占股份公司净资产总额的【】％；【】投入的净资产数额为【】万元，占股份公司净资产总额的【】％；【】投入的现金数额为【】万元，占股份公司净资产总额的【】％；【】投入的净资产数额为【】万元，占股份公司净资产总额的【】％。

第九条　各发起人同意在符合国家法律、法规和政府主管机关规定的前提下，将各自投入到股份公司的经评估确认的净资产数额作为其认购公司股份的依据，并根据国家有关规定，按照统一的【】％的折股比例，折为其在股份公司的发起人股份。发起人投入股份公司的净资产折股数额，以国家国有资产管理机关批准的实际数额为准。

第五章　发起人的权利、义务

第十条　发起人投入股份公司的资产，须按照国家法律的规定，由国家批准设立的资产评估机构进行评估，并应取得国有资产管理部门对该评估结果的确认，同时，发起人用于抵作股款的出资须取得股份公司创立大会的批准。

第十一条　发起人同意按照国家有关部门的要求，将其用于抵作股款的出资一次性投入股份公司，并在股份公司注册登记后 60 天内，办理完毕有关财产和权益的转让手续。

第十二条　发起人认购的股份，自股份公司设立之日起 1 年内不得转让。公司公开发行股份前已发行的股份，自公司股票在证券交易所上市交易之日起 1 年内不得转让。

第十三条　发起人享有如下权利：

1. 有权按本协议书规定的认购方式认购其享有股份数额；

2. 在股份公司股款缴足后，有权在第一次股东会上行使作为发起人的权利；

3. 对股份公司筹建工作进行监督，提出建议或质询，有权监督设立费用的开支情况；

4. 协商推荐股份公司首届董事候选人及由股东代表出任的监事候选人，并交股东大会选举通过；

5. 发起人认购公司股份后，享有股份公司股东权利；

6. 因其他发起人违约并造成损失时，有权获得补偿或赔偿；因其他股东的原因造成损失时，有权追究其他股东的违约责任；

7. 公司成立后，有权要求公司及时签发出资证明书；

8. 经国家有关部门批准，股份公司增资扩股时，发起人有权依其原持有股份公司的股份比例优先购买新股。

9. 当本协议约定的条件发生变化时，有权获得通知并发表意见；共同决定筹建期间的重大事项；

10. 参与起草和审议股份公司章程；

11. 审查资产评估结果，参与财产移交；

12. 在公司不能成立时，对于公司的财产依各自认购的比例和法律规定行使返还请求权。

第十四条 为明确发起人责任并保证各发起人的合法权益，确保股份公司设立工作的合法进行，同时为了确保股份公司成立后的正常运转，股份公司的发起人应承担如下义务：

1. 发起人必须按时足额履行认购股份的义务，并确保投入股份公司资金的真实性与合法性，投入股份公司的全部资产将归股份公司所有或依法经营管理。不能按约定的期限、方式、数额履行出资义务时，必须对守约方造成的损失进行补偿和赔偿，并继续履行本协议约定的义务。

2. 发起人授权成立筹备委员会，将负责股份公司设立的具体工作；筹备委员会成员将承担因工作错误而引起的责任，发起人对筹备委员会在授权范围内所实施的行为承担责任。

3. 股份公司因故不能成立，对设立股份公司所发生的费用和债务承担连带责任，由于发起人中一方的违约行为，造成股份公司设立的迟延或不能设立，由该方发起人负责赔偿，如果出现多方违约，则根据各方实际过错情况，按比例承担赔偿责任。股份公司设立后，不能抽回认股的资金。

4. 发起人必须对因发起人过错而使股份公司设立过程中受到的损害承担连带的赔偿责任。

5. 各发起人应在其职权范围内及时提供为变更设立股份公司所必需的全部文件，并按照政府主管部门的要求和变更设立股份公司的需要签署有关文件及提供各种服务和便利条件。各发起人应为筹委会设立股份公司的行为提供各种便利或服务。

6. 如因不可抗力或客观情势发生重大变化而于股份公司设立不利时，发起人会议作出不设立股份公司的决定的，对设立行为所产生的债务和费用经审计确认后，由发起人按各自认购的比例分担。

7. 作为股份公司的发起人，【 】同意按照本协议第四章第二条的规定以投入股份公司资产的比例，对下列情况承担连带责任：股份公司不能设立时，对设立行为所产生的债务和费用负连带责任。股份公司不能设立时，对认股人已缴纳的股款，负返还股款并加算银行同期存款利息的连带责任。在股份公司设立过程中，由于发起人的过失致使股份公司的利益受到损害，应当对股份公司承担赔偿责任。

8. 经各发起人协商一致，发起人因履行出资义务而产生的税费由该发起人自行承担。

第十五条 为确保股份公司设立过程的合法性及设立后的发展，各发起人作出如下承诺：

1. 各发起人及其所投资的中小企业将按公平及诚实信用、等价有偿的原则并以一般市场条件与股份公司签署关于股份公司设立后生产经营、后勤保障、专利许可、技术服务、商标使用方面的合同，并将严格执行所签合同；

2. 在股份公司设立后，不再投资、增设、经营与股份公司所经营业务有同业竞争关系的其他项目与业务；

3. 发起人因发起设立股份公司所发生的应承担的经济责任，发起人之间依法承担连带清偿责任；

4. 股份公司成立后，发起人以其对股份公司的出资为限对公司债务承担责任；

5. 各方出具的公司设立所需登记文件是真实、准确、全面的。

第六章 股份公司筹备委员会

第十六条 发起人同意设立股份公司筹备委员会，筹备委员会成员共【】人。

第十七条 各发起人委派一名代表组成股份公司筹委会，并由代表按出资比例选举一名筹委会主任。筹委会全权代表全体发起人办理股份公司注册的所有事项。

第十八条 股份公司筹办事项包括但不限于以下事项：

1. 制作设立股份公司的各种文件；

2. 协调各发起人之间的关系；

3. 办理股份公司设立的相关事项，并依法获得有关主管部门或机构的一切必要的批准、许可和同意；

4. 其他与股份公司设立有关的事宜。

第十九条 为进行股份制改组、设立股份公司和股份挂牌，发起人同意支付不超过人民币【】万元，作为筹委会和各中介机构开展有关工作的前期费用，该费用计入股份公司的股票挂牌费用。在股份公司设立前，进行上述有关工作所需支出的费用暂时由发起人垫支。股份公司因故不能设立时，由各发起人按认购股份比例分摊。

第七章 股份公司的组织机构

第二十条 股份公司依照《公司法》的规定设立股东大会。股东大会是股份公司的权力机构，股东大会的职权由股份公司章程作出规定。

　　第二十一条　股份公司根据《公司法》的规定设立董事会。股份公司营业执照签发之日，为公司董事会成立之日。

　　第二十二条　董事会是股东大会的常设机构，向股东大会负责。在股东大会闭会期间，负责股份公司的重大经营决策。董事会的职权和议事规则由公司章程作出规定。

　　第二十三条　股份公司的首届董事会成员由发起人提名，经股份公司创立大会选举产生，董事每届任期三年，连选可以连任。董事可以接受董事会的聘请兼任股份公司的行政职务。

　　第二十四条　股份公司设董事长一名，副董事长【　】名，由董事会成员选举产生，董事长和副董事长任期为三年，连选可以连任。

　　第二十五条　股份公司依照《公司法》的规定设立监事会，监事会是股份公司的监察机构。监事会的职权由股份公司章程规定。

　　第二十六条　股份公司的首届监事会成员除职工选举产生外，由发起人提名，经股份公司创立大会选举产生，监事任期为三年，连选可以连任。

　　第二十七条　各家发起人同意，在股份公司创立大会依法正式提出首届董事会、监事会成员候选人时，其候选人名单应事先经发起人会议充分协商并一致同意。

　　第二十八条　股份公司的日常经营管理由公司的总经理负责，经营管理机构的组成及其职权由股份公司章程规定。

第八章　税务、财务、审计

　　第二十九条　股份公司按国家有关规定建立财务会计制度，并依照国家有关法律、法规和规定缴纳各项税金。

　　第三十条　股份公司按国家规定提取各项基金，提取的比例由董事会讨论后报股东大会批准。股份公司的财务审计按国家有关规定执行。

第九章　本协议修改、变更与解除

　　第三十一条　发生下列情形之一的，可以修改本协议，本协议的修改，须经全体发起人协商，并达成书面协议后方能生效：

　　1. 由于不可抗力的发生，协议必须修改；

　　2. 各方发起人合意修改；

　　3. 一方或多方发起人提出修改，其他各方没有异议的；

　　4. 其他情况。

　　第三十二条　发生下列情形之一的，经发起人一致通过，可以终止本协议：

　　1. 有关股份公司设立已完成；

2. 各方发起人合意终止；

3. 因发生不可抗力，协议必须终止；

4. 其他情况。

第三十三条　各发起人应本着诚实、信用的原则，自觉履行本协议，如因一方不履行本协议规定的义务，致使股份公司无法设立或无法达到本协议规定的经营目的，其他方发起人有权向违约方索赔。

因多方违约，造成本协议不能履行或不能完全履行时，则应根据其过错等实际情况，按本协议上述的规定由各违约方分别承担相应的违约责任。

第十章　违约责任

第三十四条　发起人一方如未按本协议规定按期足额缴纳出资额，每逾期一天，违约方应付出资额的【　】作为违约金给履约方。如逾期一个月仍未缴纳出资额，即视为违约方自动放弃股份，遇有此种情况，除违约方应交付违约金外，履约方有权按本协议有关规定终止合同。由于一方发起人的违约，造成本协议不能履行或不能完全履行时，由违约方承担违约责任，并按照法律、法规的规定赔偿履约方因此遭受的经济损失。

第十一章　不可抗力

第三十五条　发起人一方因不可抗力事件的发生，直接影响其按约定的条件履行本协议时，应立即将事故情况通报另一发起人，并应在【　】日内，提出不可抗力详情及不能完全履行，或者需要延期履行协议的理由及有效证明文件。此项证明文件应由有权证明的机构出具。另一发起人有权根据该不可抗力对履行协议影响的程度，决定本协议是否履行，并决定是否免除或部分免除该项不可抗力事件所涉及一方发起人履行本协议的责任。

第十二章　争议的解决

第三十六条　凡因本合同引起的或与本合同有关的任何争议，双方应友好协商解决。协商不成的，应提交【　】，按照申请仲裁时该会实施的仲裁规则进行仲裁。仲裁裁决是终局的，对双方均有约束力。

第十三章　协议生效及其他

第三十七条　本协议经协议各方签字、盖章之日起生效。

第三十八条　本协议正本一式【　】份，协议各方、审批机关及股份公司登记机关各执【　】份，每份正本具有同等法律效力。

第三十九条　本协议未尽事宜，可由发起人另行协商确定，并签订补充协议。经发起人各方签署的补充协议具有同等的法律效力。

各发起人签名/盖章：【 】

四、挂牌相关文本

(一) 全国中小企业股份转让系统挂牌协议

全国中小企业股份转让系统挂牌协议

甲方：全国中小企业股份转让系统有限责任公司

法定代表人：

住所：

联系电话：

乙方：_____股份有限公司

法定代表人：

住所：

联系电话：

第一条 甲方是全国中小企业股份转让系统（以下简称全国股份转让系统）的运营管理机构，负责组织和监督挂牌公司的股票转让及相关活动，实行自律管理。乙方是经中国证监会核准的非上市公众公司，申请其股票在全国股份转让系统挂牌。乙方已向甲方提交了挂牌申请及相关文件，并取得了甲方同意挂牌的审查意见及中国证监会核准。

第二条 为规范乙方股票在全国股份转让系统挂牌行为，明确双方权利与义务，甲乙双方根据《合同法》、《公司法》、《证券法》、《非上市公众公司监督管理办法》、《全国中小企业股份转让系统有限责任公司管理暂行办法》、《全国中小企业股份转让系统业务规则（试行)》等规定，签订本协议。

第三条 甲方的权利：

（一）甲方有权在有关法律、行政法规、中国证监会相关规定授权范围内对乙方实施日常监管；甲方有权依据全国股份转让系统业务规则、细则、指引、通知等规定（以下简称甲方业务规则）对乙方的股票挂牌、公开转让、终止挂牌等行为进行管理。

（二）甲方有权依据经中国证监会批准的收费标准收取挂牌费。

第四条 甲方的义务：

（一）甲方应当依据有关法律、行政法规及中国证监会相关规定制定甲方业务规则并及时公布，为乙方及其他市场主体参与市场活动提供制度保障。

（二）甲方负责运营、管理全国股份转让系统、发布市场信息，为乙方及其他市场参与主体提供正常的信息环境。

（三）甲方负责提供股票转让平台及相关设施，安排乙方股票挂牌，组织乙方股票转让活动。

（四）甲方负责提供信息披露服务平台，安排乙方首次挂牌信息披露及日常信息披露。

（五）甲方应当接受乙方的咨询，对其股票挂牌操作提供必要的指导。

第五条　乙方的权利：

（一）乙方有权向甲方咨询股票挂牌操作事宜，并获得甲方的指导。

（二）乙方有权获得甲方提供的股票转让、信息披露平台及相关设施服务。

第六条　乙方的义务：

（一）乙方同意接受甲方的日常监管及管理。

（二）乙方承诺遵守法律、法规、规章等规范性法律文件。乙方进一步承诺遵守甲方业务规则，履行包括但不限于规范公司治理、信息披露等义务。乙方应保证并责成其包括董事、监事、高级管理人员在内的全体员工理解并遵守本协议内容。

（三）乙方及其董事、监事和高级管理人员在挂牌时和挂牌后作出的承诺文件为本协议不可分割的一部分，是本协议的附件。乙方应保证其董事、监事和高级管理人员签署该等承诺文件。

（四）乙方应按本协议约定向甲方缴纳挂牌费。

（五）乙方应按要求参加甲方组织的业务培训。

（六）乙方应当以书面形式及时通知甲方任何导致乙方不再符合挂牌要求的公司行为或其他事件。

第七条　挂牌费：

（一）挂牌费包括挂牌初费和挂牌年费，由甲方依据经中国证监会批准的收费标准收取。

（二）乙方应当在挂牌日前缴纳按照挂牌首日总股本计算的挂牌初费，并在每年7月15日以前一次性缴纳按照公司上一年度末总股本计算的本年度挂牌年费。

（三）挂牌当年的挂牌年费按照挂牌首日的总股本和实际挂牌月份（自挂牌日的次月起计算）予以折算，与挂牌初费一并缴纳。

（四）乙方逾期缴纳挂牌费，甲方有权每日按应缴纳金额的3‰收取滞纳金。

（五）经甲方催告后，乙方于10个工作日内仍未缴纳的，甲方有权对乙方采取监管措施，并保留向乙方主张其违约造成之全部损失的权利。

（六）乙方股票终止挂牌后，已经缴纳的挂牌费不予返还。

第八条　本协议的执行与解释适用中华人民共和国法律。

第九条　本协议未尽事宜，双方应依照有关法律、法规、规章及甲方业务规则执行。

第十条　与本协议的解释或执行有关的争议及纠纷，应首先由甲乙双方通过友好协商解决。若自争议或者纠纷发生之日起的 30 天内未能通过协商解决，任何一方均可将该项争议提交中国国际经济贸易仲裁委员会按照当时适用的仲裁规则进行仲裁，仲裁地点为北京。仲裁裁决为最终裁决，对双方均具有法律约束力。

第十一条　双方一致同意，本协议生效后，如因适用的法律、法规、规章等规范性法律文件及甲方业务规则发生变化，导致本协议相关条款内容与修订或新颁布的上述法律、法规、规章、甲方业务规则等内容相抵触，本协议该部分条款将自动变更并以修订或新颁布的相关法律、法规、规章、甲方业务规则内容为准。

尽管有前款内容，本协议其他不与有关法律、法规、规章、甲方业务规则内容相抵触的条款持续有效。

第十二条　乙方申请终止或被甲方终止在全国股份转让系统挂牌的，本协议自终止挂牌之日自动解除。本协议解除不影响甲方依法向乙方主张本协议项下未结费用、滞纳金支付的权利。

第十三条　本协议自双方签字盖章之日起生效。双方可以以书面方式对本协议作出补充，经双方签字盖章的有关本协议的补充协议是本协议的组成部分，与本协议具有同等法律效力。

第十四条　本协议一式 4 份，双方各执 2 份。

（以下无正文）

甲方（公章）：＿＿＿＿＿＿＿＿　　　　乙方（公章）：＿＿＿＿＿＿＿＿

法定代表人　　　　　　　　　　　　　　法定代表人

或授权代表（签字）：＿＿＿＿＿　　　　或授权代表（签字）：＿＿＿＿＿

＿＿＿＿＿年＿＿月＿＿日　　　　　　　＿＿＿＿＿年＿＿月＿＿日

（二）股份公司关于在全国中小企业股份转让系统挂牌的申请报告

【　】股份有限公司
关于股票在全国中小企业股份转让系统
挂牌的申请报告

文号（【　】字〔20【　】〕第【　】号）

全国中小企业股份转让系统有限责任公司：

【　】股份有限公司（以下简称公司、本公司）主要从事【　】业务。【　】年【　】月【　】日，公司股票在股份报价转让系统挂牌，股票代码为430【　】，目前公司股票总量为【　】股。

经公司董事会和股东大会审议通过，拟向贵公司申请股票在全国中小企业股份转让系统（以下简称全国股份转让系统）挂牌，现将有关事项报告如下：

一、公司简介

公司名称：

法定代表人：

注册资本：

成立日期：　　年　月　日

股份公司设立日期：　　年　月　日

住　　所：

邮政编码：

公司电话：

公司传真：

互联网网址：

电子信箱：

信息披露事务负责人：

所属行业：

经营范围：

组织机构代码：

二、股权结构及主要股东情况

（一）公司股权结构图

（二）控股股东及实际控制人情况

（三）前十名股东及持有5%以上股份股东情况（可列表）

三、主要业务、主要产品（服务）

四、最近两年及一期财务简表

（一）资产负债表主要数据

表 12－4　　　　　　　　　　　　资产负债表主要数据

项目	2012 年一期末（注）	2011 年末	2010 年末
流动资产			
固定资产			
无形资产			
资产总计			
流动负债			
负债合计			
归属于申请挂牌公司股东权益合计			
股东权益合计			

（二）利润表主要数据

表 12－5　　　　　　　　　　　　利润表主要数据

项目	2012 年一期（注）	2011 年度	2010 年度
营业收入			
营业利润			
利润总额			
净利润			
归属于申请挂牌公司股东的净利润			

（三）现金流量表主要数据

表 12－6　　　　　　　　　　　　现金流量表主要数据

项目	2012 年一期（注）	2011 年度	2010 年度
经营活动产生的现金流量净额			
投资活动产生的现金流量净额			
筹资活动产生的现金流量净额			
现金及现金等价物净增加额			

注：2012 年一期数据应为公司已公告的最新财务数据（可以未经审计），如 2012 年年度财务报告已经审计，应提供 2012 年年报数据。

公司依法设立且已存续满两年；业务明确，具有持续经营能力；治理机制健全，合法规范经营；股权明晰，股票发行和转让行为合法合规。

【】证券公司已与本公司签署补充协议（见附件），确认原推荐挂牌协议中有关持续督导的权利义务关系等条款仍然有效，并愿意为本公司提供持续督导服务。

公司及公司董事、监事、高级管理人员理解并同意遵守贵公司发布的规则、细则、指引、通知等规定。

现特向贵公司申请股票在全国股份转让系统挂牌。

特此申请，请予同意。

【】股份有限公司（盖章）

【】年【】月【】日

附件：《【】证券公司与【】股份有限公司关于持续督导的补充协议》

（三）股份有限公司关于股票在全国中小企业股份转让系统公开转让的申请报告

【】股份有限公司

关于股票在全国中小企业股份转让系统

公开转让的申请报告

文号（【】字［20【】］第【】号）

中国证券监督管理委员会：

【】股份有限公司（以下简称公司、本公司）主要从事【】业务。【】年【】月【】日，公司股票在股份报价转让系统挂牌，股票代码为430【】，目前公司股票总量为【】股。

经公司董事会和股东大会审议通过，拟向贵会申请股票在全国中小企业股份转让系统（以下简称全国股份转让系统）公开转让，纳入非上市公众公司监管，现将有关事项报告如下：

一、公司简介

公司名称：

法定代表人：

注册资本：

成立日期：　　年　月　　日

股份公司设立日期：　　年　　月　　日

住　　所：

邮政编码：

公司电话：

公司传真：

互联网网址：

电子信箱：

信息披露事务负责人：

所属行业：

经营范围：

组织机构代码：

二、股权结构及主要股东情况

（一）公司股权结构图

（二）控股股东及实际控制人情况

（三）前十名股东及持有5%以上股份股东情况（可列表）

三、主要业务、主要产品（服务）

四、最近两年及一期财务简表

（一）资产负债表主要数据

表 12 - 7　　　　　　　　　　　　资产负债表主要数据

项目	2012 年一期末（注）	2011 年末	2010 年末
流动资产			
固定资产			
无形资产			
资产总计			
流动负债			
负债合计			
归属于申请挂牌公司股东权益合计			
股东权益合计			

（二）利润表主要数据

表 12 - 8　　　　　　　　　　　利润表主要数据

项目	2012 年一期（注）	2011 年度	2010 年度
营业收入			
营业利润			
利润总额			
净利润			
归属于申请挂牌公司股东的净利润			

（三）现金流量表主要数据

表 12 - 9　　　　　　　　　　　现金流量表主要数据

项目	2012 年一期（注）	2011 年度	2010 年度
经营活动产生的现金流量净额			
投资活动产生的现金流量净额			
筹资活动产生的现金流量净额			
现金及现金等价物净增加额			

注：2012 年一期数据应为公司已公告的最新财务数据（可以未经审计），如 2012 年年度财务报告已经审计，应提供 2012 年年报数据。

公司股权明晰，合法规范经营，治理机制健全，履行了信息披露义务。

公司及公司董事、监事、高级管理人员承诺遵守《非上市公众公司监督管理办法》及贵会发布的有关非上市公众公司监管要求。

现特向贵会申请股票在全国股份转让系统公开转让，纳入非上市公众公司监管。

特此申请，请予核准。

【　】股份有限公司（盖章）

【　】年【　】月【　】日

（四）股份有限公司股票在全国中小企业股份转让系统公开转让的推荐意见（适用于已挂牌公司）

【　】证券公司关于【　】股份有限公司股票
在全国中小企业股份转让系统公开转让的
推荐意见

（适用于已挂牌公司）

【　】股份有限公司主要从事【　】业务。【　】年【　】月【　】日，公司股票在股份报价转让系统挂牌，股票代码为430【　】，目前公司股票总额为【　】股。

【　】股份有限公司依法设立且已存续满两年；业务明确，具有持续经营能力；治理机制健全，合法规范经营；股权明晰，股票发行和转让行为合法合规；自股票挂牌以来按规定履行了信息披露义务。

本公司已与【　】股份有限公司签署补充协议，确认原推荐挂牌协议中有关持续督导的权利义务关系等条款仍然有效，承诺为【　】股份有限公司继续提供持续督导服务（承诺函附后）。

现同意推荐【　】股份有限公司股票在全国中小企业股份转让系统公开转让。

【　】证券公司（盖章）

【　】年【　】月【　】日

附件：《【　】证券公司关于为【　】股份有限公司继续提供持续督导服务的承诺函》

（五）《董事（监事、高级管理人员）声明及承诺书》

董事（监事、高级管理人员）声明及承诺书

【说明】

为促进挂牌公司建立良好的公司治理机制和有效的内控制度，督促公司董事、监事、高级管理人员全面理解并遵守有关法律法规及市场规则，树立诚信意识、规范意识和法律意识，股份公司董事、监事和高级管理人员应在本公司股票在全国中小企业股份转让系统挂牌前签署一式3份《董事（监事、高级管理人员）声明及承诺书》，其中本人留存1份，送公司董事会存档1份，向全国中小企业股份转让系统有限责任公司报备1份。

董事、监事和高级管理人员签署《董事（监事、高级管理人员）声明及承诺书》时，应当由律师见证，并由律师解释该文件的内容，董事、监事和高级

管理人员在充分理解后签字。

《董事（监事、高级管理人员）声明及承诺书》的主要格式和内容如下：

董事（监事、高级管理人员）声明及承诺书
第一部分　声明

一、基本情况

1. 挂牌公司全称：_____

2. 挂牌公司股票简称：_____　股票代码：_____

3. 本人姓名：_____

4. 别名：_____

5. 曾用名：_____

6. 国籍：_____

7. 拥有哪些国家或地区的长期居留权（如适用）：_____

8. 专业资格（如适用）：_____

9. 身份证号码：_____

二、是否有配偶、父母、子女及其配偶、兄弟姐妹及其配偶担任本公司董事、监事或高级管理人员？

是□　否□

如是，请详细说明。

三、是否在其他公司任职？

是□　否□

如是，请填报各公司的名称、注册资本、主要业务以及本人在该公司任职的情况。

四、是否负有数额较大的未清偿到期债务，或者未偿还经法院判决、裁定应当偿付的债务，或者被法院采取强制执行措施，或者被仍然有效的法院判决、裁定所限制？

是□　否□

如是，请详细说明。

五、是否曾担任因经营不善破产清算、关停并转或曾有类似情况的公司、中小企业的董事、监事或者高级管理人员？

是□　否□

如是，请详细说明。

六、是否曾担任因违法而被吊销营业执照、责令关闭的公司、中小企业的法定代表人？

是□　否□

如是，请详细说明。

七、是否曾因犯有贪污、贿赂、内幕交易、泄露内幕信息、操纵证券、期货市场、挪用财产、侵占财产罪或者其他破坏社会主义经济秩序罪而受到刑事处罚？

是□　否□

如是，请详细说明。

八、是否曾因违反《证券法》、《非上市公众公司监督管理办法》和《证券市场禁入规定》等证券市场法律、行政法规或部门规章而受到行政处罚或证券市场禁入？

是□　否□

如是，请详细说明。

九、本人是否曾违反相关业务规则受到全国中小企业股份转让系统有限责任公司（以下简称全国股份转让系统公司）采取的监管措施或违规处分？

是□　否□

如是，请详细说明。

十、是否因涉嫌违反证券市场法律、行政法规正受到中国证监会的调查？

是□　否□

如是，请详细说明。

十一、本人以及本人的配偶、父母、子女是否持有本公司股票及其衍生品？

是□　否□

如是，请详细说明。

十二、在挂牌公司及其控股子公司业务中，过去或现在是否拥有除前项以外的其他利益？

是□　否□

如是，请详细说明。

十三、是否参加过中国证监会或全国股份转让系统公司组织或者认可的证券业务培训？

是□　否□

如是，请详细说明。

十四、是否已明确知悉作为挂牌公司的董事（监事、高级管理人员），如果对挂牌公司下列信息披露相关违法、违规行为负有直接责任的，将被追究刑事责任：

（一）公司向股东和社会公众提供虚假的或者隐瞒重大事实的财务会计报告，严重损害股东或者其他人利益，或者有其他严重情节的；

（二）公司对依法应当披露的其他重要信息不按照规定披露，严重损害股东或者其他人利益，或者有其他严重情节的。

是□　否□

十五、是否已明确知悉作为挂牌公司的董事（监事、高级管理人员），不得利用公司内幕信息直接或间接为本人或他人谋取利益？

是□　否□

十六、是否已明确知悉作为挂牌公司的董事（监事、高级管理人员），不得违背对公司的忠实义务，不得利用职务便利操纵挂牌公司从事法律、行政法规和相关规定禁止的行为？

是□　否□

十七、除上述问题所披露的信息外，是否存在可能影响本人对上述问题回答的真实性、准确性或完整性而需要声明的其他事项？

是□　否□

如是，请详细说明。

本人＿＿＿＿＿＿＿＿（正楷体）郑重声明，上述回答是真实、准确和完整的，保证不存在任何虚假记载、误导性陈述或遗漏。本人完全明白做出虚假声明可能导致的后果。全国股份转让系统公司可依据上述回答所提供的资料，评估本人是否适宜担任挂牌公司的董事（监事、高级管理人员）。

声明人：　　　　　（签署）　　　　日　期：【　】年【　】月【　】日
此项声明于【　】年【　】月【　】日在【　】（地点）作出。
见证律师：　　　　（签署）　　　　日　期：【　】年【　】月【　】日

第二部分　承诺
范本一：董事适用版

本人＿＿＿＿＿＿＿＿（正楷体）向全国股份转让系统公司承诺：

一、本人在履行挂牌公司董事的职责时，将遵守并促使本公司和本人的授权人遵守国家法律、行政法规和部门规章等有关规定，履行忠实、勤勉尽责的义务。

二、本人在履行挂牌公司董事的职责时，将遵守并促使本公司和本人的授权人遵守中国证监会发布的部门规章、规范性文件的有关规定。

三、本人在履行挂牌公司董事的职责时，将遵守并促使本公司和本人的授权人遵守《全国中小企业股份转让系统业务规则（试行）》和全国股份转让系统公司发布的其他业务规则、细则、指引和通知等。

四、本人在履行挂牌公司董事的职责时，将遵守并促使本公司和本人的授权人遵守公司《章程》。

五、本人同意接受中国证监会和全国股份转让系统公司的监管，包括及时、如实地答复中国证监会和全国股份转让系统公司向本人提出的任何问题，及时提供《证券法》、《非上市公众公司监督管理办法》、《全国中小企业股份转让系统业务规则（试行）》等法律、行政法规、部门规章、业务规则规定应当报送的资料及要求提供的其他文件的正本或副本，并出席本人被要求出席的会议。

六、本人授权全国股份转让系统公司可将本人提供的承诺与声明的资料向中国证监会报告。

七、本人将按要求参加中国证监会和全国股份转让系统公司组织的专业培训。

八、本人如违反上述承诺，愿意承担由此引起的一切法律责任和接受中国证监会任何行政处罚与全国股份转让系统公司的违规处分。

九、本人因履行挂牌公司董事的职责或者本承诺而与全国股份转让系统公司发生争议提起诉讼时，由全国股份转让系统公司住所地法院管辖。

承诺人：　　　　（签署）　　　　日　　期：【】年【】月【】日
此项承诺于【】年【】月【】日在【】（地点）作出。
见证律师：　　　　（签署）　　　　日　　期：【】年【】月【】日

范本二：监事适用版

本人＿＿＿＿＿＿＿（正楷体）向全国股份转让系统公司承诺：

一、本人在履行挂牌公司监事的职责时，将遵守并促使本公司及其董事和高级管理人员遵守国家法律、行政法规和部门规章等有关规定，履行忠实、勤勉义务。

二、本人在履行挂牌公司监事的职责时，将遵守并促使本公司及其董事和高级管理人员遵守中国证监会发布的部门规章、规范性文件的有关规定。

三、本人在履行挂牌公司监事的职责时，将遵守并促使本公司及其董事和高级管理人员遵守《全国中小企业股份转让系统业务规则（试行）》和全国股份转让系统公司发布的其他业务规则、细则、指引和通知等。

四、本人在履行挂牌公司监事的职责时，将遵守并促使本公司及其董事和高级管理人员遵守公司《章程》。

五、本人在履行挂牌公司监事的职责时，将监督本公司董事和高级管理人员认真履行职责并严格遵守在《董事（高级管理人员）声明及承诺书》中作出的承诺。

六、本人同意接受中国证监会和全国股份转让系统公司的监管，包括及时、如实地答复中国证监会和全国股份转让系统公司向本人提出的任何问题，及时提供并促使本公司董事和高级管理人员及时提供《证券法》、《非上市公众公司监督管理办法》、《全国中小企业股份转让系统业务规则（试行）》等法律、行政法规、部门规章、业务规则规定应当报送的资料及要求提供的其他文件的正本或副本，并出席本人被要求出席的会议。

七、本人授权全国股份转让系统公司可将本人提供的承诺与声明的资料向中国证监会报告。

八、本人按要求参加中国证监会和全国股份转让系统公司组织的专业培训。

九、本人如违反上述承诺，愿意承担由此引起的一切法律责任和接受中国证监会的任何行政处罚与全国股份转让系统公司的违规处分。

十、本人因履行挂牌公司监事的职责或者本承诺而与全国股份转让系统公司发生争议提起诉讼时，由全国股份转让系统公司住所地法院管辖。

承诺人：　　　　　　　（签署）　　　　　日　期：【　】年【　】月【　】日
此项承诺于【　】年【　】月【　】日在【　】（地点）作出。
见证律师：　　　　　　（签署）　　　　　日　期：【　】年【　】月【　】日

范本三：高级管理人员适用版

本人＿＿＿＿＿＿＿＿＿＿（正楷体）向全国股份转让系统公司承诺：

一、本人在履行挂牌公司高级管理人员的职责时，将遵守并促使本公司遵守国家法律、行政法规和部门规章等有关规定，履行忠实、勤勉尽责的义务。

二、本人在履行挂牌公司高级管理人员的职责时，将遵守并促使本公司遵守中国证监会发布的部门规章、规范性文件等有关规定。

三、本人在履行挂牌公司高级管理人员的职责时，将遵守并促使本公司遵守《全国中小企业股份转让系统业务规则（试行）》和全国股份转让系统公司发布的其他业务规则、细则、指引和通知等。

四、本人在履行挂牌公司高级管理人员的职责时，将遵守并促使本公司遵守公司《章程》。

五、本人在履行挂牌公司高级管理人员的职责时，将及时向董事会和董事会秘书报告公司经营和财务等方面出现的可能对公司股票及其衍生品交易价格产生较大影响的事项和《全国中小企业股份转让系统业务规则（试行）》等业务规则、细则、指引和通知规定的其他重大事项。

六、本人同意接受中国证监会和全国股份转让系统公司的监管，包括及时、如实地答复中国证监会和全国股份转让系统公司向本人提出的任何问题，及时提供《证券法》、《非上市公众公司监督管理办法》、《全国中小企业股份转让系统业务规则（试行）》等法律、行政法规、部门规章、业务规则规定应当报送的资料及要求提供的其他文件的正本或副本，并出席本人被要求出席的会议。

七、本人授权全国股份转让系统公司可将本人提供的承诺与声明的资料向中国证监会报告。

八、本人将按要求参加中国证监会和全国股份转让系统公司组织的业务培训。

九、本人如违反上述承诺，愿意承担由此引起的一切法律责任和接受中国证监会的任何行政处罚与全国股份转让系统公司的违规处分。

十、本人因履行挂牌公司高级管理人员职责或者本承诺而与全国股份转让系统公司发生争议提起诉讼时，由全国股份转让系统公司住所地法院管辖。

承诺人：　　　　　（签署）　　　　　日　　期：【　】年【　】月【　】日

此项承诺于【　】年【　】月【　】日在【　】（地点）作出。

见证律师：　　　　　（签署）　　　　　日　　期：【　】年【　】月【　】日

注：

1. 挂牌公司董事、监事和高级管理人员应当按照规定向全国股份转让系统公司呈报上述内容与格式的《声明及承诺书》书面文件和电子文件。

2. 同时兼任高级管理人员的董事，应当分别向全国股份转让系统公司报送《董事声明及承诺书》和《高级管理人员声明及承诺书》。

3. 若对填写事项有疑问，请咨询主办券商或律师。

4. 若所附格式文件不够填写，可另书并请装订在后。

（六）《推荐挂牌并持续督导协议书》

推荐挂牌并持续督导协议书

本协议由以下各方于【　】年【　】月【　】日在【　】（签约地点）签订：

甲方：　　　　　　　　　　　　股份有限公司

法定代表人：

住　　所：

乙方：　　　　　　　　　　　　　（主办券商）

法定代表人：

住　　所：

甲方委托乙方负责推荐甲方股票在全国中小企业股份转让系统（以下简称全国股份转让系统）挂牌，组织编制挂牌申请文件，并指导和督促甲方诚实守信、规范履行信息披露义务、完善公司治理机制；乙方同意接受委托。

根据《中华人民共和国合同法》、《中华人民共和国公司法》（以下简称

《公司法》)、《中华人民共和国证券法》（以下简称《证券法》)、《非上市公众
公司监督管理办法》（以下简称《管理办法》)、《全国中小企业股份转让系统业
务规则（试行）》（以下简称《业务规则》)、《全国中小企业股份转让系统主办
券商管理细则（试行）》（以下简称《主办券商管理细则》)、《全国中小企业股
份转让系统主办券商推荐业务规定（试行）》（以下简称《推荐规定》)、《全国
中小企业股份转让系统挂牌公司信息披露细则（试行）》（以下简称《信息披露
细则》)等相关规定，甲、乙双方本着平等互利原则，经充分协商，达成如下
协议：

第一章　甲方的承诺及权利、义务

第一条　甲方基本情况：

（一）股份公司设立时间。

（二）股本总额。

（三）股东人数。

（四）股权结构。

（五）董事、监事、高级管理人员及其持股明细。

第二条　甲方就委托乙方担任推荐其公司股票在全国股份转让系统挂牌并
持续督导的主办券商事宜，向乙方作出如下承诺：

（一）保证遵守《管理办法》、《业务规则》、《信息披露细则》等相关规定。

（二）接受乙方依据《公司法》、《证券法》、《管理办法》、《业务规则》、
《推荐规定》、《信息披露细则》及中国证监会、全国中小企业股份转让系统有限
责任公司（以下简称全国股份转让系统公司）发布的其他规定对甲方作出的督
促指导，并配合乙方采取的相关措施。

（三）按照相关规定和要求修改公司章程，完善公司治理机制，确保所有股
东，特别是中小股东充分行使法律、行政法规和公司章程规定的合法权利。

（四）在同等条件下，优先选择乙方为其定向发行、并购重组等提供服务。

第三条　甲方就委托乙方担任推荐其公司股票在全国股份转让系统挂牌并
持续督导的主办券商事宜，享有以下权利：

（一）甲方董事、监事、高级管理人员及相关人员有权就相关业务规则获得
乙方指导。

（二）甲方有权就公司治理、财务及会计制度、挂牌申请文件制作、信息披
露等方面获得乙方业务指导。

第四条　甲方就委托乙方担任推荐其公司股票在全国股份转让系统挂牌并
持续督导的主办券商事宜，应履行以下义务：

（一）甲方应积极配合乙方的推荐挂牌工作，向乙方提交挂牌所需文件，并

保证所提交文件均真实、准确、完整、及时、有效，不存在任何虚假记载、误导性陈述或重大遗漏。

（二）甲方应于正式挂牌前完成以下工作：

1. 通知并协助股东办理股份登记、存管。

2. 核对并向乙方提交股东持股明细以及董事、监事、高级管理人员名单及持股数量。

3. 与证券登记结算机构签订证券登记服务协议，将公司全部股票进行初始登记。

（三）甲方应保证所提供的股东名册真实、准确、完整、有效，如因工作失误造成股东股权争议或纠纷的，由甲方承担全部责任。

（四）甲方应严格按照有关规定，履行信息披露义务。

（五）甲方拟披露信息须经乙方审查后在全国股份转让系统指定的信息披露平台进行披露。

（六）甲方及董事会全体成员应保证信息披露内容的真实、准确、完整，不存在任何虚假记载、误导性陈述或重大遗漏，并承担个别及连带责任。

（七）甲方披露信息，应经董事长或其授权董事签字确认；若有虚假陈述，董事长应承担相应责任。

（八）甲方及其董事、监事、高级管理人员不得利用公司内幕信息直接或间接为本人或他人谋取利益。

（九）甲方董事会秘书负责股权管理与信息披露事务；未设董事会秘书的，应指定一名信息披露事务负责人负责股权管理与信息披露事务。

董事会秘书或信息披露事务负责人为甲方与乙方之间的联络人。

（十）甲方应将董事会秘书或信息披露事务负责人的联络方式（办公电话、住宅电话、移动电话、电子信箱、传真、通信地址等）和其变更情况及时告知乙方。

（十一）董事会秘书被解聘或辞职、信息披露事务负责人被更换或辞职的，甲方应及时告知乙方。

（十二）甲方应配备信息披露必需的通讯工具和计算机等办公设备，保证计算机可以连接互联网，对外咨询电话保持畅通。

（十三）甲方拟披露信息应以纸质文档（包括传真）和电子文档形式及时报送乙方，并保证电子文档与纸质文档内容一致。

（十四）甲方应于每一会计年度结束之日起四个月内编制完成并披露年度报告。

公司年度财务报告须经有证券期货相关业务资格的会计师事务所审计。

（十五）甲方应于每一会计年度的上半年结束之日起两个月内编制完成并披

露半年度报告。

（十六）甲方应按《信息披露细则》的规定，编制年度报告、半年度报告，并在披露前经乙方审查。

（十七）甲方应按《信息披露细则》的规定，在发生相关事项时及时编制并披露临时报告，临时报告披露前应经乙方审查。

（十八）董事长不能正常履行职责超过三个月的，甲方应及时将该事实告知乙方。

（十九）甲方发起人、控股股东、实际控制人及董事、监事、高级管理人员持有的公司股票，按相关规定在限售期间不得转让；甲方应将新任及离职董事、监事、高级管理人员名单及其持股数量在 2 个转让日内告知乙方，并按有关规定向乙方提出限售或解除限售申请。

（二十）甲方股东所持股票解除限售，甲方应提前（　）个转让日向乙方提出申请。

（二十一）甲方应积极配合乙方的问询、调查或核查，不得阻挠或人为制造障碍，并按乙方要求办理公告事宜。

（二十二）甲方应积极配合乙方的现场调查：

1. 提供必要的办公条件。

2. 保证相关人员及时提供现场调查所必需的资料，认真接受乙方调查访谈，不进行阻挠或人为制造障碍。

3. 乙方现场调查发现甲方已披露的公告存在错误、不充分或不完整情况的，甲方应及时进行更正及补充披露。

4. 积极配合乙方的整改要求，整理规范相关事项。

第二章　乙方的承诺及权利、义务

第五条　乙方就担任推荐甲方股票在全国股份转让系统挂牌并持续督导的主办券商事宜，向甲方作出如下承诺：

（一）经全国股份转让系统公司备案可以从事推荐业务。

（二）具有符合《主办券商管理细则》、《推荐规定》规定的从事推荐业务的机构设置和人员配备。

（三）勤勉尽责、诚实守信地履行主办券商推荐职责。

第六条　乙方就担任推荐甲方股票在全国股份转让系统挂牌并持续督导的主办券商事宜，享有以下权利：

（一）乙方有权对甲方提出的公司股东所持股票限售或解除限售的申请进行审查，并向全国股份转让系统公司报备。

（二）乙方有权依据《业务规则》、《信息披露细则》等规定，指导和督促甲方诚实守信、规范履行信息披露义务、完善公司治理机制。

（三）乙方有权对甲方拟披露的信息披露文件进行审查，可对甲方拟披露或已披露信息的真实性提出合理怀疑，并对相关事项进行专项调查。

（四）乙方有权根据相关规定及全国股份转让系统公司要求对甲方进行现场调查，必要时可聘请相关中介机构协助调查。

（五）甲方未规范履行信息披露等相关义务的，乙方有权要求其限期改正；拒不改正的，乙方可以发布风险揭示公告，并向全国股份转让系统公司报告。

第七条 乙方就担任推荐甲方公司股票在全国股份转让系统挂牌并持续督导的主办券商事宜，应履行以下义务：

（一）乙方应依据《业务规则》、《推荐规定》、《信息披露细则》等规定，勤勉尽责、诚实守信地履行推荐挂牌并持续督导职责，不得损害甲方的合法权益。

（二）乙方应配备符合规定的专门督导人员，负责具体履行持续督导职责。督导人员为乙方与甲方的联络人，须与甲方保持密切联系。

（三）乙方应依据《推荐规定》的规定，推荐甲方股票在全国股份转让系统挂牌。

（四）对甲方董事、监事、高级管理人员及相关信息披露义务人采取培训等相关措施，促使其熟悉和理解全国股份转让系统相关业务规则。

（五）乙方应督促和协助甲方及时按照《公司法》、《业务规则》及其他有关规定办理股份登记、信息披露、限售登记及解除限售登记等事宜。

（六）乙方及其推荐挂牌业务人员、内核业务人员、专门持续督导人员不得泄露尚未披露的信息，不得利用所知悉的尚未披露信息直接或间接为本人或他人谋取利益。

第三章 费 用

第八条 经甲方与乙方协商一致，甲方应向乙方支付下列费用：

（一）推荐挂牌费（ ）元。

（二）持续督导费（ ）元/年。

（三）其他费用（ ）元/年。

费用的支付方式和时间为（ ）。

第九条 甲方终止股票挂牌的，已经支付的费用不予返还。

第四章 协议的变更与解除

第十条 本协议依据《管理办法》、《业务规则》、《信息披露细则》等规定签订，如因相关规定修订或颁布实施新的规定而导致本协议相关条款内容与修订或新颁布的规定内容不一致的，本协议与之相抵触的有关条款自动变更，并以修订或新颁布后的规定为准，其他条款继续有效；任何一方不得以此为由解除本协议。

第十一条　出现下列情况之一，甲乙双方可以解除本协议：

（一）甲方股票挂牌申请未获全国股份转让系统公司同意。

（二）乙方不再从事推荐业务。

（三）甲方股票终止挂牌。

第十二条　除第十一条规定的情形外，甲乙双方不得随意解除本协议；确需解除协议的，应在解除前向全国股份转让系统公司报告并说明合理理由，且应有其他主办券商承接持续督导服务。

第五章　免责条款

第十三条　因不可抗力因素导致任一方损失，另一方不承担赔偿责任。

第十四条　发生不可抗力时，双方均应及时采取措施防止损失进一步扩大。

第六章　争议解决

第十五条　本协议项下产生的任何争议，各方首先应协商解决；协商解决不成的，可选择以下方式解决：

（一）仲裁。

（二）向有管辖权的人民法院提起诉讼。

第七章　其他事项

第十六条　本协议规定的事项发生重大变化或存在未尽之事宜，甲、乙双方应当重新签订协议或签订补充协议。补充协议与本协议不一致的，以补充协议为准。补充协议为本协议有效组成部分，报全国股份转让系统公司备案。

第十七条　本协议自甲、乙双方签字盖章后生效。

第十八条　本协议一式（　）份，甲、乙双方各执（　）份，报全国股份转让系统公司（　）份，每份均具有同等法律效力。

（以下无正文）

甲方（盖章）：　　　　　　　　　乙方（盖章）：

法定代表人或授权代表（签字）：　法定代表人或授权代表（签字）：

（七）《持续督导协议书》

持续督导协议书

本协议由以下各方于　年　月　日在　　（签约地点）签订：

甲方：　　　　　　　　　　股份有限公司
法定代表人：
住　　所：

乙方：　　　　　　　　　　（主办券商）
法定代表人：
住　　所：

甲方委托乙方担任为甲方提供持续督导服务的主办券商，负责指导和督促甲方诚实守信、规范履行信息披露义务、完善公司治理机制；乙方同意接受委托。

根据《中华人民共和国合同法》、《中华人民共和国公司法》（以下简称《公司法》）、《中华人民共和国证券法》（以下简称《证券法》）、《非上市公众公司监督管理办法》（以下简称《管理办法》）、《全国中小企业股份转让系统业务规则（试行）》（以下简称《业务规则》）、《全国中小企业股份转让系统主办券商管理细则（试行）》（以下简称《主办券商管理细则》）、《全国中小企业股份转让系统主办券商推荐业务规定（试行）》（以下简称《推荐规定》）、《全国中小企业股份转让系统挂牌公司信息披露细则（试行）》（以下简称《信息披露细则》）等相关规定，甲、乙双方本着平等互利原则，经充分协商，达成如下协议：

第一章　甲方的承诺及权利、义务

第一条　甲方基本情况：

（一）挂牌时间。

（二）股票简称。

（三）股票代码。

（四）股本总额。

（五）股东人数。

（六）股权结构。

（七）董事、监事、高级管理人员及其持股明细。

第二条　甲方就委托乙方担任为甲方提供持续督导服务的主办券商事宜，向乙方作出如下承诺：

（一）已与原负责持续督导的主办券商终止持续督导协议。

（二）保证遵守《管理办法》、《业务规则》、《信息披露细则》等相关规定。

（三）接受乙方依据《公司法》、《证券法》、《管理办法》、《业务规则》、《推荐规定》、《信息披露细则》及中国证监会、全国中小企业股份转让系统有限责任公司（以下简称"全国股份转让系统公司"）发布的其他规定对甲方作出的督促指导，并配合乙方采取的相关措施。

（四）在同等条件下，优先选择乙方为其定向发行、并购重组等提供服务。

第三条　甲方就委托乙方担任为甲方提供持续督导服务的主办券商事宜，享有以下权利：

（一）甲方董事、监事、高级管理人员及相关人员有权就相关业务规则获得乙方指导。

（二）甲方有权就公司治理、财务及会计制度、信息披露等方面获得乙方业务指导。

第四条　甲方就委托乙方担任为甲方提供持续督导服务的主办券商事宜，应履行以下义务：

（一）甲方应积极配合乙方的持续督导工作，向乙方提交所需文件，并保证所提交文件均真实、准确、完整、及时、有效，不存在任何虚假记载、误导性陈述或重大遗漏。

（二）甲方应于本合同正式生效前（　）个转让日内，核对并向乙方提交股东持股明细以及董事、监事、高级管理人员名单及持股数量。

（三）甲方应保证所提供的股东名册真实、准确、完整、有效，如因工作失误造成股东股权争议或纠纷的，由甲方承担全部责任。

（四）甲方应严格按照有关规定，履行信息披露义务。

（五）甲方拟披露信息须经乙方审查后在全国股份转让系统指定的信息披露平台进行披露。

（六）甲方及董事会全体成员应保证信息披露内容的真实、准确、完整，不存在任何虚假记载、误导性陈述或重大遗漏，并承担个别及连带责任。

（七）甲方披露信息，应经董事长或其授权董事签字确认；若有虚假陈述，董事长应承担相应责任。

（八）甲方及其董事、监事、高级管理人员不得利用公司内幕信息直接或间接为本人或他人谋取利益。

（九）甲方董事会秘书负责股权管理与信息披露事务；未设董事会秘书的，应指定一名信息披露事务负责人负责股权管理与信息披露事务。

董事会秘书或信息披露事务负责人为甲方与乙方之间的联络人。

（十）甲方应将董事会秘书或信息披露事务负责人的联络方式（办公电话、住宅电话、移动电话、电子信箱、传真、通信地址等）和其变更情况及时告知乙方。

（十一）董事会秘书被解聘或辞职、信息披露事务负责人被更换或辞职的，甲方应及时告知乙方。

（十二）甲方应配备信息披露必需的通讯工具和计算机等办公设备，保证计算机可以连接互联网，对外咨询电话保持畅通。

（十三）甲方拟披露信息应以纸质文档（包括传真）和电子文档形式及时报送乙方，并保证电子文档与纸质文档内容一致。

（十四）甲方应于每一会计年度结束之日起四个月内编制完成并披露年度报告。

公司年度财务报告须经有证券期货相关业务资格的会计师事务所审计。

（十五）甲方应于每一会计年度的上半年结束之日起两个月内编制完成并披露半年度报告。

（十六）甲方应按《信息披露细则》的规定，编制年度报告、半年度报告，并在披露前经乙方审查。

（十七）甲方应按《信息披露细则》的规定，在发生相关事项时及时编制并披露临时报告，临时报告披露前应经乙方审查。

（十八）董事长不能正常履行职责超过三个月的，甲方应及时将该事实告知乙方。

（十九）甲方发起人、控股股东、实际控制人和董事、监事、高级管理人员持有的公司股票，按规定在限售期间不得转让；甲方应将新任及离职董事、监事、高级管理人员名单及其持股数量在2个转让日内告知乙方，并按有关规定向乙方提出限售或解除限售申请。

（二十）甲方股东所持股票解除限售，甲方应提前（　　）个转让日向乙方提出申请。

（二十一）甲方应积极配合乙方的问询、调查或核查，不得阻挠或人为制造障碍，并按乙方要求办理公告事宜。

（二十二）甲方应积极配合乙方的现场调查：

1. 提供必要的办公条件。

2. 保证相关人员及时提供现场调查所必需的资料，认真接受乙方调查访谈，不进行阻挠或人为制造障碍。

3. 乙方现场调查发现甲方已披露的公告存在错误、不充分或不完整情况的，甲方应及时进行更正及补充披露。

4. 积极配合乙方的整改要求，整理规范相关事项。

第二章　乙方的承诺及权利、义务

第五条　乙方就担任为甲方提供持续督导服务的主办券商事宜，向甲方作出如下承诺：

（一）经全国股份转让系统公司备案可以从事推荐业务。

（二）具有符合《主办券商管理细则》、《推荐规定》规定的从事推荐业务的机构设置和人员配备。

（三）勤勉尽责、诚实守信地履行主办券商持续督导职责。

第六条　乙方就担任为甲方提供持续督导服务的主办券商事宜，享有以下权利：

（一）乙方有权对甲方提出的公司股东所持股票限售或解除限售的申请进行审查，并报全国股份转让系统公司。

（二）乙方有权依据《业务规则》、《信息披露细则》等规定，指导和督促甲方诚实守信、规范履行信息披露义务、完善公司治理机制。

（三）乙方有权对甲方拟披露的信息披露文件进行审查，对甲方拟披露或已披露信息的真实性提出合理怀疑，并对相关事项进行专项核查。

（四）乙方有权根据相关规定及全国股份转让系统公司要求对甲方进行现场调查，必要时可聘请相关中介机构协助调查。

（五）甲方未规范履行信息披露等相关义务的，乙方有权要求其限期改正；拒不改正的，乙方可以发布风险揭示公告，并向全国股份转让系统公司报告。

第七条　乙方就担任为甲方提供持续督导服务的主办券商事宜，应履行以下义务：

（一）乙方应依据《业务规则》、《推荐规定》、《信息披露细则》等规定，勤勉尽责、诚实守信地履行主办券商持续督导职责，不得损害甲方的合法权益。

（二）乙方应配备符合规定的专门督导人员，负责具体履行持续督导职责。督导人员为乙方与甲方的联络人，须与甲方保持密切联系。

（三）乙方应对甲方董事、监事、高级管理人员及相关信息披露人员采取培训等相应措施，促使其熟悉和理解全国股份转让系统相关业务规则。

（四）乙方应督促和协助甲方及时按照《公司法》、《业务规则》及其他有关规定办理信息披露、限售登记及解除限售登记等事宜。

（五）乙方及其专门持续督导人员不得泄露在持续督导过程中获知的尚未披露的信息，不得利用所知悉的尚未披露信息直接或间接为本人或他人谋取利益。

第三章　费　　用

第八条　经甲方与乙方协商一致，甲方应向乙方支付下列费用：

（一）持续督导费（　　）元/年；

（二）其他费用（　　）元/年；

费用的支付方式和时间为（　　　　）。

第九条　甲方终止股票挂牌的，已经支付的费用不予返还。

第四章 协议的变更与解除

第十条 本协议依据《管理办法》、《业务规则》、《信息披露细则》等规定签订，如因相关规定进行修订或颁布实施新的规定而导致本协议相关条款内容与修订或新颁布的规定内容不一致，本协议与之相抵触的有关条款自动变更，并以修订或新颁布后的规定为准，其他条款继续有效；任何一方不得以此为由解除本协议。

第十一条 出现下列情况之一，甲乙双方可以解除本协议：

（一）乙方不再从事推荐业务。

（二）甲方股票终止挂牌。

第十二条 除第十一条规定的情形外，甲乙双方不得随意解除持续督导协议；确需解除协议的，应在解除前向全国股份转让系统公司报告并说明合理理由，且应有其他主办券商承接持续督导服务。

第五章 免责条款

第十三条 因不可抗力因素导致任一方损失，另一方不承担赔偿责任。

第十四条 发生不可抗力时，双方均应及时采取措施防止损失进一步扩大。

第六章 争议解决

第十五条 本协议项下产生的任何争议，各方首先应协商解决；协商解决不成的，可选择以下方式解决：

（一）仲裁。

（二）向有管辖权的人民法院提起诉讼。

第七章 其他事项

第十六条 本协议规定的事项发生重大变化或存在未尽之事宜，甲、乙双方应当重新签订协议或签订补充协议。补充协议与本协议不一致的，以补充协议为准。补充协议为本协议有效组成部分，报全国股份转让系统公司备案。

第十七条 本协议自甲、乙双方签字盖章后生效。

第十八条 本协议一式（　）份，甲、乙双方各执（　）份，报全国股份转让系统公司（　）份，每份均具有同等法律效力。

（以下无正文）

甲方（盖章）：　　　　　　　　　乙方（盖章）：

法定代表人或授权代表（签字）：　　法定代表人或授权代表（签字）：

（八）××××股份有限公司股票证券简称及证券代码申请书

全国中小企业股份转让系统有限责任公司：

经贵公司同意，我公司股票拟在全国中小企业股份转让系统挂牌公开转让。

特向贵公司申请证券简称及证券代码，挂牌公开转让的证券简称拟定为××××。

请予核定。

经办人签名：

联系电话：

传真：

　　　　　　　　　　　　　　　　　××××股份有限公司

　　　　　　　　　　　　　　　　　　（公章）

　　　　　　　　　　　　　　年　　　月　　　日

说明：（1）证券简称应从公司中文全称中选取不超过四个汉字的字符。

　　　　（2）经办人签名处请注明是主办券商还是申请挂牌公司人员。

（九）主办券商办理股份公司挂牌进度计划表

主办券商：　　　　　　　　　　　股份公司：

序号	事　项	办理时限	预计完成日期
1	申请挂牌同时进行定向发行工作的进度安排	挂牌日前（　） 挂牌日后（　）	
2	股份公司原股东在证券公司营业部开立深市证券账户	取得同意挂牌的函前 完成	
3	挂牌时存在解除首批股份限售登记情形，向股转系统公司业务部提交申请，取得股份解除限售登记的函	2～5个 工作日	
4	首次信息披露文件披露日期	取得证券简称和代码后 的第2个工作日	
5	向中国证券登记结算公司深圳分公司申请办理股份初始登记、解除首批股份限售登记	（含预沟通） 4个工作日	
6	向股转系统公司挂牌业务部递交《股票公开转让记录表》、《股份登记确认书》、《信息披露业务流转表》，确定挂牌日期	取得股份登记 确认书当日	
7	挂牌前第二次信息披露日期	T−1日	
8	股票挂牌	T日，取得股份登记 确认书后的第3个 至第5个工作日	
9	参加集体挂牌仪式	是（　）否（　）	

主办券商经办人签名：

电话：

手机：　　　　　　　　　　　　　　　　　　　年　月　日

（十）挂牌公司股票公开转让记录表

全国中小企业股份转让系统

挂牌公司股票公开转让记录表

公司名称				
证券代码			证券简称	
基本情况	所属行业及代码			
	主营业务			
	注册地址			
	总股本（万股）		挂牌日期	
	证券种类	挂牌公司股票	货币种类	人民币
	升降单位（元）	0.01	转让方式	股份转让 每周一至周五
	股转系统同意挂牌的函日期		证监会核准公开转让文件日期	
主办券商名称				
专用交易单元编码				
联系人信息	姓名		电话	
	手机		电子邮件	

　　本公司对以上资料的真实性、准确性负责，以上资料如有不实和遗漏，本公司承担由此产生的一切责任。

（挂牌公司公章）　　　　　　　　　　　　　（主办券商公章）

　　年　月　日　　　　　　　　　　　　　年　月　日

说明：挂牌日期确定后不可更改。

所属行业及代码依据中国证监会《上市公司行业分类指引（2012年修订）》填写。

全国股份转让系统公司挂牌业务部传真：010-63889694。

（十一）信息披露业务流转表

存档编号：

挂牌公司名称				
证券简称			证券代码	
主办券商名称				
主办券商经办人		联系电话		传真号码
申请披露时间				
公告类别	公告编号	公告标题		
挂牌公司公告				
主办券商公告				
公告总数合计	＿＿＿＿＿份			

主办券商确认	全国股份转让系统公司确认
经办人：　　　　（签名） 电 话： 手 机： （主办券商公章）	经办人：　　　　（签名） 电 话： 手 机：

注：一张《信息披露业务流转表》只用于一家挂牌公司的信息披露。

（十二）暂停（恢复）转让申请表

暂停（恢复）转让申请表

挂牌公司名称		证券简称		证券代码	
导致申请暂停转让的触发事项	□ 预计应披露的重大信息在披露前已难以保密或已经泄露，或公共媒体出现与公司有关传闻，可能或已经对股票转让价格产生较大影响的 □ 涉及需要向有关部门进行政策咨询、方案论证的无先例或存在重大不确定性的重大事项 □ 向中国证监会申请首次公开发行股票并上市，或向证券交易所申请股票上市 □ 向全国股份转让系统公司主动申请终止挂牌 □ 未在规定期限内披露年度报告或者半年度报告 □ 主办券商与挂牌公司解除持续督导协议 □ 出现依《公司法》第一百八十条规定解散的情形，或法院依法受理公司重整、和解或者破产清算申请 □ 挂牌公司有合理理由需要申请暂停股票转让的其他事项				
对上述所选事项的具体说明					
上述所选事项的消除情况 （申请恢复转让填写）					
暂停转让日期		停复期限 （如可确定）		恢复转让日期 （申请恢复 转让填写）	
申请人：×××股份有限公司（加盖公章）　　　　　主办券商：（加盖公章） 经办人签名：　　　　　　　　　　　　　　　　　经办人签名： 　年　月　日　　　　　　　　　　　　　　　　　年　月　日 联系电话：　　　　　　　　　　　　　　　　　　联系电话： 传真电话：　　　　　　　　　　　　　　　　　　传真电话：					

（十三）信息披露业务流转表

主办券商				
经办人			座 机	
手 机			传 真	
股份代码			股份简称	
披露时间	_____年___月___日 非交易时段			
发送公告电子版至	○ssi@ cninfo. com. cn ○平台业务			
公告处理	○新发			
	○替换 ○补发 ○撤销			
	处理依据： □运营机构要求 □券商督导发现 □挂牌公司要求 □其他____			
	处理原因：			
公告类别	序号	公告标题		
主办券商 公告	1			
	2			
挂牌公司 公告	1			
	2			
	3			
	4			
	5			
	6			
	7			
公告份数	合计：_____份			
是否暂停转让	○是 ○否		暂停转让期限：	
主办券商或深圳证券信息有限公司相互确认				
主办券商 经办人： （签名） （主办券商业务印章）		深圳证券信息有限公司 经办人： （签名） 复核人： （签名）		

注：1. 表中"是否暂停转让"一栏信息公司用于信息披露，如需暂停转让须向运管机构提出申请；

2. 一张业务流转表只用于一家挂牌公司的一次信息披露；

3. 发送流转表和公告电子版后，需电话与信息公司确认是否收悉：

电话：0755 – 83991101 83991080

传真：0755 – 83205613 83237323 E – mail：ssi@ cninfo. com. cn

全国 27 个省市 185 个地区新三板财政补贴精编

省份	地区	补贴金额	政策依据
上海	张江高科技园区	（一）改制补助最高不超过 60 万元； （二）挂牌补助最高不超过 100 万元。	《上海市张江高科技园区科技孵化及加速发展扶持办法》
	浦东新区	（一）在新三板挂牌的，给予 50 万元补贴； （二）挂牌后 IPO 上市，在上海证监局备案后，给予 30 万元补贴； （三）收到证监会受理函后给予 70 万元补贴； （四）申请提交证监会审核后，给予 50 万元补贴； （五）新迁入浦东并在两年内上市，奖励 50 万元。	《浦东新区促进金融业发展财政扶持办法实施细则》
	闵行区	成功挂牌的，奖励最高不超过 50 万元。	《闵行区人民政府关于批转闵行区加快现代服务业发展扶持政策实施细则的通知》
	嘉定区	（一）补贴挂牌公司总额不超过 200 万元； （二）对于新落户于嘉定区的企业，额外补贴 50 万元。	《上海市嘉定区人民政府关于鼓励企业进入代办股份转让系统和开展股权托管交易的实施意见》
	徐汇区	（一）对进入新三板挂牌的企业，由市区两级按照 1:1 的比例给予补贴； （二）对在股交中心挂牌的企业可由市区两级给予最高 100 万元补贴。如成功转板上市，可按累计不超过 200 万元给予差额补贴。	《上海市徐汇区人民政府印发关于推进企业上市的扶持办法（试行）的通知》
	虹口区	（一）改制过程中的手续费，按实际发生额的 50% 给予扶持，最高金额不超过 30 万元； （二）改制过程中缴纳的所得税，按 50% 给予扶持，最高不超过 70 万元。挂牌、交易费用，按实际发生额的 50% 给予扶持，最高不超过 50 万元。	《虹口区发展和改革委员会关于印发虹口区推进企业改制上市扶持细则（2013 年修订版）的通知》
	青浦区	（一）因挂牌产生的中介费用，按 50% 给予扶持，累计不超过 200 万元； （二）区外迁至青浦成功挂牌的，再奖励 50 万元； （三）之前已成功挂牌的或在区外挂牌后迁至青浦并在纳税的企业参照执行。	《关于鼓励企业进入代办股份转让系统和开展股权托管交易的专项扶持办法》
	奉贤区	（一）挂牌过程中的中介费用，按实际发生额给予扶持，最高不超过 100 万元； （二）对将注册地迁至奉贤区张江分园或区内其他区域的外区企业两年内成功挂牌的，再给予 20 万元奖励。	《上海市奉贤区人民政府关于印发〈奉贤区金融服务业财政扶持办法（试行）〉的通知》

续表

省份	地区	补贴金额	政策依据
上海	宝山区	挂牌产生的中介费用按发生额的 50% 给予扶持，最高 150 万元。	《宝山区金融服务"调结构、促转型"专项资金使用管理办法》
	崇明县	（一）对成功挂牌的企业，按照实际中介服务费用发生额的 50% 给予扶持，最高 200 万元； （二）县外企业迁至崇明并成功在上海股交中心挂牌的，再给予 50 万元奖励。	《崇明县关于鼓励企业开展股权托管交易暂行办法》
	普陀区	（一）成功挂牌的，改制补贴最高 50 万元，挂牌补贴最高 70 万元； （二）挂牌期间缴纳的监管费、信息披露费，连续三年每年给予 10 万元补贴。	《普陀区金融产业专项扶持办法》
	金山区	（一）完成改制给予最高 50 万元的补贴； （二）成功挂牌再给予 100 万元的补贴； （三）转板上市的，不超过 200 万元给予差额补贴； （四）区外企业迁至区内并挂牌，再奖励 50 万元。	《金山区人民政府关于印发〈金山区推进企业改制上市工作的实施意见〉的通知》
北京	北京中关村科技园区	（一）改制资助 30 万元； （二）挂牌资助 30 万元； （三）主办券商资助 20 万元。	《中关村国家自主创新示范区企业改制上市和并购支持资金管理办法》
	东城区	（一）完成股改后奖励 100 万元； （二）挂牌成功后奖励 50 万元； （三）融资达到 3 000 万元及以上的奖励 100 万元。	《东城区支持企业上市挂牌融资若干意见的通知》
	西城区	（一）与券商签订协议并备案登记后，补贴 20 万元； （二）申请被正式受理，补贴 80 万元； （三）成功挂牌的，补贴 50 万元。	《北京市西城区鼓励和促进企业上市办法》
	丰台区	挂牌后奖励 50 万元，奖励主办券商 10 万元。	《丰台区支持"新三板"挂牌企业发展实施细则（试行）》
天津	天津市	（一）对符合条件的科技小巨人企业，可获得不少于 500 万元补贴； （二）初始融资超过 500 万元，补贴 50 万元。	《关于进一步促进科技型中小企业发展的政策措施》
		（一）完成股改的，给予不超过 20 万元补贴； （二）区县财政按 1:1 比例给予配套补贴。	《科技型中小企业股份制改造补贴资金管理办法》
	南开区	在"新三板"挂牌交易的本区企业，一次性专项补助 100 万元。	《南开区促进企业发展扶持资金政策》
重庆	重庆市	（一）对挂牌的企业给予挂牌费用 50% 且累计不超过 100 万元的补贴； （二）对在境内外交易所成功上市的企业给予累计不超过 200 万元财政奖励（含挂牌费用补贴）。	《重庆市重点拟上市企业财政补贴和奖励暂行办法》
	重庆市高新区	（一）对挂牌的企业给予挂牌费用 50% 且累计不超过 100 万元、市区两级累计不超过 150 万元的奖励； （二）成功转板上市的奖励最高 200 万元。	《关于进一步加快民营经济发展的实施意见》

省份	地区	补贴金额	政策依据
江苏	对省内企业在"新三板"成功挂牌的，省财政给予每家挂牌企业30万元奖励；		《江苏省财政厅关于促进金融业创新发展的若干意见》
	南京市	（一）股改完成后券商内核完毕材料报到发改委后，补贴80万元； （二）正式挂牌后，再补贴20万元； （三）成功融资的，再补贴20万元。	
	南京市高新区	（一）完成内核、上报材料和挂牌交易，分别补贴50万元、50万元和80万元； （二）完成挂牌后，对企业股改时用未分配利润和公积金转增股本的，企业个人股东缴纳的个人所得税，园区给予地方留成部分的50%奖励，60万元封顶； （三）实现融资的且在园区投资达到80%或1亿元以上的，按照实际募集资金的1%给予奖励，最高50万元。	《南京高新区企业"新三板"挂牌的工作指引》、《关于进一步鼓励和扶持企业进入代办股份报价转让系统挂牌的（暂行）规定》
	南京市溧水区	（一）完成改制、主管部门备案、正式挂牌新三板以及进入新三板挂牌交易不同阶段分别资助10万元、20万元、30万元、40万元，同时享受市级财政补贴； （二）实现融资且投资在区内比例达80%或1亿元以上，按其实际募集资金的1‰奖励，最高50万元。	《关于鼓励和支持企业"新三板"挂牌的若干意见》
	苏州市	（一）企业改制时，缴纳的企业所得税按地方留成部分的70%补助； （二）企业改制时，涉及土地、房产等资产所有权办理变更登记时，按规定缴纳的契税，给予地方留成部分的50%补助； （三）企业改制时，因未分配利润、盈余公积金转增股本缴纳所得税数额较大的，缓征个人所得税。以缴纳个人股东用未分配利润、盈余公积金转增股本个人所得税点算起，两年内缓征，从第三年开始分年度缴清（第三年30%，第四年30%，第五年40%）。在规定的缓征期限内，发生股权转让时一并按规定缴纳个人所得税。	《苏州市新三板挂牌企业三年培育计划》
	苏州工业园区	（一）分企业改制结束、递交申请材料和挂牌交易三阶段，分别补贴50万元、50万元、100万元； （二）转板上市的，再补贴300万元。	《苏州工业园区管委会关于新三板政策的抄告单》
	苏州市姑苏区	（一）企业改制时缴纳的企业所得税按区级留成部分的70%给予补助； （二）成功挂牌后，给予50万～200万元补贴； （三）区外企业迁至区内并成功挂牌，再给予其他奖励。	《关于鼓励企业进入资本市场的扶持办法》

续表

省份	地区	补贴金额	政策依据
江苏	苏州市相城区	（一）企业改制时缴纳的企业所得税，给予区级地方留成部分的全额补助； （二）在企业改制时，涉及土地、房产等资产所有权办理变更登记时，按规定缴纳的契税，给予区级地方留成部分的全额补助； （三）在企业改制时，因未分配利润、盈余公积金转增股本缴纳所得税数额较大的，缓征个人所得税。以缴纳个人股东用未分配利润、盈余公积金转增股本个人所得税时点算起，两年内缓征，从第三年开始分年度缴清（第三年30%，第四年30%，第五年40%）。在规定的缓征期限内，发生股权转让时一并按规定缴纳个人所得税。	《关于推进新三板挂牌企业培育工作的实施意见》
	苏州市昆山市	（一）完成股改后，可获奖励资金 100 万元； （二）提交备案材料，可获奖励资金 50 万元； （三）成功挂牌交易，可获奖励资金 100 万元。	《关于鼓励昆山高新区企业在"新三板"市场挂牌的若干政策（试行）》
	苏州市太仓市	（一）完成股改后，给予 50 万元奖励； （二）挂牌申请文件被受理后，给予 50 万元奖励； （三）成功挂牌后，再给予 100 万元奖励。	《关于鼓励扶持企业在新三板、区域性股权交易市场挂牌的政策意见》
	无锡新区	挂牌后首次融资 500 万元以上的奖励 10 万元。	《无锡市人民政府新区管理委员会关于推动企业上市挂牌的实施意见》
	无锡市滨湖区	（一）完成股改后奖励 50 万元； （二）成功挂牌的奖励 30 万元； （三）挂牌后首次融资的按照融资额度的 2% 予以奖励，最高不超过 50 万元。	《关于大力推进我区中小企业场外市场股权融资工作的意见》
	无锡市南长区	企业在股改结束、过券商内核并报送挂牌备案文件、正式挂牌后，按 50 万元、100 万元、150 万元的额度分步奖励。	《无锡市南长区关于鼓励和扶持企业上市的若干意见》
	无锡市惠山区	招商银行对已上市的"新三板"企业，给予每家企业最高达 300 万元的信用贷款。	
	常州市高新区	（一）完成改制奖励 50 万元； （二）通过主管部门备案奖励 50 万元； （三）正式挂牌奖励 50 万元。	《常州国家高新区新三板企业上市资助资金管理办法（试行）》

省份	地区	补贴金额	政策依据
江苏	常州市武进区	（一）挂牌涉及的行政规费按规定的下限收取； （二）挂牌而涉及的税收地方留成部分，由区财政给予企业补贴； （三）对企业审计或评估中出现的净资产增值部分，依法补交的企业所得税地方留成部分，由区财政给予企业补贴； （四）企业成功挂牌后，自挂牌当年起三年内，以挂牌前一年实际入库的企业所得税为基数，其上缴的新增企业所得税地方留成部分，由区财政给予企业补贴； （五）企业为挂牌将未分配利润和资本公积转增为股本所缴纳的个人所得税区留成部分，在企业成功挂牌后，由区财政给予纳税人补贴。	《常州市武进区关于加快企业在新三板等场外市场交易挂牌的意见》
	常州市天宁区	分阶段给予补贴共计 150 万元。	《关于加快企业在"新三板"等场外市场交易挂牌工作的意见》
	南通市启东市	（一）完成股改奖励 10 万元； （二）递交材料奖励 20 万元； （三）成功挂牌奖励企业有功人员 20 万元。	《启东市关于企业在新三板等场外市场挂牌交易的优惠政策》
	南通市海门市	（一）完成股改并注册登记奖励 10 万元； （二）备案材料被受理的奖励 20 万元； （三）成功挂牌奖励企业主要经营者及有功人员 20 万元。	《海门市市政府关于大力推进企业上市的若干政策意见的补充意见》
	连云港市	（一）完成股改的，在主管部门备案确认并受理的，奖励 10 万元； （二）成功挂牌的奖励 60 万元； （三）募集资金 60% 以上用于本市生产性、经营性项目（房地产项目除外）建设的，按照募集资金额的 3‰ 给予奖励。	《市政府关于鼓励企业在"新三板"挂牌的意见》
	连云港经济技术开发区	成功挂牌的，奖励 100 万元。	《连云港经济技术开发区关于鼓励和扶持企业上市及新三板挂牌的意见》
	徐州市	（一）完成股改并提交申请后，补贴 20 万元； （二）成功挂牌后补贴 30 万元； （三）募集资金 80%（含）以上用于该市范围内生产性、经营性项目（房地产项目除外）建设的，按照融资额的 5% 比例给予奖励，最高不超过 50 万元。	《关于充分利用资本市场推动企业"新三板"挂牌的意见》

省份	地区	补贴金额	政策依据
江苏	徐州市邳州市	（一）成功挂牌融资的企业，所募集资金 80%（含）以上用于本市范围内生产经营性项目建设的，奖励 30 万元。同时，按固定资产投资额的 5‰再次给予企业奖励，最高不超过 50 万元； （二）从企业挂牌当年起，企业年纳税额以不低于 15% 比例环比增长的，超过 15% 部分的地方留成由受益财政给予奖励。	《关于推进企业到"新三板"、"E 板"等场外资本市场挂牌融资工作的意见》
	淮安市	（一）申请文件被受理的奖励 20 万元； （二）成功挂牌后奖励 100 万元； （三）募集资金 80% 以上用于我市范围内生产性、经营性项目（房地产项目除处）建设的，按照融资额的 2% 给予奖励，最高不超过 30 万元。	
	盐城市	（一）2015 年 12 月 31 日前挂牌奖励 100 万元； （二）2015 年 12 月 31 日后挂牌奖励 50 万元； （三）成功转板上市奖励 100 万元。	《盐城市人民政府办公室关于加快推进企业新三板挂牌的意见》
	盐城市盐都区	（一）2015 年 12 月 31 日前挂牌奖励 100 万元； （二）2015 年 12 月 31 日后挂牌奖励 50 万元； （三）成功转板上市奖励 100 万元。	《中共盐都区委盐都区人民政府关于激励中小企业在"新三板"挂牌上市的意见》
	盐城市建湖县	（一）申请材料被受理的，给予前期实际支付工作经费 50% 的补助，总额不超过 50 万元； （二）成功挂牌后，含补助前期工作经费，给予累计不超过 200 万元补贴。	《关于推进企业在"新三板"和股权托管交易中心挂牌的意见》
	扬州市高邮市	（一）完成股改的奖励 20 万元； （二）正式递交材料的奖励 20 万元； （三）成功挂牌的奖励 50 万元； （四）对前三家挂牌的企业，分别奖励 50 万元、40 万元和 30 万元。	《关于支持鼓励企业进入"新三板"和其他场外市场挂牌上市的政策意见》
	镇江市	挂牌成功可获奖励资金 100 万元。	《关于推荐拟在"新三板"挂牌交易企业的通知》
	宿迁市	（一）申报材料被受理的奖励 15 万元； （二）成功挂牌的奖励 30 万元； （三）所融资金投资在宿迁市的，按融资额的 0.1% 比例给予奖励，最多不超过 50 万元。	《宿迁市市政府办公室关于印发鼓励和扶持企业利用场外市场融资意见的通知》
浙江	杭州市高新区	（一）改制结束奖励 30 万元； （二）挂牌成功后奖励 60 万元。	

省份	地区	补贴金额	政策依据
浙江	杭州市余杭区	（一）完成股改并提交申报材料的奖励30万元； （二）成功挂牌交易的再奖励50万元； （三）成功进行转板的，按相应奖励标准补足差额。	《余杭区加快推进企业直接融资发展的若干意见》
	宁波市	对挂牌企业奖励50万元。	《宁波市企业利用多层次资本市场发展专项资金管理办法》
	宁波市江东区	（一）与券商签订协议后奖励10万元； （二）材料被受理后奖励10万元； （三）成功挂牌后奖励60万元； （四）成功融资的，按融资额度的2%给予补助，最高不超过20万元。	《关于新增我区企业到"新三板"挂牌融资扶持政策》
	宁波市江北区	（一）对企业因挂牌规范需要形成新增税收中的地方留成部分，补助资金不超过200万元； （二）前20家挂牌的（或实现外部股权融资500万元以上的），给予50万元奖励。	《宁波市江北区人民政府办公室关于进一步支持金融产业促进区域经济发展的实施意见》
	宁波市北仑区	（一）企业因股改形成的新增地方财政贡献部分，经批准后给予全额奖励； （二）拟上市企业成功上市前一年度，年实现利润比上年增长15%以上的新增地方财政贡献部分，经批准后全额奖励，最高不超过1 000万元。	《北仑区（开发区）2014年促进产业结构调整专项资金扶持政策》
	宁波市鄞州区	（一）因挂牌新增地方财政贡献部分，奖励不超过200万元； （二）成功挂牌后，奖励50万元。	《加快金融创新促进鄞州经济社会转型升级十六条》
	宁波市镇海区	成功挂牌的补贴100万元。	
	温州市	（一）因股份制改造而需要补缴税款，可暂缓缴纳； （二）成功挂牌的奖励100万元； （三）成功转板上市的，按温州市人民政府《关于进一步加强企业上市工作的意见》统一执行。其中，各阶段性奖励不重复计算； （四）完成上市股改时补助30万元，完成上市辅导验收时补助70万元； （五）所融资金50%以上投资于本地的，对企业给予奖励。其中：融资额在5亿元人民币以内（含）的，奖励人民币100万元；融资额超过5亿元人民币的，每增加1亿元人民币再奖励人民币5万元。对企业实现买壳上市，注册地迁至温州，给予一次性奖励200万元。	1.《温州市人民政府办公室关于鼓励和支持企业进入全国中小企业股份转让系统挂牌的意见》 2.《温州市人民政府关于进一步加强企业上市工作的意见》

省份	地区	补贴金额	政策依据
浙江	温州市瑞安市	成功挂牌奖励 100 万元。	《关于进一步推进企业上市工作的意见》
	温州市永嘉县	（一）成功股改奖励 10 万元； （二）成功挂牌奖励 100 万元。	《永嘉县人民政府关于鼓励和支持企业进入全国中小企业股份转让系统挂牌的意见》
	温州市苍南县	（一）成功挂牌的奖励 100 万元； （二）成功挂牌的企业迁入苍南县的，奖励 50 万元。	《苍南县鼓励和支持企业进入全国中小企业股份转让系统挂牌实施意见》
	绍兴市	（一）市区企业在其改制和挂牌过程中增加的税收，市本级地方留成部分给予全额资助。其资产转让过户时，所征收的行政事业性收费在扣除工本费和上缴部分后，市本级财政留成部分全额资助，所缴纳的税收市本级地方留成部分全额补助； （二）成功实现国内外上市且总部在市区的，一次性给予融资额 2‰ 的奖励。实现股权再融资的，在扣除控股股东及其行动一致人认购金额后，按净融资额的 2‰ 给予奖励，最高不超过 200 万元； （三）实现国内 A 股买壳上市且注册地迁至市区的，一次性给予 100 万元奖励； （四）贡献特别重大的挂牌企业，补助 30 万元。	《关于进一步促进经济转型升级若干政策的配套细则》
	绍兴市越城区	首次挂牌企业的每家奖励 20 万元。	《越城区 2014 年经济奖励政策》
	绍兴市诸暨市	（一）成功挂牌的，给予 30 万元奖励； （二）因挂牌进行股改产生的地方财政贡献部分给予全额奖励，其中 70% 在股改完成后兑现，30% 在实现上市（挂牌）后兑现。	《关于开展三百工程的若干政策意见》
	湖州市	完成股改和挂牌的企业分别奖励 50 万元。	
	湖州市德清县	成功挂牌的奖励 200 万元。	
	湖州市长兴县	对挂牌企业的经营者奖励 60 万元，其所融资金在本地的投资额按 2% 予以奖励。	
	湖州市安吉县	给予企业实际控制人奖励 100 万元。	
	嘉兴市秀洲区	（一）成功挂牌后奖励 50 万元； （二）挂牌后募集资金 70% 以上用于秀洲区项目建设的，按其募集资金额的 1% 给予奖励，每次最高不超过 100 万元人民币。	《秀洲区推进企业上市和场外市场挂牌实施意见》

续表

省份	地区	补贴金额	政策依据
浙江	嘉兴市桐乡市	（一）完成股改并与推荐券商签约，奖励40万元； （二）成功挂牌后奖励40万元； （三）挂牌后完成定向增资、股权转让或其他形式的资本运作，给予40万元奖励。	《关于鼓励和扶持企业利用多层次资本市场促进我市经济快速发展的实施办法》
	嘉兴市海盐县	（一）完成股改的奖励25万元； （二）挂牌成功的奖励25万元； （二）通过融资募集资金在本县范围的实际投资额给予奖励，最高限额300万元。	《海盐县加快推进企业股改上市发展的实施意见》
	台州市	（一）成功挂牌的奖励30万元； （二）成功挂牌的企业改制时对地方财政的贡献全额奖励给企业； （三）自挂牌当年起三年内，企业对地方财政作出的贡献每年增长超出上一年度15%的部分，全额奖励给企业； （四）对于每年实现股权融资累计达到1 000万元，并且80%投在台州辖区内的企业，按2 000万元（含）以下、2 000万～5 000万元、5 000万元（含）以上三档分别奖励20万元、30万元、40万元。	《台州市人民政府关于扶持企业直接融资发展的若干政策意见》
	台州市温岭市	（一）成功挂牌的奖励80万元； （二）对从区域性股权交易中心转到新三板挂牌的奖励60万元； （三）对从区域性股权交易中心创新板直接转到新三板挂牌的企业奖励80万元； （四）经新三板转板上市的，再给予50万元奖励。	《温岭市人民政府关于扶持企业直接融资发展的若干意见》
	丽水市	（一）完成股改并成功挂牌的奖励120万元； （二）对成功转板上市的奖励150万元。	《丽水市人民政府关于加快推进企业直接融资工作的意见》
	丽水市云和县	（一）完成股改的奖励60万元； （二）成功挂牌的奖励70万元。	《关于加快推进企业直接融资工作的若干意见》
广东	广州市	奖励前30家挂牌企业30万元。	《广州高新技术产业开发区企业进入代办系统进行股份制转让奖励资金的申请和发放办法》
	广州市天河区	对挂牌的企业奖励累计不超过80万元。	《广州高新技术产业开发区天河科技园/广州天河软件园促进园区优势产业发展的若干措施》

续表

省份	地区	补贴金额	政策依据
广东	深圳市高新区	挂牌成功后，依据相关票据实报实销，不超过 180 万元。	
	深圳市龙华新区	（一）按照股份改制、成功挂牌予以不超过实际支出费用，分别最高 50 万元、160 万元，总计最高 210 万元的资助； （二）成功转板上市的，按照挂牌和上市资助（一般企业资助 240 万元，战略性新兴产业重点企业资助 300 万元）的差额予以补齐。	《龙华新区关于加快高新技术和战略性新兴产业发展的若干措施实施细则（科技企业上市资助类）》
	珠海市高新区	（一）完成股份制改造的，奖励 20 万元； （二）与主办券商签订协议并提交文件的奖励 50 万元； （三）成功挂牌的，奖励 50 万元； （四）首次实现融资，且募集资金主要投放在我区的奖励 50 万元； （五）每年享受各项扶持政策项下资金扶持的总额不超过该企业当年缴纳税收对高新区财政实际贡献的 80%。	《珠海高新区关于鼓励企业进入全国股份转让系统（新三板）管理办法（试行）》
	珠海市金湾区	（一）完成股改的奖励 40 万元； （二）通过券商内核的奖励 30 万元； （三）成功挂牌的奖励 20 万元，奖励企业法定代表人 10 万元。	《金湾区促进"三高一特"产业发展暂行办法》
	佛山市南海区	首次挂牌的，给予 50 万元补助。企业挂牌后按累计融资金额分阶段给予企业领导班子及有关人员奖励。 1. 累计融资金 1 000 万元以下，奖励 50 万元； 2. 累计融资金达到 1 000 万~5 000 万元之间（含 1 000 万元），奖励 100 万元； 3. 累计融资金达到 5 000 万~1 亿元（含 5 000 万元），奖励 200 万元； 4. 累计融资金达到 1 亿元（含 1 亿元）以上，奖励 250 万元。	《佛山市南海区促进优质企业上市和发展扶持办法（修订)》
	佛山市顺德区	（一）完成股改奖励 50 万元； （二）主管机关正式受理挂牌文件奖励 50 万元； （三）成功挂牌后，根据首次募集资金规模按照以下三个档次进行奖励： 1. 首次募集金额 5 000 万元以下（含 5 000 万元）的，奖励 50 万元； 2. 首次募集金额 5 000 万元以上，1 亿元以下（含 1 亿元）的，奖励 100 万元； 3. 首次募集金额 1 亿元以上的，奖励 200 万元。	《顺德区人民政府办公室关于印发顺德区企业上市扶持奖励办法（修订）的通知》

省份	地区	补贴金额	政策依据
广东	东莞市高新区	（一）挂牌后备名单的企业，可获得资助总额达200万元； （二）对于前10名挂牌的企业，资助金额最高达300万元。	
	肇庆市	（一）完成股改的奖励30万元； （二）材料被有关部门受理，奖励50万元； （三）成功挂牌的奖励50万元； （四）成功转板上市的享受市政府有关鼓励企业上市的优惠政策； （五）对迁入肇庆高新区的企业在该区成功挂牌交易的，同样适用本办法对应的扶持及奖励的政策。	《关于印发肇庆国家高新技术产业开发区"新三板"挂牌上市企业扶持暂行办法的通知》
	江门市	（一）成功挂牌的市区企业，奖励30万元； （二）证监会正式受理挂牌材料的，奖励30万元； （三）成功挂牌的奖励20万元。	《印发关于鼓励江门高新区企业改制进入代办股份转让系统实施意见的通知》
	江门市蓬江区	（一）证监会正式受理挂牌材料的，奖励30万元； （二）成功挂牌的奖励20万元。	《蓬江区中小微企业科技金融奖励实施细则（试行）》
	茂名市	成功挂牌的奖励50万元。	《关于支持企业上市和上市再融资的若干意见》
	中山市火炬开发区	（一）前10个完成股改的企业奖励150万元，其他给予10万元奖励； （二）申报并得到证监会受理的，奖励50万元；前10家成功挂牌的企业奖励100万元，其余奖励50万元； （三）挂牌后连续两年给予补助，最高不超过1 000万元。	
福建	厦门市高新区	改制结束补贴30万元，挂牌成功补贴50万元，返还挂牌当年以及第二年与上一年比较的新增财政贡献（不超过50万元）。	
	泉州市	（一）成功挂牌的奖励50万元； （二）市科技计划优先支持挂牌的非上市公司的创新项目，支持金额不低于20万元。	《关于推动泉州高新技术产业开发区非上市企业进入全国中小企业股份转让系统挂牌工作的若干意见》
	泉州市晋江市	一次性奖励80万元。	
	龙岩市	（一）改制完成后奖励10万元； （二）成功挂牌的奖励30万元； （三）首次融资的按实际投资我市资金总额的2‰进行奖励，最高限额为100万元。	《关于印发龙岩市鼓励和支持企业赴"新三板"等股权交易市场挂牌融资若干意见的通知》

续表

省份	地区	补贴金额	政策依据
河北	石家庄高新区	（一）完成改制的奖励 50 万元； （二）成功挂牌的再奖励 50 万元。	《石家庄国家高新区"新三板"企业上市资助资金管理办法》
	承德市	（一）成功挂牌的奖励不低于 50 万元； （二）转板上市的再奖励 50 万元。	《承德市人民政府关于鼓励中小企业在"新三板"市场挂牌上市的实施意见》
	廊坊市	（一）成功挂牌的奖励 100 万元； （二）由区域性股交中心转板到新三板的奖励 50 万元。	《廊坊市人民政府关于印发廊坊市鼓励企业到多层次资本市场上市规定的通知》
	衡水市	成功挂牌的奖励 50 万元。	《衡水市人民政府关于加快推进企业上市工作的意见》
	衡水市枣强县	成功挂牌的奖励 50 万元。	《枣强县人民政府关于鼓励和扶持企业上市的若干意见》
山西	太原市	成功挂牌的奖励 165 万元。	
吉林	长春市高新区	（一）股改阶段给予 10 万~20 万元的补助，并对企业改制过程中企业所得税区留用部分给予补贴； （二）实现挂牌给予 50 万~100 万元奖励，对主办券商给予 10 万元奖励。	《鼓励企业进入代办股权转让系统暂行办法》
	通化市	（一）成功挂牌的奖励 30 万~50 万元； （二）转板上市的再奖励 30 万元。	《通化市人民政府关于推进企业上市和挂牌工作的意见》
	延边州	（一）与中介机构签订协议奖励 20 万元； （二）完成股改的奖励 40 万元； （三）募集资金全部在州内投资的给予扶持。其中，第一户扶持资金 100 万元，第二户扶持资金 80 万元，从第三户始扶持资金 50 万元。	《延边州人民政府关于扶持企业在全国中小企业股份转让系统挂牌的实施意见》
辽宁	大连市	（一）"四板"挂牌企业拟在新三板挂牌的，按照确定保荐机构、完成挂牌两个环节分别给予补贴不超过 40 万元和 60 万元； （二）转板补贴额度最高为 100 万元； （三）在新三板成功挂牌的，补贴 160 万元。	《大连市企业上市补贴专项资金管理办法的再次补充通知》
	鞍山高新区	分四次发放补贴 240 万元。	
	抚顺市	新三板挂牌奖励 50 万元。	
	阜新市	新三板挂牌奖励 100 万元。	
	葫芦岛市	新三板挂牌奖励 50 万元。	《关于贯彻落实省政府促进当前经济稳增长十五条措施实施意见》

续表

省份	地区	补贴金额	政策依据
黑龙江		新三板挂牌奖励 200 万元。	《黑龙江省人民政府关于印发黑龙江省促进经济稳增长若干措施的通知》
	哈尔滨市	新三板挂牌奖励 50 万元。	《哈尔滨市人民政府印发关于进一步扶持中小企业发展的若干政策的通知》
	哈尔滨市高新区	（一）完成股改后奖励 30 万元； （二）材料通过主办券商内核奖励 20 万元； （三）成功转板的奖励 50 万元。	《哈尔滨市高新技术产业开发区支持企业上市专项资金管理办法（暂行）》
	大庆市高新区	成功挂牌新三板可给予 120 万元奖励。	
	七台河市	（一）挂牌成功的企业，奖励 50 万元； （二）挂牌后，在创业板或主板（中小板）上市的，分别奖励 50 万元和 100 万元。	《七台河市推进企业进入全国中小企业股份转让系统工作实施方案》
	黑河市	（一）企业与中介机构签订协议后，奖励 30 万元；未实现挂牌由企业全额返还； （二）挂牌后实现转板上市的，奖励 30 万元； （三）爱辉区、黑河边境经济合作区、五大连池风景区对域内企业实现挂牌的，应给予不低于以上奖励标准 30% 的奖励资金。	《黑河市鼓励企业上市和挂牌扶持奖励办法》
陕西		成功挂牌的企业最高奖励 50 万元。	
	西安市高新区	（一）完成股制改奖励 50 万元。 （二）成功挂牌后奖励 100 万元。 （三）企业改制时，非货币性资产经审计评估增值转增资本部分，用未分配利润和盈余公积转增股份，依法缴纳的企业所得税及个人所得税，按其纳税额高新区留成部分的 60% 予以奖励，最高 100 万元。 （四）企业挂牌后，三年内（含挂牌当年）按企业所缴纳营业税、企业所得税、增值税高新区留成部分的 50% 予以奖励。 （五）企业挂牌后在资本市场定向增发成功融资的，对企业管理团队按融资额的 1% 予以奖励，单个企业累计不超过 50 万元。 （六）主办券商的项目团队奖励 10 万元。	《西安市高新区关于鼓励企业进入全国中小企业股份转让系统挂牌交易的暂行办法》
山东	济南市高新区	（一）申请经受理的奖励 50 万元，正式挂牌后再奖励 20 万元； （二）转板上市的，奖励 100 万元。	《济南市高新区关于扶持企业改制上市工作的意见》

省份	地区	补贴金额	政策依据
山东	青岛市高新区	完成改制并通过券商内部审核的，按不超过实际发生费用的 70% 给予补助，每个企业最高补助金额不超过 70 万元。	《关于支持我市企业在全国中小企业股份转让系统挂牌有关事项通知》
	淄博市高新区	给予挂牌公司 50 万元补贴。	
	潍坊市高新区	（一）企业改制、挂牌过程中，因正常调整以前年度应纳税所得额而补交的企业所得税地方留成部分给予等额补助； （二）企业在改制、挂牌过程中，因资产过户上缴税收地方留成部分给予等额补助； （三）正式挂牌后奖励 180 万元； （四）企业挂牌后 3 年内成功融资且融资额 2 000 万元（含）以下的，奖励 2 万元；融资额 2 000 万 ~ 5 000 万元（含）的，奖励 5 万元；融资额超过 5 000 万元的，奖励 10 万元。	《高新区推进科技型中小企业"新三板"挂牌的若干规定》
	烟台市	成功挂牌的奖励 200 万元。	
	济宁市	分阶段予以补助，最高 200 万元。	《关于推进济宁高新区申报"新三板"扩容试点园区的实施方案》
	威海市	（一）成功挂牌的，奖励企业高管 30 万元； （二）转板上市，其融资额不满 5 亿元的，奖励企业高管 30 万元；其融资额在 5 亿元以上的，奖励企业高管 50 万元。	《威海市推进企业上市融资暂行办法》
	日照市	成功挂牌的奖励 150 万元。	《关于进一步加快全市金融业创新发展的实施意见》
	德州市	成功挂牌的奖励最高 80 万元。	
	菏泽市	成功挂牌的奖励 20 万元。	《菏泽市人民政府关于加快推进企业上市工作的意见》
河南	郑州市	成功挂牌的奖励 50 万元。	《加快推进企业上市工作的意见》
	洛阳市	成功挂牌的奖励 30 万元。	
	洛阳市高新区	（一）完成改制的奖励 20 万元； （二）通过券商内核奖励每家 20 万元；对区内前 5 家挂牌的企业奖励 80 万元；对第 6 家至第 10 家挂牌的企业奖励 70 万元；对于 10 家之后挂牌的企业，奖励 60 万元； （三）成功转板的，奖励 200 万元。	《洛阳市高新区管委会关于进一步加快企业上市和挂牌交易的意见（暂行）》

省份	地区	补贴金额	政策依据
河南	新乡市	成功挂牌的前5家企业奖励50万元，第6～10家企业奖励30万元。	《新乡市人民政府关于加快推进企业在全国中小企业股份转让系统挂牌的意见》
	焦作市	（一）成功挂牌的奖励50万元； （二）转板上市的再奖励50万元。	《焦作市人民政府关于加快推进企业进入多层次资本市场的意见》
	濮阳市	（一）在挂牌当年给予不少于50万元的奖励。 （二）转板上市的企业，申报材料经受理的，奖励50万元；对已成功上市且募集资金70%以上在市内投资的，奖励150万元，对通过增发配股实现再融资的上市公司高管人员给予适当奖励。	《濮阳市人民政府关于鼓励企业进入全国中小企业股份转让系统挂牌交易的指导意见》
	漯河市	成功挂牌的奖励100万元。	《关于鼓励和扶持漯河市非上市股份有限公司进入全国中小企业股份转让系统挂牌的暂行办法》
湖北	武汉市高新区	（一）完成股改的奖励20万元； （二）备案材料被受理的，奖励20万元； （三）成功挂牌的，奖励80万元； （二）成功转板上市的，省市区三级给予535万元奖励（省级奖励200万元，市级奖励150万元，区级奖励185万元）。	《武汉市东湖新技术开发区关于充分利用资本市场促进经济发展的实施意见》
	黄石市	成功挂牌且募集资金70%以上用于本市范围内投资项目的，按照融资额的1%给予补贴奖励，单个企业奖励上限总额为80万元，其中，大冶市、阳新县政府承担所辖受奖企业奖励总额60%；各城区政府和黄石经济技术开发区管委会承担所辖受奖企业奖励总额的40%。	《黄石市人民政府办公室关于印发加快多层次资本市场建设发展若干意见的通知》
	十堰市	（一）成功挂牌的奖励50万元； （二）一次性直接融资额度超过5 000万元的再奖励企业10万元，超过1亿元的，奖励30万元。	《十堰市人民政府关于加快多层次资本市场建设发展的若干意见》
	荆州市	前30家挂牌企业，奖励50万元。	《荆州市人民政府关于加快发展多层次资本市场的实施意见》
	宜昌市	（一）完成股改并经管理部门正式受理备案后，奖励30万元； （二）正式挂牌且募集资金70%以上用于在本市募投项目的，奖励50万元；	《市人民政府关于支持鼓励企业进入"新三板"和其他场外市场挂牌上市的若干意见》

省份	地区	补贴金额	政策依据
湖北	宜昌市	（三）其税收在县市（含夷陵区，下同）的，正式挂牌且募集资金 70% 以上用于在本市募投项目的，奖励 40 万元。	
	襄阳市	（一）成功改制的，奖励 10 万元； （二）材料被受理的，奖励 30 万元； （三）正式挂牌后，奖励 40 万元。	《关于鼓励和促进企业在"新三板"挂牌上市的若干意见》
湖南	长沙市	挂牌前后给予 50 万元和 30 万元的补助。	《长沙市人民政府办公厅关于鼓励企业在场外市场挂牌有关事项的通知》
	株洲市高新区	最高补贴 100 万元。	
	湘潭市高新区	成功挂牌的补贴 120 万元（完成股改 35 万元，完成资料报会 35 万元，完成挂牌 50 万元）。	《鼓励扶持企业利用资本市场发展暂行办法》
	邵阳市	成功挂牌并首次定向增发融资成功，奖励 50 万元。	《关于鼓励企业赴新三板等资本市场挂牌融资的通知》
江西		（一）完成股改和注册登记的奖励 20 万元； （二）申请材料被正式受理奖励 50 万元。	《江西省人民政府办公厅关于推动中小微企业利用全国中小企业股份转让系统发展的实施意见》
	南昌市	（一）完成股改并注册登记的奖励 50 万元； （二）申请材料被受理的奖励 100 万元。	
	九江市	（一）完成改制的奖励 20 万元； （二）挂牌成功的奖励 50 万元。	
	上饶市	（一）完成改制的奖励 20 万元； （二）挂牌成功的奖励 50 万元。	《关于推荐拟在"新三板"挂牌交易企业的通知》
	吉安市	（一）与中介机构签订协议并完成股份制改造、提交申请材料并取得受理回执，奖励 15 万元。 （二）成功挂牌奖励 35 万元。 （三）各受益财政应于企业成功挂牌或上市后，按照不低于市财政奖励资金 1.6 倍（80 万元）的比例予以配套奖励。	《吉安市人民政府关于落实支持企业上市和"新三板"挂牌有关政策的通知》
	赣州市	（一）完成股改和注册登记的奖励 20 万元； （二）申请材料被受理的奖励 50 万元； （三）前 10 名的企业奖励 50 万元。	《关于加快推进企业进入全国中小企业股份转让系统挂牌的实施意见》
	萍乡市	（一）完成股改和注册登记的奖励 20 万元； （二）申请材料被受理的奖励 50 万元； （三）前 10 名的企业奖励 50 万元，之后的奖励 40 万元。	《萍乡市人民政府办公室关于进一步加快萍乡金融业发展的实施意见》

省份	地区	补贴金额	政策依据
安徽	合肥市	企业进入新三板融资的，给予50万元补助。	
	合肥市高新区	（一）可分阶段获得最高70万元的财政补贴。	
	芜湖市	完成股改并注册的，奖励20万元； （二）成功挂牌的，奖励30万元； （三）成功实现融资的，奖励70万元。	《鼓励企业进入全国中小企业股份转让系统挂牌交易暂行办法》
	蚌埠市	（一）成功挂牌的奖励40万元，进入全省第一批挂牌的另行奖励20万元； （二）成功募集资金的按照募资总额的2‰给予奖励。	《蚌埠市人民政府关于支持进入全国中小企业股份转让系统和安徽省股权托管交易中心挂牌交易有关事项的通知》
	马鞍山市	（一）完成股改造及注册，奖励50万元和20万元； （二）成功挂牌，奖励100万元，若在第一批挂牌，再给予20万元奖励； （三）成功实现股权融资并全部投资我市的，给予投资额2%的奖励，最多不超过30万元。	《关于印发马鞍山市鼓励企业进入全国中小企业股份转让系统和安徽省区域性股权交易市场挂牌交易暂行办法的通知》
	安庆市	在新三板成功挂牌的企业，奖励150万元。	
	黄山市	在新三板成功挂牌的企业，奖励50万元。	
	淮北市	（一）完成股份制改造的，奖励10万元； （二）获得监管部门审查备案的，奖励20万元； （三）成功挂牌的，奖励20万元； （四）成功获得融资并全部投资淮北本地的，按融资额的1%，给予最高不超过100万元奖励。	
	池州市贵池区	最高可获得50万元奖励。	
	阜阳市	（一）对完成股改造并注册登记的，属于市属企业的，市政府给予30万元的补助，属于县（市、区）属企业的，市政府给予15万元的补助； （二）成功挂牌的，属于市属企业的，市政府给予60万元的奖励，属于县（市、区）属企业的，市政府给予30万元的奖励； （三）挂牌后融资用于实体经济的，属于市属企业的，市财政按所募集资金总额的0.5%予以奖励，最高不超过100万元，属于县（市、区）属企业的，市财政按所募集资金总额的0.3%予以奖励，最高不超过50万元。	《阜阳市人民政府办公室关于印发阜阳市鼓励企业进入全国中小企业股份转让系统和区域性股权交易市场挂牌交易暂行办法的通知》

省份	地区	补贴金额	政策依据
安徽	宿州市	（一）企业因挂牌所产生的券商或推荐商费用及审计、法律、评估等费用，由市政府全额支付； （二）成功融资并全额投资于宿州本地的，按照 200 万元在扣除市政府前期支付的费用后给予一次性奖励。	《宿州市人民政府关于鼓励企业进入"新三板"和场外市场挂牌融资工作的意见》
	亳州市	（一）完成股改及注册的奖励 30 万元； （二）成功挂牌的奖励 70 万元； （三）成功实现股权融资并全部投资在我市的企业，给予融资金额 2% 的奖励，但最高不超过 30 万元。	《亳州市鼓励企业进入全国中小企业股份转让系统和安徽省区域性股权交易市场挂牌交易暂行办法》
四川	成都市高新区	成功挂牌的分阶段给予最高 100 万元补贴。	《关于促进企业发展壮大的优惠政策》
	绵阳市高新区	（一）完成股改的，奖励 30 万元； （二）成功挂牌的，奖励 50 万元。	
贵州	贵阳市	成功挂牌的，奖励 150 万元。	《贵阳市企业进入全国中小企业股份转让系统（即"新三板"）扶持奖励办法（试行）》
	贵阳市花溪区	（一）完成股份制改造的奖励 30 万元； （二）主管机构正式受理后奖励 30 万元； （三）企业成功挂牌后奖励 15 万元。	《花溪区企业进入全国中小企业股份转让系统扶持奖励办法》
	贵阳市乌当区	（一）完成股份制改造的奖励 20 万元； （二）主管机构正式受理后奖励 25 万元； （三）企业成功挂牌后奖励 30 万元。	《乌当区企业进入全国中小企业股份转让系统扶持奖励办法（试行）》
云南	昆明市高新区	对成功挂牌的，给予管理团队 30 万元奖励；	《昆明市高新技术产业开发区鼓励企业上市及投融资发展暂行办法》
内蒙古		（一）成功挂牌的奖励 50 万元； （二）实现首次融资的，按照融资额的 1.5% 给予费用补贴，最高不超过 100 万元。	《内蒙古自治区人民政府关于进一步推进多层次资本市场融资的若干意见》
	包头市高新区	最多将获得 100 万元的资金补助。	《包头市稀土高新技术产业开发区鼓励企业证券市场挂牌上市补助资金管理办法》
新疆		在新疆股权交易中心成功挂牌的企业可享受 40 万元补助，交易中心挂牌企业成功转板至全国新三板可再享受财政补助 20 万元。	《自治区企业上市政策引导专项资金管理办法》

省份	地区	补贴金额	政策依据
新疆	乌鲁木齐市高新区	成功挂牌的，最高可奖励 140 万元。	《乌鲁木齐高新技术产业开发区（新市区）企业进入代办股份转让系统资助资金暂行管理办法》
宁夏		对 2014 年、2015 年、2016 年在"新三板"挂牌的企业，分别奖励 100 万元、50 万元、30 万元。	《自治区人民政府关于加快资本市场建设的若干意见》
	银川市	（一）股份制改制阶段奖励 30 万元； （二）申报挂牌上市阶段奖励 50 万元； （三）正式挂牌后奖励 70 万元。	
	中卫市	挂牌成功的，先享受自治区政策，对在 2014 年、2015 年、2016 年在新三板挂牌的，由区、市县财政分别按 50% 给予 100 万元、50 万元、30 万元的奖励，再由企业纳税地财政一次性奖励 100 万元。	《中卫市人民政府关于中小企业直接融资扶持政策》
广西	南宁市	（一）拟挂牌获国家监管部门受理后奖励 20 万元； （二）正式挂牌奖励 30 万元。	《南宁市鼓励企业进入代办股份转让系统暂行办法》
	南宁市高新区	（一）与券商、相关中介机构签约后奖励 20 万元； （二）改制完成奖励 30 万元； （三）申请获受理后奖励 50 万元； （四）正式挂牌奖励 50 万元。	《关于鼓励企业改制并进入代办股份转让系统挂牌的暂行办法》
	柳州市	（一）改制阶段按实际发生费用给予最高 40 万元的奖励； （二）成功挂牌后，给予 90 万元的奖励，给予主办券商 20 万元奖励。	《支持非上市企业进入证券公司代办股份转让系统奖励资金管理暂行办法》
	防城港市	挂牌成功的，可获得最高达 200 万元奖励。	《防城港市鼓励企业进入全国中小企业股份转让系统挂牌交易暂行办法》
	玉林市	（一）完成股改的，奖励 20 万元； （二）获监管部门受理的，奖励 30 万元； （三）正式挂牌的，奖励 100 万元。	《玉林市鼓励中小企业改制并进入全国中小企业股份转让系统挂牌暂行办法》

附录2

关于全国中小企业股份转让系统业务规则
涉及新修订《公司法》相关条文适用和
挂牌准入有关事项的公告

2014 – 04 – 15 全国中小企业股份转让

股转系统公告〔2014〕13 号

2013 年 12 月 28 日第十二届全国人民代表大会常务委员会第六次会议通过了关于修改《公司法》的决定，并于 2014 年 3 月 1 日起施行。全国中小企业股份转让系统有限责任公司特就全国中小企业股份转让系统业务规则涉及新修订《公司法》相关条文适用和挂牌准入有关事项公告如下：

一、2014 年 3 月 1 日前全国中小企业股份转让系统发布的业务规则、服务指南中援引的修改前《公司法》条文，调整为适用修改后的《公司法》对应条文，具体调整情况详见附件；2014 年 3 月 1 日后全国中小企业股份转让系统发布的业务规则、服务指南，将直接援引修改后《公司法》条文。

二、《全国中小企业股份转让系统业务规则（试行）》第 2.1 条规定的六项挂牌条件不变。现行的挂牌条件中未对申请挂牌公司的注册资本提出高于法律、行政法规规定的特别要求。申请挂牌公司的注册资本只要符合《公司法》的规定即可，但特定行业申请挂牌公司注册资本须遵守相关法律、行政法规以及国务院决定的要求。

三、公司申请挂牌时注册资本须缴足，主办券商、律师、会计师应依法核验股东出资，评估机构要进一步加强评估工作的规范性，确保申请挂牌公司的出资真实、足额。针对 2014 年 3 月 1 日前申请挂牌公司的设立、增资等，主办券商、律师、会计师应按照既往规定核验出资并提供验资报告；针对 2014 年 3 月 1 日后申请挂牌公司的设立、增资等，股东应按照修改后《公司法》第二十八条和公司章程的规定办理出资手续、履行出资义务，主办券商、律师、会计师应加强股东出资的核验工作，核查股东是否按公司章程规定出资，制作核查出资工作底稿，提供出资证明文件，包括但不限于验资报告、打款凭证。评估机构应依法开展评估业务，提高评估工作的规范性，提升估值的合理性。

特此公告。

全国中小企业股份转让系统有限责任公司
2014 年 4 月 14 日

新三板发布重大资产重组业务指引

2014 年 7 月 25 日，全国中小企业股份转让系统发布《全国中小企业股份转让系统非上市公众公司重大资产重组业务指引（试行)》、《全国中小企业股份转让系统重大资产重组业务指南第 1 号：非上市公众公司重大资产重组内幕信息知情人报备指南》、《全国中小企业股份转让系统重大资产重组业务指南第 2 号：非上市公众公司发行股份购买资产构成重大资产重组文件报送指南》，并就重大资产重组业务指引答记者问。

以下为答记者问原文

Q：《全国中小企业股份转让系统非上市公众公司重大资产重组业务指引（试行)》 （以下简称《业务指引》） 的主要内容和特点是什么?

A：《非上市公众公司重大资产重组管理办法》（以下简称《管理办法》）发布后，为规范股票在全国中小企业股份转让系统公开转让的非上市公众公司（以下简称公司）重大资产重组行为，落实《管理办法》的监管要求，全国股份转让系统公司制定了《业务指引》，对公司重大资产重组的具体操作流程做了细化规定。

《业务指引》的主要特点体现在以下三方面：

一是全面落实《重组办法》的要求。《业务指引》及配套指南严格按照《重组办法》的要求，对公司申请暂停转让、提交内幕知情人信息、发行股份购买资产等具体环节进行了明确规定。

二是注重可操作性。鉴于大部分公司此前缺乏重大资产重组的实操经验，《业务指引》及配套指南重点对重大资产重组的各环节进行了较为详细的拆解，具有较强的可操作性，能够起到"重组流程说明书"的作用。

三是与股票发行等业务规则相衔接。由于公司在重组实操中经常涉及发行股份购买资产，《业务指引》明确了发行股份购买资产构成重大资产重组的规则适用及操作程序，避免同一行为重复适用股票发行规则及重组规则。

Q：《重组办法》规定，公众公司应当按照全国股份转让系统的规定及时做好内幕信息知情人登记工作，请问具体应该如何操作？

A：在制定《业务指引》的同时，我公司也制定了《全国中小企业股份转让系统重大资产重组业务指南第 1 号：非上市公众公司重大资产重组内幕信息知情人报备指南》，并将与《业务指引》一并颁布实施。该指南会对内幕知情人的范围、需报送材料以及报送方式进行明确规定，以便于公司履行相关程序。

Q：对于涉及发行股份购买资产构成重大资产重组的行为，中国证监会及全国股份转让系统将如何进行管理？

A：根据《重组办法》及《业务指引》的规定，公司向特定对象发行股份购买资产后股东累计超过 200 人的，应当在经股东大会决议后向中国证监会申请核准；发行股份购买资产后股东累计不超过 200 人的，需要在验资完成后 10 个转让日内向全国股份转让系统申请备案。

为进一步规范公司申请备案的程序，我公司制定了《全国中小企业股份转让系统重大资产重组业务指南第 2 号：非上市公众公司发行股份购买资产构成重大资产重组文件报送指南》，对申请备案的相关环节进行了细化规定。

Q：全国股份转让系统如何对公司重大资产重组的信息披露进行监管？

A：在信息披露审查理念上，我公司将主要遵循完备性审查原则，重在对信息披露文件的完整性、合规性进行审查。同时，为落实《重组办法》中对我公司自律监管职能的要求，我公司将在原有的信息披露程序基础上增加一道审查环节。

具体来说，公司在申请暂停转让时，会事先确定最晚恢复转让日，且首次董事会召开之日（T 日）与最晚恢复转让日间应当有至少 9 个转让日的时间间隔（即最晚恢复转让日不早于 T+9 日），从而保证首次信息披露的时点（T+2 日）与最晚恢复转让日（T+9 日）间至少相距 7 个转让日。由于公司从申请证券恢复转让到实现证券恢复转让还需两个转让日，上述时间安排保证了我公司有 5 个转让日的时间对信息披露文件的完备性进行审查。如 5 个转让日内我公司未提出异议，则视为默示同意，公司可以正常进行信息披露并申请恢复转让；如我公司发现信息披露文件的完备性存在问题，则有权要求公司进行相应的调整，公司应当视情况申请推迟最晚恢复转让日。

Q：退市公司应当如何适用公众公司重大资产重组的相关规则？

A：根据《重组办法》的立法精神，《业务指引》对退市公司重大资产重组的规则适用进行了单章规定，明确了退市公司进行重大资产重组，应当遵守《重组办法》及《业务指引》的有关规定，并注意执行《重组办法》关于退市公司重大资产重组的特别规定。

此外，《业务指引》还对退市公司重大资产重组的风险提示做出了特别要求，要求退市公司在披露重大资产重组报告书时应当同时发布特别提示，对本次重大资产重组是否符合《重组办法》的要求以及公司在信息披露、公司治理方面的规范性进行说明。

附录 4

新三板投融资过程中可能遇到的
问题及相关解析

1. 申请挂牌公司在挂牌前办理了股权质押贷款，股权处于质押状态，是否对企业挂牌构成影响？已质押的股份应如何办理股份登记？质押股份的限售及解除限售有无特殊规定？

《全国中小企业股份转让系统股票挂牌条件适用基本标准指引（试行）》中规定，申请挂牌公司股权应结构明晰，权属分明，真实确定，合法合规，股东特别是控股股东、实际控制人及其关联股东或实际支配的股东持有公司的股份不存在权属争议或潜在纠纷。挂牌前，申请挂牌公司的股东可为公司贷款提供股权质押担保，贷款用途为公司日常经营，履行公司决议程序，订立书面质押合同，依法办理出质登记。只要不存在股权纠纷和其他争议，原则上不影响其挂牌。对于存在股权质押情形的申请挂牌公司应在《公开转让说明书》中充分披露。

《中国结算北京分公司证券发行人业务指南》规定，质押冻结或司法冻结的股份办理初始登记时，除需提供常规申报材料外，还须提供质押冻结或司法冻结的相关材料。其中，司法冻结的应提供协助执行通知书、裁定书、已冻结证明等材料及复印件；质押冻结的应提供质押登记申请书、双方签字的已生效的《质押合同》、质押双方有效身份证明文件、已冻结证明等材料及复印件。中国结算北京分公司在完成证券登记后根据发行人的申请办理相关质押冻结、司法冻结手续，即申请挂牌公司应先完成股份初始登记（包括股份首批解除限售），取得《股份登记确认书》后，再申请办理质押冻结、司法冻结手续。

质押冻结股份的限售及解除限售应按照《公司法》及《全国中小企业股份转让系统业务规则（试行）》中的规定办理。满足解除限售条件的质押冻结股份可办理股份解除限售。《中国结算北京分公司证券发行人业务指南》中规定，当解除限售设计被冻结股份的，被冻结股份不可拆分，只能作为一个整体办理解除限售。

【案例】2010 年初，赵某和李某出资成立甲公司，从事软件开发工作，其中赵某持股 60%，李某持股 40%。2011 年 3 月，甲公司因为业务发展需要向钱某借款 200 万元，因甲公司没有可供抵押的土地或房产，钱某要求公司的股东赵某将其名下的股权质押给自己作为担保。随着公司的壮大，为了进一步解决公司融资难的问题，甲公司决定挂牌新三板。那么问题也随之而来，赵某将股权质押给了钱某，是否影响公司在新三板挂牌呢？

公司挂牌新三板后可以实施股票发行融资，未来的挂牌公司还可通过公司债券、优先股等多种工具进行融资。实践中，公司挂牌新三板后，更容易受到创投公司和PE对公司的青睐。现在甲公司想挂牌新三板，首先需要解决股东赵某的股权质押问题。

虽然新三板的挂牌要求中并没有禁止股东将其股权质押融资，而且股东将其股权质押为公司融资还有利于公司的发展，但股权质押毕竟存在公司股东发生变动的风险，如果是实际控制人的变更，将会进一步影响到公司的持续经营，从而影响到公司的挂牌进程。所以，公司挂牌前，应对股东的股权质押问题作出妥善的解决。

股东股权的质押问题，最简单有效的办法就是与抵押权人协商解除股权质押；其次，提供其他可替代的担保。但是实践中这两种方法存在一定的难度，挂牌的新三板公司中有通过对股东的股权质押做出合理解释的成果案例，具有一定的创造性。该挂牌公司从公司的经营状况、业务发展、盈利能力、偿付能力等方面做出解释，说明股权质押对公司挂牌新三板不构成实质性的障碍。

虽然新三板的挂牌要求中并没有明确禁止股东将其股权质押的硬性要求，但是股东将其名下的股权进行质押仍需谨慎，不能因为股权质押导致公司的实际控制人发生变更，进而影响到公司的持续经营能力；也不能因为股权质押产生权属的争议或潜在的纠纷，影响到公司股权结构的清晰等，否则将会给公司挂牌新三板造成障碍。

2. 已挂牌公司如何办理股票发行业务？

《全国中小企业股份转让系统股票发行业务细则（试行）》及其配套文件已于2013年12月30日正式发布。挂牌公司应按照《非上市公众公司监督管理办法》、《全国中小企业股份转让系统业务规则（试行）》及上述细则及配套文件的规定，办理股票发行业务。

3. 股权激励是否可以开展？

挂牌公司可以通过定向发行向公司员工进行股权激励。挂牌公司的董事、监事、高级管理人员及核心员工可以参与认购本公司定向发行的股票，也可以转让所持有的本公司股票。挂牌公司向特定对象发行股票，股东人数累计可以超过200人，但每次定向发行除公司股东之外的其他投资者合计不得超过35人。因此，挂牌公司通过定向发行进行股权激励应当符合上述规定。需要说明的是，按照规则全国股份转让系统允许存在股权激励未行权完毕的公司申请挂牌。

【案例】上海易销科技股份有限公司（以下简称"易销科技"或"公司"）为激励公司核心技术人员、行政管理人员、项目管理人员（以下合称"核心人

员")、在公司任职董事、监事和高级管理人员（包括公司总经理、副总经理、
财务负责人、总监、董事会秘书，以下合称"高管"）为公司作出更大贡献，出
具本激励方案。

股权激励方案概述：公司拟通过以下两种方案相结合的方式对核心人员、
董事、监事和高级管理人员（上述人员合称"激励对象"）实施股权激励。

实施方案：（1）针对目前已经是公司股东的激励对象，公司允许其按照6
元/股的激励价格通过对公司增资的方式增持公司股份；（2）大股东薛俊承诺将
在上述股权激励方案基础上，向合计不超过公司22位高管和核心人员以股权激
励的价格（1元/股）转让不超过13.4万股。

4. 全国中小企业股份转让系统挂牌公司如何向沪深证券交易所直接申请上
市交易？

按照国务院决定的精神，全国股份转让系统挂牌公司可以直接申请到证券
交易所上市，但上市的前提是挂牌公司必须符合《证券法》规定的股票上市条
件，在股本总额、股份分散程度、公司规范经营、财务报告真实性等方面达到
相应的要求。

全国股份转让系统减持开放发展的市场化理念，充分尊重企业的自主选择
权。企业可以根据自身发展的需要和条件，自主选择进入不同层次的资本市场。
根据股份转让系统业务规则，如挂牌公司向中国证监会申请公开发行股票并在
证券交易所上市，或向其他证券交易所申请股票上市，挂牌公司应向全国股份
转让系统公司申请暂停转让；如中国证监会核准挂牌公司公开发行股票并在证
券交易所上市，或其他证券交易所同意挂牌公司股票上市，全国股份转让系统
公司将终止其股票挂牌。上述规则已为挂牌企业转板做出了相应的程序安排。
全国股份转让系统将积极协调有关方面，充分创造便利条件，进一步畅通与交
易所市场的有机衔接机制。

成功转板案例包括搭乘医改便车成功闯关创业板的博晖创新及舞剑新三板
意在创业板的佳讯飞鸿，具体详见后续阐述。

5. 大股东解除限售有什么相关规定？挂牌前12个月以内的除控股股东及实
际控制人之外的股东买卖的股票是否受到限制？

《公司法》第一百四十一条规定："发起人持有的本公司股份，自公司成立
之日起一年内不得转让……公司董事、监事、高级管理人员应当向公司申报所
持有的本公司的股份及其变动情况，在任职期间每年转让的股份不得超过其所
持有本公司股份总数的百分之二十五……上述人员离职后半年内，不得转让其
所持有的本公司股份……"

《全国中小企业股份转让系统业务规则（试行）》第2.8条规定，"挂牌公司
控股股东及实际控制人在挂牌前直接或间接持有的股票分三批解除转让限制，

每批解除转让限制的数量均为其挂牌前所持股票的三分之一，解除转让限制的时间分别为挂牌之日、挂牌期满一年和两年。

挂牌前十二个月以内控股股东及实际控制人直接或间接持有的股票进行过转让的，该股票的管理按照前款规定执行，主办券商为开展做市业务取得的做市初始库存股票除外。

因司法裁决、继承等原因导致有限售期的股票持有人发生变更的，后续持有人应继续执行股票限售规定。"

挂牌公司股东如果符合上述身份或情形的，应按照上述规定进行所持股票的解除限售。

A有限责任公司于2013年4月9日整体变更为A股份有限公司，注册资本1 000万元，股本1 000万股。2013年8月25日，A公司在新三板挂牌。期间股权结构没有发生过变化。A股份公司成立时股权结构如下：

则对A公司股票解除转让限制情形分析如下：

（1）根据《公司法》第一百四十一条规定，公司所有股东所持有的全部股票在2014年6月7日股份公司成立满一年之前不得转让。即在公司挂牌之日，A公司没有可供转让的股票。

（2）在2014年4月9日股份公司成立满一年之时点，根据《全国中小企业股份转让系统业务规则（试行）》第2.8条规定，东盛时装贸易有限责任公司作为控股股东，其所持股份可在此时转让三分之一，即可转让股份数量为3 000 000股，其余6 000 000股受到转让限制。

（3）若2014年4月9日至2014年8月25日期间股权结构未发生变化，则王晓东与周冰作为公司董事、监事的限售比例不发生变化。

（4）若2014年8月25日至2015年8月25日期间股权结构未发生变化，则第三批解除股票转让限制情形同上。

6. 挂牌公司变更会计师事务所是否需经全国股份转让系统公司同意？

变更会计师事务所属于挂牌公司自治范畴，不需经全国股份转让系统公司同意，但应履行内部决策程序并进行信息披露。

根据《全国中小企业股份转让系统挂牌公司信息披露细则（试行）》第十三条第二款的规定，挂牌公司不得随意变更会计师事务所，如确需变更的，应当由董事会审议后提交股东大会审议。

根据《信息披露细则（试行）》第四十六条第八款的规定，挂牌公司出现以下情形之一的，应当自事实发生之日起2个转让日内披露：（八）变更会计师事务所、会计政策、会计估值。

【案例】迈达科技（430220）关于变更会计师事务所公告

本公司及董事会全体成员保证公告内容不存在任何虚假记载、误导性陈述或者重大遗漏，并对其内容的真实、准确和完整承担个别及连带责任。

日前，公司收到原中瑞岳华会计师事务所（特殊普通合伙）的通知，获悉公司聘请的审计机构中瑞岳华会计师事务所（特殊普通合伙）已与国富浩华会计师事务所（特殊普通合伙）进行了合并而设立了瑞华会计师事务所（特殊普通合伙）。原中瑞岳华会计师事务所（特殊普通合伙）全部员工及业务转移到瑞华会计师事务所（特殊普通合伙），并以瑞华会计师事务所（特殊普通合伙）的名义为客户提供服务。

鉴于与公司年度审计工作相关的专业人士已转入瑞华会计师事务所（特殊普通合伙），为保持公司外部审计工作的连续性和稳定性，故仍聘瑞华会计师事务所（特殊普通合伙）担任公司 2013 年度的审计机构，负责公司年度财务报告审计等工作。瑞华会计师事务所（特殊普通合伙）注册号为 110000013615629，注册资本 9 180 万元，执行事务合伙人为杨剑涛、顾仁荣，主要经营场所为北京市海淀区西四环中路 16 号院 2 号楼 4 层，拥有 9 000 多名员工，注册会计师近 2 000 名，具备证券、期货从业资格，胜任对公司的相关审计工作。此次审计机构变更不会对公司审计工作的连续性造成影响，不会损害公司及公司股东的利益。

公司拟继续聘请瑞华会计师事务所（特殊普通合伙）为公司 2014 年度审计机构，资产验证以及其他相关资讯服务，聘期一年，到期可以续聘。公司第一届董事会第七次会议已于 4 月 8 日通过了此事项，并于 2014 年 4 月 28 日经 2013 年度股东大会审议通过。

7. 投资者如何参与全国中小企业股份转让系统？具体办理流程是怎样的？

投资者参与全国中小企业股份转让系统的具体流程如下：

（1）投资者选择一家从事全国中小股份转让系统经纪业务的主办券商（名单可在 www. neeq. com. cn 查阅），申请开通全国中小企业股份转让系统挂牌公司股票买卖权限，主办券商将依据《全国中小企业股份转让系统投资者适当性管理细则（试行）》相关规定进行审查，符合条件的，方可为投资者办理开通手续。

（2）目前，投资者参与挂牌公司股票公开转让，应开立深圳市场人民币普通股票账户。

（3）经审查符合投资者准入标准的投资者应当与主办券商签订《买卖挂牌公司股票委托代理协议》以明确双方的权利和义务。投资者在签订该协议前，应认真阅读并签署《挂牌公司股票公开转让特别风险提示书》。

8. 投资者在全国股份转让系统买卖挂牌公司的股票如何收费？

根据《全国中小企业股份转让系统有限责任公司有关收费事宜的通知》（股转系统公告〔2013〕7 号）的有关规定，投资者在全国股份转让系统进行股票转让，需向我司按成交金额的一定比例缴纳转让经手费，我司按股票转让成交金额的 0.5‰ 双边收取（佣金由券商按其标准收取）。

9. 投资者适当性管理何时实施？具体要求？

《投资者适当性管理细则》已于 2013 年 2 月 8 日发布施行，并于 2013 年 12 月 30 日修改，明确了参与挂牌公司股票公开转让和参与挂牌公司股票定向发行的投资者。

参与挂牌公司股票公开转让的投资者：

（1）注册资本 500 万元人民币以上的法人机构或实缴出资总额 500 万元人民币以上的合伙企业；

（2）集合信托计划、证券投资基金、银行理财产品、证券公司资产管理计划，以及由金融机构或者相关监督部门认可的其他机构管理的金融产品或资产；

（3）投资者本人名下前一交易日日终证券类资产市值 500 万元人民币以上，且具有两年以上证券投资经验，或具有会计、金融、投资、财经等相关专业背景或培训经历。

参与挂牌公司股票定向发行的投资者：

（1）《非上市公众公司监督管理办法》第三十九条规定的投资者；

（2）符合参与挂牌公司股票公开转让条件的投资者。

10. 原在中关村试点进行交易的投资者如果不符合新的投资者适当性的相关规定，如何参与交易？

与中关村试点相比，全国股份转让系统对机构投资者设置了一定的财务指标要求，对自然人投资者从财务状况、投资经验等维度设置准入要求。

对某些原在中关村试点进行交易的投资者，如不符合现行的投资者适当性管理要求。根据《关于境内企业挂牌全国股转系统有关事项的公告》发布前，满足 300 万元人民币以上（含 300 万元）资产要求且已参与全国中小企业股份转让系统的自然人投资者，合格投资人资格继续有效，可以买卖所有挂牌公司的股票。

涉及股票发行业务的，2013 年 12 月 30 日之前股票发行方案尚未经挂牌公司董事会决议通过的，发行对象应当满足修订后的《适当性管理细则》的要求。挂牌公司的股东、董事、监事、高级管理人员及核心员工参与本公司的股票发行，如不符合参与挂牌公司股票公开转让条件的，只能买卖本公司的股票。

附录 5

新三板现行法律法规文件参考

一、主要规则文件

附表 1   主要规则文件

规则名称	发布机关	发布时间
《全国中小企业股份转让系统业务规则（试行）》	全国中小企业股份转让系统有限责任公司	2013 年 2 月 8 日
《非上市公众公司监督管理办法》	中国证券监督管理委员会	2012 年 9 月 28 日
《非上市公众公司监管指引第 1 号——信息披露》	中国证券监督管理委员会	2013 年 1 月 4 日
《非上市公众公司监管指引第 2 号——申请文件》	中国证券监督管理委员会	2013 年 1 月 4 日
《非上市公众公司监管指引第 3 号——章程必备条款》	中国证券监督管理委员会	2013 年 1 月 4 日

二、相关业务规定和细则

附表 2   相关业务规则及细则

规则名称	发布机关	发布时间
《全国中小企业股份转让系统主办券商推荐业务规定（试行）》	全国中小企业股份转让系统有限责任公司	2013 年 2 月 8 日
《全国中小企业股份转让系统投资者适当性管理细则（试行）》	全国中小企业股份转让系统有限责任公司	2013 年 2 月 8 日
《全国中小企业股份转让系统挂牌公司信息披露细则（试行）》	全国中小企业股份转让系统有限责任公司	2013 年 2 月 8 日
《全国中小企业股份转让系统主办券商管理细则（试行）》	全国中小企业股份转让系统有限责任公司	2013 年 2 月 8 日

三、交易结算

附表 3　　　　　　　　　**交易结算相关办法**

规则名称	发布机关	发布时间
《全国中小企业股份转让系统过渡期股票转让暂行办法》	全国中小企业股份转让系统有限责任公司中国证券登记结算有限责任公司	2013 年 2 月 8 日
《全国中小企业股份转让系统过渡期登记结算暂行办法》	全国中小企业股份转让系统有限责任公司中国证券登记结算有限责任公司	2013 年 2 月 8 日

四、两网公司及退市公司

附表 4　　　　　　　　**两网公司及退市公司相关规则**

规则名称	发布机关	发布时间
《全国中小企业股份转让系统两网公司级退市公司股票转让暂行办法》	全国中小企业股份转让系统有限责任公司	2013 年 2 月 8 日
《全国中小企业股份转让系统两网公司级退市公司信息披露暂行办法》	全国中小企业股份转让系统有限责任公司	2013 年 2 月 8 日

五、相关业务指引

附表 5　　　　　　　　　**相关上市指引**

规则名称	发布机关	发布时间
《全国中小企业股份转让系统公开转让说明书内容与格式指引（试行）》	全国中小企业股份转让系统有限责任公司	2013 年 2 月 8 日
《全国中小企业股份转让系统挂牌申请文件内容与格式指引（试行）》	全国中小企业股份转让系统有限责任公司	2013 年 2 月 8 日
《全国中小企业股份转让系统主办券商尽职调查工作指引（试行）》	全国中小企业股份转让系统有限责任公司	2013 年 2 月 8 日
《全国中小企业股份转让系统挂牌公司年度报告内容与格式指引（试行）》	全国中小企业股份转让系统有限责任公司	2013 年 2 月 8 日
《全国中小企业股份转让系统挂牌条件适用基本标准指引（试行）》	全国中小企业股份转让系统有限责任公司	2013 年 6 月 17 日

后　记

《中小企业新三板挂牌实务操作指南》从编写至付印，历时两年零五个月。编撰过程中的艰辛，唯有亲身经历才深有感触。幸运的是，笔者近二十年来亲自办理的诸多企业改制、股票发行、资产重组等项目，为本书的顺利完稿奠定了深厚的实践基础。同时，撰写工作也得到了业内同行、企业高层、理论界权威的大力支持。

以新三板市场蓬勃发展为契机的资本市场创新与改革对中国的经济转型必将产生巨大的推动作用，正是在此金融风云形势利好的环境之下，笔者基于自身深厚的理论积淀，结合多年在金融领域的实践经验，出版了这本架构于扎实理论基础之上的极具实务操作及指导的著作。

需要指出的是，尽管笔者花费了很多精力搜集资料，筛选案例，但金融市场的发展可谓"日新月异"。新鲜事物的层出不穷，法律法规的更新完善，又给笔者提出了全新的挑战。不过，先求其有，再谋其备。因而，保持深邃的思想、敏锐的眼光、宏观的视角、超前的思维，至关重要。这样，新型案例的探讨，前沿理论的研究，在适当的时机，笔者将一并予以收录并加以完善。正所谓，修订工作无始终。

在拙作即将付梓之时，欣慰之余，更多的是感激。感谢我的家人在背后默默无闻的支持，才使我有了更多的时间去创作；感谢在此书写作过程中同行们的真知灼见；感谢我的团队、感谢中国金融出版社的领导及编辑们对本书成稿的大力支持。

谨以此书献给我人生历程中的过往四十载风雨春秋！

谨以此书献给生我养我的父母、伴我走过平凡岁月的家人！

谨以此书献给为中国法治、金融事业作出贡献的朋友们！